STRAFURTEIL UND REVISIONSRECHT IN DER ASSESSORKLAUSUR

Gerichtliche und anwaltliche Aufgabenstellungen

2021

Rainer Kock
Staatsanwalt (GL)

Dr. André Neumann B.A.
Rechtsanwalt,
Fachanwalt für Strafrecht, Fachanwalt für Steuerrecht

ALPMANN UND SCHMIDT Juristische Lehrgänge Verlagsges. mbH & Co. KG
48143 Münster, Alter Fischmarkt 8, 48001 Postfach 1169, Telefon (0251) 98109-0
AS-Online: www.alpmann-schmidt.de

Zitiervorschlag: Kock/Neumann, Strafurteil und Revisionsrecht in der Assessorklausur, Rn.

Kock, Rainer
Dr. Neumann, André
Strafurteil und Revisionsrecht in der Assessorklausur
Gerichtliche und anwaltliche Aufgabenstellungen
10. Auflage 2021
ISBN: 978-3-86752-762-0
Verlag Alpmann und Schmidt Juristische Lehrgänge
Verlagsgesellschaft mbH & Co. KG, Münster

Unterstützen Sie uns bei der Weiterentwicklung unserer Produkte.
Wir freuen uns über Anregungen, Wünsche, Lob oder Kritik an:
feedback@alpmann-schmidt.de.

1. Teil: Das Strafurteil als Aufgabe der richterlichen Assessorklausur

Schwerpunkt der richterlichen Aufgaben ist es, die Entscheidung des Gerichts aufgrund einer Hauptverhandlung – im Regelfall ein Strafurteil (Tenor und Gründe) – zu entwerfen. Ein ausführliches Gutachten und eine detaillierte Strafzumessung sind nach dem Bearbeitervermerk regelmäßig entbehrlich. In den Urteilsgründen ist jedoch darzulegen, ob eine Geld- oder Freiheitsstrafe für angemessen erachtet wird, welche Strafzumessungserwägungen angestellt worden sind und welche Rechtsgrundlagen dem zugrunde liegen, ob bei einer Freiheitsstrafe eine Strafaussetzung zur Bewährung in Betracht kommt und welche rechtlichen Grundlagen diese Erwägungen tragen.

Ein üblicher Bearbeitervermerk lautet:

Vermerk für die Bearbeitung:

I. Aufgabenstellung

Die Entscheidung des Gerichts ist zu entwerfen. Zeitpunkt der Entscheidung ist der

19.01.2021.

§ 267 Abs. 4 bzw. Abs. 5 S. 2 StPO sind nicht anzuwenden.

Von Ausführungen zu den persönlichen Verhältnissen der Angeklagten ist abzusehen.

Im Falle einer Verurteilung ist der Höhe nach keine bestimmte Strafe auszusprechen. In den Gründen ist jedoch darzulegen:

- von welchem Strafrahmen auszugehen ist,

- welche zugunsten und zulasten des Angeklagten sprechenden Strafzumessungserwägungen angestellt worden sind und welche Rechtsgrundlage dem zugrunde liegen,

- ob eine Geld- oder Freiheitsstrafe für angemessen erachtet wird,

- ob bei einer Freiheitsstrafe eine Strafaussetzung zur Bewährung in Betracht kommt und welche rechtlichen Grundlagen diesen Erwägungen zugrunde liegen; soweit es in diesem Zusammenhang auf die Höhe der Freiheitsstrafe ankommen sollte, sind Ausführungen erforderlich, in welcher Größenordnung eine Strafe zu erwarten ist.

Ein bei einer eventuellen Strafaussetzung zur Bewährung zu erlassender Beschluss ist nicht zu fertigen.

Wird eine richterliche Aufklärung oder eine weitere Beweiserhebung für erforderlich gehalten, so ist zu unterstellen, dass diese ordnungsgemäß erfolgt und ohne Ergebnis geblieben sind. Eine solche Vorgehensweise ist in einer Fußnote kenntlich zu machen.

Die **§§ 69, 69 a StGB**, Straftatbestände außerhalb des StGB und Ordnungswidrigkeiten sind **nicht** zu prüfen.

Der Bearbeitung ist derjenige Rechtszustand zugrunde zu legen, welcher sich aus den als Hilfsmittel zugelassenen Gesetzessammlungen in der zum Stichtag des 15. des Vormonats aktuellen Fassung ergibt. Übergangsvorschriften sind nicht zu prüfen.

II. Ergänzende Hinweise zum Sachverhalt

Es ist davon auszugehen, dass

- die Formalien (Ladungen, Zustellungen, Unterschriften, Vollmachten) in Ordnung sind, soweit sich nicht aus dem Sachverhalt etwas anderes ergibt;
- die §§ 240, 257 StPO beachtet wurden;
- Vereidigungsentscheidungen ordnungsgemäß sind;
- etwaig erforderliche Schweigepflichtsentbindungserklärungen ordnungsgemäß erteilt worden sind;
- der jeweilige Bundeszentralregister Auszug der Angeklagten vom 04.01.2021 keine Eintragungen aufweist.

Alle für die Bearbeitung relevanten Tat- und Wohnorte liegen im Bezirk des Amts- und Landgerichts ….

III. Hinweise:

In Ihrem eigenen Interesse werden Sie gebeten, am Ende der Klausur anzugeben,

a) welche Auflagen der zugelassenen Kommentare sie benutzt haben und

b) auf welchem Stand (Ergänzungslieferung) sich die von ihnen benutzten Beck'schen Textausgaben befunden haben.

Das von Ihnen benutzte Exemplar des Aufgabentextes wird nicht zu ihren Prüfungsunterlagen genommen. Es ist nach dem Ende der Bearbeitungszeit vollständig abzugeben.

1. <ins>Abschnitt: Gutachtliche Vorüberlegungen</ins>

2   Als Vorüberlegungen zu dem anzufertigenden Urteilsentwurf sind zunächst die verfahrens- und materiell-rechtlichen Punkte zu untersuchen, gefolgt von der Prüfung, welche Konsequenzen daraus für die Urteilsfassung zu ziehen sind.

> **Klausurhinweis:** Auch wenn der Bearbeitervermerk kein Gutachten verlangt, ist es unverzichtbar, die gutachtliche Prüfung auf einem Beiblatt zu skizzieren, bevor der Urteilsentwurf abgefasst wird. Nur wer den Klausursachverhalt materiell und prozessual verstanden hat, ist in der Lage, einen richtigen Tenor und die Urteilsbegründung in der erforderlichen Gewichtung – unter Berücksichtigung der zu beachtenden Form und Formalien – korrekt und revisionssicher niederzuschreiben.

Prüfung der verfahrens- und materiell-rechtlichen Fragen

Bestimmend ist auch hier der prozessuale Aufbau.

I. <ins>Prozessvoraussetzungen</ins>

3   Es müssen die von Amts wegen zu prüfenden Prozessvoraussetzungen für das Verfahren vorliegen, also

- die deutsche Gerichtsbarkeit,
- die Zuständigkeit des Gerichts,
- keine anderweitige Rechtshängigkeit,
- keine entgegenstehende Rechtskraft,

- wirksame Anklage und
- wirksamer Eröffnungsbeschluss.[1]

> **Klausurhinweis:** Die Prozessvoraussetzungen sind regelmäßig unproblematisch und nur zu prüfen, sofern Zweifelsfragen vorliegen.

II. Wegen welcher Straftaten hat ein Schuldspruch zu erfolgen?

Sodann wendet man sich der Kernfrage zu, nämlich ob und wegen welcher Straftaten der Angeklagte[2] oder die Angeklagten schuldig zu sprechen ist/sind.

1. Verfahrensgegenstand

a) Die prozessuale Tat

Gegenstand der Urteilsfindung und damit der gutachtlichen Vorüberlegung ist gemäß **§ 264 StPO die in der Anklage bezeichnete Tat, wie sie sich nach dem Ergebnis der Hauptverhandlung darstellt.**

4

Das Tatgericht muss die zugelassene Anklage erschöpfen, d.h. im tatrichterlichen Urteil hat das Gericht über alle dem Gericht unterbreiteten selbstständigen prozessualen Taten zu entscheiden. Aus der Anklage und dem Eröffnungsbeschluss ergibt sich, welche Delikte den Gegenstand der Untersuchung bilden und zur Entscheidung stehen. Nicht vom Eröffnungsbeschluss erfasste Delikte können nicht unmittelbar Gegenstand der Prüfung sein.

b) Änderungen

Aufgrund der Hauptverhandlung kann es aber zu **Änderungen des Verfahrensgegenstandes** oder der dem Täter zur Last gelegten rechtlichen Vorwürfe gekommen sein:

aa) Einschränkungen sind dadurch möglich, dass einzelne unwesentliche Taten oder Tatteile aus der weiteren Strafverfolgung ausgeklammert worden sind. Dies wäre einmal bereits bei der Anklageerhebung gemäß **§ 154 Abs. 1 oder § 154 a Abs. 1 StPO** denkbar (Formulierung in der Anklage: ... *wird angeklagt – unter Beschränkung gemäß § 154 a Abs. 1 StPO*)[3] oder aber später im gerichtlichen Verfahren durch Beschluss bei den **§§ 154 Abs. 2, 154 a Abs. 2 StPO.**

5

> **Klausurhinweis:** Lesen Sie deshalb die Anklageschrift und das Hauptverhandlungsprotokoll genau. Aus der Anklageschrift und dem Protokoll ergibt sich, welche Delikte noch Grundlage der Urteilsfindung sein können.

bb) Erweiterungen auf andere prozessuale Taten können durch **Nachtragsanklage** und **Einbeziehungsbeschluss** gemäß § 266 StPO wirksam geworden sein.

6

cc) Neue oder andere als die angeklagten Straftaten derselben prozessualen Tat können nach Hinweis auf **Veränderung des rechtlichen Gesichtspunktes gemäß § 265 StPO** Urteilsgrundlage werden.

7

---

1   BGH RÜ2 2020,136, 138.

2   Aufgrund der besseren Lesbarkeit wird im Text das generische Maskulinum verwendet. Die Formulierung umfasst alle Geschlechter.

3   AS-Skript Die staatsanwaltliche Assessorklausur (2019), Rn. 246.

> **Klausurhinweis:** Der Hinweis nach § 265 StPO wird grundsätzlich im Bearbeitervermerk als erteilt unterstellt, entweder wird er ausdrücklich benannt oder er ist in der Formulierung „wird eine richterliche Aufklärung für erforderlich gehalten" angesprochen. Es wird aber nicht angegeben, welchen Inhalt der Hinweis hatte, um die Lösung des Falles nicht zu verraten. Wenn Sie ein Delikt prüfen, das noch nicht oder abweichend in der Anklageschrift bezeichnet ist, müssen Sie also zunächst feststellen, dass diesbezüglich ein Hinweis nach § 265 StPO zu erfolgen hat und dass dieser nach dem Bearbeitervermerk erfolgt ist. Die Erteilung des rechtlichen Hinweises wird dann in der Klausur in einer Fußnote festgestellt.

2. Strafbarkeit

8   **a)** Die Prüfung der Strafbarkeit folgt der Gedankenführung, wie sie aus dem schon im Zusammenhang mit dem Ermittlungsverfahren dargestellten Praktiker-Gutachten bekannt ist.[4]

Ein Unterschied liegt darin, dass sich das urteilende Gericht nicht mit der Feststellung bzw. Überprüfung eines (hinreichenden) Tatverdachts begnügen darf. Prüfungsmaßstab für die zu untersuchenden Straftatbestände ist keine (gesteigerte) Verdachtsstufe, sondern die **richterliche Überzeugung** von der Täterschaft des Angeklagten im Rahmen der freien richterlichen Beweiswürdigung i.S.d. § 261 StPO:

Die zur richterlichen Überzeugung erforderliche persönliche Gewissheit setzt objektive Grundlagen voraus. Diese müssen aus rationalen Gründen den Schluss erlauben, dass das festgestellte Geschehen mit hoher Wahrscheinlichkeit mit der Wirklichkeit übereinstimmt. Deshalb müssen die Urteilsgründe erkennen lassen, dass die Beweiswürdigung auf einer tragfähigen, verstandesmäßig einsehbaren Tatsachengrundlage beruht. Die vom Gericht gezogene Schlussforderung darf nicht nur eine Annahme sein oder sich als bloße Vermutung erweisen, die letztlich nicht mehr als einen Verdacht zu begründen vermag.[5]

9   **b)** Fragen der **Beweiswürdigung** spielen deshalb beim Urteilsgutachten eine besondere Rolle.[6]

Im Zusammenhang mit der Beweiswürdigung können nicht angeklagte oder ausgeklammerte Taten wieder Bedeutung erlangen:

aa) So können aus **verjährten Taten Indizien für den Schuldspruch** hergeleitet werden.

bb) Das Beweismittel- und -verwertungsverbot des § 51 Abs. 1 BZRG für **getilgte oder tilgungsreife Vorstrafen** setzt der Berücksichtigung in der Beweiswürdigung (und auch bei der Strafzumessung) keine Grenze, weil die eng auszulegende Vorschrift nach ihrem klaren Wortlaut eine Verurteilung voraussetzt.[7]

cc) Auch nach **§§ 154, 154 a StPO ausgeschiedene Tatteile oder Nebentaten** können – sofern ein entsprechender Hinweis erteilt worden ist – bei der Beweiswürdigung Verwendung finden.[8]

10   **c)** Am Ende der Prüfung stehen die **Konkurrenzen, und zwar nur der Delikte, aus denen tatsächlich schuldig gesprochen wird**.

---

4   AS-Skript Die staatsanwaltliche Assessorklausur (2019), Rn. 6 ff.

5   BGH NStZ-RR 2007, 244.

6   AS-Skript Die staatsanwaltliche Assessorklausur (2019), Rn. 47 ff.

7   BGHSt 25, 64, 65 f.

8   Meyer-Goßner/Schmitt § 154 Rn. 25 u. § 154 a Rn. 2.

Das gilt auch bei Verfahren gegen Jugendliche. § 31 JGG bestimmt zwar, dass bei mehreren Straftaten eines Jugendlichen nur eine einheitliche Rechtsfolge auszusprechen ist. Die Delikte und deren Konkurrenzverhältnis sind jedoch im Urteilsspruch festzustellen. **11**

Klausurhinweis: Wie in allen Strafrechtsklausuren ist bei der Prüfung der Strafbarkeit das **materielle Recht** ein **Schwerpunkt der Klausur.**

Die Probleme des **Allgemeinen Teils** des Strafrechts spielen bei den Urteilsklausuren nur eine beschränkte Rolle. Beliebt sind Versuchs- und Rücktrittskonstellationen sowie Abgrenzungsprobleme bei Täterschaft und Teilnahme. Auch Fragen der Rechtfertigung – vor allem nach § 32 StGB und § 127 StPO – sowie praxisnahe Schuldprobleme, meist wegen Alkoholisierung des Angeklagten (§§ 20, 21 StGB), können intensiver abzuhandeln sein. Dagegen besitzen die theorielastigen Probleme des Allgemeinen Teils (z.B. Irrtümer, Zurechenbarkeit etc.) kaum Examensrelevanz.

Besonders häufig sind **Delikte des Besonderen Teils** des StGB gegen Leib und Leben (§§ 211 ff., 223 ff. StGB), gegen Vermögen und Eigentum i.e.S. (§§ 242, 263 StGB) sowie gegen die Willens- und Fortbewegungsfreiheit (§§ 239, 240 StGB) Gegenstand der Urteilsklausur, nicht selten auch in ihren Kombinations- und Qualifikationsnormen (z.B. nach den §§ 239 a, 239 b, 249, 250, 252, 255, 316 a StGB).

Besonderes Gewicht bei der Bewertung der Klausur wird der richtigen – mithin praxisnahen – Schwerpunktsetzung beigemessen. Sie müssen daher denjenigen Straftatbeständen, die das oder ein Hauptproblem der Klausur sind, bei der Abfassung Ihres Urteilsentwurfs die entsprechende Aufmerksamkeit zukommen lassen. Randdelikte, die schon ganz offensichtlich mit verwirklicht sind (häufig z.B. §§ 123, 185 StGB), bzw. solche, bei denen Nichtverwirklichung nach dem Aktenauszug auf der Hand liegt, sind ganz knapp zu behandeln.

Das AS-Skript speziell zum materiellen Strafrecht in der Assessorklausur zeigt, welche Streitstände Sie kennen müssen und gibt Ihnen Formulierungsvorschläge dazu.

---

2. Abschnitt: Konsequenzen für die Urteilsfassung

Die Entscheidungen in der Hauptsache, Nebenentscheidungen

I. Entscheidung in der Hauptsache

Abhängig von dem Ergebnis der verfahrens- und materiell-rechtlichen Prüfung hat in der Hauptsache eine **Einstellung** (Prozessurteil), ein **Schuldspruch** (Sachurteil) oder ein **Freispruch** (Sachurteil) zu erfolgen. **12**

Entscheidung in der Hauptsache
■ **Einstellung** (Prozessurteil)
■ **Schuldspruch** (Sachurteil)
■ **Freispruch** (Sachurteil)

Bei der zugelassenen Anklage mehrerer Delikte kann es auch zu einer Kombination der voranstehenden Entscheidungen kommen, z.B. Schuldspruch wegen nur einer der angeklagten Taten verbunden mit einem Teilfreispruch oder einer Teileinstellung im Übrigen.

II. Nebenentscheidungen

13   Die Entscheidung in der Hauptsache weist den Weg für die erforderlichen **Nebenentscheidungen**. Sie müssen entweder als notwendige Bestandteile des Urteils tenoriert und begründet werden, oder sie sind einem gesonderten Beschluss vorbehalten, der mit dem Urteil zu verkünden ist.

1. Nebenentscheidungen im Urteil

Nebenentscheidungen im Urteil
■ Kosten des Verfahrens und notwendige Auslagen
■ Entschädigung des Angeklagten für Strafverfolgungsmaßnahmen
■ zivilrechtliche Entschädigung des Verletzten im zusätzlichen Adhäsionsverfahren

14   **a)** Die **Kosten des Verfahrens** (vgl. § 464 Abs. 1 StPO) und die **notwendigen Auslagen** der Verfahrensbeteiligten (vgl. § 464 Abs. 2 StPO).

Zu unterscheiden sind die Kosten des Verfahrens, die für Sachverständige, Zeugen pp. anfallen und die notwendigen Auslagen (außergerichtliche Kosten), als solche des Angeklagten z.B. für seinen Verteidiger, § 464 a Abs. 2 StPO und die des Nebenklägers, z.B. für seinen Rechtsanwalt, vgl. §§ 464 a Abs. 2, 472 StPO.

Während die Nebenentscheidung über die Kosten des Verfahrens in jedem Urteil zwingend zu treffen ist, bedarf es einer Entscheidung über die notwendigen Auslagen nur dann, wenn ein Beteiligter oder die Staatskasse verpflichtet ist, einem anderen seine Auslagen zu erstatten, weil allein in diesen Fällen von dem Grundsatz abgewichen wird, dass jeder seine (nicht nur notwendigen!) Auslagen selbst zu tragen hat.[9]

15   **b)** Die **Entschädigung des Angeklagten für Strafverfolgungsmaßnahmen** (vgl. § 8 StrEG).

Auch die Entscheidung über die Entschädigung für Strafverfolgungsmaßnahmen ist nicht zwingender Bestandteil des Urteils. Bei einer Verurteilung ist sie regelmäßig nicht erforderlich (Ausnahme: § 4 StrEG, Entschädigung nach Billigkeit, so wenn z.B. das Gericht von Strafe abgesehen), bei einem Freispruch oder einer Einstellung ist sie nur dann zu treffen, wenn tatsächlich – theoretisch entschädigungspflichtige – Strafverfolgungsmaßnahmen i.S.d. § 2 StrEG vollzogen worden waren.

16   **c)** Die **zivilrechtliche Entschädigung des Verletzten** im zusätzlichen Adhäsionsverfahren gemäß §§ 403 ff. StPO (vgl. § 406 Abs. 1 StPO).

Ein Ausspruch über den Adhäsionsantrag des Verletzten erfolgt nur dann im Urteil, wenn der Antrag zulässig und ganz oder teilweise begründet ist und sich zudem für die Erledigung im Strafverfahren eignet;[10] anderenfalls sieht das Gericht in einem gesonderten Beschluss von einer Entscheidung über den Antrag ab, vgl. § 406 Abs. 1, Abs. 5 StPO.[11] Diese **Nebenentscheidungen** werden im Urteil jeweils nur **dem Grunde nach** getroffen![12] Lediglich der positive Ausspruch über einen Adhäsionsantrag kann (vgl. § 406 Abs. 1 S. 2 StPO) die konkrete Höhe der Entschädigungssumme beziffern.

---

9   Meyer-Goßner/Schmitt § 464 Rn. 10.

10   Vgl. hierzu Rn. 153.

11   Hanseatisches Oberlandesgericht Hamburg NStZ-RR 2006, 347–349.

12   Meyer-Goßner/Schmitt § 406 Rn. 3.

Entscheidungen über Adhäsionsanträge sind bislang in Examensklausuren nicht bekannt geworden, da zivilrechtliche Entscheidungen den entsprechenden Zivilklausuren vorbehalten bleiben.

2. Nebenentscheidungen in einem getrennten Beschluss

Die folgenden **Nebenentscheidungen** trifft das Gericht dagegen jeweils in einem vom Urteil **getrennten Beschluss**, der aber mit diesem zusammen zu verkünden ist:

a) Die **Entscheidung über Fortdauer der Untersuchungshaft oder der einstweiligen Unterbringung**, bzw. die Aufhebung des Haft- oder Unterbringungsbefehls gemäß § 268 b StPO.

17

Diese Entscheidung hat immer zu ergehen, wenn zum Zeitpunkt der Urteilsfällung noch ein Haft- oder Unterbringungsbefehl gegen den Angeklagten besteht und auch vollzogen wird.[13]

Bei einem Freispruch oder einer nicht nur vorläufigen Verfahrenseinstellung ist der Haftbefehl gemäß § 120 Abs. 1 S. 2 StPO zwingend aufzuheben, auch wenn das Urteil noch mit Rechtsmitteln von der Staatsanwaltschaft oder dem Nebenkläger angefochten werden kann.

Im Fall der Anordnung einer Haftfortdauer bedarf es regelmäßig keiner gesonderten Begründung (vgl. § 34 StPO) des dringenden Tatverdachts, wenn dieser durch das Urteil hinreichend belegt ist.[14]

b) Die zwingende **Aufhebung der vorläufigen Fahrerlaubnisentziehung** gemäß § 111 a Abs. 2 StPO, sofern dem Angeklagten durch das Urteil nicht die Fahrerlaubnis nach §§ 69, 69 a StGB entzogen wird.

18

c) Die **Entscheidung nach § 268 a StPO (Beschluss bei Strafaussetzung) über die näheren Modalitäten der Bewährung**szeit, -auflagen, -weisungen und -hilfe, sofern das Gericht die Vollstreckung der gegen den Angeklagten verhängten Freiheitsstrafe in dem Urteil zur Bewährung ausgesetzt (§ 56 StGB) oder den Angeklagten mit Strafvorbehalt verwarnt hat (§ 59 StGB).

d) Hat das Gericht **Beschlagnahme und Vermögensarrest nach § 111 j StPO** angeordnet, muss die Anordnung förmlich aufgehoben werden, wenn der Angeklagte freigesprochen oder die Verurteilung ohne die Anordnung der Einziehung nach den §§ 73 ff. StGB und 74 ff. StGB erfolgt ist.

19

> **Klausurhinweis**: In der Examensklausur werden zusätzlich zu dem Urteil zu verkündende Beschlüsse nach §§ 111 a Abs. 1, 111 i Abs. 3 S. 1, 268 a und § 268 b StPO regelmäßig **nicht** verlangt (aber jeweils Bearbeitervermerk beachten!)

---

13 Meyer-Goßner/Schmitt § 268 b Rn 2.
14 Thüringer Oberlandesgericht StV 2010, 34.

III. Varianten für Haupt- und Nebenentscheidungen

1. Nach Anklage und Eröffnungsbeschluss nur ein Delikt

a) Es besteht ein Verfahrenshindernis oder eine Prozessvoraussetzung fehlt

---

Hauptentscheidung: Nur ein Delikt angeklagt – nicht verfolgbar

- Einstellung durch Urteil gemäß § 260 Abs. 3 StPO
- Die Kosten und notwendigen Auslagen werden der Staatskasse auferlegt, § 467 StPO

---

20 **aa)** Fehlen **Prozessvoraussetzungen, weil** z.B.

- keine wirksame Anklage,
- fehlender Eröffnungsbeschluss,
- fehlende deutsche Gerichtsbarkeit,
- fehlende örtliche Zuständigkeit, sofern noch nach § 16 StPO zu beachten,

oder bestehen **Verfahrenshindernisse**, z.B.

- erforderlicher Strafantrag nicht oder nicht wirksam gestellt,
- Strafantrag wieder zurückgenommen,
- Verfolgungsverjährung eingetreten,
- anderweitige Rechtshängigkeit oder entgegenstehende Rechtskraft bezüglich der prozessualen Tat,

ist gemäß **§ 260 Abs. 3 StPO** eine **Einstellung durch Urteil** auszusprechen. **Das Einstellungsurteil ist ein Prozessurteil**.

Beispiel: Der Angeklagte, der in Essen-Borbeck wohnt und dort eine Trunkenheitsfahrt begangen hat, wird vor dem Amtsrichter – Strafrichter – in Essen angeklagt. (Essen-Borbeck hat ein eigenes Amtsgericht). Zum Beginn seiner Vernehmung zur Sache in der Hauptverhandlung macht der Angeklagte den Einwand der Unzuständigkeit geltend (§ 16 S. 3 StPO,

oder

Die Angeklagte ist wegen Beleidigung vor dem Amtsgericht Moers angeklagt. In der Hauptverhandlung wird festgestellt, dass kein Strafantrag gestellt worden ist.

Die Verfahren werden jeweils durch Prozessurteil nach § 260 Abs. 3 StPO eingestellt.

21 Eine Sachentscheidung ergeht nur ausnahmsweise, und zwar dann, wenn die Sache entscheidungsreif ist und – ohne Berücksichtigung des Verfahrenshindernisses – ein Freispruch erfolgen müsste.[15] Dann gilt: **Vorrang des Freispruchs!**

Diese von der Rspr. statuierte Verpflichtung, die sich nicht dem ausdrücklichen Gesetzeswortlaut des § 260 Abs. 3 StPO entnehmen lässt, wirkt sich **für den Angeklagten** nicht nur psychologisch **günstiger** aus. Freisprechende und einstellende Urteile unterscheiden sich nämlich auch dadurch, dass allein die erstgenannten materielle Rechtskraft erzeugen, deren wichtigste Ausprägung der Verbrauch der Strafklage gemäß Art. 103 Abs. 3 GG ist. Demgegenüber kann nach einem einstellenden Prozessurteil erneut Anklage gegen den Beschuldigten erhoben werden, sofern das Prozess-

---

15 BGHSt 46, 130–138.

hindernis behebbar ist und behoben wurde (z.B. durch neue wirksame Anklage oder die nachträgliche Stellung eines noch fristgemäßen Strafantrags).[16]

Vorrang eines Freispruchs vor einer Einstellung besteht allerdings nach einer im Vordringen befindlichen Ansicht nicht, wenn das Verfahrenshindernis bzw. die fehlende Prozessvoraussetzung für das Gericht zu einem „Befassungsverbot" führt; es mithin dem Gericht untersagt ist, sich überhaupt sachlich mit dem erhobenen Vorwurf auseinanderzusetzen.[17] **22**

Zu diesen **„Befassungsverboten"** wird das Fehlen der nachfolgenden Prozessvoraussetzungen gezählt:

- wirksame Anklage,
- wirksamer Eröffnungsbeschluss,
- deutsche Gerichtsbarkeit,
- örtliche und sachliche Zuständigkeit des Gerichts,
- Leben des Beschuldigten,
- Strafmündigkeit,
- keine Immunität,
- keine entgegenstehende Rechtskraft oder Rechtshängigkeit.

Der Vorrang der freisprechenden Sachentscheidung vor dem Einstellungsurteil betrifft danach nur die Gruppe der sog. **„Bestrafungsverbote"**, die nicht der Durchführung des Verfahrens gegen den Angeklagten, sondern ausschließlich seiner Bestrafung entgegenstehen. Hierzu zählen z.B. fehlender Strafantrag, Verjährung, Amnestie, auslieferungsrechtliche Beschränkungen und Verhandlungsunfähigkeit.

bb) Die **Kosten** des Verfahrens werden bei einem einstellenden Prozessurteil gemäß § 467 Abs. 1 StPO der Staatskasse auferlegt. **23**

cc) Die **notwendigen Auslagen** des Angeklagten hat in der Regel ebenfalls die Staatskasse gemäß § 467 Abs. 1 StPO zu tragen. **24**

Allerdings kann das Gericht in Ausnahmekonstellationen[18] von der Erstattung der notwendigen Auslagen gemäß § 467 Abs. 1, Abs. 3 S. 2 Nr. 2 StPO absehen, z.B. wenn der Angeklagte den ihm möglichen Hinweis auf ein wegen derselben prozessualen Tat bereits ergangenes Urteil unterlassen hat.[19]

Ein etwaiger Nebenkläger trägt bei der Einstellung seine Auslagen selbst, ohne dass es dazu eines Ausspruchs in der Urteilsformel bedarf, vgl. § 472 Abs. 1 StPO.

Muss das Verfahren wegen Zurücknahme eines Strafantrags eingestellt werden, so hat der Antragsteller die Kosten sowie die dem Angeklagten erwachsenen notwendigen Auslagen zu tragen, § 470 S. 1 StPO.

dd) Haben **entschädigungspflichtige Strafverfolgungsmaßnahmen** z.B. **25**

- vorläufige Festnahme,
- Beschlagnahme,
- Durchsuchung,

---

16 Meyer-Goßner/Schmitt § 260 Rn. 47 f.
17 Meyer-Goßner/Schmitt § 260 Rn. 45 u. Einl. Rn. 143 ff. m.w.N.
18 BVerfGE 3, 229–234.
19 Meyer-Goßner/Schmitt § 467 Rn. 18.

stattgefunden, muss das Gericht über eine nach §§ 2 ff. StrEG mögliche Entschädigung entscheiden. Sie kann dann versagt werden, wenn der Angeklagte die Strafverfolgung selbst veranlasst hat, vgl. § 6 StrEG, und ist zu versagen, wenn die Ausschließungsgründe des § 5 StrEG gegeben sind.

ee) Ein etwa noch **bestehender Haftbefehl** ist wegen § 120 Abs. 1 S. 2 StPO zwingend durch gesonderten Beschluss gemäß § 268 b StPO **aufzuheben**.

b) Aus tatsächlichen oder rechtlichen Gründen keine Strafbarkeit oder die Tat ist nicht nachweisbar

Beispiel: Die Angeklagte ist des Diebstahls angeklagt. Sie bestreitet in der Hauptverhandlung die Tat. Die einzige Zeugin kann die Angeklagte in der Hauptverhandlung nicht wiedererkennen.

oder

Der Angeklagte ist wegen Unterschlagung eines Gemäldes gemäß § 246 Abs. 1 StGB angeklagt. In der Hauptverhandlung stellt sich heraus, dass er nachweislich das Gemälde von seiner Ex-Freundin geschenkt bekommen hat.

Hauptentscheidung: Nur ein Delikt angeklagt – nicht strafbar
■ Freispruch
■ Die Kosten und notwendigen Auslagen werden der Staatskasse auferlegt, § 467 StPO

26 **aa)** Es hat ein **Freispruch** zu erfolgen.

27 **bb)** Gemäß § 467 StPO fallen die **Kosten** des Verfahrens und die **notwendigen Auslagen** des Angeklagten der Staatskasse zur Last.

Ein etwaiger Nebenkläger trägt seine Auslagen selbst, vgl. § 472 Abs. 1 StPO.

28 **cc)** Erforderlichenfalls ist auch eine Grundentscheidung über die **Entschädigung für erlittene Strafverfolgungsmaßnahmen** zu treffen, vgl. §§ 2, 5, 6, 8 StrEG.

29 **dd)** Ein noch **bestehender Haftbefehl** ist zwingend durch einen mit dem Urteil zu verkündendem Beschluss **aufzuheben**, vgl. §§ 268 b, 120 Abs. 1 S. 2 StPO.

c) Das angeklagte Delikt liegt zur Überzeugung des Gerichts vor

Beispiel: Die Angeklagte ist wegen Diebstahls angeklagt. Nach der geständigen Einlassung, die durch die Bekundungen der vernommenen Zeugen bestätigt wird, bestehen für das Gericht keine begründeten Zweifel an der Tat und der Täterschaft der Angeklagten.

Hauptentscheidung: Nur ein Delikt angeklagt – strafbar
■ Schuldspruch mit Rechtsfolgenausspruch
■ Der Angeklagte hat die Kosten des Verfahrens gemäß § 465 StPO zu tragen

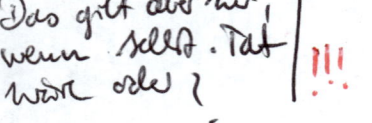
Das gilt aber nur, wenn selbst. Tat wäre oder?

30 **aa)** Es hat ein **Schuldspruch** zu erfolgen. Eine Ausnahme kann aber für den Fall bestehen, dass nach wahldeutiger Anklage (z.B. „entweder am…in…oder am…in")[20] kein wahldeutiger, sondern ein eindeutiger Schuldspruch erfolgt. Dann ist der Angeklagte im Übrigen freizusprechen.[21]

31 **bb)** Des Weiteren müssen die Rechtsfolgen für die Tat bestimmt werden. Kommen ein **Absehen von Strafe** und **Straffrei-Erklärung** (z.B. § 60 StGB) oder **eine Verwar-**

---

20 AS-Skript Die staatsanwaltschaftliche Assessorklausur (2019), Rn. 253 f.
21 BGH RÜ2 2018, 37.

nung mit Strafvorbehalt (§ 59 StGB) nicht in Betracht, ist eine **Hauptstrafe** (Geld- oder Freiheitsstrafe) zu bilden. Anschließend ist zu klären, ob und in welchem Umfang eine **Nebenstrafe, -folge** oder **Maßnahme** (vgl. § 11 Abs. 1 Nr. 8 StGB) verhängt werden muss.

cc) Im Fall der Verurteilung hat der Angeklagte die **Kosten** des Verfahrens gemäß § 465 StPO insoweit zu tragen, als sie durch das Verfahren wegen einer Tat entstanden sind, deretwegen er verurteilt oder eine Maßregel der Besserung und Sicherung gegen ihn angeordnet wird. Dies gilt gemäß § 465 Abs. 1 S. 2 StPO auch dann, wenn der Angeklagte mit Strafvorbehalt verwarnt wird oder das Gericht von Strafe absieht.   **32**

dd) Seine eigenen **Auslagen** trägt der Verurteilte selbst, ohne dass es dazu eines besonderen Ausspruchs in der Urteilsformel bedarf.   **33**

Bei der Verurteilung wegen einer nebenklagefähigen Tat werden ihm zudem die **notwendigen Auslagen des befugten Nebenklägers** auferlegt, vgl. § 472 Abs. 1 StPO.[22]

Bei einem Schuldspruch gegen einen **Jugendlichen** oder einen **Heranwachsenden**, gegen den materielles Jugendstrafrecht gemäß § 105 JGG angewandt wird, kann gemäß §§ 74, 109 Abs. 2 JGG von der Auferlegung der Verfahrenskosten und der Auslagen anderer Beteiligter **ganz oder teilweise abgesehen werden**.[23] Von seinen eigenen (notwendigen) Auslagen kann der verurteilte Jugendliche bzw. Heranwachsende aber nicht entlastet werden.[24]

ee) Ein zusätzlicher **Ausspruch über eine Entschädigung** des Angeklagten für erlittene Strafverfolgungsmaßnahmen nach dem Gesetz über die Entschädigung für Strafverfolgungsmaßnahmen (StrEG) ist bei einem Schuldspruch nur **ausnahmsweise zu treffen**, vgl. die Voraussetzungen der sog. **Billigkeitsentschädigung** in § 4 StrEG.   **34**

ff) Hat der Verletzte einen **zulässigen und begründeten Entschädigungsanspruch** gemäß §§ 403 ff. StPO – **im zusätzlichen Adhäsionsverfahren** – gestellt, und eignet sich dieser Antrag auch zur Erledigung im Strafverfahren, dann muss das Gericht **im Urteil** über diesen Anspruch entscheiden, vgl. § 406 Abs. 1 StPO.   **35**

Das Gericht ist dabei an den Antrag des Verletzten entsprechend § 308 ZPO gebunden und spricht den Anspruch, soweit er begründet ist – ganz oder teilweise – zu, vgl. § 406 Abs. 1 StPO. In den überwiegenden Fällen wird hierbei ein beziffertes oder unbeziffertes Leistungsurteil, bei künftig zu erwartenden Schäden ausnahmsweise auch ein Feststellungsurteil in Betracht kommen.[25] Möglich sind aber auch Grund- und Teilurteile gemäß § 406 Abs. 3 StPO i.V.m. §§ 304 Abs. 2, 318 ZPO sowie Anerkenntnisurteile nach § 406 Abs. 2 StPO i.V.m. § 307 ZPO. Bei einer nur teilweisen Stattgabe des Antrags ist im Hinblick auf § 406 Abs. 3 S. 3 StPO auch das teilweise Absehen von der Entscheidung zu tenorieren.[26]

gg) In einem **gesonderten Beschluss** ist über die **Fortdauer der Untersuchungshaft bzw. die Aufhebung des Haftbefehls** unter Angabe der Gründe zu entscheiden, vgl. § 268 b StPO.   **36**

hh) Hat das Gericht den Angeklagten zu einer Freiheitsstrafe verurteilt und die **Vollstreckung der Strafe zur Bewährung** ausgesetzt oder den Angeklagten mit **Straf-**   **37**

22 Meyer-Goßner/Schmitt § 472 Rn. 4 ff.
23 Meyer-Goßner/Schmitt § 465 Rn. 1.
24 BGHSt 36, 27.
25 Vgl. hierzu auch Rn. 153.
26 BGH NStZ 2003, 565–566.

vorbehalt verwarnt, so trifft es gemäß § 268 a StPO die in den §§ 56 a bis 56 d und 59 a StGB bezeichneten Entscheidungen ebenfalls durch einen **gesonderten Beschluss**, der mit dem Urteil zu verkünden ist.

> **Klausurhinweis:** Im Regelfall sind nach dem Bearbeitervermerk ein Haftfortdauer- oder ein Bewährungsbeschluss nicht zu fertigen.

2. Nach Anklage und Eröffnungsbeschluss mehrere Delikte

a) Die Delikte liegen nach der Überzeugung des Gerichts vor

Beispiele:

Nach dem Ergebnis der Beweisaufnahme steht für das Gericht fest, dass die Angeklagte eine Urkundenfälschung und zugleich einen Betrug begangen hat.

oder

Nach dem Ergebnis der Beweisaufnahme steht fest, dass der Angeklagte eine Straßenverkehrsgefährdung und ein unerlaubtes Entfernen vom Unfallort sowie eine Trunkenheitsfahrt begangen hat.

Hauptentscheidung: Mehrere Delikte angeklagt – alle strafbar
■ Schuldspruch (als einheitliche Entscheidung bei Tateinheit und als Gesamtstrafe bei Tatmehrheit)
■ Der Angeklagte hat die Kosten des Verfahrens gemäß § 465 StPO zu tragen

38 Es hat ein **Schuldspruch** wegen aller Delikte zu erfolgen. Unterschiede zum Vorgenannten ergeben sich hier nur auf der Rechtsfolgenseite in Bezug auf die Bildung der Hauptstrafe, je nachdem ob nach dem Ergebnis der materiell-rechtlichen Prüfung Tateinheit und/oder Tatmehrheit angenommen wurde:

39 Bei **Tatmehrheit** (§ 53 StGB) ist im **Strafausspruch** regelmäßig eine **Gesamtstrafe** zu bilden.

40 Bei Serienstraftaten muss der Tatrichter sich in objektiv nachvollziehbarer Weise die Überzeugung verschaffen, dass es in einem gewissen Zeitraum zu einer bestimmten Mindestzahl von Straftaten gekommen ist. Entscheidend dabei ist nicht, dass eine Gesamtzahl von Straftaten festgestellt wird, sondern dass das Gericht von jeder einzelnen Straftat überzeugt ist. Ist eine Individualisierung einzelner Taten mangels Besonderheiten im Tatbild oder der Tatumstände nicht möglich, sind die Anknüpfungspunkte zu bezeichnen, anhand derer der Tatrichter den Tatzeitraum eingrenzt und auf die sich seine Überzeugung von der Mindestzahl und der Begehungsweise der einzelnen Taten in diesem Zeitraum gründet.[27]

41 Bei **Tateinheit** (§ 52 StGB) kann nur eine **einheitliche Rechtsfolgenentscheidung** ergehen.

42 Die voranstehende Differenzierung gilt nicht bei der Verurteilung **Jugendlicher und Heranwachsender**, die gemäß § 105 JGG nach materiellem Jugendstrafrecht behandelt werden, da diesen gegenüber immer – also auch bei tatmehrheitlichem Schuldspruch – eine **einheitliche Rechtsfolge** festgesetzt wird, vgl. § 31 JGG.

---

27 BGH NStZ 2015, 96–98.

b) Nach dem Ergebnis der Hauptverhandlung liegt kein Delikt zur Überzeugung des Gerichts vor oder ist nachweisbar

Hauptentscheidung: Mehrere Delikte angeklagt – keines strafbar
■ Freispruch
■ Die Kosten und notwendigen Auslagen werden der Staatskasse auferlegt, § 467 StPO

> **Klausurhinweis:** Ausgeschiedene Tatteile oder Gesetzesverletzungen müssen für den Fall, dass das Gericht zu dem Ergebnis kommt, dass ansonsten Freispruch zu erfolgen hätte, von Amts wegen wieder einbezogen werden.[28] Lesen Sie deshalb das Protokoll genau, ob dort bezüglich einzelner Taten zuvor gemäß §§ 154 Abs. 2 oder 154a Abs. 2 StPO verfahren worden ist.

c) Gemischte Hauptsacheentscheidungen

Nach dem Ergebnis der Hauptverhandlung ist

43

- wegen eines Delikts oder mehrerer Delikte der Tatnachweis nicht zu führen oder die Tat ist dem Angeklagten nicht mit der für eine Verurteilung erforderlichen Sicherheit nachzuweisen,

  Beispiel: Die Angeklagte ist wegen eines Diebstahls am 18.01.2021 und wegen eines Diebstahls am 21.09.2020 angeklagt. Hinsichtlich der Tat am 18.01.2021 ist sie geständig. Für die Tat am 21.09.2020 kann sie als Täterin durch den Zeugen nicht identifiziert werden.

- bezüglich eines anderen Delikts bzw. anderer Delikte besteht entweder ein Verfahrenshindernis oder es fehlt eine Prozessvoraussetzung,

  Beispiel: Der Angeklagte ist wegen einer Körperverletzung am 18.01.2021 und einer Beleidigung am 21.09.2020 angeklagt. Es fehlen beide Strafanträge. Für die Körperverletzung bejaht die Staatsanwaltschaft im Hauptverhandlungstermin das besondere öffentliche Interesse nach § 230 StGB.

- und wegen eines Delikts oder mehrerer Delikte ist zu verurteilen.

Hauptentscheidung: Mehrere Delikte angeklagt – unterschiedlich strafbar
■ Verurteilung und Teilfreispruch oder Teileinstellung
■ Der Angeklagte trägt die Verfahrenskosten, soweit er wegen einer Tat schuldig gesprochen wird, § 465 Abs. 1 StPO. Die Kosten im Übrigen – wegen der freigesprochenen oder eingestellten Taten – fallen der Staatskasse zur Last, § 467 StPO

aa) Das Strafurteil muss einerseits die Anklage und den Eröffnungsbeschluss ausschöpfen, andererseits kann wegen derselben materiell-rechtlichen Tat ein Urteil nur entweder auf Verurteilung oder Nichtverurteilung lauten. Hieraus folgert die Rspr.:

44

(1) Stehen die Delikte, die nicht zur Verurteilung gelangen, zu denjenigen, aus denen schuldig gesprochen wird, **nach der Anklage und dem Eröffnungsbeschluss in Tatmehrheit**, § 53 StPO, so muss im Urteilstenor und in den Urteilsgründen **neben** dem erforderlichen **Schuldspruch** ein **Teilfreispruch** erfolgen, soweit das Gericht die tatmehrheitlich angeklagte Tat nicht für erwiesen hält, auch bei einer einheitlichen prozessualen Tat i.S.d. § 264 StPO.[29]

45

---

28   BGH NStZ 1985, 515.

29   Meyer-Goßner/Schmitt § 260 Rn. 13.

Das gilt selbst dann, wenn das Gericht das Konkurrenzverhältnis anders beurteilt und der Meinung ist, dass bei zutreffender rechtlicher Würdigung Tateinheit oder sogar nur eine natürliche Handlungseinheit vorliegen müsste.

Wegen des anderen Delikts, für das ein Verfahrenshindernis besteht, hat im Urteilstenor eine selbstständige **Teileinstellung** zu erfolgen.

Auch hier gilt aber der Vorrang des Freispruchs nach den bereits zuvor erörterten Grundsätzen.

46 (2) Trifft ein Delikt, dessentwegen verurteilt werden muss, mit einem anderen **tateinheitlich, § 52 StGB**, zusammen, für das (für sich gesehen) Einstellung oder Freispruch erfolgen müsste, so wird **nur die Verurteilung** im Schuldspruch erwähnt. Ein Teilfreispruch oder eine Teileinstellung erfolgt dann nicht im Tenor. Die Nichtverurteilung wird nur in den Entscheidungsgründen dargelegt.

Trifft ein Delikt, dessentwegen freizusprechen ist, mit einem anderen tateinheitlich zusammen, dessentwegen einzustellen wäre, so bestimmt der **schwerer wiegende Vorwurf** den Urteilsspruch.[30] Bei Gleichwertigkeit wird eingestellt.[31]

> **Klausurhinweis:** Während die für den Staatsanwalt beim Abschluss des Ermittlungsverfahrens relevante Frage, ob eine echte Teileinstellung des Verfahrens gemäß § 170 Abs. 2 StPO mangels hinreichenden Tatverdachts für nur eines von mehreren Delikten verneint wird, die prozessuale Tatidentität i.S.d. §§ 155, 264 StPO maßgeblich ist, gibt im Strafurteil das **materiell-rechtliche Konkurrenzverhältnis** der Delikte gemäß §§ 52, 53 StGB die Antwort auf die Frage nach dem Erfordernis eines Teilfreispruches bzw. einer Teileinstellung vor.

47 **bb)** Eine „gemischte" Entscheidung in der Hauptsache führt immer auch zu einer **„gespaltenen" Kosten- und Auslagenentscheidung** (Ausnahme: §§ 74, 109 Abs. 2 JGG im Jugendstrafprozess).

48 (1) Der Angeklagte trägt die **Verfahrenskosten** nur insoweit, als er wegen einer Tat schuldig gesprochen wird, vgl. § 465 Abs. 1 StPO. Dagegen fallen die Kosten im Übrigen – wegen der freigesprochenen oder eingestellten Taten – der Staatskasse nach Maßgabe des § 467 StPO zur Last.

49 (2) Entsprechendes gilt für die **notwendigen Auslagen des Angeklagten**. Sie werden ihm nur insoweit erstattet, als er freigesprochen wird oder das Verfahren gegen ihn eingestellt wird, vgl. § 467 StPO. Bezüglich der Taten, derentwegen er schuldig gesprochen wird, hat er seine Auslagen selbst zu tragen. Eines besonderen Ausspruchs in der Urteilsformel bedarf dazu nicht. Dem Angeklagten werden auch die **notwendigen Auslagen des Nebenklägers** nur dann auferlegt, wenn er wegen einer den (befugten) Nebenkläger betreffenden Tat – die nach der Rspr. nicht zwingend dem Straftatenkatalog des § 395 Abs. 1 StPO entsprechen muss[32] – schuldig gesprochen wird; andernfalls trägt der Nebenkläger seine Auslagen selbst.

50 **cc)** Die weiteren **Nebenentscheidungen** (StrEG u.a.) hängen davon ab, inwieweit die konkrete Entscheidung in unmittelbaren Zusammenhang mit dem eingestellten, freigesprochenen oder vom Schuldspruch erfassten Teil des Urteils steht. Im Übrigen gelten auch bei dieser Urteilsvariante die bereits zuvor aufgezeigten Grundsätze.

---

30 BGH NStZ-RR 2005, 310.
31 Meyer-Goßner/Schmitt § 260 Rn. 46 m.w.N.
32 BGHSt 38, 93–95; BGH NStZ 2003, 321.

Bei **mehreren Angeklagten** sind die Entscheidungen in der Hauptsache sowie die   51
erforderlichen Nebenentscheidungen für jeden der einzelnen (Mit-)Angeklagten gesondert – nach Maßgabe der voranstehenden Konstellationen – zu treffen; sie können allerdings in der Urteilsformel sprachlich verbunden werden, soweit dies dem
besseren Verständnis dient.

IV. Rechtsfolgen bei einem Schuldspruch

1. Überblick über die möglichen Rechtsfolgen

Hauptstrafe: Einzelstrafe, Gesamtstrafe, nachträgliche Gesamtstrafe   52

- Absehen von Strafe und Straffrei-Erklärung, § 60 StGB
- Verwarnung mit Strafvorbehalt, § 59 StGB
- Geldstrafe: Zahl und Höhe der Tagessätze, § 260 Abs. 4 S. 3 StPO
- Freiheitsstrafe: Monate und volle Wochen bzw. Jahre und Monate, § 39 StGB; ggf. Anrechnung der Untersuchungshaft, § 51 StGB; Strafaussetzung zur Bewährung, §§ 56 ff. StGB

  Denke zum § 47 StGB !!
- Geldstrafe neben Freiheitsstrafe, § 41 StGB

Rechtsfolgen einer Jugendstraftat

- Erziehungsmaßregeln, §§ 9–12 JGG
- Zuchtmittel, §§ 13–16 JGG
- Jugendstrafe, §§ 17–26 a JGG
- Aussetzung der Verhängung einer Jugendstrafe, §§ 27–30 JGG

Nebenstrafe, § 44 StGB; **Nebenfolge**, § 45 StGB

Maßregeln der Besserung und Sicherung, §§ 61 ff. StGB; insbesondere

- Entziehung der Fahrerlaubnis mit Sperre, §§ 69, 69 a StGB   *(Regelfälle beachten !)*
- Einziehung von Taterträgen bei Tätern und Teilnehmern, §§ 73 ff. StGB
- Einziehung von Tatprodukten, Tatmitteln und Tatobjekten bei Tätern und Teilnehmern, §§ 74 ff. StGB
- Bekanntmachungsbefugnis, §§ 165, 200 StGB

> **Klausurhinweis:** Die Formulierung im Bearbeitervermerk ist genau zu beachten. In der Examensklausur ist **keine** konkrete Strafe auszusprechen. In den Gründen ist jedoch darzulegen:
>
> ■ von welchem Strafrahmen auszugehen ist,
>
> ■ ob eine Geld- oder Freiheitsstrafe für angemessen erachtet wird,
>
> ■ welche zugunsten und zulasten des Angeklagten sprechenden Strafzumessungserwägungen angestellt worden sind und welche Rechtsgrundlage dem zugrunde liegt,
>
> ■ ob bei einer Freiheitsstrafe eine Strafaussetzung zur Bewährung in Betracht kommt und welche rechtlichen Grundlagen diesen Erwägungen zugrunde liegen; soweit es in diesem Zusammenhang auf die Höhe der Freiheitsstrafe ankommen sollte, sind Ausführungen erforderlich, in welcher Größenordnung eine Strafe zu erwarten ist.

2. Prüfungsaufbau zur Ermittlung der Hauptstrafe[33]

Bestimmung des Strafrahmens
■ Der für das jeweilige Delikt vorgesehene Strafrahmen
■ Strafrahmenänderungen
■ Die zugunsten und zulasten sprechenden Strafzumessungserwägungen
■ Die konkrete Rechtsfolge, insbesondere Wahl der angemessenen Sanktionsart (*grundsätzlich nach dem Bearbeitervermerk Geld- oder Freiheitsstrafe*)
■ Geldstrafe, § 40 StGB
■ Freiheitsstrafe, §§ 38, 39 StGB mit oder ohne Strafaussetzung zur Bewährung
■ Strafaussetzung zur Bewährung, § 56 StGB

a) Die vom Gesetzgeber für das einzelne Delikt bestimmte Hauptstrafe mit dem dafür vorgesehenen Strafrahmen

53　Die Hauptstrafen im Erwachsenenstrafrecht sind die **Geld- und Freiheitsstrafe**.

Das Mindestmaß der zeitigen **Freiheitsstrafe** beträgt 1 Monat, das Höchstmaß – auch bei einer Gesamtstrafe – 15 Jahre, § 38 Abs. 2 StGB.

Nach § 40 Abs. 1 S. 2 StGB beträgt die **Geldstrafe** mindestens 5 und, wenn das Gesetz nichts anderes bestimmt, höchstens 360 volle Tagessätze. Im Fall einer Gesamtstrafe beträgt das absolute Höchstmaß der Geldstrafe 720 Tagessätze, § 54 Abs. 2 S. 2 StGB.

So reicht der Strafrahmen des Betrugs gemäß § 263 Abs. 1 StGB von 1 Monat bis zu 5 Jahren Freiheitsstrafe oder von 5 bis zu 360 Tagessätzen Geldstrafe.

Der Strafrahmen der Körperverletzung mit Todesfolge reicht gemäß § 227 Abs. 1 StGB von 3 bis 15 Jahren Freiheitsstrafe. Geldstrafe ist nicht vorgesehen.

33　Vgl. hierzu auch Kaltenbach JA 2020, 385 ff.

b) Strafrahmenverschiebungen und Sonderstrafrahmen

aa) Tatbestandliche Strafänderungen

Strafrahmenverschiebungen ergeben sich unmittelbar aus dem Ergebnis der materiellen Prüfung, wenn es sich um **tatbestandliche Strafänderungen** handelt. Sie bestimmen den Schuldspruch und den Rechtsfolgenausspruch. Bei Anhebung der Strafuntergrenze über 1 Jahr Freiheitsstrafe stufen sie ein Vergehen zum Verbrechen hoch, bei Absenkung unter 1 Jahr Mindestfreiheitsstrafe wird aus einem Verbrechen ein Vergehen, § 12 Abs. 1 u. 2 StGB. Sind alle Merkmale erfüllt, ist die Anwendung der gesetzlichen **Rechtsfolge zwingend**.

54

- **Qualifikationen** entstehen dadurch, dass das Gesetz einem bestimmten Grundtatbestand weitere unrechtserhöhende Merkmale hinzufügt und mit einer höheren Strafe koppelt:

  § 263 Abs. 5 StGB qualifiziert den Betrug zum Verbrechen, wenn es sich um eine gewerbsmäßige Bandentat handelt.

  Die §§ 224–227 StGB qualifizieren die einfache Körperverletzung, § 223 StGB. Die §§ 226, 227 StGB machen aus der Tat ein Verbrechen.

  § 244 a StGB qualifiziert den Bandendiebstahl zum schweren Bandendiebstahl und zum Verbrechen im Diebstahlsbereich, wenn nur ein sonstiger Straferschwerungsgrund aus § 243 oder § 244 StGB miterfüllt ist. Auch der Wohnungseinbruchdiebstahl nach § 244 Abs. 4 StGB ist ein Verbrechen.

  Beim Raub, § 250 StGB – sowie durch den Verweis „gleich einem Räuber" bei der räuberischen Erpressung, §§ 253, 255 StGB und dem räuberischen Diebstahl, § 252 StGB – sind innerhalb derselben Strafnorm zwei Qualifikationsstufen enthalten, nämlich Abs. 1 und Abs. 2.

- Neue Tatbestände mit unrechtsmildernden Tatbestandsmerkmalen und im Vergleich zum Grunddelikt geringerer Strafandrohung sind **Privilegierungen**.

  § 216 StGB, das Vergehen der Tötung auf Verlangen, ist nach der Lit. Privilegierung zum Verbrechenstatbestand des § 212 StGB (nach der Rspr. ein privilegierender Sondertatbestand).

  § 283 c StGB, die Gläubigerbegünstigung, ist eine Privilegierung gegenüber dem Bankrott, § 283 Abs. 1 Nr. 1 StGB.

- Es verbleiben schließlich **selbstständige Tatbestände**, die gegenüber dem allgemeinen Tatbestand eine in jeder Hinsicht in sich abgeschlossene eigene Regelung enthalten.

  Raub (§ 249 StGB) oder räuberischer Diebstahl (§ 252 StGB) sind keine Qualifizierungen der Nötigung oder des Diebstahls, sondern aus diesen Deliktskomponenten zusammengesetzte Spezialtatbestände.

bb) Besonders schwere und minder schwere Fälle i.V.m. allgemeinen und vertypten Strafmilderungsgründen

In einigen Strafvorschriften erlaubt der Gesetzgeber eine höhere Strafe, wenn ein „besonders schwerer Fall" vorliegt; in anderen kann die Strafe abgesenkt werden, wenn ein „minder schwerer Fall" anzunehmen ist. Beides kann sowohl bei Grunddelikten als auch bei Qualifikationen vorkommen. In diesen Fällen handelt es sich um **reine Strafzumessungsregeln**. Ein wesentlicher Unterschied zu den vorgenannten tatbestandlichen Strafänderungen ist, dass sie gemäß § 12 Abs. 3 StGB selbst dann **nicht zu einer Änderung des Deliktscharakters** führen, wenn sich dadurch der neue Strafrahmen über oder unter 1 Jahr Mindeststrafe verschiebt (z.B. § 226 Abs. 3 StGB).

55

> **Klausurhinweis**: Auch wenn ein besonders schwerer oder minder schwerer Fall angenommen wird, wird dies **im Urteilstenor nicht erwähnt**, sondern nur in den Urteilsgründen bei der Höhe der festgelegten Strafe angesprochen.

(1) Besonders schwere Fälle

56   **Ein besonders schwerer Fall ist anzunehmen, wenn er sich bei einer Gesamtabwägung aller Zumessungsgesichtspunkte nach dem Gewicht von Unrecht und Schuld vom Durchschnitt der erfahrungsgemäß gewöhnlich vorkommenden und deshalb für den ordentlichen Strafrahmen bereits berücksichtigten Fälle so weit abhebt, dass die Anwendung des Ausnahmestrafrahmens geboten ist.**[34]

Für die Mehrzahl der besonders schweren Fälle bedient sich der Gesetzgeber heute der **Regelbeispielstechnik** (§§ 177 Abs. 2, 243 Abs. 1, 263 Abs. 3, 267 Abs. 3, 300 StGB). Nach einer allgemeinen Straferhöhung folgen tatbestandsähnliche Umschreibungen als Regelbeispiele. Die Erfüllung eines Regelbeispiels indiziert den besonders schweren Fall, selbst wenn das Grunddelikt im Versuch steckengeblieben ist. Diese indizielle Wirkung kann aber durch andere Zumessungsfaktoren, die die Regelwirkung entkräften, kompensiert werden.[35] Ein im Gesetz vorgesehener Fall dieser „Kompensation" ist § 243 Abs. 2 StGB, wonach ein besonders schwerer Diebstahl i.S.d. § 243 Abs. 1 S. 2 Nr. 1–6 StGB nicht anzunehmen ist, wenn sich die Tat (objektiv und subjektiv) auf eine geringwertige Sache bezieht. Andererseits kann ein besonders schwerer Fall auch dann angenommen werden, wenn kein Regelbeispiel erfüllt wird.[36]

Beispiel: Der Angeklagte entwendete Gegenstände aus Fahrzeugen, nachdem er in Parkhäusern abgewartet hatte, bis die Geschädigten ihr Fahrzeug geparkt und nach dem Aussteigen eine Funkfernbedienung betätigt hatten, um es zu verriegeln. Dem Angeklagten gelang es jeweils mittels eines Störsenders, den Schließmechanismus des Fahrzeugs so zu stören bzw. zu manipulieren, dass es entweder nicht verschlossen oder – von dem Geschädigten unbemerkt – wieder geöffnet wurde.

Das Regelbeispiel des § 243 Abs. 1 S. 2 Nr. 1 StGB ist nicht verwirklicht. Der Angeklagte ist weder mit einem falschen Schlüssel oder einem anderen nicht zur ordnungsgemäßen Öffnung bestimmten Werkzeug in die Fahrzeuge eingedrungen. Ein Fall, in dem die Verriegelung eines Fahrzeugs mit einem Störsender verhindert wird, ist seinem Unrechtsgehalt nach mit dem Öffnen eines verschlossenen Fahrzeugs mit Hilfe eines Störsenders vergleichbar, sodass die Annahme eines unbenannten besonders schweren Falles im Sinne von § 243 Abs. 1 S. 1 StGB nahe liegt.[37]

Auch der **„Quasi-Versuch" eines Regelbeispiels** indiziert nach der Rspr. einen besonders schweren Fall, zumindest in den Fällen, in denen das Grunddelikt ebenfalls nur versucht worden ist. Bei Vollendung des Grunddelikts wird diese Wirkung des „versuchten" Regelbeispiels verneint.[38]

34   Vgl. BGHSt 28, 318–327; Sch/Sch/Stree Vorbem. §§ 38 ff. Rn. 47.
35   BGH NJW 1987, 2450; BGH StV 1989, 432.
36   BGHSt 29, 319, 321.
37   BGH NStZ 2018, 212–213.
38   BGHSt 33, 370–377.

Klausurhinweis: Es ist möglich, die Regelbeispiele wegen ihres Charakters als benannte Strafzumessungsgründe bereits im materiellen Teil zu diskutieren, sodass im Bereich der Strafzumessung in der Richterklausur dann nur noch Raum für eine Widerlegung der Indizwirkung oder für die Annahme eines besonders schweren Falles außerhalb des Regelbeispielkataloges bliebe.

Andererseits geht mit den benannten besonders schweren Fällen eine in den Strafnormen quantifizierte Straferhöhung einher, die klassisch Gegenstand der Strafzumessung ist. Im Rahmen der eigentlichen Strafzumessung sind dann auch die (materiellen) Voraussetzungen der jeweiligen Vorschrift zu prüfen.

Bei den seltenen **unbenannten** (z.B. § 212 Abs. 2 StGB) **besonders schweren Fällen** ist die Prüfung allein im Strafzumessungsteil der richterlichen Klausur vorzunehmen.

(2) Minder schwere Fälle

Ein minder schwerer Fall liegt vor, wenn das gesamte Tatbild einschließlich aller subjektiven Momente und der Täterpersönlichkeit bei Gesamtbetrachtung aller wesentlichen belastenden und entlastenden Umstände vom Durchschnitt der gewöhnlich vorkommenden Fälle in so erheblichem Maße abweicht, dass die Anwendung des Ausnahmestrafrahmens geboten erscheint.[39]   **57**

Benannte minder schwere Fälle – spiegelbildlich zur Regelbeispielstechnik bei besonders schweren Fällen – sind selten (z.B. § 213 StGB).

Zumeist verwendet der Gesetzgeber **unbenannte minder schwere Fälle** (z.B. §§ 81 Abs. 2, 82 Abs. 2, 154 Abs. 2, 177 Abs. 5, 221 Abs. 4, 224 Abs. 1, 225 Abs. 4, 226 Abs. 3, 227 Abs. 2, 239 Abs. 5, 249 Abs. 2, 250 Abs. 3, 306 Abs. 2, 306 a Abs. 3, 308 Abs. 4, 315 Abs. 4, 315 b Abs. 3, 316 a Abs. 2, 332 Abs. 1 S. 2 StGB).

Schon bei der Gesamtabwägung, ob ein besonders schwerer oder ein minder schwerer Fall vorliegt, sind allgemeine und vertypte Strafmilderungsgründe zu berücksichtigen.[40]

(3) Allgemeine Strafmilderungsgründe

Allgemeine Strafmilderungsgründe sind solche, die nicht gesetzlich eine Strafmilderung auslösen, aber das Maß der Strafzumessungsschuld absenken. Sie können liegen   **58**

- in einer unzulässigen Tatprovokation durch einen Lockspitzel,[41]

- in der Person des Angeklagten z.B. jugendliches Alter, Drogenabhängigkeit, destabilisierender Lebensweg,

- in dem Verhalten des Angeklagten vor und nach der Tat, z.B. Ersttäter, Geständnis, Aufklärungshilfe im Verfahren, Reue, persönliche Stabilisierung,

- in den Folgen der Tat für den Angeklagten, z.B. der Eindruck verbüßter Untersuchungshaft, Verlust des Arbeitsplatzes,

- in dem langen Zeitablauf zwischen Tat und Verurteilung: Zeitlicher Abstand zwischen Tat und Urteil, überdurchschnittlich lange Verfahrensdauer, Verletzung des Beschleunigungsgebots gemäß Art. 6 Abs. 1 S. 1 EMRK.

---

39   BGHSt 4, 8; 26, 97; OLG Braunschweig, Urt. v. 18.03.2015 – 1 Ss 84/14, BeckRS 2015, 07238.

40   BGH NStZ 2012, 271; BGH NStZ-RR 2008, 105.

41   BGH NJW 1986, 1764.

(4) Vertypte Strafmilderungsgründe

59   Vertypte Strafmilderungsgründe sind Strafzumessungsvorschriften, die an gesetzlich umschriebene Voraussetzungen anknüpfen. Sie lösen **teils obligatorisch** (§§ 27 Abs. 2 S. 2, 28 Abs. 1, 30 Abs. 1 S. 2, 35 Abs. 2 S. 2 StGB), **teils fakultativ** (§§ 13 Abs. 2, 17 S. 2, 21, 23 Abs. 2 u. 3, 35 Abs. 1, 46 a, 113 Abs. 4 StGB) eine Milderung der Strafe aus.[42]

In den Fällen der fakultativen Milderung steht die für den Angeklagten günstige Abweichung vom Regelstrafrahmen im pflichtgemäßen Ermessen des Gerichts.

> **Klausurhinweis:** Bei der – auch in der Klausurpraxis – häufigen Konstellation der **alkoholbedingten Verminderung der Schuldfähigkeit gemäß § 21 StGB** ist zu beachten, dass die Rspr. bei selbstverschuldeter Trunkenheit eine Strafrahmenreduzierung grundsätzlich ablehnt, und zwar unabhängig von der bisherigen Rauscherfahrung des Täters.[43]

(5) Zusammentreffen mehrerer Milderungsgründe

60   **(a)** Mehrere allgemeine oder schon einzelne vertypte Strafmilderungsgründe können dazu führen, dass ein besonders schwerer Fall abzulehnen oder ein minder schwerer Fall zu bejahen ist.[44]

Sieht das Gesetz den Sonderstrafrahmen eines minder schweren Falles vor und ist zusätzlich ein gesetzlich vertypter Strafmilderungsgrund gegeben, so ist bei der Strafrahmenwahl zuerst zu prüfen, ob der mildere Sonderstrafrahmen zur Anwendung kommt.[45]

Vermögen bereits die allgemeinen Strafzumessungsgründe bei einer Gesamtwürdigung die Annahme eines minder schweren Falles zu begründen, stehen zusätzlich noch die den gesetzlich vertypten Milderungsgrund verwirklichten Umstände für eine weitere Strafrahmenmilderung nach § 49 StGB zur Verfügung.[46]

Wird nach der Abwägung aller allgemeinen Strafzumessungserwägungen dann ein minder schwerer Fall abgelehnt, sind zusätzlich die den gesetzlich vertypten Strafmilderungsgrund verwirklichenden Umstände in die Gesamtabwägung einzubeziehen.

Wird danach weiterhin die Anwendung des milderen Sonderrechtsstrafrahmens nicht für gerechtfertigt erachtet, kann für die konkrete Strafzumessung allein auf den Strafrahmen des gesetzlich vertypten Strafmilderungsgrundes zurückgegriffen werden.[47]

61   **(b)** Soweit durch die vorgenannte Prüfung vertypte Strafmilderungsgründe noch nicht verbraucht sind, kommt für jeden eine **Strafmilderung nach § 49 Abs. 1 u. 2 StGB** zur Anwendung.

62   **§ 49 Abs. 1 StGB reduziert sowohl das Höchst- als auch das Mindestmaß.** Hierauf wird verwiesen, wenn das Gesetz nur eine umfangmäßig beschränkte Strafmilderung gewähren will, so bei den §§ 13 Abs. 2, 17, 21, 23 Abs. 2, 27 Abs. 2, 28 Abs. 1, 30 Abs. 1, 35 Abs. 1 und Abs. 2, 46 a StGB.

Gemäß § 49 Abs. 1 Nr. 2 StGB darf bei zeitiger Freiheits- oder Geldstrafe auf höchstens drei Viertel des angedrohten Höchstmaßes bzw. der Höchstzahl der Tagessätze erkannt werden.

Beispiel: Bei einem Betrug, § 263 StGB („Geldstrafe oder Freiheitsstrafe bis zu 5 Jahren"), beträgt das **Höchstmaß** daher 3 Jahre und 9 Monate Freiheitsstrafe oder 270 Tagessätze (Höchstsatz: 360 Tagessätze, § 40 StGB!).

---

42   Schäfer, Praxis der Strafzumessung, 6. Aufl. 2017, Rn. 505.

43   BGH NStZ-RR 2018, 199; Fischer § 21 Rn. 25 ff.

44   BGHSt 4, 8; 16, 360; BGH StV 1982, 421; BGH NStZ 1986, 117, 312.

45   BGH RÜ2 2019, 161.

46   BGH RÜ2 2019, 161.

47   BGH NStZ 2015, 696; BGH RÜ2 2015, 73.

Die Bestimmung des **Mindestmaßes** findet sich in § 49 Abs. 1 Nr. 3 StGB. Bei einem Raub („von einen Jahr bis …") beträgt das Mindestmaß 3 Monate; bei einem Diebstahl in einem besonders schweren Fall („von 3 Monaten bis …") 1 Monat (gesetzliches Mindestmaß, § 38 Abs. 2 StGB).

Bei der Bejahung eines minder schweren Falles ist aber die **Sperrwirkung** der höheren Mindeststrafe eines verdrängten Tatbestandes zu beachten, sofern nicht auch insoweit ein minder schwerer Fall gegeben ist.[48] Auch die für eine Beihilfe bzw. versuchte Anstiftung zum Totschlag zu verhängende Mindeststrafe (2 Jahre Freiheitsstrafe) soll eine Sperrwirkung für die Mindeststrafe wegen einer Beteiligung bzw. versuchten Anstiftung zum Mord entfalten; andernfalls führte der schwerwiegendere letztgenannte Schuldspruch im Falle einer doppelten Strafrahmenreduktion über §§ 27 Abs. 2, 28 Abs. 1, 49 Abs. 1 StGB bzw. über §§ 30 Abs. 1 S. 2, 28 Abs. 1, 49 Abs. 1 StGB zu einer wesentlich geringeren Mindeststrafandrohung (6 Monate Freiheitsstrafe).[49]

Beispiel aus den Urteilsgründen bei einem Zusammentreffen von Milderungsgründen:

…Das Gesetz sieht zunächst für den Totschlag nach §§ 212 Abs. 1, 38 Abs. 2 StGB Freiheitsstrafe von 5 Jahren bis zu 15 Jahren und für die gefährliche Körperverletzung nach § 224 Abs. 1 StGB Freiheitsstrafe von 6 Monaten bis zu 10 Jahren vor. Nach § 52 Abs. 1 S. 1 StGB ist bei Tateinheit der Strafrahmen maßgeblich, der die schwerere Strafe androht, hier also der Strafrahmen des Todschlages.

Bei der Bestimmung des konkreten Strafrahmens hat die Kammer zum einen die Möglichkeit der Strafrahmenverschiebung nach § 213 Alt. 2 StGB und zum anderen die nach den §§ 23 Abs. 2, 49 Abs. 1 StGB zu beachten.

– Kommt ein minder schwerer Fall des Totschlags in Betracht, so ist die Strafe gemäß § 213 StGB Freiheitsstrafe von 1 Jahr bis zu 10 Jahren.

– Bei der Annahme einer Strafmilderung wegen Versuchs nach den §§ 23 Abs. 2, 49 Abs. 1 StGB beträgt der Strafrahmen 2 Jahre bis 11 Jahre und 3 Monate

Zunächst hat die Kammer zu prüfen, ob der mildere Strafrahmen des Sonderstrafrahmens des § 213 StGB bei dem Angeklagten zur Anwendung kommt.

Ein minder schwerer Fall liegt vor, wenn das gesamte Tatbild einschließlich aller subjektiven Momente und der Täterpersönlichkeit bei Gesamtbetrachtung aller wesentlichen belastenden und entlastenden Umstände vom Durchschnitt der gewöhnlich vorkommenden Fälle in so erheblichem Maße abweicht, dass die Anwendung des Ausnahmestrafrahmens geboten erscheint.

Die allgemeinen Strafzumessungsgründe vermögen hier im Rahmen einer Gesamtwürdigung bei dem Angeklagten noch keinen minder schweren Fall des Totschlags zu begründen. Aber auch die Umstände der zusätzlich zu berücksichtigenden Versuchsstrafbarkeit rechtfertigen bei der hier vorzunehmenden Gesamtabwägung noch nicht die Anwendung des Sonderstrafrahmens des § 213 StGB.

Die Kammer hat daher bei der konkreten Strafzumessung allein auf den von den §§ 23 Abs. 1, 49 Abs. 1 StGB bestimmten Strafrahmen abgestellt. Bei dem Strafrahmen von 2 Jahren bis zu 11 Jahren und 3 Monaten hat die Kammer bei der tateinheitlich gemeinschaftlichen gefährlichen Körperverletzung und gemeinschaftlichen versuchten Totschlags eine Freiheitsstrafe von … für den Angeklagten erforderlich und angemessen erachtet.…

§ 49 Abs. 2 StGB betrifft dagegen nur Fälle der fakultativen Strafmilderung, so z.B. §§ 23 Abs. 3, 113 Abs. 4, 157 Abs. 1 u. 2, 158 Abs. 1 StGB. Danach ist die **Reduzierung des Strafrahmens auf das gesetzliche Mindestmaß** (§§ 38 Abs. 2, 40 Abs. 1 StGB) möglich. Andererseits wird aber das Höchstmaß der im Regelstrafrahmen vorgesehenen Strafe nicht herabgesetzt. **63**

Bei Vorliegen **mehrerer vertypter Milderungsgründe** kommt, sofern diese nicht auf demselben Umstand beruhen und deshalb gemäß § 50 StGB ein Doppelverwertungsverbot besteht und sofern diese durch die Prüfung im Zusammenhang mit besonders schweren oder minder schweren Fällen nicht verbraucht sind, auch eine mehrfache Herabsetzung des Strafrahmens infrage. **64**

---

48   BGH NJW 2003, 1679.

49   BGH NStZ 2006, 34; BGH, Beschl. v. 13.10.2004 – 2 StR 206/04, BeckRS 2004, 11323.

c) Strafzumessungserwägungen

aa) Strafzumessungsschuld als Bezugspunkt

65   Grundlage ist § 46 Abs. 1 S. 1 StGB:

„Die Schuld des Täters ist Grundlage für die Zumessung der Strafe".

Hieraus ergibt sich zum einen, dass Schuld – nicht i.S.v. Vorwerfbarkeit i.S.d. §§ 19 ff. StGB, sondern i.S.v. **Strafzumessungsschuld** – die Grenzen der individuellen Strafe bestimmt.

Zum anderen folgt daraus, dass auch die **Präventionszwecke** innerhalb der schuldangemessenen Strafe eine Rolle spielen können.[50] Innerhalb der Präventionszwecke ist zwischen der Spezialprävention und der Generalprävention zu unterscheiden.

Die **Spezialprävention** spricht § 46 Abs. 1 S. 2 StGB an, wenn darin verlangt wird, dass **die Wirkungen, die von der Strafe für das künftige Leben des Täters** in der Gesellschaft zu erwarten sind, Berücksichtigung finden müssen.

Den Strafzweck der **Generalprävention** erwähnt § 46 StGB zwar nicht, doch findet sich dieser Gesichtspunkt in dem Merkmal **„Verteidigung der Rechtsordnung"**, das in den §§ 47 Abs. 1, 56 Abs. 3, 59 Abs. 1 S. 1 Nr. 3 StGB ausdrücklich genannt wird. Die Generalprävention ist deshalb gesetzlich anerkannt.[51]

Dabei vertritt die Rspr. die so genannte **Spielraumtheorie**, wonach sich aus dem Schuldmaß keine feste Strafgröße, keine „Punktstrafe" für eine konkrete Tat, wohl aber gegenüber dem gesetzlichen, ein konkreter Strafrahmen finden lässt.[52]

Für die der Strafzumessung zugrunde liegenden Tatsachen gilt uneingeschränkt der Zweifelssatz. Kann das Gericht zu einer Strafzumessungstatsache keine sicheren Feststellungen treffen, so darf sich dieses **in dubio pro reo** nicht zulasten des Angeklagten auswirken.[53]

bb) Faktoren der Strafzumessungsschuld

(1) Erfolgs- und Handlungsunwert

66   Grundlage sind die

- **Schwere der Tat** und ihre **Bedeutung für das verletzte Rechtsgut (Erfolgsunwert)** und

- der **Grad der persönlichen Schuld des Täters (Handlungsunwert)**.

Erfolgsunwert
Strafmildernd:
■ Ausmaß des angerichteten Schadens war gering (z.B. Höhe des Vermögensschadens beim Betrug; Menge des gestohlenen Gutes; keine bleibenden Schäden bei Körperverletzungen),
■ durch die Tat selbst geschädigt (z.B. eigene Körperverletzung; Verlust des Arbeitsplatzes; eigener Sachschaden)

---

50   Fischer § 46 Rn 2, 3.

51   Fischer § 46 Rn 2.

52   BGHSt 20, 264, 266.

53   BGH NStZ-RR 2004, 41.

Handlungsunwert der Tatausführung

Strafmildernd:

- persönliche Beziehung zwischen Täter und Opfer,
- keine erhebliche kriminelle Energie,
- Tat nur als „Mitläufer" begangen,
- Mitverschulden des Opfers,
- nur bedingter Vorsatz oder Handeln durch Unterlassen,
- Handeln in einem Verbotsirrtum,
- Tatgeschehen durch polizeilichen Lockspitzel oder V-Mann in Gang gebracht,
- angegriffenes Rechtsgut nur gefährdet,
- geringe Wirkstoffmenge bei Straftaten nach dem BtMG.

Strafschärfend:

- Ausnutzen einer Vertrauensstellung,
- rücksichtsloses Vorgehen (z.B. Grad der Trunkenheit bei Verkehrsdelikten),
- Handeln als „Führungsperson",
- absichtliche Erfolgsherbeiführung,
- Einsatz objektiv gefährlicher Tatmittel,
- gewerbsmäßiger Täter,
- langer Tatzeitraum,
- sorgfältige Planung der Tat.

(2) Vorleben des Täters, dessen Beweggründe und Ziele

67

Vorleben des Täters, dessen Beweggründe und Ziele

Strafmildernd:

- persönliche Unreife,
- Täter handelte aus finanzieller oder wirtschaftlicher Notlage oder aus verständlichen Beweggründen,
- Täter stand unter dem Einfluss anderer,
- Verlockung durch günstige Gelegenheit,
- Handeln aus unverschuldeter Affektlage, Verzweiflung oder Eifersucht (zerrüttete Familienverhältnisse u.a.),
- Handeln mit Rücksicht auf Dritte (z.B. in Fällen der Falschaussage, der Begünstigung u.a.), Ersttäter.

Strafschärfend:

- einschlägige Vorstrafen,

- keine Warnwirkung durch frühere vergleichbare Verfahren,

- Tat während einer Vollzugslockerung (Hafturlaub o.Ä.), kurz nach Verbüßung einer Haftstrafe oder während einer laufenden Bewährungszeit („Bewährungsversager"),

- Handeln aus eigennützigem Gewinnstreben.

(3) Nachtatumstände

68

Nachtatumstände
Strafmildernd:
- Geständnis (auch im Prozess!),
- Reue, Schuldeinsicht und Schadenswiedergutmachung, Selbstanzeige,
- Änderung der sozialen Umstände (z.B. Arbeitsaufnahme, Familiengründung, neuer Freundes- und Bekanntenkreis).
Strafschärfend:
- Leugnen, fehlende Einsicht,
- nachträgliche Einwirkung auf Geschädigte bei der Durchführung des Ermittlungs- oder Strafverfahrens oder sonstige Beeinflussung von Zeugen,
- Täter prahlt mit der Tat.

Dass ein Angeklagter die Tat nicht bereut, hartnäckig leugnet oder keine Unrechtseinsicht zeigt, darf bei der Strafzumessung nicht zu seinem Nachteil gewürdigt werden. Anders liegt es nur dann, wenn eine besondere Rechtsverbindlichkeit oder Gefährlichkeit auszumachen ist.[54]

(4) Spezialpräventive Faktoren: „Wirkungen der Strafe auf den Täter" i.S.v. § 46 Abs. 1 S. 2 StGB

69

Spezialpräventive Faktoren
Strafmildernd („positive Spezialprävention"):
- Gefahr der Entsozialisierung durch Freiheitsstrafe,
- berufliche Folgen der Verurteilung,
- außergewöhnlich langer Zeitabstand zwischen Tat und Verurteilung,
- besondere Strafempfindlichkeit wegen geringer Lebenserwartung,
- beeindruckende Wirkung erlittener U-Haft.
Strafschärfend („negative Spezialprävention"):
- Notwendigkeit der Einwirkung auf Wiederholungstäter.

---

54   BGH RÜ2 2019, 217.

(5) Generalpräventive Faktoren: „Verteidigung der Rechtsordnung" i.S.d. §§ 47 Abs. 1, 56 Abs. 3, 59 Abs. 1 Nr. 3 StGB

70

Generalpräventive Faktoren
Strafmildernd („positive Generalprävention"):
■ lange zurückliegende Tatzeit,
■ lange Verfahrensdauer,
■ Schadenswiedergutmachung,
■ Nichtverfolgung von Mittätern,
■ dem Staat zurechenbare Tatprovokation.
Strafschärfend („negative Generalprävention"):
■ Gefahr der Nachahmung,
■ gefährliche Zunahme vergleichbarer Straftaten.

Die Berücksichtigung der negativen Generalprävention („Abschreckung") darf aber nicht zu einer **Überschreitung der schuldangemessenen Strafe** führen!

(6) Typische Fehler bei der Strafzumessung

Häufig besteht die Gefahr, einen Umstand zum (in der Regel strafschärfenden) Straf-   71
zumessungsfaktor zu machen, der bereits Gegenstand des gesetzlichen Unrechts ist, aus dem der Täter verurteilt wird. Dies verstößt gegen das ausdrücklich in **§ 46 Abs. 3 StGB** normierte **Doppelverwertungsverbot**. Bei der Strafzumessung dürfen „Umstände, die schon Merkmale des gesetzlichen Tatbestandes sind", nicht berücksichtigt werden (§ 46 Abs. 3 StGB). Ansonsten könnten Tatbestandsmerkmale, die überhaupt erst eine mögliche Strafbarkeit begründen können, zugleich bei der Bemessung von Rechtsfolgen herangezogen werden.[55]

Beispiel: In den Urteilsgründen ist (fehlerhaft) ausgeführt:

Strafschärfend ist bei der Körperverletzung zum Nachteil seiner Ehefrau zu werten, dass der Angeklagte sie mit der flachen Hand kräftig ins Gesicht schlug und dabei gewaltbereit war und mit erhöhter krimineller Energie handelte.

Hier werden gerade keine Umstände dargestellt, die über das typischerweise mit der Begehung einer Körperverletzung verbundenen Tatunrecht hinausgehen. Auch die Anführung der „kriminellen Energie" ist nicht näher erläutert und daher eine lediglich floskelhafte unzulässige Strafzumessungserwägung.

Der Tatrichter verstößt aber nicht gegen das Doppelverwertungsverbot des § 46 Abs. 3 StGB, wenn er beim vorsätzlichen Tötungsdelikt die Tötungsabsicht strafschärfend verwertet. Wenn es dem Täter auf die Herbeiführung des Todes um seiner Selbstwillen ankommt und keine weiteren relevanten Handlungsziele festgestellt werden können, kann die Tötungsabsicht als selbstständiger Straferschwerungsgrund herangezogen werden. In diesem Fall nähert sich das subjektive Handlungsunrecht dem Mordmerkmal der Mordlust an.[56]

Trotzdem kann die strafschärfende Berücksichtigung der Tötungsabsicht rechtsfehlerhaft sein.[57]

Beispiel: Der Angeklagte nimmt seinem im Sterben liegenden Vater das Leben, um ihn von schwerem Leiden zu befreien.

---

55   Vgl. hierzu „Verstöße gegen das Doppelverwertungsverbot" RÜ2 2016, 40–42.

56   BGH NStZ-RR 2017, 237–238.

57   Vgl. hierzu „Tötungsabsicht als strafschärfender Umstand – Update" RÜ2 2017, 254–255.

Der Angeklagte tötet absichtlich. Die Tötungsabsicht kann hier nicht isoliert negativ bewertet werden. Denn das hier eher strafmildernd zu bewertende Handlungsziel wird unmittelbar mit der Herbeiführung des nur deshalb angestrebten tatbestandsmäßigen Erfolges erreicht.

Dem Angeklagten darf daher auch die Tatbegehung als solche nicht straferschwerend angelastet werden. Bei einem strafbaren Versuch ist deshalb die strafschärfende Berücksichtigung des Zu-Ende-führen-Wollens oder des Nichtrücktritts rechtsfehlerhaft.[58]

Das Doppelverwertungsverbot bezieht sich auch auf Umstände, die typische **Begleiterscheinungen oder regelmäßige Tatfolge** des Delikts sind, aus dem der Täter schuldig gesprochen wurde.

Beispiel: Das Gericht wertet straferschwerend bei einer Beihilfe zu einer schweren räuberischen Erpressung, dass der Angeklagte durch seinen physischen Gehilfenbeitrag in dem Haupttäter auch die Bereitschaft zur Tatbegehung gefördert habe. Dies ist regelmäßige Begleiterscheinung einer Beihilfehandlung und deshalb ein Verstoß gegen § 46 Abs. 3 StGB.[59]

Ebenfalls gegen § 46 Abs. 3 StGB verstößt es, dem wegen einer gefährlichen Körperverletzung Verurteilten strafschärfend zur Last zu legen, dass das Opfer durch die Tat „Schmerzen und Verletzungen" erlitten habe, ohne darzulegen, inwieweit die Folgen über das Maß der mit jeder Körperverletzung verbundenen Beeinträchtigungen hinausgehen.[60]

72 Weitere **Fehler** bei der konkreten Strafzumessung (die in der Revisionsinstanz zur Aufhebung des Strafausspruchs führen) sind die **strafschärfende Berücksichtigung fehlender Milderungsgründe**, bzw. – umgekehrt – die **mildernde Berücksichtigung fehlender Strafschärfungsgründe**.

Beispiele:

Dem schuldigen Totschläger kann nicht erschwerend angelastet werden, er habe sich um das verletzte und später verstorbene Opfer nicht gekümmert, da das ernsthafte Bemühen um Rettung ein Strafmilderungsgrund gewesen wäre.

Dem Angeklagten darf die Ausübung seines prozessualen Schweigerechts aus §§ 136 Abs. 1, 243 Abs. 4 S. 1 StPO nicht zum Nachteil gereichen, nur weil ein Geständnis regelmäßig strafmildernd zu berücksichtigen ist.

Auch ein zulässiges Verteidigungsverhalten darf dem Angeklagten grundsätzlich nicht strafschärfend angelastet werden, so wenn der Angeklagte Formulierungen verwendet, „das seien alles Lügengeschichten" und er sei „Opfer einer Intrige der Nebenklägerin".[61] Dessen Zulässigkeit wird erst dann überschritten, wenn der Angeklagte die Grenzen einer angemessenen Verteidigung überschreitet und hieraus Rückschlüsse auf seine rechtsfeindliche Gesinnung gezogen werden können.[62]

Nachvollziehbare, verständliche Motive für eine Tatbegehung sind strafmildernd, das bloße Fehlen verständlicher Motive jedoch nicht strafschärfend zu berücksichtigen.[63]

Verletzungsfolgen, so z.B. bei einer gefährlichen Körperverletzung nach § 224 Abs. 1 Nr. 4 StGB („mit einem anderen gemeinschaftlich"), dürfen nur dem Täter im Rahmen der Strafzumessung angelastet werden, der hieran in zurechenbarer Weise mitgewirkt hat. Dabei ist das Zusammenwirken mehrerer für sich genommen bei § 224 Abs. 1 Nr. 4 kein Strafschärfungsgrund, da dieses schon tatbestandsmäßig vorausgesetzt wird.[64]

58 Zu weiteren Einzelfällen Fischer § 46 Rn. 77 ff.
59 BGH NStZ 1998, 404.
60 BGH, Beschl. v. 29.04.2015 – 2 StR 540/14, BeckRS 2015, 10761.
61 BGH NStZ-RR 2017, 369.
62 BGH RÜ2 2018, 14.
63 BGH NStZ-RR 2017, 40–43.
64 BGH RÜ2 2017, 133.

d) Konkrete Rechtsfolge

aa) Verfahrenseinstellung

Führen die vorgenannten Erwägungen zunächst zu dem Ergebnis, dass eine Strafe **73** wegen geringer Schuld des Angeklagten nicht geboten ist oder dass das bestehende öffentliche Verfolgungsinteresse an der Strafverfolgung durch Auflagen und Weisungen kompensiert werden kann und die Schwere der Schuld nicht entgegensteht, so kann das Gericht das Verfahren mit Zustimmung des Angeklagten und der Staatsanwaltschaft gemäß **§§ 153 Abs. 2 oder 153 a Abs. 2 StPO einstellen**.

bb) Straffrei-Erklärung

Wenn das Gesetz es ausdrücklich zulässt, ist ein **Absehen von Strafe** oder die **74** **Straffrei-Erklärung** möglich. Dies ist keine Sanktion, sondern Strafverzicht trotz feststehender Schuld. Materiell-rechtlich sind zu unterscheiden:

- ■ Fälle obligatorischen Absehens von Strafe:

  Nach § 60 StGB bei allen Straftaten, wenn der Täter eine Freiheitsstrafe von nicht mehr als 1 Jahr verwirkt und die Tat für ihn so schwere Folgen hat, dass die Verhängung einer Strafe offensichtlich verfehlt wäre, der Täter also bereits durch die Tatfolgen genügend „bestraft" ist (poena naturalis).[65]

- ■ Fälle fakultativen Absehens von Strafe:

  Diese stehen regelmäßig im Zusammenhang mit tätiger Reue oder sonstigen Unrechts- oder Schuldminderungen.

  Beispiele: §§ 46 a, 83 a, 87 Abs. 3, 98 Abs. 2, 113 Abs. 4, 129 Abs. 5 u. 6, 142 Abs. 4, 157, 158 Abs. 1, 174 Abs. 4, 182 Abs. 4, 266 a Abs. 6, 306 e, 314 a Abs. 2 StGB, § 29 Abs. 5 BtMG.

Liegen die Voraussetzungen für ein Absehen von Strafe vor, so erfolgt im Urteilstenor zwar ein Schuldspruch, doch tritt an die Stelle des Strafausspruchs der Ausspruch, dass von Strafe abgesehen wird.

cc) Verwarnung mit Strafvorbehalt

Die Verwarnung mit Strafvorbehalt gemäß §§ 59–59 c StGB ist die mildeste Sanktion **75** des Erwachsenenstrafrechts ohne Strafcharakter. Es wird eine begrenzte Geldstrafe angedroht, deren Verhängung zur Bewährung ausgesetzt wird.[66] In der Praxis ist die Verwarnung mit Strafvorbehalt weitgehend durch die Verfahrenseinstellung nach § 153 a StPO verdrängt.

dd) Geldstrafe

Bei den meisten Delikten ist Geldstrafe neben Freiheitsstrafe angedroht. Die **Ent- 76 scheidung zwischen der einen oder anderen Strafart** hängt von der vorher ermittelten Strafhöhe ab.

Bis zu einer Strafhöhe von 6 Monaten hat die **Geldstrafe Vorrang vor der Freiheitsstrafe**, § 47 Abs. 1 StGB. Geldstrafe ist in solchen Fällen auch dann möglich, wenn die Strafnorm des Besonderen Teils nur Freiheitsstrafe androht. Dann ordnet Art. 12 Abs. 1 EGStGB bei Delikten ohne erhöhte Mindeststrafe und § 47 Abs. 2 StGB bei Delikten mit erhöhter Mindeststrafe die **Umwandlung in eine Geldstrafe** an.

Nur ausnahmsweise kommt hier aus spezial- oder generalpräventiven Gründen die Verhängung einer Freiheitsstrafe infrage, so zum Beispiel bei einem notorischen Wiederholungstäter.

---

65   BGHSt 27, 298–302, OLG Koblenz, Beschl. v. 17.10.2002 – 1 Ss 139/02, BeckRS 2002, 30288552.
66   Vgl. LG Bochum, Urt. v. 12.03.2006 – 1 Kls 39 Js 138/06, BeckRS 2007, 7932.

Gesetzlich nicht geregelt ist der Bereich **zwischen 6 Monaten und 1 Jahr**. Möglich sind beide Sanktionen.

Ab 1 Jahr ist eine Geldstrafe nur noch als Gesamtgeldstrafe, und dann auch nur bis zu 720 Tagessätzen zulässig, § 54 Abs. 2 StGB.

Bei der Verhängung einer Geldstrafe ist zunächst die **Anzahl der Tagessätze zu bestimmen.** Gemäß § 40 Abs. 1 S. 1 StGB beträgt sie **mindestens 5 und höchstens 360 Tagessätze**; bei **Gesamtstrafen 720 Tagessätze**, § 54 Abs. 2 StGB. Die Anzahl der Tagessätze bestimmt sich nach den **allgemeinen Strafzumessungserwägungen**.

Anschließend ist die **Höhe des einzelnen Tagessatzes** festzulegen. Sie beträgt gemäß § 40 Abs. 2 StGB **mindestens 1,- € und höchstens 30.000,- € pro Tag.** Es gilt das strafrechtliche – und nicht steuerrechtliche – Nettoeinkommensprinzip.[67] Entscheidend ist nur die **wirtschaftliche Leistungsfähigkeit des Täters im Rahmen seiner persönlichen und wirtschaftlichen Verhältnisse zum Zeitpunkt der gerichtlichen Entscheidung.** Dabei sind neben Geld- auch Sachbezüge (z.B. freie Unterkunft und Verpflegung bei den Eltern, Freund[in]) zu berücksichtigen. Wird der Tagessatz – wie in der Praxis üblich – mithilfe des Monatseinkommens berechnet, ist dieses durch 30 zu dividieren, vgl. § 40 Abs. 2 S. 2 StGB. Fehlen Angaben zu wirtschaftlichen oder persönlichen Verhältnissen, können gemäß § 40 Abs. 3 StGB die Einkünfte des Täters, sein Vermögen oder andere Grundlagen für die Bemessung eines Tagessatzes auch geschätzt werden.

> **Klausurhinweis:** Nach dem Bearbeitervermerk sind regelmäßig die Bestimmung der Anzahl der Tagessätze und die Festlegung der Tagessatzhöhe **nicht** Gegenstand der Examensklausur. In der Klausur wird nur ausgeführt:
>
> *… zu einer (Gesamt-)Geldstrafe von … Tagessätzen zu … € verurteilt.*

ee) Freiheitsstrafe

Die Hauptstrafe des StGB, die die Fortbewegungsfreiheit entzieht, ist die Freiheitsstrafe. § 38 Abs. 1 StGB unterscheidet:

77   **(1) Lebenslange Freiheitsstrafe**, also eine zeitlich unbegrenzte Freiheitsentziehung. Sie wird z.B. angedroht in den §§ 211, 212 Abs. 2, 251, 316 a Abs. 3 StGB.

In allen Fällen der Verurteilung zu lebenslanger Freiheitsstrafe hat das Tatgericht auch die für eine spätere Reststrafaussetzung nach § 57 a Abs. 1 Nr. 2 StGB relevante Frage zu entscheiden, ob die Schuld des Angeklagten besonders schwer wiegt.[68] Erforderlich ist insoweit eine vollstreckungsrechtliche Gesamtwürdigung.[69]

Die besondere Schwere der Schuld hat das Schwurgericht bei der Verhängung einer lebenslangen Strafe im Urteilsspruch festzustellen; liegt sie nicht vor, reichen entsprechende Ausführungen in der Begründung aus.

78   **(2) Zeitige Freiheitsstrafe**; ihr Mindestmaß beträgt 1 Monat, ihr Höchstmaß 15 Jahre, § 38 Abs. 2 StGB. Auch bei einer Gesamtstrafe darf das Höchstmaß von 15 Jahren nicht überschritten werden. Nach § 39 StGB wird Freiheitsstrafe unter 1 Jahr nach vollen Wochen und Monaten und Freiheitsstrafe von längerer Dauer nach vollen Monaten und Jahren bemessen. (Für Ersatzfreiheitsstrafen gilt § 43 StGB.)

---

67   Fischer § 40 Rn. 7.

68   BVerfGE 86, 288 ff („Schwurgerichtslösung") sowie ergänzend BGHSt 39, 121 ff., 208 ff.; BGHSt 44, 350.

69   Fischer § 57 a Rn. 17.

(3) Besonderheiten:

79

Eine **Freiheitsstrafe von unter einem Monat** ist unzulässig.

Eine **Freiheitsstrafe von unter 6 Monaten** ist nur dann zulässig, wenn besondere Umstände in der Tat oder der Persönlichkeit des Täters die Verhängung einer Freiheitsstrafe zur Einwirkung auf ihn oder zur Verteidigung der Rechtsordnung unerlässlich machen, § 47 Abs. 1, Abs. 2 StGB, Art. 12 Abs. 1 EGStGB.[70] Anderenfalls muss auf Geldstrafe erkannt werden. Bei der Berechnung entspricht 1 Monat 30 Tagessätzen.

(§ 47 I 2)

ff) Strafaussetzung zur Bewährung

Bei **Freiheitsstrafen bis zu 2 Jahren** ist zu prüfen, ob eine **Strafaussetzung zur Bewährung** geboten ist. Der Täter wird zwar zu Freiheitsstrafe verurteilt, erhält aber die Chance, sich durch Bewährung von der Strafverbüßung zu befreien. Gesetzlich geregelt ist die Strafaussetzung zur Bewährung in den §§ 56–56 g StGB.

80

Jede Strafaussetzung zur Bewährung setzt eine günstige Sozialprognose oder auch Resozialisierungsprognose voraus. Die sog. **Erwartungsklausel** des § 56 Abs. 1 StGB verlangt dafür eine begründete Erwartung, **dass der Verurteilte sich schon die Verurteilung als Warnung dienen lassen und künftig – und zwar zeitlich unbegrenzt über die Bewährungszeit hinaus – auch ohne Einwirkung des Strafvollzugs keine Straftaten mehr begehen wird**.

§ 56 Abs. 1–3 StGB regelt die Vollstreckungsaussetzung je nach Höhe der erkannten Freiheitsstrafe bzw. Gesamtfreiheitsstrafe (§ 58 StGB) unterschiedlich:

Höhe der Strafe	Voraussetzungen
1–6 Monat(e)	Erwartung, der Verurteilte werde sich die Verurteilung als Warnung dienen lassen und zukünftig keine Straftaten mehr begehen (gleich positive Sozialprognose), § 56 Abs. 1 S. 1 StGB
6–12 Monate	„Positive Sozialprognose" **und** Verteidigung der Rechtsordnung darf Vollstreckung nicht gebieten, § 56 Abs. StGB
1–2 Jahre	„Positive Sozialprognose" **und** Verteidigung der Rechtsordnung darf Vollstreckung nicht gebieten **und** nach der Gesamtbewertung liegen besondere Umstände vor, § 56 Abs. 2 S. 1 StGB

■ Gemäß § 56 Abs. 1 i.V.m. Abs. 3 StGB muss bei günstiger Sozialprognose bei **Freiheitsstrafen von weniger als 6 Monaten zwingend Vollstreckungsaussetzung**

---

70 OLG Stuttgart NJW 2002, 3188.

gewährt werden. Es müssen Tatsachen vorliegen, die die Wahrscheinlichkeit zukünftiger straffreier Führung begründen, so z.B. bisheriges straffreies Leben, Einsicht im Hinblick auf den Tatvorwurf, geordnete Lebensverhältnisse, Berufstätigkeit u.Ä.

■ Bei **Freiheitsstrafen von mehr als 6 Monaten bis zu 1 Jahr ist eine Strafaussetzung zur Bewährung grundsätzlich zu bewilligen, es sei denn, die Verteidigung der Rechtsordnung gebietet eine Vollstreckung**, § 56 Abs. 1 u. 3 StGB.

Die Verteidigung der Rechtsordnung gebietet eine Strafvollstreckung dann, wenn eine Aussetzung der Strafe zur Bewährung im Hinblick auf schwerwiegende Besonderheiten des Einzelfalls für das allgemeine Rechtsempfinden schlechthin unverständlich erscheinen müsste und das Vertrauen der Bevölkerung in die Unverbrüchlichkeit des Rechts und den Schutz der Rechtsordnung vor kriminellen Angriffen dadurch erschüttert werden könnte.[71] Entscheidend ist auch hier eine Gesamtwürdigung.[72]

■ Bei **Freiheitsstrafen von mehr als 1 Jahr bis zu 2 Jahren** kann eine Vollstreckungsaussetzung nur dann erfolgen, wenn die Voraussetzungen des § 56 Abs. 1 StGB (günstige Sozialprognose) vorliegen, die Verteidigung der Rechtsordnung eine Vollstreckung nicht gebietet und darüber hinaus bei einer Gesamtwürdigung von Tat und Persönlichkeit des Täters besondere Umstände vorliegen, § 56 Abs. 2 StGB. Es müssen also **Umstände von besonderem Gewicht** vorhanden sein, die eine Strafaussetzung trotz des erheblichen Unrechts- und Schuldgehalts, der sich in der Strafhöhe widerspiegelt, als nicht unangebracht und als den allgemeinen, vom Strafrecht geschützten Interessen nicht zuwiderlaufend erscheinen lassen.[73]

Bei **Freiheitsstrafe über 2 Jahren** ist eine Strafaussetzung zu Bewährung unzulässig.

Die **Bewährungszeit** beträgt zwischen 2 und 5 Jahren. Nachträgliche Verkürzung oder Verlängerung der Bewährung innerhalb dieses Rahmens ist zulässig (§ 56 a Abs. 2 S. 2 StGB). Während der Bewährungszeit ruht die Strafvollstreckungsverjährung gemäß § 79 a Nr. 2 b StGB.

Das Gericht kann dem Verurteilten in dem Aussetzungsbeschluss **Auflagen** machen, ihm **Weisungen** erteilen, insbesondere ihn der Bewährungshilfe unterstellen, vgl. §§ 56 b–56 e StGB.

> **Klausurhinweis:** Der außerhalb des Urteils ergehende Bewährungsbeschluss, in dem die Bewährungszeit und die Auflagen oder Weisungen ausgeführt sind, ist regelmäßig **nicht** Gegenstand der Klausuraufgabe.

gg) Geldstrafe neben Freiheitsstrafe

81   Nach § 41 S. 1 StGB kann in den Fällen, in denen sich der Täter durch die Tat einen Vermögensvorteil verschafft hat oder verschaffen wollte, Freiheitsstrafe mit Geldstrafe kumuliert werden. Die Vorschrift enthält keine Strafrahmenerweiterung, erlaubt also keine Zusatzstrafe, sondern ermöglicht lediglich innerhalb der schuldangemessenen Strafe eine passendere Strafartreaktion.[74] Rechtlich zulässig ist es, wenn die Kumulation dabei auch dem Zweck dient, eine **verwirkte Freiheitsstrafe zu ermäßigen**

---

71   BGHSt 24, 40, 45.

72   Vgl. auch im Fall der fahrlässigen Tötung im Straßenverkehr OLG Karlsruhe NStZ-RR 2003, 246.

73   BGHSt 29, 370, 371.

74   Fischer § 41 Rn. 7.

und diese dadurch überhaupt erst zur Bewährung aussetzungsfähig zu machen.[75]

Für die Anwendung des § 41 StGB reicht es auch aus, dass der Täter eine günstigere
Vermögenslage durch die Verhinderung einer Vermögensminderung anstrebt.[76]

Die Anwendung ist in der Praxis kaum anzutreffen. Bei Freiheitsstrafen mit Strafaussetzung zur Bewährung erfolgt der vermögensrechtliche Ausgleich im Regelfall
durch entsprechende Bewährungsauflagen; ansonsten bieten hier die §§ 73 ff. StGB
ausreichende Möglichkeiten.

hh) Die Bildung der Strafe beim Schuldspruch wegen mehrerer Straf- taten

Sind nach dem Ergebnis der Prüfung – **was der Regelfall in der Examensklausur sein dürfte** – mehrere Straftaten verwirklicht, ist zu unterscheiden:

(1) Tateinheitlich verwirklichte Delikte

§ 52 Abs. 1 StGB stellt hierfür das sog. *Absorptionsprinzip*[77] auf. Danach wird nur auf **82**
eine Strafe erkannt, wenn dieselbe Handlung mehrere Strafgesetze oder das-
selbe Strafgesetz mehrmals verletzt.

Bei **gleichartiger Tateinheit** ist der Strafrahmen unmittelbar dem mehrfach verletzten Strafgesetz zu entnehmen. Bei der Strafzumessung kann die mehrfache Verwirklichung strafschärfend gewertet werden.

Bei Verurteilung wegen **ungleichartiger Tateinheit** ordnet das Gesetz die Kombina- **83**
tion der verschiedenen Strafrahmen zu einem neuen an **(Kombinationsprinzip):**

Ausgangspunkt ist das Strafgesetz mit der schwersten Strafe. Maßgeblich ist die
schwerste Strafart (in der Rangfolge: Freiheitsstrafe, Strafarrest nach WStG, Geldstrafe) und der höchste Strafrahmen, § 52 Abs. 2 S. 1 StGB. Dabei sind Strafrahmenverschiebungen im konkreten Fall zu berücksichtigen. Die nachrangigen Delikte bleiben
bedeutsam, weil die Hauptstrafe das höchste Mindestmaß der in den milderen Geset-
zen angedrohten Hauptstrafen nicht unterschreiten darf, § 52 Abs. 2 S. 2 StGB, und
weil die Verletzung auch des milderen Gesetzes bei der Strafzumessung erschwerend
berücksichtigt werden kann.

Beispiel: Der Angeklagte ist des Diebstahls in einem besonders schweren Fall nach § 243 Abs. 1 S. 2
Nr. 2 StGB sowie der Sachbeschädigung nach § 303 Abs. 1 StGB schuldig.[78] Der Strafrahmen beträgt
– unter Berücksichtigung der Strafrahmenverschiebung des § 243 Abs. 1 StGB – mindestens 3 Monate.

Unabhängig davon, nach welchem Gesetz die Strafe bestimmt wird, muss oder kann **84**
auch auf **Nebenstrafen, -folgen oder Maßnahmen** (§ 11 Abs. 1 Nr. 8 StGB) erkannt
werden, wenn nur ein idealkonkurrierendes Gesetz dies vorschreibt oder zulässt, § 52
Abs. 4 StGB.

(2) Tatmehrheitlich verwirklichte Delikte

Gemäß § 53 StGB wird bei realkonkurrierenden Taten **für jede Tat eine Strafe** verhängt, die anschließend zu einer **Gesamtstrafe** zusammengezogen wird.

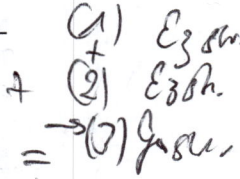

---

75   BGHSt 32, 60.

76   BGH RÜ2 2016, 109.

77   Vgl. LG Hamburg, Urt. v. 03.06.2019 – 602 Ks 13/18, BeckRS 2019, 28824.

78   Vgl. BGH NStZ 2002, 202–203.

(a) Die Bildung einer Gesamtfreiheits- oder Gesamtgeldstrafe, §§ 53 Abs. 2 S. 1, 54 StGB

85   Für jede Tat wird zunächst die für sie verwirklichte **Einzelstrafe** innerhalb des dafür in Betracht kommenden Strafrahmens unter Berücksichtigung von Schärfungs- und Milderungsgründen zugemessen.

Anschließend ist festzustellen, welches die ihrer Art nach schwerste der zugemessenen Einzelstrafen ist. Die schwerste **Einzelstrafe**, die als **Einsatzstrafe** bezeichnet wird, wird dann im Rahmen einer nochmaligen Gesamtwürdigung aller für und gegen den Angeklagten sprechenden Umstände (§ 54 Abs. 1 S. 3 StGB) erhöht, sog. **Asperationsprinzip**.[79] Die Gesamtstrafe darf zum einen nicht die Summe der Einzelstrafen erreichen, § 54 Abs. 2 S. 1 StGB, und zum anderen die absoluten Höchstgrenzen – bei der Gesamtfreiheitsstrafe 15 Jahre und bei der Gesamtgeldstrafe 720 Tagessätze, § 54 Abs. 2 S. 2 StGB – nicht übersteigen.

Treffen Freiheitsstrafe und Geldstrafe zusammen, ist ein Tagessatz einem Tag Freiheitsstrafe gleichzustellen, vgl. § 54 Abs. 3 StGB. Es ist eine Gesamtfreiheitsstrafe zu bilden, bei deren Bestimmung sich die Summe der Einzelstrafen aus der Dauer der Freiheitsstrafe und der Anzahl der Tagessätze zusammensetzt.

Bei der Bestimmung der Gesamtstrafe wird häufig folgende Regel verwendet:

$$\frac{\text{Einsatzstrafe (= höchste Einzelstrafe) + Summe aller Einzelstrafen}}{2}$$

Beispiel: Nach dem Ergebnis der Hauptverhandlung ist der Angeklagte eines Betrugs am 01.11.2020 mit einem Vermögensschaden von ca. 300,- € und eines Betrugs am 15.12.2020 mit einem Vermögensschaden von 2.000,- € schuldig.

Für die Tat vom 01.11.2020 wird eine Geldstrafe von 30 Tagessätzen zu 15,- €, für die Tat vom 15.12.2020 eine Geldstrafe von 70 Tagessätzen zu 15,- € verhängt.

Die **Gesamtgeldstrafe beträgt 85 Tagessätze zu 15,- €** ([70 + 30 + 70] : 2 = 85).

1. Abwandlung: Für die Tat vom 01.11.2020 wird eine Freiheitsstrafe von 4 Monaten und für die Tat vom 15.12.2020 eine Freiheitsstrafe von 8 Monaten verhängt.

Die **Gesamtfreiheitsstrafe beträgt 10 Monat**e (8 Monate + 4 Monate + 8 Monate) : 2 = 10 Monate).

2. Abwandlung: Für die Tat vom 01.11.2020 wird eine Geldstrafe von 60 Tagessätzen zu 10 € und für die Tat vom 15.12.2020 eine Freiheitsstrafe von 6 Monaten verhängt.

Die **Gesamt(freiheits)strafe beträgt 7 Monate** (6 Monate + 2 Monate (entsprechen 60 Tagessätze) + 6 Monate: 2 = 7 Monate).

Dies stellt lediglich eine Berechnungsmöglichkeit dar. Die Erhöhung der Einsatzstrafe ist kein Rechenexempel, sondern eine Beurteilung der Strafzumessung unter erneuter Würdigung des Täters und der Einzelstrafen. Damit verbietet sich jeder Schematismus.[80]

> **Klausurhinweis:** Es ist hier nur zu erwähnen, dass eine **Gesamtstrafe** gebildet werden muss. Die Höhe ist nach dem Bearbeitervermerk **nicht** zu benennen.

Gemäß § 53 Abs. 2 S. 2 StGB kann auf eine Geldstrafe gesondert erkannt werden, wenn sich das Gericht bei einer Gesamtwürdigung gegen eine Gesamtstrafe entscheidet. Das Absehen von einer Gesamtstrafenbildung ist in der Praxis die **Ausnahme**, da es den Angeklagten im Verhältnis zu einer Gesamtstrafenbildung schlechter stellt. Die ausnahmsweise Anwendung des § 53 Abs. 2 S. 2 StGB ist sachgerecht, wenn bei der gesonderten Festsetzung einer Geldstrafe die zeitige Freiheitsstrafe noch zur Bewährung ausgesetzt werden kann.[81]

79   BGH NStZ 2016, 476, BGHSt 61, 100–110.
80   BGH NStZ 2001, 365–366.
81   BGH StV 2007, 129.

(b) Die nachträgliche Bildung einer Gesamtstrafe (§ 55 StGB, § 460 StPO)

Eine Gesamtstrafe für realkonkurrierende Taten kann nach den §§ 53, 54 StGB nur bei gemeinsamer Aburteilung gebildet werden. § 55 StGB ermöglicht ergänzend eine nachträgliche Gesamtstrafenbildung nach den §§ 53, 54 StGB dann, **wenn mehrere selbstständige Handlungen ihrem Begehungszeitpunkt nach hätten einheitlich abgeurteilt werden können**. Voraussetzung für die nachträgliche Gesamtstrafenbildung durch **Einbeziehung einer Strafe aus einem vorangegangenen Urteil** gemäß § 55 StGB ist, dass

86

- die später abgeurteilte Tat schon vor der früheren Verurteilung begangen wurde (und daher mit ihr zusammen hätte abgeurteilt werden können),
- die früher erkannte Strafe zum Zeitpunkt der Aburteilung noch nicht völlig vollstreckt, verjährt oder erlassen ist und
- die frühere Verurteilung rechtskräftig ist, bevor das neue Urteil rechtskräftig wird.

> **Beispiel:** A hat am 02.11.2020 schuldhaft einen Diebstahl begangen. Er wird wegen dieser Tat im Hauptverhandlungstermin am 15.02.2021 rechtskräftig zu einer Geldstrafe verurteilt. Am 19.01.2021 hat er einen weiteren Diebstahl verübt, für den im Hauptverhandlungstermin am 01.03.2021 eine weitere Geldstrafe verhängt werden soll.
>
> **Unter Einbeziehung der Strafe aus dem Urteil** vom 15.02.2021 ist eine **Gesamtgeldstrafe** zu bilden.

Gemäß § 55 StGB ist die nachträgliche **Gesamtstrafenbildung im Urteil vorzunehmen**.

> **Klausurhinweis:** Es ist sind die Vorstrafen, die sich in dem Protokoll der Hauptverhandlung finden, dahingehend zu prüfen, ob sie einbeziehungsfähig sind.

Hatte das Gericht bereits in der Vorverurteilung eine **Gesamtstrafe** ausgesprochen, ist diese **aufzulösen** und eine neue (einheitliche) Gesamtstrafe zu bilden;[82] die Einbeziehung einer Gesamtstrafe ist rechtsfehlerhaft.[83]

Nur dann, wenn die tatsächliche Grundlage für die Gesamtstrafenbildung fehlt, weil z.B. die Vorstrafenakten nicht vorliegen, dem Tatrichter die frühere Verurteilung unbekannt ist oder die Strafgewalt des Gerichts für die Bildung der Gesamtstrafe nicht ausreicht, soll von der Gesamtstrafenbildung Abstand genommen werden. Dann ist diese grundsätzlich im Urteil zu treffende Entscheidung dem **nachträglichen Beschlussverfahren** nach §§ 460 ff. StPO zu überlassen.[84]

Für die Bildung einer **nachträglichen Gesamtfreiheitsstrafe** gelten die obigen Ausführungen entsprechend. Wird eine Gesamtfreiheitsstrafe bis einschließlich 2 Jahren verhängt, muss über eine mögliche Strafaussetzung zur Bewährung entschieden werden.[85] **Die früheren Bewährungsentscheidungen werden gegenstandslos!**[86]

Treffen Geld- und Freiheitsstrafe zusammen, so besteht auch bei der nachträglichen Gesamtstrafe die Möglichkeit, gemäß §§ 55 Abs. 1 S. 1, 53 Abs. 2 S. 2 StGB gesondert auf eine Geldstrafe zu erkennen.

---

82 Vgl. BGH NStZ 2012, 380.

83 BGH, Beschl. v. 24.11.2000 – 2 StR 361/00, BeckRS 2001, 625.

84 Fischer § 55 Rn. 35.

85 KMR-Müller § 460 Rn. 19; LR-Wendisch § 460 Rn. 32; Sch/Sch/Stree § 56 Rn. 11.

86 OLG Hamm NStZ 1987, 382; BGH, Beschl. v. 26.09.2006 – 4 StR 390/06, BeckRS 2006, 12300.

(c) Nebenstrafen, Nebenfolgen und Maßnahmen bei der Bildung einer nachträglichen Gesamtstrafe

87 Gemäß § 55 Abs. 2 StGB sind bei der nachträglichen Bildung einer Gesamtstrafe **Nebenstrafen, Nebenfolgen und Maßnahmen**, auf die in der früheren Entscheidung erkannt war, **aufrechtzuerhalten**, soweit sie nicht durch die neue Entscheidung gegenstandslos geworden sind. Dabei ist der bisherige Fristablauf im Rahmen der Gesamtwürdigung dem Täter zugute zu halten.

(d) Härteausgleich bei rechtlicher Unmöglichkeit einer nachträglichen Gesamtstrafenbildung

88 In Examensklausuren kann die Fallvariante gebildet werden, dass nach dem zeitlichen Ablauf der Taten eine Verurteilung möglich wäre. Eine nachträgliche **Gesamtstrafenbildung** scheitert aber trotz früherer Verurteilung an Umständen, die nicht in der Sphäre des Angeklagten liegen, so zum Beispiel, weil der Angeklagte diese Strafe – im Regelfall eine Geldstrafe – bereits vollständig gezahlt hat. Eine Verurteilung unter Einbeziehung dieser Verurteilung ist dann nicht mehr möglich. Diesen Nachteil muss das Gericht bei der konkreten Strafzumessung ausgleichen, wenn die Strafen in ihrer Gesamtheit nicht mehr in einem angemessenen Verhältnis zu den Straftaten stehen **(Härteausgleich)**.[87]

Auch die Unmöglichkeit der nachträglichen Einbeziehung einer **früheren Jugendstrafe** oder der **von einem ausländischen Gericht verhängten Strafe** kann den Härteausgleich erfordern.[88]

Die Bestimmung eines gebotenen Ausgleichs im Einzelfall entzieht sich einer exakten – schematischen – Berechnung; die Rspr. räumt dem Tatrichter ein Ermessen ein.[89]

Der erforderliche Härteausgleich kann u.U. das Unterschreiten der Mindeststrafe des § 54 Abs. 1 S. 1 StGB gebieten.

3. Nebenstrafen und Nebenfolgen

89 In den Examensklausuren übersehen noch viele Bearbeiter, dass die Straftat eines Angeklagten neben Geld- oder Freiheitsstrafe noch **weitere Rechtsfolgen** nach sich ziehen kann, über die **im Urteil zu entscheiden** ist.

a) Fahrverbot

90 Das **Fahrverbot** ist die einzige Nebenstrafe, geregelt in § 44 StGB. Es kann von 1 bis 6 Monate verhängt werden. Das Fahrverbot hat vorwiegend spezialpräventive Funktion und ist Warnungs- und Besinnungsstrafe für besonders nachlässige oder leichtsinnige Kraftfahrer.

Voraussetzung ist eine Verurteilung zu Freiheitsstrafe oder Geldstrafe wegen einer Straftat, die der Täter bei oder im Zusammenhang mit dem Führen eines Kraftfahrzeugs oder unter Verletzung der Pflichten eines Kraftfahrzeugführers begangen hat.

Aber auch dann, wenn die Straftat nicht oder im Zusammenhang mit dem Führen eines Kraftfahrzeuges oder unter Verletzung der Pflichten eines Kraftfahrzeugführers begangen wurde, kann ein Fahrverbot gemäß § 44 Abs. 2 StGB angeordnet werden, wenn dies zur Einwirkung auf den Täter oder zur Verteidigung der Rechtsordnung er-

---

87 Fischer § 55 Rn. 16.
88 BGH, Beschl. v. 26.03.2014 – 2 StR 202/13, BeckRS 2014, 12009.
89 Fischer § 55 Rn. 2; vgl. zu der Darstellung in den Urteilsgründen Rn. 180.

forderlich erscheint oder wenn hierdurch die Verhängung einer Freiheitsstrafe oder deren Vollstreckung vermieden werden kann.

Nach § 44 Abs. 3 S. 2 StGB ist das Fahrverbot als Regelfall zu verhängen, wenn der Täter

- wegen Straßenverkehrsgefährdung im Zusammenhang mit Rauschmitteln (§ 315 c Abs. 1 Nr. 1 a / Abs. 3 StGB) oder wegen Trunkenheit im Verkehr (§ 316 StGB) verurteilt wird,

- aber eine Entziehung der Fahrerlaubnis nach § 69 StGB unterbleibt.

Allerdings ist in Ausnahmefällen neben einer Anordnung der Maßregel nach §§ 69, 69 a StGB auch ein Fahrverbot möglich, wenn das Gericht dem Verurteilten zudem verbieten will, mit fahrerlaubnisfreien Kraftfahrzeugen am Straßenverkehr teilzunehmen, so z.B. bei einer Trunkenheitsfahrt mit einem E-Scooter.[90]

Ab Rechtskraft des Urteils ist das Fahrverbot bereits wirksam. Die Verbotsfrist beginnt aber erst zu laufen, wenn der Führerschein – auch aus einem anderen EG-Land – in amtliche Verwahrung gelangt. Bei sonstigen ausländischen Führerscheinen kommt es auf den Zeitpunkt der Eintragung des Fahrverbots an.

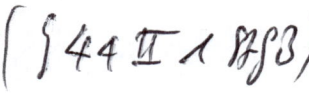

b) Nebenfolgen

Nebenfolgen iS.d. **§§ 45–45 b StGB** sind der **Verlust der Amtsfähigkeit, der Wählbarkeit und des Stimmrechts.** Das Gesetz unterscheidet: 91

Eintritt kraft Gesetzes ohne besonderen Ausspruch im Urteil (§ 45 Abs. 1 StGB):

- Amtsverlust, d.h. die Fähigkeit, öffentliche Ämter zu bekleiden und

- Verlust des passiven Wahlrechts, d.h. die Fähigkeit, Rechte aus öffentlichen Wahlen zu erlangen,

bei Verurteilung wegen eines Verbrechens zu Freiheitsstrafe von mindestens 1 Jahr.

Damit geht der automatische Verlust der entsprechenden Rechtsstellungen und Rechte einher (§ 45 Abs. 3, 4 StGB).

Aberkennung (§ 45 Abs. 2, 5 StGB), d.h. richterlich angeordneter Verlust öffentlicher Ämter, des passiven oder aktiven Wahlrechts für die Dauer von 2 bis fünf 5, soweit das Gesetz dies besonders vorsieht (§§ 92 a, 101, 102 Abs. 2, 108 c, 108 e Abs. 2, 129 a Abs. 8, 264 Abs. 6 S. 1, 358 StGB).

Nach § 45 b StGB ist eine Wiederverleihung der Fähigkeiten und Rechte möglich.

c) Maßnahmen mit strafähnlichem Charakter

aa) Einziehung von Tatprodukten und Tatobjekten nach §§ 74 ff. StGB

Die Verhängung dieser Maßregel ist fakultativ. Sie beinhaltet, dass das Eigentum an der eingezogenen Sache oder das eingezogene Recht mit Rechtskraft der zugrundeliegenden Entscheidung auf den Staat übergeht, § 75 StGB. Dabei ist gemäß § 74 f StGB der Grundsatz der Verhältnismäßigkeit zu beachten. Sie darf nicht angeordnet werden, wenn sie zur begangenen Tat und zum Vorwurf, der den von der Einziehung Betroffenen trifft, außer Verhältnis stünde.   92

---

90   BGH RÜ2 2020, 279.

bb) Einziehung von Taterträgen bei Tätern und Teilnehmern, §§ 73 ff. StGB[91]

93 Die Einziehung soll gewährleisten, dass dem Täter keine Vorteile aus seiner Tat verbleiben.

Die §§ 73 ff. StGB beinhalten Maßnahmen zur Abschöpfung unrechtmäßig erlangten Vermögenszuwachses. Kommt das Gericht zu dem Ergebnis, dass Gegenstände aus rechtswidrigen Taten erlangt wurden, steht die Einziehung als Rechtsfolge nicht im Ermessen des Gerichts, sondern sie ist zwingend.

Die Einziehung muss auch beim Einverständnis des Angeklagten in die formlose Einziehung im Urteil angeordnet werden. Sie ist aber dann ausgeschlossen, soweit der Anspruch, der dem Verletzten aus der Tat auf Rückgewähr des Erlangten oder auf Ersatz des Wertes des Erlangten erwachsen ist, erloschen ist, § 73 e Abs. 1 S. 1 StGB.

cc) Einziehung von Verkörperungen eines Inhalts und Unbrauchbarmachung, § 74 d StGB

94 Diese Einziehung ist eine vorbeugende Maßnahme, durch die einem Gegenstand die Gefährlichkeit genommen wird, für Straftaten benutzt zu werden, die aber – im Gegensatz zur Einziehung – das Eigentum an der Substanz unangetastet lässt. Die Unbrauchbarmachung der zur Herstellung der Verkörperung von Inhalten gebrauchten oder bestimmten Vorrichtungen, die Vorlage für die Vervielfältigung waren oder sein sollten (§ 74 d Abs. 1 S. 2 StGB), ist eine Sanktion, die im Rahmen der Verhältnismäßigkeit als weniger einschneidend der Einziehung vorgehen kann.

d) Nicht freiheitsentziehende Maßregeln der Besserung und Sicherung

aa) Entziehung der Fahrerlaubnis, §§ 69–69 b StGB

95 Die Fahrerlaubnisentziehung ist in der Praxis die häufigste und für Klausuren die wichtigste Maßregel der Besserung und Sicherung. Sie gilt sowohl für Inhaber inländischer als auch ausländischer Fahrerlaubnisse (§ 69 b Abs. 1 S. 1 StGB).

Voraussetzungen nach § 69 Abs. 1, 2 StGB:[92]

- Rechtswidrige Tat, die der Täter bei oder im Zusammenhang mit dem Führen eines Kraftfahrzeugs oder unter Verletzung der Pflichten eines Kraftfahrzeugführers begangen hat,
- Manifestation mangelnder Eignung zum Führen von Kraftfahrzeugen,
- Straftaten, die den Eignungsmangel indizieren, § 69 Abs. 2 StGB. Auch aus anderen Straftaten, als den in § 69 Abs. 2 StGB genannten, kann die fehlende Eignung zum Führen von Kraftfahrzeugen hergeleitet werden, sofern die fragliche Anlasstat tragfähige Rückschlüsse darauf zulässt, dass der Täter bereit ist, die Sicherheit des Straßenverkehrs seinen eigenen kriminellen Interessen unterzuordnen. So z.B., wenn der Täter sein Fahrzeug dazu missbraucht hat, einen „Unfall" zu inszenieren, um die Versicherung des „Unfallgegners" in Anspruch zu nehmen.

Ist eine Entziehung der Fahrerlaubnis aus rechtlichen oder tatsächlichen Gründen nicht möglich, kommt die Anordnung eines **Fahrverbots** nach § 44 StGB in Betracht.

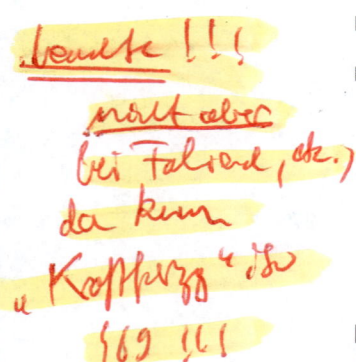

91 Vgl. hierzu RÜ2 2017, 182 ff.
92 AS-Skript Die staatsanwaltliche Assessorklausur (2019), Rn. 149.

Die **deutsche Fahrerlaubnis** erlischt **(Entziehung der Fahrerlaubnis)**. Der **Führerschein wird im Urteil eingezogen** (§ 69 Abs. 3 StGB). Das Gericht bestimmt eine **Sperre für die Wiedererteilung** einer neuen Fahrerlaubnis. Von der Sperre können bestimmte Arten von Kfz ausgenommen werden (§ 69 a Abs. 2 StGB). Die Sperre beträgt von 6 Monaten bis zu 5 Jahren, ausnahmsweise ist sie unbefristet (§ 69 a Abs. 1 StGB). Das Mindestmaß erhöht sich auf 1 Jahr, wenn gegen den Täter in den letzten 3 Jahren vor der Tat bereits einmal eine Sperre angeordnet worden ist (§ 69 a Abs. 3 StGB). War die Fahrerlaubnis vorläufig entzogen worden (§ 111 a StPO), verkürzt sich das Mindestmaß der Sperre um die Zeit der Wirksamkeit der vorläufigen Entziehung, aber nicht unter 3 Monate (§ 69 a Abs. 4 StGB). Die Sperre beginnt mit der Rechtskraft des Urteils (§ 69 a Abs. 5 S. 1 StGB). Eine vorzeitige Aufhebung der Sperre – auch der unbefristeten – ist möglich (§ 69 a Abs. 7 StGB).

Wenn der Täter keine Fahrerlaubnis hat, wird die Sperre gemäß § 69 a Abs. 1 S. 3 StGB isoliert angeordnet.

96 Die Entziehung der **ausländischen Fahrerlaubnis** wirkt als Aberkennung des Rechts, von der Fahrerlaubnis im Inland Gebrauch zu machen. Während der Sperre darf von der Fahrerlaubnis im Inland weder Gebrauch gemacht noch eine inländische Fahrerlaubnis erteilt werden (§ 69 b Abs. 1 StGB). EU-Führerscheine werden eingezogen und an die ausstellende Behörde zurückgesandt. Andere Führerscheine erhalten einen Sperrvermerk (§ 69 b Abs. 2 StGB).

bb) Berufsverbot, §§ 70–70 b StGB

97 Diese Maßregel dient dem Schutz vor Gefahren, die sich aus dem Missbrauch der Berufs- und Gewerbefreiheit ergeben.

Anordnungsvoraussetzungen gemäß §§ 70, 62 StGB:

- Begehung einer rechtswidrigen Tat (§ 11 Abs. 1 Nr. 5 StGB) unter Missbrauch des Berufs oder Gewerbes oder unter grober Verletzung der mit ihnen verbundenen Pflichten;

- Schuldspruch hieraus oder Nichtverurteilung wegen erwiesener oder nicht ausschließbarer Schuldunfähigkeit des Täters;

- aufgrund einer Gesamtwürdigung von Tat und Täter muss bei weiterer Berufsausübung die Gefahr neuer erheblicher rechtswidriger Taten bestehen;

- Verhältnismäßigkeit der Maßnahme.

Folge ist das Verbot der Ausübung des Berufs, Berufszweiges, Gewerbes oder Gewerbezweiges für die Dauer von 1 bis zu 5 Jahren oder im Ausnahmefall zeitlich unbefristet (§ 70 Abs. 1 StGB).

Die Anordnung kann gemäß § 70 a StGB zur Bewährung ausgesetzt werden. Die Aussetzung kann gemäß § 70 b StGB widerrufen werden.

Ein Berufsverbot kommt insbesondere bei Abrechnungsbetrügereien von Ärzten zum Nachteil der Krankenkassen in Betracht.[93]

cc) Führungsaufsicht, §§ 68–68 g StGB

98 Ihre Funktion besteht vorrangig darin, kriminalitätsgefährdeten, aus dem Strafvollzug Entlassenen den Übergang in die Freiheit zu erleichtern und im Allgemeininteresse deren Rückfall zu verhindern.

---

93 Vgl. BGH NJW 2012, 1372.

e) Freiheitsentziehende Maßregeln der Besserung und Sicherung

aa) Unterbringung in einem psychiatrischen Krankenhaus, §§ 63, 62 StGB

99 Diese Unterbringung ist eine zwingend anzuordnende freiheitsentziehende Maßregel der Besserung und Sicherung. Sie dient der Wiedereingliederung durch Behandlung nach ärztlichen Aspekten. Soweit möglich, soll der Untergebrachte geheilt oder sein Zustand so gebessert werden, dass er nicht mehr gefährlich ist. Unterbringungsvoraussetzungen nach §§ 63, 62 StGB:

- Begehung einer rechtswidrigen Tat (§ 11 Abs. 1 Nr. 5 StGB);

- Schuldunfähigkeit (§ 20 StGB) oder verminderte Schuldfähigkeit (§ 21 StGB) zur Zeit der Tat aufgrund eines länger andauernden geistigen Defekts;

- symptomatischer Zusammenhang zwischen der Tat und dem Zustand der Schuldunfähigkeit bzw. verminderter Schuldfähigkeit;

- negative Gefährlichkeitsprognose im Zeitpunkt der Aburteilung, d.h. Erwartung i.S. bestimmter Wahrscheinlichkeit, dass der Täter infolge seines Zustands weitere erhebliche Taten begehen wird und dass er deshalb für die Allgemeinheit gefährlich ist.

- Nach dem Grundsatz der Verhältnismäßigkeit dürfen keine weniger einschneidenden Maßnahmen möglich sein.

bb) Unterbringung in einer Entziehungsanstalt, §§ 64, 62 StGB

100 Diese Unterbringung ist eine zwingend anzuordnende, auf 2 Jahre begrenzte (§ 67 d Abs. 1 StGB) freiheitsentziehende Maßregel. Sie dient der Heilung des Untergebrachten von seinem Hang zu Rauschmitteln sowie der Behebung der zugrunde liegenden Fehlhaltung. Gegenüber den §§ 35, 36 BtMG hat sie Vorrang. Unterbringungsvoraussetzungen nach den §§ 64, 62 StGB:

- Es muss ein Hang zum Rauschmittelmissbrauch vorliegen, d.h. eine den Täter beherrschende oder treibende Abhängigkeit, Alkohol oder anderweitige berauschende Mittel im Überfluss zu sich zu nehmen;

- es muss eine rechtswidrige Tat (§ 11 Abs. 1 Nr. 5 StGB) vorliegen, die der Täter entweder im Rausch begangen hat oder die auf seinen Hang zurückgeht, also in einem symptomatischen Zusammenhang zu der Abhängigkeit steht;

- es muss die Gefahr bestehen, dass der Täter infolge seines Hanges erhebliche rechtswidrige Taten begehen wird.

- Einschränkende Voraussetzung ist nach § 64 S. 2 StGB eine hinreichend konkrete Aussicht auf einen Heilungserfolg bzw. auf die Rückfallvermeidung in Bezug auf Hangtaten.

- Die Anordnung muss schließlich auch i.S.d. § 62 StGB verhältnismäßig sein.

cc) Unterbringung in der Sicherungsverwahrung, §§ 66, 62 StGB

101 Zweck der Sicherungsverwahrung ist der Schutz der Allgemeinheit vor gefährlichen Hangtätern und diese Täter zu bessern. Die Sicherungsverwahrung ist grundsätzlich zeitlich nicht begrenzt. Die Fortdauer der Sicherungsverwahrung wird regelmäßig von der Strafvollstreckungskammer beim Landgericht geprüft.

Klausurhinweis: Es wird empfohlen, sich mit der **Entziehung der Fahrerlaubnis** (§§ 69, 69 a StGB), dem **Fahrverbot** (§ 44 StGB) und der **Einziehung** (§§ 73, 74 ff. StGB) auseinanderzusetzen. Sonstige Nebenfolgen (§§ 45 ff. StGB) dürften nicht Gegenstand einer Urteilsklausur sein. Auch dürfte von der Prüfung freiheitsentziehender Maßregeln der Besserung und Sicherung (§§ 63, 64, 66, 66 a StGB) abzusehen sein, da diese schon aufgrund ihrer komplexen materiellen und verfahrensrechtlichen Voraussetzungen kaum Klausurgegenstand sein dürften; der Bearbeiter sollte sich nur zu einer entsprechenden Prüfung veranlasst sehen, wenn dem Hauptverhandlungsprotokoll ein Sachverständigengutachten gemäß § 246 a StPO zu entnehmen ist und natürlich dann, wenn der Bearbeitervermerk einen entsprechenden Hinweis enthält.

V. Besonderheiten im Jugendstrafrecht

1. Persönlicher und sachlicher Anwendungsbereich des Jugendstrafrechts

Das Jugendstrafrecht gilt nach § 1 Abs. 2 JGG für **Jugendliche** und **Heranwachsende** **102** **(persönlicher Anwendungsbereich)**, soweit ihnen ein Verbrechen bzw. Vergehen nach dem StGB oder einem strafrechtlichen Nebengesetz zur Last gelegt wird, § 1 Abs. 1 JGG **(sachlicher Anwendungsbereich)**. Es findet keine Anwendung auf Ordnungswidrigkeiten sowie auf mit Ordnungs- und Zwangsmitteln bedrohtes Verhalten (z.B. § 178 GVG, § 70 StPO), da es sich nicht um Verfehlungen i.S.d. § 1 Abs. 1 JGG handelt.

Für den persönlichen Anwendungsbereich des JGG ist allein das **Tatzeitalter des Angeklagten** gemäß § 1 Abs. 2 maßgeblich; die Überschreitung dieser Altersgrenze zum Zeitpunkt des Urteils ist dagegen unerheblich.

Nach § 2 JGG sind die **Vorschriften des JGG** gegenüber denen der allgemeinen Gesetze (also insbesondere StGB, StPO, GVG) **vorrangig**. Eine **Ausnahme bildet § 4 JGG** im Hinblick auf die rechtliche Einordnung der Taten Jugendlicher als Verbrechen und Vergehen sowie auf die Frage der Verjährung. Hier gilt das allgemeine Strafrecht.

Ein Jugendlicher ist strafrechtlich nach **§ 3 JGG** nur dann verantwortlich, wenn er zur Zeit der Tat nach seiner geistigen Entwicklung reif genug ist, das Unrecht der Tat einzusehen und nach dieser Einsicht zu handeln **(im Rahmen der Deliktsprüfung bei der Schuld!)**.[94] Diese Verantwortlichkeit ist im Urteil positiv festzustellen. Nach der Rspr. bleiben die Maßregeln, die auch gegen einen vermindert schuldfähigen oder schuldunfähigen Angeklagten verhängt werden können (vgl. §§ 63, 64 StGB), anwendbar, wenn dem Jugendlichen – neben der Schuldfähigkeit nach allgemeinem Strafrecht, vgl. §§ 20, 21 StGB – zusätzlich die erforderliche Verantwortlichkeit i.S.d. § 3 JGG fehlt.[95]

Für Heranwachsende gilt § 3 JGG dagegen auch dann nicht, wenn auf sie materielles Jugendstrafrecht angewandt wird. Erhebliche Entwicklungsmängel können bei ihnen nur im Rahmen der §§ 20, 21 StGB berücksichtigt werden.

Unter den Voraussetzungen des **§ 105 JGG** ist das materielle **Jugendstrafrecht auch bei Heranwachsenden anzuwenden**, so dass auch die jugendspezifischen Rechtsfolgen gelten. Es wird dabei nach Abs. 1 Nr. 1 eine **Gesamtwürdigung der Persönlichkeit und der Umweltbedingungen** gefordert. Ein Heranwachsender ist einem Jugendlichen gleichzustellen, wenn es sich um eine ungefestigte, noch prägbare Persönlichkeit handelt, bei der Entwicklungskräfte noch in größerem Maße wirksam

---

94   BGH NStZ 2017, 644–646, BGH, Urt. v. 03.02.2005 – 4 StR 492/04, BeckRS 2005, 02472.

95   BGHSt 26, 70.

sind.[96] Die in Nr. 2 genannte **Jugendverfehlung** ist nicht weiter legal definiert. Sie ist anzunehmen, wenn die Tat objektiv ihrem äußeren Erscheinungsbild nach Merkmale jugendlicher Unreife aufweist oder wenn subjektiv die Beweggründe für die Tat jugendspezifisch sind.

2. Verfahrensrechtliche Abweichungen

103 **a)** Die **Nebenklage** ist in einem Verfahren **gegen** einen **Jugendlichen auf die folgenschweren Verbrechen** i.S.d. § 80 Abs. 3 S. 1 JGG **beschränkt**. Für Heranwachsende existiert insoweit keine Einschränkung, vgl. § 109 JGG.

104 **b)** Zudem findet gegen Jugendliche gemäß § 81 JGG **kein Adhäsionsverfahren** zur Entschädigung des Verletzten statt; nach § 109 Abs. 2 S. 1 JGG n.F. gilt diese Einschränkung für das Verfahren gegen einen Heranwachsenden auch dann nicht mehr, wenn auf ihn materielles Jugendstrafrecht gemäß § 105 Abs. 1 JGG angewandt wird.

105 **c)** Das Gericht kann nach § 74 JGG selbst bei der Verurteilung eines Jugendlichen – und eines Heranwachsenden, auf den materielles Jugendstrafrecht gemäß § 105 Abs. 1 JGG angewandt wird, vgl. § 109 Abs. 2 S. 1 JGG – in Abweichung zu § 465 Abs. 1 StPO **davon absehen**, diesem **die Kosten des Verfahrens** und **die (notwendigen) Auslagen** anderer Verfahrensbeteiligter **aufzuerlegen**.

Die Auslagen eines erfolgreichen Adhäsionsklägers hat der Heranwachsende aber immer zu tragen, vgl. § 109 Abs. 2 S. 4 JGG.

3. Die Rechtsfolgen der Jugendstraftat

a) Erziehungsmaßregeln

106 Nach § 5 Abs. 1 JGG können aus Anlass der Straftat eines Jugendlichen Erziehungsmaßregeln angeordnet werden. Gemäß § 9 JGG sind dies **Weisungen** und die **Verpflichtung zur Inanspruchnahme von Hilfe zur Erziehung i.S.d. § 12 JGG**.

Die Weisungen sind in § 10 Abs. 1 S. 1 JGG legal definiert. Die Aufzählung in Satz 3 ist dabei nicht abschließend. In der Praxis werden häufig folgende **Weisungen** erteilt:

- Erbringung von Arbeitsleistungen (Nr. 4),
- Teilnahme an einem sozialen Trainingskurs (Nr. 6), häufig ein sog. „Anti-Gewalt-Kurs",
- Täter-Opfer-Ausgleich (Nr. 7) und
- Teilnahme an einem Verkehrsunterricht (Nr. 9).

b) Zuchtmittel

107 Reicht eine Erziehungsmaßregel nicht mehr aus, wird die Straftat eines Jugendlichen nach §§ 5 Abs. 2, 13 Abs. 1 JGG mit Zuchtmitteln geahndet, wenn Jugendstrafe (noch) nicht geboten ist. Gemäß § 13 Abs. 2 JGG sind Zuchtmittel

- die Verwarnung,
- die Erteilung von Auflagen,
- der Jugendarrest.

Durch die **Verwarnung** soll nach § 14 JGG dem Jugendlichen das Unrecht der Tat eindringlich vor Augen geführt werden.

---

96 BGHSt 36, 37.

Von den in § 15 JGG genannten **Auflagen** sind die Geldauflage (Abs. 1 Nr. 4) und die Erbringung von Arbeitsleistungen (Abs. 1 Nr. 3) vorrangig zu erwähnen.

Der **Jugendarrest**, ein kurzfristiger Freiheitsentzug mit schuldausgleichendem und erzieherischem Charakter und mit dem Anwendungsbereich bei einer Tat im Bereich mittlerer Schwere bis an die Grenze der Jugendstrafe, ist nach § 16 JGG der

- **Freizeitarrest** (auch „Wochenendarrest" von Sonnabend 8.00 Uhr – bei Arbeit oder Schulbesuch ab 15.00 Uhr – bis Montag 7.00 Uhr, vgl. § 25 Abs. 3 JAVollzO), der auf ein oder zwei Freizeiten begrenzt ist,

- **Kurzarrest**, maximal vier und mindestens zwei Tage, der häufig in den Ferien oder im Urlaub vollstreckt wird, und der

- **Dauerarrest**, mindestens eine und höchstens vier Wochen.

c) Die Jugendstrafe

Nach **§ 17 Abs. 2 JGG** kann eine Jugendstrafe entweder wegen **schädlicher Neigungen** oder wegen der **Schwere der Schuld** verhängt werden. **108**

Schädliche Neigungen sind erhebliche Anlage- oder Erziehungsmängel, die die Gefahr begründen, dass die Gemeinschaftsordnung ohne längere Gesamterziehung durch weitere Straftaten erheblich gestört wird.[97]

Bei dem Merkmal der **Schwere der Schuld** ist es möglich, über den Erziehungsgedanken hinaus auch Gesichtspunkte von Sühne und gerechtem Schuldausgleich zu berücksichtigen. Generalpräventive Aspekte sind jedoch nicht zulässig. Entscheidend ist bei der Frage der Schuld die persönliche Vorwerfbarkeit des Tatunrechts.

Nach § 18 Abs. 1 S. 1 JGG beträgt das **Mindestmaß der Jugendstrafe 6 Monate, das Höchstmaß 5 Jahre**. Handelt es sich jedoch bei der Tat um ein Verbrechen, für das nach dem allgemeinen Strafrecht eine Höchststrafe von mehr als 10 Jahren angedroht ist (z.B. bei den Tötungsdelikten oder den Delikten mit Todesfolge), so ist das **Höchstmaß der Jugendstrafe 10 Jahre**, § 18 Abs. 1 S. 2 JGG. **109**

Da nach § 18 Abs. 1 S. 3 JGG für die Bemessung der Jugendstrafe die Strafrahmen des allgemeinen Strafrechts nicht gelten, kann das Jugendgericht bei der Verhängung dieser – wie auch der übrigen jugendspezifischen – Rechtsfolge(n) die Verwirklichung von Tatbestandsmerkmalen strafschärfend berücksichtigen, ohne gegen das Doppelverwertungsverbot des § 46 Abs. 3 StGB zu verstoßen; dieses findet bei der Bemessung einer jugendspezifischen Sanktion keine Anwendung.[98]

Auch die Jugendstrafe kann unter den Voraussetzungen der §§ 21 bis 26 a JGG zur **Bewährung** ausgesetzt werden. Diese Entscheidung muss das Jugendgericht aber nicht zwingend im Urteil treffen; bis zum Beginn des Strafvollzugs ist auch eine nachträgliche Entscheidung über die Aussetzung der bereits verhängten Jugendstrafe durch Beschluss gemäß § 57 JGG möglich (sog. **„Vorbewährung"**). **110**

Die näheren Modalitäten der Bewährung (vgl. §§ 22 ff. JGG) sind – wie auch im Fall des § 268 a StPO – einem besonderen Beschluss nach § 58 JGG vorbehalten; dieser ergeht regelmäßig im unmittelbaren Anschluss an das Urteil.

Liegen **Zweifel über den Umfang bestehender schädlicher Neigungen** vor, kann das Gericht die **Verhängung der Jugendstrafe** nach §§ 27 bis 30 JGG **aussetzen**. Das Jugendstrafrecht ermöglicht hier die Aufspaltung der sonst einheitlichen Entscheidung über die Schuld- und Straffrage. Das bedeutet, dass die Schuld im Urteil zwar festgestellt wird, die Entscheidung über die Verhängung der Jugendstrafe aber für 1 bis 2 Jahre zur Bewährung ausgesetzt werden kann, § 28 Abs. 1 JGG. **111**

---

97 BGHSt 11, 169, 170; Eisenberg/Kölbel § 17 JGG Rn. 18 m.w.N.

98 BGH, Beschl. v. 10.01.2007 – 1 StR 617/06, BeckRS 2007, 782; BGH, Beschl. v. 03.02.2005 – 1 StR 1/05, BeckRS 2005, 2321.

Die weiteren Entscheidungen gemäß §§ 28, 29 JGG erfolgen auch hier nicht im Urteil selbst, sondern in einem später zu erlassenden Beschluss nach §§ 62, 58 JGG.

112 Für die **Anrechnung von Untersuchungshaft** (§ 72 JGG i.V.m. §§ 112 ff. StPO) und anderen wegen der Tat erlittenen Freiheitsentziehungen auf die erkannte Strafe, modifizieren die §§ 52, 52 a JGG den im Erwachsenenstrafrecht bestehenden Grundsatz des § 51 StGB. Danach erfolgt eine Berücksichtigung bei angeordnetem **Jugendarrest** nur dann und insoweit, als dessen Zweck durch die vollzogene Zwangsmaßnahme bereits erreicht ist, vgl. § 52 JGG. Auf die **Jugendstrafe** ist die Untersuchungshaft nach § 52 a Abs. 1 S. 1 JGG dagegen grundsätzlich anzurechnen; ausnahmsweise können das Nachtatverhalten oder aber erzieherische Gründe auch hier eine Nichtanrechnung gebieten, vgl. § 52 a Abs. 1 S. 2, 3 JGG.[99]

Der Jugendrichter hat außer im gesetzlichen Regelfall des § 52 a Abs. 1 S. 1 JGG in der Urteilsformel ausdrücklich über die Anrechnung der Untersuchungshaft zu entscheiden.[100]

d) Kombination unterschiedlicher Rechtsfolgen, § 8 JGG

113 Nach § 8 Abs. 1 S. 1 JGG dürfen Erziehungsmaßregeln und Zuchtmittel nebeneinander angeordnet werden (Ausnahme: Erziehungshilfe nach § 12 Nr. 2 JGG und Jugendarrest, § 8 Abs. 1 S. 2 JGG). Neben der Jugendstrafe können gemäß § 8 Abs. 2 JGG Weisungen und Auflagen erteilt bzw. Erziehungsbeistandschaft angeordnet werden. Unter den Voraussetzungen des § 16 a JGG ist es auch möglich, neben der Verhängung der Jugendstrafe oder der Aussetzung ihrer Verhängung, auch Jugendarrest anzuordnen (sog. Warnschussarrest).

e) Mehrere Straftaten eines Jugendlichen

114 Im Jugendstrafrecht herrscht das **Prinzip der einheitlichen Rechtsfolgenverhängung (Einheitsprinzip)**. Insoweit tritt § 31 Abs. 1 JGG an die Stelle der §§ 53, 54 StGB. Die jugendspezifische(n) Rechtsfolge(n) ist (sind) mithin einheitlich, also ohne Rücksicht auf die Zahl der zur Verurteilung anstehenden Taten und deren materiell-rechtlichem Konkurrenzverhältnis festzusetzen.

Das Einheitsprinzip erstreckt sich auch auf die Aburteilung **mehrerer Straftaten** eines Jugendlichen in **verschiedenen Verfahren** und verdrängt die Regelung des § 55 StGB. Nach § 31 Abs. 2 JGG werden in die Verurteilung eines Jugendlichen die **jugendspezifischen Rechtsfolgen** (Erziehungsmaßregeln, Zuchtmittel, Jugendstrafe oder auch die bloße Feststellung der Schuld nach § 27 JGG) **aus einer rechtskräftigen früheren Verurteilung** in das anstehende Urteil **mit einbezogen**, soweit diese noch nicht vollständig ausgeführt, vollstreckt oder sonst erledigt sind. Es wird auch in diesen Konstellationen einheitlich auf Maßnahmen (Erziehungsmaßregeln, Zuchtmittel) und/oder Jugendstrafe erkannt. Anders als bei der nachträglichen Gesamtstrafenbildung gemäß § 55 StPO ist es für die Einbeziehung unbeachtlich, in welcher zeitlichen Reihenfolge die erfassten Straftaten begangen worden sind; insbesondere ist nicht Voraussetzung, dass die neuere(n) Straftat(en) vor Verkündung des früheren Urteils begangen worden ist (sind).[101] Mit der Einbeziehung werden die Rechtsfolgen der früheren Entscheidung und auch etwaige Entscheidungen über die Aussetzung zur Bewährung nach den §§ 21, 27, 88 JGG gegenstandslos. Erkennt der Jugendrichter nunmehr auf Jugendstrafe, so kann er nach pflichtgemäßem Ermessen einen bereits teilweise vollstreckten Jugendarrest auf diese anrechnen, vgl. § 31 Abs. 2 S. 2 JGG.

---

99 BGH NStZ 1996, 233.
100 Eisenberg/Kölbel § 54 Rn. 21 f.
101 Eisenberg/Kölbel § 31 Rn. 13.

Das Gericht kann allerdings **von einer Einbeziehung** gemäß § 31 Abs. 2 JGG **abse-** **115** **hen**, wenn diese **ausnahmsweise** erzieherischen Zwecken widerspräche, vgl. § 31 Abs. 3 JGG.[102] Hierdurch kann es u.U. auch zur Bildung von zwei nebeneinander stehenden Jugendstrafen kommen, die in der Addition die Höchststrafe von 10 Jahren (§ 18 Abs. 1 S. 2 JGG) überschreiten.[103] Im Falle der Nichteinbeziehung kann das Gericht jedoch gemäß § 31 Abs. 3 S. 2 JGG Erziehungsmaßregeln oder Zuchtmittel für erledigt erklären.

Im Gegensatz zu § 55 StGB wird nach § 31 Abs. 2 JGG nicht allein die Strafe aus der vorangegangenen Verurteilung, sondern vielmehr **das frühere Urteil selbst miteinbezogen**. Dies muss auch in der Urteilsformel zum Ausdruck kommen.

f) Nebenstrafen, -folgen und Maßregeln der Besserung und Sicherung

Gegen Jugendliche können mit Ausnahme der in § 6 JGG Genannten die Nebenstra- **116** fen und -folgen des allgemeinen Strafrechts angeordnet werden.

Von den Maßregeln der Besserung und Sicherung sind nach Maßgabe des § 7 JGG nur die Unterbringung in einem psychiatrischen Krankenhaus (§ 63 StGB) oder in einer Entziehungsanstalt (§ 64 StGB), Führungsaufsicht (§ 68 StGB) und die Entziehung der Fahrerlaubnis (§§ 69, 69 a StGB) zulässig, nicht aber die (vorbehaltene) Sicherungsverwahrung (§§ 66, 66 a StGB) und die Anordnung des Berufsverbots (§ 70 StGB).

Die Einziehung von Taterträgen bei Tätern und Teilnehmern (§ 73 ff. StGB) sowie die Einziehung von Tatprodukten, Tatmitteln und Tatobjekten bei Tätern und Teilnehmern (§ 74 StGB) sind gegenüber Jugendlichen ebenfalls möglich.

Im Fall einer zulässigen Unterbringungsanordnung nach § 63 StGB oder nach § 64 StGB werden grundsätzlich keine ahndenden Rechtsfolgen (Jugendstrafe, Zuchtmittel) verhängt, vgl. § 5 Abs. 3 JGG.

g) Besonderheiten bei Heranwachsenden

Wendet der Richter gegen einen Heranwachsenden das **allgemeine Strafrecht** an, **117** so kann er nach § 106 Abs. 1 JGG an Stelle von lebenslanger Freiheitsstrafe auf eine solche von 10 bis 15 Jahren erkennen, z.B. bei Mord gemäß § 211 StGB. Eine (primäre) Sicherungsverwahrung (§ 66 StGB) darf neben der Strafe nicht angeordnet werden, vgl. § 106 Abs. 3 S. 1 JGG; es ist aber die vorbehaltene (§ 66 a StGB) und nachträgliche (§ 66 b StGB) Anordnung dieser Maßregel unter den zusätzlichen Voraussetzungen des § 106 Abs. 3 S. 2, 3, Abs. 4 JGG bzw. des § 106 Abs. 5, Abs. 6 JGG gegenüber Heranwachsenden möglich.

Führt die Entscheidung nach § 105 Abs. 1 JGG demgegenüber zur **Anwendung von** **118** **Jugendstrafrecht**, dann gelten die für Jugendliche maßgeblichen Rechtsfolgenbestimmungen auch für den Heranwachsenden. Ausgeschlossen ist lediglich die Auferlegung einer Hilfe zur Erziehung nach §§ 9 Nr. 2, 12 JGG. Das Höchstmaß der Jugendstrafe beträgt bei Heranwachsenden aber – in Abweichung zu § 18 Abs. 1 S. 1 JGG – immer 10 Jahre, § 105 Abs. 3 JGG. Handelt es sich bei der Tat um Mord und reicht das Höchstmaß nach Satz 1 wegen der besonderen Schwere der Schuld nicht aus, so ist das Höchstmaß 15 Jahre.

Zudem erstreckt § 105 Abs. 2 JGG die Möglichkeit, frühere Urteile zum Zweck des einheitlichen Rechtsfolgenausspruchs gemäß § 31 Abs. 2, Abs. 3 JGG mit einzubeziehen, auch auf rechtskräftige Verurteilungen nach allgemeinem Strafrecht.[104]

---

102 BGH NStZ 2000, 263.
103 BGH NStZ 2000, 263 f., 484 f.
104 Eisenberg/Kölbel § 105 Rn. 44.

h) Mehrere Straftaten in verschiedenen Altersstufen, § 32 JGG

119 Wenn mehrere angeklagte Taten aus verschiedenen Alters- und Reifestufen zur gleichzeitigen Verurteilung anstehen, muss das Gericht für die zu verhängenden Rechtsfolgen aller Taten entweder einheitlich Jugendstrafrecht oder allgemeines Strafrecht anwenden.

Nach § 32 JGG gilt einheitlich das Jugendstrafrecht, wenn das **Schwergewicht** bei den Straftaten liegt, die nach Jugendstrafrecht zu beurteilen wären. Anderenfalls ist einheitlich das allgemeine Strafrecht anzuwenden. Der unbestimmte Rechtsbegriff „Schwergewicht" eröffnet dem Richter einen Beurteilungsspielraum. Zu berücksichtigen sind dabei alle strafrechtlich relevanten Gesichtspunkte, die Persönlichkeitsentwicklung, die Bewertung der Tatursachen und die Bestimmung der „Tatwurzeln"; Zahl und äußere Schwere der Straftaten sind dabei nicht zwingend von entscheidender Bedeutung.[105] Im Zweifel ist nach § 32 S. 2 JGG einheitlich allgemeines Strafrecht anzuwenden.[106]

Für jede im Heranwachsendenalter begangene Tat muss das Gericht **vor der Anwendung des § 32 JGG** die Prüfung nach § 105 Abs. 1 JGG isoliert vorgenommen und abgeschlossen haben. Führt das Ergebnis dieser Prüfung dazu, dass alle Taten ohnehin jeweils nach Jugendstrafrecht oder jeweils nach allgemeinem Strafrecht zu behandeln sind, erübrigt sich die Entscheidung nach § 32 JGG.

Die Schwergewichtsentscheidung entsprechend § 32 JGG ist dagegen immer zu treffen, wenn in die Verurteilung eines nach Jugendstrafrecht zu behandelnden Heranwachsenden ein rechtskräftiges Urteil mit einer dem allgemeinen Strafrecht entnommenen Rechtsfolge miteinbezogen wird, vgl. § 105 Abs. 2 JGG i.V.m. § 31 Abs. 2 JGG.[107]

3. Abschnitt: Inhalt und Form des Strafurteils

120 Nach den gutachtlichen Vorüberlegungen muss das gefundene Ergebnis formal umgesetzt werden.

Form und Inhalt des Urteils sind in §§ 260 Abs. 2–5, 267, 268 Abs. 1 und 2 StPO, § 54 JGG sowie in Nr. 141 RiStBV geregelt.

Gliederung des Strafurteils
■ **Urteilskopf und Eingang**
■ **Urteilsformel**
■ **Bezeichnung der angewendeten Vorschriften**
■ **Urteilsgründe**
■ **Unterschriften**

---

105 Eisenberg/Kölbel § 32 Rn. 11 f.
106 BGH NStZ-RR 2000, 323.
107 BGHSt 40, 1 ff.; Eisenberg/Kölbel § 105 Rn. 44.

A. Urteilskopf und Eingang

Gliederung des Urteilskopfes und des Eingangs
Urteilskopf
■ **Erkennendes Gericht**
■ **Aktenzeichen**
■ **Überschrift: „Im Namen des Volkes"**
Eingang
■ **Bezeichnung des Angeklagten**
■ **Angabe der Straftat**
■ **Benennung der mitwirkenden Personen**
■ **Tag der Sitzung**

I. Im Urteilskopf werden das **erkennende Gericht** und das **Aktenzeichen** erwähnt. **121**
Gemäß **§ 268 Abs. 1 StPO** ergeht das Urteil **„Im Namen des Volkes"**. Anschließend
folgt die Überschrift **„Urteil"**.

II. Der Eingang beginnt mit den Worten: „In der Strafsache gegen".

Es folgt die **Bezeichnung des Angeklagten**. Gemäß Nr. 141 Abs. 1 S. 1 RiStBV wird
der Angeklagte so **genau bezeichnet**, wie es für die Anklage vorgeschrieben ist
(Nr. 110 Abs. 2 Buchstabe a RiStBV). Auch die Angaben zur **Haft** oder **Unterbringung**
werden im Urteilskopf aufgenommen.

> **Klausurhinweis:** Bei der Übernahme von Angaben aus der Anklageschrift ist Vorsicht geboten, da zwischenzeitlich eingetretene Änderungen zu berücksichtigen sind. So kann z.B. ein zum Anklagezeitpunkt vollzogener Haftbefehl inzwischen außer Vollzug gesetzt worden sein oder aber der Angeklagte nunmehr die Altersgrenze der Volljährigkeit überschritten haben, sodass die beibehaltene Benennung der gesetzlichen Vertreter fehlerhaft wäre. Es **sollen ausschließlich die Angaben, die im Hauptverhandlungsprotokoll ausgeführt sind**, verwendet werden.

Anschließend ist die Straftat anzugeben.

> **Klausurhinweis:** Auch hier sollte in der Klausur die Straftat genannt werden, **die im Hauptverhandlungsprotokoll bezeichnet ist**, und zwar unabhängig davon, ob tatsächlich diesbezüglich eine Verurteilung erfolgt

Nach diesen Angaben hat die

■ **genaue Bezeichnung des erkennenden Gerichts**

und zwingend die

■ **Angabe des Sitzungstages**

  (der Urteilsverkündung) gemäß § 275 Abs. 3 StPO zu erfolgen. Üblich ist die Angabe sämtlicher Sitzungstage. Die

■ Namen der verfahrensbeteiligten Richter,

■ der Schöffen,

- des Beamten der Staatsanwaltschaft,

- des Verteidigers und des Urkundsbeamten der Geschäftsstelle,

  die an der Sitzung teilgenommen haben, müssen nach § 275 Abs. 3 StPO ebenfalls stets angegeben werden. Auch beteiligte

- **Nebenkläger und ihre Prozessbevollmächtigten**

  sollten aufgeführt werden. Haben mehrere Staatsanwälte oder Verteidiger mitgewirkt, werden alle genannt. Bei den Namen des Verteidigers oder der Verteidiger wird nicht angegeben, ob er Wahl- oder Pflichtverteidiger ist.[108] Bei mehreren Angeklagten sind die Verteidiger diesen jeweils zuzuordnen.

Sodann wird durch die Worte

- **„für Recht erkannt"**

zur Urteilsformel übergeleitet.

> **Klausurhinweis:** Der Urteilskopf kann – wie auch die Angaben zur Person in den folgenden Urteilsgründen unter I. – regelmäßig in der Klausur sofort geschrieben werden, noch bevor die Lösung erarbeitet wird. Sämtliche Angaben können aus dem Protokoll entnommen werden, ohne dass es einer Vorüberlegung bedarf.

---

108 Meyer-Goßner/Schmitt § 275 Rn. 26.

25 KLs 29 Js 1118/20 (8/21)

Landgericht Essen

Im Namen des Volkes

Urteil

In der Strafsache

gegen

den Berufskraftfahrer

Martin Klaus Fenger, alias Rambo,

geboren am 21.09.1988 in Dortmund,

gemeldet Brucknerstraße 5, 44141 Dortmund, wohnhaft Moltkestraße 13 in 44142 Dortmund bei Manuela Jürgens,

deutscher Staatsangehöriger, geschieden,

in dieser Sache vorl. festgenommen am 18.09.2020 und in Untersuchungshaft gewesen aufgrund des Haftbefehls des Amtsgerichts Essen vom 04.09.2020 – 71 Gs 1356/20 – in der Justizvollzugsanstalt Essen – Buch-Nr. 1438/12/6 –; vom Vollzug der Untersuchungshaft verschont aufgrund des Beschlusses des Landgerichts Essen vom 26.10.2020 – 3 KLs (67/20) –; entlassen am 27.10.2020

wegen schwerer Körperverletzung

hat die 3. Strafkammer des Landgerichts Essen in der Sitzung vom 23.10., 26.10. und 04.11.2020

an der teilgenommen haben:

Richterin am Landgericht Reitmer als Vorsitzender,

Richter am Landgericht Höschel, Richterin Forst als beisitzende Richter,

Sophie Heidemann, Linus Lux als Schöffen,

Staatsanwältin Bauer als Beamter der Staatsanwaltschaft,

Rechtsanwalt Dr. Wand als Verteidiger,

Anton Vogt, wohnhaft in 48143 Münster, Uppenkampstraße 13, als Nebenkläger

Rechtsanwalt Dr. Scholz als Nebenklägervertreter,

Justizassistentin Ruge als Urkundsbeamtin,

für Recht erkannt:

B. Die Urteilsformel

Die Urteilsformel, auch Tenor genannt, ist der entscheidende und damit wichtigste 122 Teil des Urteils. Sie gibt Auskunft über die Haupt- und erforderlichen Nebenentscheidungen sowie über die etwaig verhängten Rechtsfolgen. Der Inhalt der Urteilsformel ist in **§ 260 StPO** nicht abschließend geregelt. Das Gericht ist mit Ausnahme der Anforderungen, die § 260 Abs. 2–4 StPO zwingend an den Inhalt der Urteilsformel stellt, in der Wahl der Formulierung frei, vgl. auch § 260 Abs. 4 S. 5 StPO. Dabei soll die Urteilsformel aber immer knapp, klar und verständlich abgefasst sein und nichts Überflüssiges enthalten.

I. Verurteilung

1. Angabe der Personalien

123   Familien- und Rufname eines einzelnen Angeklagten sollten nicht nochmals in die Formel aufgenommen werden.[109]

> Der ***Angeklagte*** *wird wegen Betrugs zu … verurteilt.*

In der Praxis – und auch im Rahmen der Klausur – wird **nur bei mehreren Angeklagten** zur Klarstellung der jeweilige Nachname angeführt.

> Die Angeklagten werden **nicht** durch Nummerierungen („der Angekl. zu 1)") gekennzeichnet.

> Der ***Angeklagte Bergmann*** *wird wegen Diebstahls zu … verurteilt.*
> Der ***Angeklagte Merle*** *wird wegen Hehlerei zu … verurteilt.*

2. Der Schuldspruch

a) Rechtliche Bezeichnung der Einzeltat

124   Nach **§ 260 Abs. 4 S. 1 StPO** muss die Urteilsformel die **rechtliche Bezeichnung der Tat** enthalten, derentwegen der Angeklagte schuldig gesprochen wird. Die angewendeten Strafvorschriften sind an dieser Stelle nicht anzugeben.

Enthält ein Straftatbestand – sei es Grunddelikt, Qualifikation oder Privilegierung – eine **gesetzliche Überschrift** (in allen Tatbeständen des Besonderen Teils des StGB!), ist diese gemäß § 260 Abs. 4 S. 2 StPO zu verwenden, soweit sie passt (vgl. z.B. § 132 a StGB, Missbrauch von „Titeln, Berufsbezeichnungen und Abzeichen"). Bei mehreren Überschriften ist ausschließlich die einschlägige zu benennen, vgl. z.B. § 244 StGB, („Diebstahls mit Waffen; Bandendiebstahl; Wohnungseinbruchdiebstahl)

Fehlt eine gesetzliche Überschrift (häufig im Nebenstrafrecht), genügt die Darstellung des Delikts unter der **gebräuchlichen oder einer allgemein verständlichen Bezeichnung**.[110]

Die Rspr. kennzeichnet zudem echte tatbestandliche **Qualifikationen ohne eigenständige gesetzliche Überschrift** aus Klarstellungsgründen im Schuldspruch, und zwar abgestuft nach der jeweiligen Erschwerung (z.B. bei § 250 Abs. 1 und Abs. 2 StGB[111] oder auch bei § 226 Abs. 2 StGB[112]).

---

109 Meyer-Goßner/Schmitt § 260 Rn. 20.

110 Meyer-Goßner/Schmitt § 260 Rn. 23.

111 BGH, Beschl. v. 28.09.2006 – 3 StR 337/06, BeckRS 2006, 12250.

112 BGH, Beschl. v. 25.10.2006 – 2 StR 418/06, BeckRS 2006, 13849.

> *Der Angeklagte wird **wegen Betrugs** zu … verurteilt.*
>
> oder
>
> *Der Angeklagte wird **wegen Körperverletzung mit Todesfolge** zu … verurteilt.*
>
> oder
>
> *Der Angeklagte wird **wegen Tötung auf Verlangen** zu … verurteilt.*
>
> oder
>
> *Der Angeklagte wird **wegen unbefugten Tragens von Uniformen** zu … verurteilt.*
>
> oder
>
> *Der Angeklagte wird **wegen Wohnungseinbruchdiebstahls** zu … verurteilt.*
>
> oder
>
> *Der Angeklagte wird **wegen unerlaubten Handeltreibens mit Betäubungsmitteln** zu … verurteilt.*
>
> oder
>
> *Der Angeklagte wird **wegen schweren Raubes** zu … verurteilt.*
>
> oder
>
> *Der Angeklagte wird **wegen besonders schweren Raubes** zu … verurteilt.*
>
> oder
>
> *Der Angeklagte wird **wegen wissentlicher schwerer Körperverletzung** zu … verurteilt. (= § 226 Abs. 2 StGB)*

b) Weitere in die Urteilsformel aufzunehmende Modalitäten:

aa) Die Teilnahmeform gehört zur rechtlichen Bezeichnung der Tat. Es ist anzugeben, ob der Angeklagte als **Anstifter** oder **Gehilfe** verurteilt worden ist.   **125**

> *Der Angeklagte wird wegen **Beihilfe zum Betrug** zu … verurteilt.*
>
> oder
>
> *Der Angeklagte wird wegen **Anstiftung zum Versicherungsmissbrauch** zu … verurteilt.*

bb) Zum Schuldspruch gehört die Klarstellung, dass die abzuurteilende Tat nur **versucht** wurde.   **126**

> *Der Angeklagte wird wegen **versuchten Diebstahls** zu … verurteilt.*

cc) Im Fall des **§ 30 StGB, dem Versuch der Beteiligung** ist die **Kennzeichnung des Verbrechens**, das geplant oder verabredet wurde, mit aufzunehmen.   **127**

> *Die Angeklagte ist **der Verabredung zum Mord** schuldig. Sie wird zu … verurteilt.*

dd) Die Schuldformen **Fahrlässigkeit** und **Vorsatz** sind anzugeben, wenn es sich um eine Straftat handelt, die sowohl vorsätzlich als auch fahrlässig begangen werden kann, z.B. §§ 315 c, 316, 323 a StGB, § 21 StVG.[113] Bei eigenständigen Vorsatz- und Fahrlässigkeitstatbeständen bestimmen die jeweiligen gesetzlichen Überschriften den Schuldspruch, z.B. §§ 212/222, 223/229 StGB.   **128**

---

113 Meyer-Goßner/Schmitt § 260 Rn. 23.

> *Der Angeklagte wird wegen **vorsätzlicher Gefährdung des Straßenverkehrs** zu …*
> *verurteilt.*
>
> *oder*
>
> *Der Angeklagte wird wegen **fahrlässiger Gefährdung des Straßenverkehrs** zu …*
> *verurteilt.*
>
> *oder*
>
> *Die Angeklagte ist der **Körperverletzung** schuldig. Sie wird zu … verurteilt.*
>
> *oder*
>
> *Die Angeklagte ist der **fahrlässigen Körperverletzung** schuldig. Sie wird zu … verur-*
> *teilt.*

129 Eine Besonderheit ist bei der fahrlässigen Brandstiftung gemäß § 306 d StGB zu beachten:

Diese Norm enthält in Abs. 1 Var. 2 eine Vorsatz-Fahrlässigkeits-Kombination, die
nach § 11 Abs. 2 StGB teilnahmefähig ist. Dies führt in Kombination mit der gesetzlichen Überschrift zu dem kuriosen, aber unvermeidlichen Ergebnis, dass Verurteilungen wegen *„Beihilfe/Anstiftung zu fahrlässiger Brandstiftung"* möglich sind.[114]

130 **ee)** Ebenso wie in der Anklageschrift ist die Kennzeichnung einer **echten Wahlfeststellung**[115] im Tenor geboten.

> *Der Angeklagte ist der Hehlerei **oder** des Diebstahls schuldig. Er wird zu … verurteilt.*

131 Nicht in die Urteilsformel gehören:

- Die Angaben über die Tatsachenalternativität oder auch **unechte** bzw. **gleichartige Wahlfeststellung**,[116] weil hier nur unklar ist, durch welche Handlung ein
  und derselbe Tatbestand verwirklicht wurde. Auch bei **Postpendenz** ergeht ein
  eindeutiger Schuldspruch, sodass eine nur möglicherweise verwirklichte Vortat
  keine Erwähnung zu finden braucht.

- die Klassifizierung der Tat als **Verbrechen** oder **Vergehen** nach Maßgabe des
  § 12 StGB,[117]

- der gesetzliche Regelfall der **unmittelbaren Täterschaft** sowie eine **mittelbare**
  oder **mittäterschaftliche Tatbegehung**,[118]

- die Begehung der Straftat durch **Unterlassen** i.S.v. § 13 StGB,

- die Schuldform des **Vorsatzes**, sofern die Tat nicht auch fahrlässig verwirklicht
  werden kann (siehe oben Rn. 128),

- **Bestimmungen**, die nur eine **andere prozessuale Behandlung der Tat zulassen**, wie z.B. § 248 a StGB,

- die **verminderte Schuldfähigkeit** bei Tatbegehung gemäß § 21 StGB,[119]

- die **Rauschtat** im Fall eines strafbaren Vollrausches gemäß § 323 a StGB,

---

114 Fischer § 306 d Rn. 6.

115 AS-Skript Die staatsanwaltliche Assessorklausur (2019), Rn. 251 ff.

116 AS-Skript Die staatsanwaltliche Assessorklausur (2019), Rn. 251 ff.

117 BGH NJW 1986, 1116 f.

118 BGH NStZ 1999, 205.

119 BGHSt 27, 287, 288 f.

- die Strafzumessungsbestimmungen der **besonders schweren** oder **minder schwere Fälle**; selbst deliktsähnliche **Regelbeispiele** (z.B. die des § 243 Abs. 1 S. 2 StGB) sind nicht zu erwähnen,[120]
- **gesetzeskonkurrierende Delikte**,[121]

Es gibt jedoch in Strafzumessungsnormen mitunter Regelbeispielsmerkmale, die in anderem Kontext als echte qualifizierende Tatbestandsmerkmale in die Urteilsformel aufzunehmen sind. So gehört zwar die „Gewerbsmäßigkeit" der §§ 243 Abs. 1 S. 2 Nr. 3, 263 Abs. 3 S. 2 Nr. 1, 267 Abs. 3 S. 2 Nr. 1 StGB nicht in den Schuldspruch, wohl aber die der §§ 260, Abs. 1 Nr. 1, 260 a Abs. 1, 263 Abs. 5 StGB.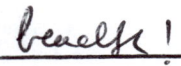

c) Tateinheit (§ 52 StGB)

Verletzt dieselbe Handlung mehrere Strafgesetze oder ist dasselbe Strafgesetz mehrmals verletzt, kann nur auf eine Strafe erkannt werden (§ 52 StGB). In der Urteilsformel sind alle zusammentreffenden Strafgesetze zu bezeichnen. Es ist deutlich zu machen, dass der Angeklagte die Taten einheitlich begangen hat. Sprachlich wird dies üblicherweise durch die Formulierungen *„durch dieselbe Handlung", „zugleich", „in Verbindung mit", „in Tateinheit mit"* usw. dargestellt.   **132**

> *Der Angeklagte wird wegen Betrugs **und zugleich** wegen Urkundenfälschung zu …*
> *verurteilt.*

d) Tatmehrheit (§ 53 StGB)

Liegt **gleichartige** Tatmehrheit nach § 53 StGB vor, wird dies durch einfache Aufzählung gekennzeichnet. Bei **ungleichartiger** Tatmehrheit erfolgt dies üblicherweise mit „und", „in Tatmehrheit mit" oder „sowie".   **133**

> *Der Angeklagte wird wegen Diebstahls **in drei Fällen** zu einer Gesamt- … verurteilt.*
>
> oder
>
> *Der Angeklagte wird wegen fahrlässiger Gefährdung des Straßenverkehrs **und** unerlaubten Entfernens vom Unfallort **sowie** wegen vorsätzlicher Trunkenheit im Verkehr zu einer Gesamt- … verurteilt.*

Bei mehrfacher – teils vollendeter, teils versuchter – Begehung eines Delikts, das in einzelnen Fällen noch mit unterschiedlichen Tatbeständen tateinheitlich zusammentrifft, empfiehlt es sich, in der Entscheidungsformel jede der Taten einzeln zu bezeichnen und nur dann unter Angabe der Zahl der tatmehrheitlichen Tatbegehungen zusammenzufassen, wenn die rechtliche Bezeichnung der Einzeltaten identisch ist. Anderenfalls würde die Verständlichkeit des Urteilstenors erheblich erschwert.

---

120 BGHSt 23, 254.

121 Vgl. dazu Rn. 134.

> *Der Angeklagte ist des Betrugs und zugleich der Urkundenfälschung, des Diebstahls, des versuchten Diebstahls und des Wohnungseinbruchdiebstahls schuldig. Er wird zu einer Gesamt-... verurteilt.*
>
> *oder*
>
> *Der Angeklagte ist des Betrugs und zugleich der Urkundenfälschung und der Urkundenfälschung sowie des Kennzeichenmissbrauchs und zugleich des Verstoßes gegen das Pflichtversicherungsgesetz schuldig.*
> *Er wird zu einer Gesamt-... verurteilt.*

e) Gesetzeskonkurrenz

134 In der Urteilsformel ist ausschließlich die rechtliche Bezeichnung der angewendeten Strafvorschrift anzuführen. Selbst in dem Fall, dass eine Anordnung von Nebenstrafen oder Nebenfolgen auf dem zurücktretenden Gesetz beruht, wird dieses in der Urteilsformel nicht erwähnt.

3. Rechtsfolgenausspruch

135 Ist der Angeklagte einer Straftat schuldig, muss in der Praxis deutlich gemacht werden, welche Rechtsfolgen für die Tat auszusprechen sind.

> **Klausurhinweis:** Im Examen ist regelmäßig der konkrete Rechtsfolgenausspruch **nicht** Gegenstand der Klausur. Nach den üblichen Bearbeitervermerken ist nämlich „Im Falle einer Verurteilung keine bestimmte Strafe zur Höhe auszusprechen."

Gleichwohl sollen hier aber zum besseren Verständnis die möglichen konkreten Rechtsfolgenaussprüche vorgestellt werden.

a) Absehen von Strafe und Straffrei-Erklärung (z.B. nach §§ 60, 199 StGB)

136
> *Der Angeklagte ist einer fahrlässigen Körperverletzung schuldig.* **Von der Verhängung einer Strafe wird abgesehen.**
> *oder*
> *Der Angeklagte ist einer Beleidigung schuldig.* **Er wird für straffrei erklärt.**

b) Verwarnung mit Strafvorbehalt (§ 59 StGB)

137
> *Der Angeklagte ist der Verletzung der Unterhaltspflicht schuldig. Er wird* **verwarnt.** *Die Verurteilung zu einer Geldstrafe von 90 Tagessätzen zu 15,- €* **bleibt vorbehalten.**

c) Hauptstrafe

aa) Geldstrafe (§ 40 StGB)

(1) Geldstrafe ohne Zahlungserleichterung

138
> *Der Angeklagte wird wegen Betrugs in Tateinheit mit Urkundenfälschung zu einer* **Geldstrafe von 60 Tagessätzen zu 20,- €** *verurteilt.*

(2) Geldstrafe mit Zahlungserleichterung (§ 42 StGB)

139

Der Angeklagte wird wegen Nötigung zu einer Geldstrafe von 90 Tagessätzen zu 10,- € verurteilt.

Ihm wird gestattet, die Geldstrafe in monatlichen Teilbeträgen von 90,- €, fällig zum jeweils 3. eines Monats, erstmals fällig am 3. des auf die Rechtskraft des Urteils folgenden Monats, zu bezahlen. Wird ein Teilbetrag nicht rechtzeitig gezahlt, entfällt die Teilzahlungsbefugnis.

bb) Freiheitsstrafe (§§ 38, 39 StGB)

(1) Freiheitsstrafe ohne Strafaussetzung zur Bewährung

140

*Die Angeklagten sind des schweren Raubes schuldig. Der Angeklagte Wolter wird zu einer **Freiheitsstrafe von 7 Jahren**, der Angeklagte Schröder zu einer **Freiheitsstrafe von 5 Jahren und 6 Monaten** verurteilt.*

oder bei lebenslanger Freiheitsstrafe wegen § 57 a Abs. 1 Nr. 2 StGB:

*Der Angeklagte wird wegen Mordes zu **lebenslanger Freiheitsstrafe** verurteilt. **Seine Schuld wiegt besonders schwer i.S.v. § 57 a Abs. 1 Nr. 2 StGB.***

(2) Freiheitsstrafe mit Strafaussetzung zur Bewährung (§ 56 StGB)

141

*Der Angeklagte wird wegen Raubes zu einer **Freiheitsstrafe von 1 Jahr und 9 Monaten verurteilt. Die Vollstreckung der Strafe wird zur Bewährung ausgesetzt.***

(3) Die Nichtanrechnung einer Freiheitsentziehung (§ 51 Abs. 1 S. 2 StGB)

142

*Der Angeklagte ist der Untreue schuldig. Er wird zu einer Freiheitsstrafe von 1 Jahr und 6 Monaten verurteilt. **Die Anrechnung der Untersuchungshaft auf die Freiheitsstrafe unterbleibt.***

cc) Gesamtstrafe (§ 54 StGB)

(1) Gesamtgeldstrafe

143

*Der Angeklagte ist der vorsätzlichen Gefährdung des Straßenverkehrs und des unerlaubten Entfernens vom Unfallort schuldig. Er wird zu einer **Gesamtgeldstrafe von 120 Tagessätzen zu 15,- € verurteilt.***

(2) Gesamtfreiheitsstrafe

144

*Der Angeklagte wird wegen gefährlicher Körperverletzung in vier Fällen zu einer **Gesamtfreiheitsstrafe von 3 Jahren und 2 Monaten verurteilt.***

(3) Zusammentreffen von Geld- und Freiheitsstrafe (§ 53 Abs. 2 StGB)

145

Der Angeklagte wird wegen Diebstahls und fahrlässiger Körperverletzung zu einer **Gesamtfreiheitsstrafe von 8 Monaten und 2 Wochen** *verurteilt.*

oder im Fall des § 53 Abs. 2 S. 2 StGB:

Der Angeklagte wird wegen Diebstahls zu einer **Freiheitsstrafe von 8 Monaten** *und wegen fahrlässiger Körperverletzung zu einer* **Geldstrafe von 30 Tagessätzen zu 10,- €** *verurteilt.*

(4) Nachträgliche Einbeziehung einer früheren Strafe (§ 55 Abs. 1 StGB)

146

Der Angeklagte wird wegen Urkundenfälschung **unter Einbeziehung der mit dem Urteil des AG Gelsenkirchen vom 24.01.2021 – 8 a Ls 11 Js 123/21 (2/21) – rechtskräftig verhängten Strafe** *zu einer* **Gesamtgeldstrafe** *von 85 Tagessätzen zu 10,- € verurteilt.*

oder

Der Angeklagte wird wegen Urkundenfälschung und Körperverletzung **unter Auflösung der im Urteil des AG Gelsenkirchen vom 24.01.2021 – 8 a Ls 11 Js 123/21 (2/21) – gebildeten Gesamtstrafe und unter Einbeziehung der dort festgesetzten Einzelstrafen** *zu einer* **Gesamtfreiheitsstrafe** *von 2 Jahren und 8 Monaten verurteilt.*

oder (vgl. § 55 Abs. 1 S. 2 StGB)

Der Angeklagte wird wegen Urkundenfälschung **unter Einbeziehung der Strafe aus dem Urteil des AG Gelsenkirchen** *vom 24.01.2021 – 8 a Ls 11 Js 123/21 (2/21) –* **und unter Auflösung der dort gebildeten Gesamtstrafe** *zu einer* **Gesamtfreiheitsstrafe** *von 10 Monaten und wegen Diebstahls zu einer* **Freiheitsstrafe** *von 6 Monaten verurteilt.*

d) Nebenstrafe

147

Der Angeklagte wird wegen unerlaubten Entfernens vom Unfallort zu einer Geldstrafe von 60 Tagessätzen zu 5,- € verurteilt.

Ihm wird für die Dauer von 2 Monaten verboten, im Straßenverkehr Kraftfahrzeuge jeder Art zu führen.

> **Klausurhinweis:** Die Nebenstrafe oder die nachfolgenden Maßregeln der Sicherung und Besserung, §§ 69, 69 a, 73, 74 StGB sind in der Examensklausur konkret zu bezeichnen und zu erwähnen.

e) Maßregeln der Besserung und Sicherung

aa) Entziehung der Fahrerlaubnis (§§ 69, 69 a StGB)

148

Der Angeklagte wird wegen vorsätzlicher Trunkenheit im Verkehr zu einer Geldstrafe von 60 Tagessätzen zu 30,- € verurteilt.

Die Fahrerlaubnis wird entzogen. Der Führerschein wird eingezogen. *Vor Ablauf von 9 Monaten darf die Verwaltungsbehörde ihm keine neue Fahrerlaubnis erteilen.*

oder im Fall des § 69 a Abs. 1 S. 3 StGB:

Der Angeklagte wird wegen vorsätzlichen Fahrens ohne Fahrerlaubnis zu einer Geldstrafe von 30 Tagessätzen zu 20,- € verurteilt.

Die Verwaltungsbehörde darf dem Angeklagten vor Ablauf eines Jahres keine Fahrerlaubnis erteilen.

bb) Zusammentreffen mehrerer Maßregeln der Besserung und Sicherung (z.B. §§ 64, 70 StGB)

149

Der Angeklagte ist der Untreue in drei Fällen und des fahrlässigen Vollrausches schuldig. Er wird zu einer Gesamtfreiheitsstrafe von 1 Jahr und 10 Monaten verurteilt.

Seine Unterbringung in einer Entziehungsanstalt wird angeordnet. Ihm wird für die Dauer von 5 Jahren die Ausübung einer Tätigkeit als Rechtsanwalts- und Notargehilfe untersagt.

cc) Einziehung von Tatprodukten (§§ 74 ff. StGB)

150

Der Angeklagte wird wegen schweren Raubes zu einer Freiheitsstrafe von 8 Jahren verurteilt. ***Der Pkw Opel Insignia, Fahrgestellnummer 23X089674532, wird eingezogen.***

dd) Einziehung von Taterträgen (§§ 73 ff. StGB)

Die Angeklagte wird wegen Bestechlichkeit im geschäftlichen Verkehr zu einer Geldstrafe von 120 Tagessätzen zu 50,- € verurteilt. ***Die Angeklagte hat durch die Tat einen Betrag i.H.v. 50.000 € erlangt, der eingezogen wird.***

oder

Der Angeklagte hat durch die Tat ein Fahrzeug im Wert von 50.000 € erlangt. In dieser Höhe wird die Einziehung des Wertes des Erlangten angeordnet.

4. Kosten und Auslagen (§§ 464 ff. StPO)

In der Klausur sind die Kosten und Auslagen im Tenor zu erwähnen.

a) Regelfall des § 465 Abs. 1 StPO bei Verurteilung

151

Der Angeklagte wird wegen Urkundenfälschung und zugleich Betrugs zu einer Freiheitsstrafe von 9 Monaten verurteilt.

__Er hat die Kosten des Verfahrens zu tragen.__

b) Bei erfolgreicher Nebenklage, §§ 465 Abs. 1, 467 Abs. 1 StPO

152

Der Angeklagte wird wegen Körperverletzung und Sachbeschädigung zu einer Gesamtgeldstrafe von 90 Tagessätzen zu je 20,- € verurteilt.

__Der Angeklagte hat die Kosten des Verfahrens und die notwendigen Auslagen des Nebenklägers zu tragen.__

5. Entscheidung über Adhäsionsantrag des Verletzten, § 406 Abs. 1–3 StPO

153 Die zusätzliche Entscheidung im Verfahren zur Entschädigung des Verletzten steht einem Zivilurteil gleich, vgl. § 406 Abs. 3 StPO. Bei Stattgabe des Antrags hat der Angeklagte auch die Kosten dieses zusätzlichen Verfahrens und die notwendigen Auslagen des Verletzten zu tragen, vgl. § 472 a Abs. 1 StPO.

Der Angeklagte wird wegen Körperverletzung zu einer Geldstrafe von 90 Tagessätzen zu je 25,- € verurteilt.

__Er wird ferner zur Zahlung von 1.000,- € Schadensersatz und zur Zahlung eines Schmerzensgeldes von 500,- €, insgesamt also 1.500,- €, an den Verletzten, Anton Vogt in Köln, verurteilt.__

Der Angeklagte hat die Kosten des Verfahrens und die notwendigen Auslagen des Verletzten zu tragen.

Das Urteil ist gegen Sicherheitsleistung i.H.v. 1.500,- € vorläufig vollstreckbar, soweit es auf Zahlung an den Verletzten lautet.

II. Freispruch und Teilfreispruch

1. Freispruch

154 Wird der Angeklagte freigesprochen, ist die Straftat nicht zu erwähnen. Zusätze wie der Angeklagte werde freigesprochen *„wegen erwiesener Unschuld", „aus rechtlichen Gründen", „mangels Beweises"* oder Ähnliches haben zu unterbleiben.

Der Angeklagte wird freigesprochen.

Der Angeklagte ist auch freizusprechen, wenn er **wegen Schuldunfähigkeit nicht verurteilt** werden kann. Das gilt selbst dann, wenn zugleich eine Maßregel der Besserung und Sicherung verhängt wird.

Der Angeklagte wird freigesprochen.

__Seine Unterbringung in einem psychiatrischen Krankenhaus wird angeordnet.__

2. Teilfreispruch

Für den Fall, dass der Angeklagte zwar verurteilt, aber wegen eines Teils der Taten **155** freigesprochen werden muss, kann – neben dem erforderlichen Schuld- und Rechtsfolgenausspruch – die Straftat, von der freigesprochen wird, grundsätzlich angegeben werden. In der Praxis folgt aber üblicherweise ein „Freispruch im Übrigen".

> *Der Angeklagte wird wegen Betrugs zu einer Geldstrafe von 60 Tagessätzen zu 15,- €*
> *verurteilt.*
>
> **Im Übrigen wird er freigesprochen.**

3. Kosten und Auslagen

a) Bei Freispruch

Gemäß § 467 Abs. 1 StPO fallen die Kosten und notwendigen Auslagen des Ange **156** klagten der Staatskasse zur Last. Der Nebenkläger hat seine Auslagen selbst zu tragen, ohne dass dies gesondert zu tenorieren wäre. !(.!

> *Der Angeklagte wird freigesprochen.*
>
> **Die Kosten des Verfahrens und die notwendigen Auslagen des Angeklagten fallen der Staatskasse zur Last.**

Eine Ausnahme besteht für solche Kosten, die der Angeklagte durch schuldhafte **157** Säumnis verursacht hat. Diese Kosten muss er selbst im Falle der Freisprechung tragen (vgl. § 467 Abs. 2 StPO).

> *Der Angeklagte wird freigesprochen. Die Kosten des Verfahrens und die notwendigen*
> *Auslagen des Angeklagten trägt die Staatskasse.*
>
> **Der Angeklagte hat jedoch die Kosten zu tragen, die durch seine schuldhafte Säumnis am … entstanden sind; insoweit werden seine notwendigen Auslagen nicht erstattet.**

b) Bei Teilfreispruch

Gemäß §§ 464 Abs. 1, Abs. 2, 465 Abs. 1, 467 Abs. 1 StPO erfolgt eine „gespaltene" **158** Kosten- und Auslagenentscheidung.

> *Der Angeklagte wird wegen Körperverletzung zu einer Geldstrafe von 100 Tagessätzen*
> *zu 30,- € verurteilt. Im Übrigen wird er freigesprochen.*
>
> **Der Angeklagte trägt die Kosten des Verfahrens, soweit er verurteilt ist; soweit er freigesprochen ist, fallen die Kosten des Verfahrens und die notwendigen Auslagen des Angeklagten der Staatskasse zur Last.**

und bei Nebenklage (Verurteilung wegen des Nebenklagedelikts):

> *Der Angeklagte wird wegen Körperverletzung zu einer Geldstrafe von 100 Tagessätzen*
> *zu 30,- € verurteilt. Im Übrigen wird er freigesprochen.*
>
> **Der Angeklagte trägt die Kosten des Verfahrens, soweit er verurteilt ist, und die notwendigen Auslagen des Nebenklägers; soweit er freigesprochen ist, fallen die Kosten des Verfahrens und die notwendigen Auslagen des Angeklagten der Staatskasse zur Last.**

4. Entschädigungsentscheidung

159 In der Urteilsformel ist im Falle entschädigungspflichtiger Maßnahmen i.S.d. § 2 StrEG zu entscheiden, <u>ob eine Entschädigung zu gewähren ist.</u> Die Höhe der Entschädigung wird nicht festgesetzt (vgl. §§ 10 ff. StrEG). Es erfolgt eine Entscheidung dem Grunde nach.

> *Der Angeklagte wird freigesprochen. Die Staatskasse trägt die Kosten des Verfahrens und die notwendigen Auslagen des Angeklagten.*
>
> ***Dem Angeklagten steht für die vom ... bis zum ... erlittene Untersuchungshaft eine Entschädigung zu.***

Hat das Gericht den Angeklagten <u>wegen Schuldunfähigkeit</u> freigesprochen, so wird regelmäßig eine Entschädigung versagt (vgl. § 6 Abs. 1 Nr. 2 StrEG).

> *Der Angeklagte wird freigesprochen. Die Staatskasse trägt die Kosten des Verfahrens einschließlich der notwendigen Auslagen des Angeklagten.*
>
> ***Dem Angeklagten steht für die vom ... bis zum ... erlittene Unterbringung im psychiatrischen Krankenhaus in ... eine Entschädigung nicht zu.***

III. Einstellung und Teileinstellung

1. Einstellung

160 Im Falle der Verfahrenseinstellung <u>wegen eines **Prozesshindernisses**</u> enthält die Urteilsformel keine Sachentscheidung und keinen Schuldspruch. Die Einstellung des Verfahrens ist auszusprechen. Die Urteilsformel enthält nicht die Angabe, welche Prozessvoraussetzung fehlt oder welches Verfahrenshindernis besteht.

> *Das Verfahren wird eingestellt.*

2. Teileinstellung

161 Bei einer Teileinstellung sind verschiedene „Mischkonstellationen" möglich.

> *Der Angeklagte wird wegen Betrugs zu einer Geldstrafe von 60 Tagessätzen zu 30,- €verurteilt.*
>
> ***Im Übrigen wird das Verfahren eingestellt.***
>
> oder
>
> *Der Angeklagte wird wegen des ihm zur Last gelegten Betrugs vom 19.01.2021 freigesprochen.*
>
> ***Im Übrigen wird das Verfahren eingestellt.***
>
> oder
>
> *Der Angeklagte wird wegen Betrugs zu einer Geldstrafe von 60 Tagessätzen zu 25,- €verurteilt. Wegen der ihm zur Last gelegten Körperverletzung vom 19.01.2021 wird er freigesprochen.*
>
> ***Im Übrigen wird das Verfahren eingestellt.***

3. Kosten- und Auslagen

a) Einstellung

Ebenso wie bei einem Freispruch hat die Staatskasse die Kosten des Verfahrens und **162** die notwendigen Auslagen des Angeklagten gemäß § 467 Abs. 1 StPO zu tragen. Eine andere Entscheidung ist ausnahmsweise unter den Voraussetzungen der §§ 467 Abs. 3 Nr. 2, 470 StPO möglich. Im Fall der Einstellung des Verfahrens hat der Nebenkläger seine Auslagen selbst zu tragen, ohne dass dies gesondert zu tenorieren wäre.

> *Das Verfahren wird eingestellt.*
>
> ***Die Kosten des Verfahrens und die notwendigen Auslagen des Angeklagten fallen der Staatskasse zur Last.***
>
> oder (im Fall des § 467 Abs. 3 Nr. 2 StPO):
>
> *Das Verfahren wird eingestellt.*
>
> ***Die Kosten des Verfahrens fallen der Staatskasse zur Last. Die notwendigen Auslagen werden dem Angeklagten nicht erstattet.***
>
> oder (im Fall des § 470 S. 1 StPO):
>
> *Das Verfahren wird eingestellt.* (wegen Rücknahme Strafantrag)
>
> ***Der Antragsteller, Peter Müller aus Bochum, trägt die Kosten des Verfahrens und die notwendigen Auslagen des Angeklagten.***

b) Teileinstellung

Bei der Teileinstellung gelten dieselben Grundsätze, die für die Tenorierung der Kos- **163** ten- und Auslagenentscheidung bei einem Teilfreispruch maßgeblich sind, unter Berücksichtigung der vorstehenden Besonderheiten.

> *Der Angeklagte wird wegen Betrugs zu einer Geldstrafe von 60 Tagessätzen zu 30,- € verurteilt. Im Übrigen wird das Verfahren eingestellt.*
>
> ***Der Angeklagte trägt die Kosten des Verfahrens, soweit er verurteilt ist; soweit das Verfahren eingestellt wird, fallen die Kosten des Verfahrens und die notwendigen Auslagen des Angeklagten der Staatskasse zur Last.***
>
> oder
>
> *Der Angeklagte wird wegen des ihm zur Last gelegten Betrugs vom 19.01.2021 freigesprochen. Im Übrigen wird das Verfahren eingestellt.* ***Die Kosten des Verfahrens und die notwendigen Auslagen des Angeklagten fallen der Staatskasse zur Last.***
>
> oder
>
> *Der Angeklagte wird wegen Betrugs zu einer Geldstrafe von 60 Tagessätzen zu 30,- € verurteilt. Wegen der ihm zur Last gelegten Körperverletzung vom 19.01.2021 wird er freigesprochen. Im Übrigen wird das Verfahren eingestellt.*
>
> ***Der Angeklagte trägt die Kosten des Verfahrens, soweit er verurteilt ist; soweit er freigesprochen ist und soweit das Verfahren eingestellt wird, fallen die Kosten des Verfahrens und die notwendigen Auslagen des Angeklagten der Staatskasse zur Last.***

4. Entschädigungsentscheidung

164   Es ist zu prüfen, ob eine Verpflichtung der Staatskasse zur Entschädigung nach dem Gesetz über die Entschädigung für Strafverfolgungsmaßnahmen (StrEG) besteht. Gemäß § 5 StrEG kann eine Entschädigung jedoch ausgeschlossen oder gemäß § 6 Abs. 1 Nr. 2 StrEG ganz oder teilweise versagt werden.

> *Das Verfahren wird eingestellt. Die Kosten des Verfahrens trägt die Staatskasse. Die notwendigen Auslagen werden dem Angeklagten nicht erstattet.* **Eine Entschädigung für die am 11.01.2021 erfolgte vorläufige Festnahme wird nicht gewährt.**

IV. Besonderheiten bei den Urteilen in Jugendsachen

165   In einem **Verfahren gegen Jugendliche und gegen Heranwachsende**, auf die materielles Jugendstrafrecht angewandt wird, sind für die Abfassung der Urteilsformel die nachfolgenden Abweichungen und Besonderheiten zu beachten.

1. Schuldspruch

166   Der Gebrauch des **Wortes „verurteilt" ist** aus erzieherischen Gründen **zu vermeiden**. Dies geschieht durch die sprachliche Trennung des Schuldspruchs von der **jugendspezifischen Rechtsfolge**.

> **Klausurhinweis:** Auch hier ist in der Examensklausur unter Hinweis auf den Bearbeitervermerk die Rechtsfolgenentscheidung **nicht** auszuführen.

> *Der Angeklagte ist einer gefährlichen Körperverletzung schuldig. Es wird **Erziehungsbeistandschaft angeordnet.***
>
> *oder*
>
> *...Ihm wird die **Weisung** erteilt, an einem Anti-Gewalttraining nach Maßgabe der Jugendgerichtshilfe...teilzunehmen.*
>
> *oder*
>
> *... Es wird gegen ihn auf zwei Wochen **Dauerarrest erkannt**. Eine Anrechnung der vom Angeklagten zwischen dem ... und dem ... erlittenen U-Haft unterbleibt.*
>
> *oder*
>
> *... Er wird **verwarnt**.*
>
> *oder*
>
> *... Es wird gegen ihn 1 Jahr **Jugendstrafe verhängt**. Die Vollstreckung der Jugendstrafe wird **zur Bewährung ausgesetzt**.*
>
> *oder*
>
> *... Die **Entscheidung über die Verhängung der Jugendstrafe wird auf die Dauer von 2 Jahren zur Bewährung ausgesetzt**.*

2. Einbeziehung einer rechtskräftigen Entscheidung (§ 31 Abs. 2 JGG)

167   *Der Angeklagte ist einer gefährlichen Körperverletzung schuldig. **Gegen ihn wird unter Einbeziehung des Urteils vom ... wegen der dort bezeichneten Tat einheitlich auf Jugendstrafe von 3 Jahren erkannt**.*

3. Kosten- und Auslagenentscheidung

Macht das Gericht von der Ermessensvorschrift des § 74 JGG Gebrauch, dann ist dies bereits in der Urteilsformel klarzustellen. **168**

> *Der Angeklagte ist eines Diebstahls und einer gefährlichen Körperverletzung schuldig. Es wird gegen ihn auf vier Wochen Dauerarrest erkannt.*
>
> ***Es wird davon abgesehen, dem Angeklagten die Kosten des Verfahrens aufzuerlegen; diese fallen der Staatskasse zur Last.***

C. Die Bezeichnung der angewendeten Vorschriften, § 260 Abs. 5 StPO

Nach der Urteilsformel sind im schriftlichen Urteil die **angewendeten Vorschriften** **169** genau nach Gesetz, Paragraph, Absatz, Nummer, Buchstabe oder sonstigen vom Gesetzgeber gewählten Kennzeichnungen **anzuführen.** Dies gilt auch für die nicht im Tenor zu erwähnenden Strafzumessungsnormen (z.B. §§ 21, 243 StGB). Bei der Angabe der Gesetze reicht die Kurzbezeichnung (StGB, BtMG, OWiG usw.) aus. Bei mehreren Angeklagten sind die Vorschriften jeweils gesondert anzuführen (Nr. 141 Abs. 1 S. 4 -RiStBV), es sei denn, die angewendeten Vorschriften stimmen für alle Angeklagten völlig überein.[122]

> *Der Angeklagte Schulze wird wegen Betrugs in Tateinheit mit Urkundenfälschung zu einer Freiheitsstrafe von 6 Monaten verurteilt.*
>
> *Der Angeklagte Beier ist der Anstiftung zu dem tateinheitlich begangenen Betrug und der Urkundenfälschung schuldig. Er wird zu einer Geldstrafe von 60 Tagessätzen zu je 20,- € verurteilt.*
>
> *Die Angeklagten haben die Kosten des Verfahrens zu tragen.*
>
> ***Angewendete Vorschriften:***
>
> *Angeklagter Schulze §§ 263 Abs. 1, 267 Abs. 1, 21, 52 StGB.*
>
> *Angeklagter Beier §§ 263 Abs. 1, 267 Abs. 1, 26, 52 StGB.*

- Bei den angewendeten Vorschriften sind **zuerst die des Besonderen Teils und anschlie-ßend die des Allgemeinen Teils** aufzuführen.

- Hat ein **Freispruch** zu erfolgen, so sind nicht die in der Anklage erwähnten Vorschriften anzugeben, allenfalls die §§ 20, 63, 64, 69 und 70 StGB.

- Auch bei der **Einstellung des Verfahrens** sind nicht die Vorschriften aus der Anklage anzuführen, sondern die Vorschrift für das bestehende Verfahrenshindernis oder die fehlende Prozessvoraussetzung.

D. Die Urteilsgründe

§ 267 StPO gibt Hinweise auf den notwendigen Inhalt der Urteilsgründe. Die schrift- **170** lichen Urteilsgründe dienen nicht dazu, Verfahrensvorgänge, den Gang der Ermittlungen und all das zu dokumentieren, was in der Hauptverhandlung als Beweis erhoben wurde. Vielmehr sollen sie das Ergebnis der Hauptverhandlung wiedergeben und die Nachprüfung der getroffenen Entscheidung ermöglichen.

Die **Urteilsgründe in Jugendsachen** verlangen eine behutsame, aber gleichwohl **171** tiefgreifende Auseinandersetzung mit der Person und dem Werdegang des Ange-

---

122 Vgl. Meyer-Goßner/Schmitt § 260 Rn. 55.

klagten; verhängte Rechtsfolgen sind insbesondere im Hinblick auf ihre erzieherische Wirkung ausführlich zu begründen, vgl. **§§ 54** (Urteilsgründe), **109 Abs. 2 S. 1 JGG**. Bei Heranwachsenden bedarf im Fall des Schuldspruchs die Entscheidung nach § 105 Abs. 1 JGG (Anwendung des Jugendstrafrechts auf Heranwachsende) einer intensiven Begründung.[123]

I. Verurteilung

	Gliederung der Urteilsgründe bei Verurteilung
I	■ Lebenslauf des/der Angeklagten
II	■ Feststellungen zum Sachverhalt
III	■ Beweiswürdigung *zu I u. II*
IV	■ Rechtliche Begründung
V	■ Strafzumessung
VI	■ Nebenentscheidungen

1. Lebenslauf

172   In den Urteilsgründen ist zu Beginn ein kurzer **Lebenslauf** des bzw. der Angeklagten mitzuteilen. Der Lebenslauf wird insoweit geschildert, als er für das Maß der Schuld oder für die Strafzumessung von Bedeutung ist. Hierzu gehören insbesondere die Vorstrafen.

> **Klausurhinweis**: Hier können die Angaben des Angeklagten aus dem Protokoll der Hauptverhandlung verwendet werden. Meistens findet sich in den Klausuren bereits der Hinweis im Protokoll „die Personalien, wie sie mir aus der Anklageschrift vorgehalten wurden, sind zutreffend", sodass diese ausnahmsweise aus der Anklageschrift übernommen werden können. **Ausführungen zum Lebenslauf des Angeklagten sind nach dem Bearbeitervermerk aber häufig erlassen**.

> **I.**
>
> *Der 33 Jahre alte geschiedene Angeklagte ist Student der Kunstwissenschaften im 16. Semester; nebenbei ist er als „Türsteher" in einer Diskothek tätig und erhält dafür ca. 750,- € monatlich netto. Hiervon hat er 175,- € monatlich als Unterhalt für sein 9-jähriges Kind zu entrichten. Strafrechtlich ist der Angeklagte wie folgt vorbelastet:*
>
> *Am 13.03.2015 verurteilte ihn das Amtsgericht Essen – 66 Ls 55 Js 1091/15 – wegen vorsätzlicher Körperverletzung zu einer Geldstrafe von 30 Tagessätzen zu 15,- €.*
>
> *Am 22.06.2020 verurteilte ihn das Amtsgericht Essen-Steele in dem Verfahren 18 Ds 42 Js 745/20 wegen vorsätzlichen Fahrens ohne Fahrerlaubnis, begangen am 01.02.2020, zu einer Geldstrafe von 70 Tagessätzen zu 15,- € sowie einer Fahrerlaubnissperre von 6 Monaten. Die dort erkannte Geldstrafe ist zwischenzeitlich bezahlt.*

---

123   Ausführlich dazu Eisenberg/Kölbel § 54 Rn. 24 ff.

2. Feststellungen zum Sachverhalt

Danach folgen nach Maßgabe des § 267 Abs. 1 S. 1 StPO die **Feststellungen zum** 173 **Sachverhalt**, wie er sich nach der Überzeugung des Gerichts abgespielt hat. Erforderlich ist eine **präzise und geschlossene Darstellung des erwiesenen Sachverhalts** die alle Feststellungen beinhaltet, die für den Strafausspruch erforderlich sind, insbesondere diejenigen Tatsachen, die die objektiven und subjektiven Tatbestandsmerkmale der urteilsgegenständlichen Straftat(en) ausfüllen.

Ergänzend soll in den Feststellungen das enthalten sein, was zum Verständnis und zur Beurteilung der Tat notwendig ist.[124] Hierzu gehört auch eine eventuelle „Prozessgeschichte", wenn hierauf entsprechende Wertungen im Rahmen der Beweiswürdigung, der rechtlichen Würdigung oder auch im Rahmen der Strafzumessung gestützt werden.

Eine ausdrückliche Erweiterung der Darstellungspflicht enthält § 267 Abs. 2 StPO. Danach muss die Sachverhaltsdarstellung auch die **tatsächliche Feststellung zum Vorliegen bzw. Nichtvorliegen von strafausschließenden oder -modifizierenden Umständen** enthalten, soweit diese von einem Verfahrensbeteiligten in der Hauptverhandlung ausdrücklich oder konkludent behauptet worden sind (z.B. Rechtfertigungs- oder Schuldausschließungs- bzw. -minderungsgründe).

Diese **Sachverhaltsdarstellung darf nicht mit Rechtsausführungen oder mit der Beweiswürdigung vermengt werden.** Eine Bezugnahme auf das Protokoll oder auf Aktenbestandteile ist – mit Ausnahme der Verweisung auf Abbildungen nach § 267 Abs. 1 S. 3 StPO – unzulässig.[125]

Wird eine Tatserie abgeurteilt, ist es ratsam, in den Urteilsgründen für die einzelnen Taten im Rahmen der Sachverhaltsdarstellung eigene einheitliche Ordnungsziffern zu vergeben und diese bei Beweiswürdigung, rechtlicher Würdigung sowie Strafzumessung weiter zu verwenden und nicht mit anderen Ordnungsmerkmalen – etwa der Anklage – zu vermischen.[126] Sonst besteht die Gefahr, dass in den unterschiedlichen Urteilsabschnitten die Ordnungsziffern durcheinander geraten. Dies erschwert nicht nur allgemein das Verständnis des Urteils, sondern kann im Einzelfall zu unauflösbaren Widersprüchen führen, die die Aufhebung des Urteils erforderlich machen.[127]

> **Klausurhinweis**: Die Schilderungen sollen sachlich, objektiv und nicht oberflächlich erfolgen. Literarisch-romanhafte Formulierungen oder gefühlsbetonte und moralisch wertende Beschreibungen sind nicht sachgemäß.[128] Dies gilt auch für Vermutungen oder Spekulationen.[129]

---

124 BGH NStZ 2009, 403–404.

125 BGH NStZ 1987, 374.

126 BGH NStZ-RR 2003, 4.

127 BGH, Urt. v. 13.01.2010 – 1 StR 247/09, BeckRS 2003, 02569.

128 BGH NStZ-RR 1998, 277.

129 BGH NStZ-RR 2009, 103 f.

II.

Zu den hier maßgeblichen Zeitpunkten am 27.01., 10.02. und 17.06.2020 war der Angeklagte in der Diskothek „Blue Hawaii" als Türsteher beschäftigt. Seine Aufgabe war es, dafür Sorge zu tragen, dass keine betrunkenen Gäste das Lokal betraten bzw. dass betrunkene Gäste aus dem Lokal entfernt wurden.

Im Zusammenhang mit dieser Tätigkeit des Angeklagten hat das Gericht in der Hauptverhandlung folgende Straftaten des Angeklagten festgestellt:

1. Am 27.01.2020 gegen 23.00 Uhr hatten sich die Zeuginnen Michaela Weiß und Ellen David in der Diskothek „Blue Hawaii" mit den Zeugen Uwe Weiß und Ralf Gärtner verabredet. Gegen 23.30 Uhr betraten die Zeugen Uwe Weiß und Ralf Gärtner die Diskothek; der Zeuge Weiß war angetrunken, jedoch nicht völlig betrunken. Zusammen mit dem Zeugen Gärtner begab sich der Zeuge Uwe Weiß direkt zur Tanzfläche, in deren Bereich sich die Zeuginnen Michaela Weiß und Ellen David aufhielten.

Der Angeklagte war dem Zeugen Uwe Weiß im Lokal direkt hinterhergegangen. Als der Zeuge die Tanzfläche erreicht hatte, schlug ihm der Angeklagte, ohne ihn vorher angesprochen zu haben, von hinten über die Schulter mit der Faust in die linke Gesichtshälfte, um den Zeugen körperlich zu verletzen. Dieser erlitt durch den Schlag am linken Kinn eine Platzwunde. Er musste sich in ärztliche Behandlung begeben, wobei die ihm von dem Angeklagten zugefügte Platzwunde mit zwei bis drei Stichen genäht werden musste. Infolge der Verletzung war der Zeuge Uwe Weiß vom 28.01. bis zum 06.03.2020 arbeitsunfähig.

2. In der Nacht vom 9. auf den 10.02.2020 hielt sich der Zeuge Kunze bereits in der Diskothek „Blue Hawaii" auf. Der Zeuge war stark betrunken. Gegen 2.00 Uhr verließ er das Lokal, um ein Taxi heranzuwinken. Weil kein Taxi zur Verfügung stand, begab er sich in das Lokal zurück, um dort telefonisch ein Taxi zu bestellen. Im Eingangsbereich des Lokals kam es zu einer körperlichen Auseinandersetzung des Angeklagten mit dem Zeugen Kunze. Dabei packte der Angeklagte den Zeugen Kunze, um ihn aus dem Lokal zu verbringen. Ihm war klar, dass der Zeuge Kunze in erheblichem Maße angetrunken war. Bei dem Herausschaffen des Zeugen Kunze aus dem Lokal stieß der Angeklagte den Zeugen rückwärtig ohne Veranlassung mit dem Kopf gegen den Rahmen der Eingangstür. Dies hatte zur Folge – wie vom Angeklagten jedenfalls auch in seine Vorstellung mit aufgenommen –, dass sich Kunze am Hinterkopf eine stark blutende Platzwunde zuzog. Der Zeuge Kunze fiel nach dem Stoß rücklings zu Boden. Er wurde ohnmächtig und musste mit dem Krankentransportwagen der Feuerwehr in das Elisabeth-Hospital verbracht werden, wo seine Kopfverletzung notärztlich erstversorgt wurde. Die dem Zeugen Kunze zugefügte Verletzung führte zu einer vier- bis fünfwöchigen Arbeitsunfähigkeit. Der Zeuge Kunze hat noch heute Nachwirkungen der Verletzung in Form von unregelmäßig auftretenden Schwindelanfällen. Er ist daher gehalten, in unregelmäßigen Abständen einen Neurologen aufzusuchen, der die Messung der Gehirnströme veranlasst. Es ist nicht absehbar, ob sich der Zeuge von den Folgen der Tat erholen wird, was allerdings auch nicht ausgeschlossen werden kann.

Der Angeklagte konnte unmittelbar nach der Tat festgenommen werden und äußerte beim polizeilichen Zugriff spontan, dass er schon dafür sorge, dass kein Zeuge ihn belaste.

3. Beweiswürdigung

174 Die Sachverhaltsfeststellungen werden gestützt durch eine ausführliche **Beweiswürdigung**, bei der anfangs – sofern erfolgt – die **Einlassung des Angeklagten zur Sache** wiedergegeben wird. Die erschöpfende Würdigung (vgl. auch § 261 StPO) erfolgt

(1) *Einleitung*

mithilfe der Aussagen, der Gutachten und anderer Beweismittel. Zu benennen sind nach § 267 Abs. 1 S. 2 StPO in der Regel auch die relevanten Indizien.

Regelmäßig sind Ausführungen zur Verwertbarkeit von Beweismittel nicht Gegenstand der Urteilsgründe.[130] Etwas anderes gilt in der Klausur aber dann, wenn dort **Beweisverwertungsverbote** ausdrücklich angesprochen werden. **175**

Zusätzlich ist daran zu denken, die **Ablehnung eines Hilfsbeweisantrages**, über den in der Hauptverhandlung keine Entscheidung mehr verkündet worden ist, an dieser Stelle der schriftlichen Urteilsbegründung zu **rechtfertigen**. **176**

> **Klausurhinweis:** Die Beweiswürdigung wird nicht mit einem Obersatz eingeleitet („Diese Feststellungen beruhen auf den Bekundungen der Zeugen…") Eine solche Formulierung ist rechtlich nicht geboten und daher überflüssig.[131]

III.

Der Angeklagte hat sich zu den Vorwürfen nicht eingelassen. Er hat lediglich bekundet, dass es im Rahmen seiner Tätigkeit als Türsteher für die Diskothek „Blue Hawaii" eine Vielzahl von Schlägereien gegeben habe. Er könne sich an die ihm zur Last gelegten Taten nicht erinnern. Er wisse nur, dass er häufig mit stark angetrunkenen Gästen aneinandergeraten sei. An den Zeugen Kunze könne er sich noch erinnern. Er habe ihn lediglich aus dem Lokal verbracht, ohne auf ihn eingeschlagen oder eingetreten zu haben. Im Nachhinein habe er erfahren, dass der Zeuge ohnmächtig geworden sei und mit dem Krankenwagen in die Klinik verbracht werden musste.

Nach dem Ergebnis der Beweisaufnahme ist der Angeklagte jedoch zur Überzeugung des Gerichts im Sinne der getroffenen Feststellungen überführt.

1. Bezüglich der Körperverletzung zum Nachteil des Zeugen Uwe Weiß beruhen die Feststellungen auf den schlüssigen und überzeugenden Aussagen der Zeuginnen Michaela Weiß und Ellen David. Diese beiden Zeuginnen, die auf die Zeugen Weiß und Gärtner im Bereich der Tanzfläche gewartet hatten, bekamen den sich vor ihren Augen abspielenden Geschehensablauf genauso mit, wie er in die Feststellungen eingegangen ist. Die beiden Zeuginnen haben übereinstimmend bekundet, dass es der Angeklagte gewesen sei, der völlig unvermittelt von hinten an den Zeugen Weiß herangetreten ist und ihm ohne jegliche Vorwarnung mit der Faust ins Gesicht geschlagen hat. Dass die Zeuginnen diesen Sachverhalt im Wesentlichen übereinstimmend geschildert haben, ist zur Überzeugung des Gerichts auch nichts Ungewöhnliches, da sie ein augenblickartiges Geschehen gleichzeitig beobachtet haben, das sich zudem noch direkt vor ihren Augen abgespielt hat. Zur Überzeugung des Gerichts liegt seitens dieser Zeuginnen auch keine Verwechselung in der Person des Angeklagten vor. Die Zeuginnen haben den Angeklagten, den sie von mehreren Diskothekenbesuchen als Türsteher kennen, sofort identifiziert. Im Übrigen hat das Gericht keinerlei Zweifel an der Glaubwürdigkeit der beiden Zeuginnen und der Glaubhaftigkeit ihrer Darstellung. Hieran ändert auch nichts, dass die Zeugin Weiß die Ehefrau des Geschädigten und die Zeugin David ihrerseits die Schwester von Frau Weiß ist. Wenn diese Zeuginnen sich – zusammen mit dem Geschädigten Uwe Weiß – zu einem Komplott zum Nachteil des Angeklagten verschworen hätten – wie in der Hauptverhandlung seitens des Angeklagten in den Raum gestellt –, so hätten zur Überzeugung des Gerichts auch die Zeugen Uwe Weiß und Ralf Gärtner belastende Angaben zum Nachteil des Angeklagten gemacht. Dem war aber nicht so.

---

130 BGH NJW 2009, 2613.

131 BGH NStZ 2012, 346–347.

Der Zeuge Uwe Weiß hat eingeräumt, dass er angetrunken gewesen sei und nicht wisse, wer ihn zu Boden geschlagen habe. Hätte der Zeuge Weiß den Angeklagten – im Zusammenwirken mit den Zeuginnen Weiß und David – zu Unrecht belasten wollen, so wäre es ihm ein Leichtes gewesen, den Angeklagten genauso, wie von den genannten Zeuginnen geschehen, der Täterschaft zu bezichtigen. Dies ist aber seitens des Zeugen Uwe Weiß nicht geschehen.

Auch der Zeuge Gärtner war mit seiner Aussage erinnerungskritisch und zurückhaltend; er hat insbesondere erklärt, dass er eigentlich nicht mitbekommen habe, wer den Zeugen Weiß geschlagen habe. Er habe lediglich festgestellt, dass Uwe Weiß schließlich am Boden gelegen habe und für ihn klar gewesen sei, dass dieser zu Boden geschlagen geworden sei. Für das Aussageverhalten des Zeugen Gärtner gilt Ähnliches wie für den Zeugen Weiß. Hätte er – im Zusammenwirken mit den den Vorfall bestätigenden Zeuginnen – den Angeklagten zu Unrecht belasten wollen, wäre es zur Überzeugung des Gerichts auch für ihn ein Leichtes gewesen, den Angeklagten als Täter zu bezeichnen. Auch bei dem Zeugen Gärtner war dies jedoch nicht der Fall.

2. Die Körperverletzung zum Nachteil des Zeugen Kunze steht fest aufgrund der Aussage des Zeugen Hase sowie dem gemäß § 256 StPO verlesenen ärztlichen Attest der Ärztin Lux vom 19.02.2021. Der Zeuge Hase hat bekundet, er habe sich zur Tatzeit im Eingangsbereich der Diskothek aufgehalten, um dort in Ruhe eine Zigarette zu rauchen. Er habe den geschädigten Zeugen Kunze bemerkt, da dieser zunächst grölend die Diskothek verlassen habe. Einige Zeit später sei dieser unvermittelt wieder hineingekommen und habe lautstark nach einem Taxi verlangt, da er draußen keins bekommen könne. Der Zeuge Kunze habe von dem Angeklagten verlangt, sich telefonisch ein Taxi bestellen zu können. Dieser sei der Aufforderung jedoch nicht nachgekommen, sondern habe den Kunze ergriffen, ihn unvermittelt mit dem Hinterkopf gegen den Türpfosten gestoßen und anschließend vor die Türe verbracht. Diese Sachverhaltsschilderung ist zur Überzeugung des Gerichts mit den bei dem Zeugen Kunze ärztlicherseits festgestellten Verletzungen, insbesondere der Platzwunde am Hinterkopf, in Einklang zu bringen, sodass sich der Geschehensablauf – wie festgestellt – zweifelsfrei nachvollziehen lässt. Der Zeuge hat sich bei seiner Aussage weder in Widersprüche verwickelt noch ließ sich eine ungerechtfertigte Belastungstendenz zum Nachteil des Angeklagten erkennen, sodass insoweit das Gericht auch in vollem Umfang den Angaben folgen konnte. Demgegenüber konnte das Gericht den Angaben des Zeugen Kunze nicht folgen, da er in der Hauptverhandlung Erinnerungen an das Geschehen glauben machen wollte, obwohl er früher bereits angegeben hatte, dass er keinerlei Erinnerungen mehr an das Geschehen habe, wie er es im Übrigen auch der Ärztin gegenüber erklärt hatte, die das Attest ausstellte. Unter dem Gesichtspunkt, dass das Gericht den Angaben des Zeugen Kunze nicht gefolgt ist, war der Hilfsbeweisantrag des Verteidigers gemäß § 244 Abs. 3 S. 2 StPO zurückzuweisen, da die darin behauptete Tatsache für die Entscheidung ohne Bedeutung war. Durch den Beweisantrag des Verteidigers im Hinblick auf die Einholung eines medizinischen Gutachtens durch einen Sachverständigen sollte bewiesen werden, dass der Zeuge Kunze durch die erlittene Amnesie nicht in der Lage ist, das Geschehen zu erkennen und dadurch die Glaubwürdigkeit dieses Zeugen in Zweifel gezogen werden. Das Gericht hat jedoch – wie oben bereits dargelegt – von sich aus jedenfalls die Zeugentauglichkeit des Zeugen Kunze verneint und auf dessen Angaben nicht die Verurteilung des Angeklagten gestützt.

4. Rechtliche Begründung

177   Anschließend ist eine **rechtliche Begründung** dafür abzugeben, dass der Sachverhalt die Merkmale der angewandten Strafvorschriften erfüllt. Dabei sind alle angewendeten Strafgesetze anzuführen, § 267 Abs. 3 S. 1 Hs. 1 StPO.

Als **Grundsatz** gilt, dass **nicht mehr Rechtsfragen entschieden werden müssen, als zur Rechtfertigung des Urteils notwendig** sind. Dabei darf der Bearbeiter aber **keine Rechtsfrage ungelöst** lassen, **deren Erörterung sich aufdrängt**.

> **Klausurhinweis**: In einer Urteilsklausur sollte der Bearbeiter dann Stellung nehmen, wenn **rechtliche Bewertungen** seitens der Staatsanwaltschaft oder seitens der Verteidigung **im Aufgabentext** angesprochen werden.

Soweit das Gericht den Angeklagten wegen einer von mehreren (prozessualen) Taten freigesprochen hat oder aber teilweise die Einstellung des Verfahrens ausgesprochen hat, muss der **Teilfreispruch bzw. die Teileinstellung** nach Maßgabe der nachfolgenden Erfordernisse – an dieser Stelle – im schriftlichen Urteil **dargestellt und begründet** werden.

178

IV.

Der Angeklagte war nach dem Ergebnis der Beweisaufnahme wegen vorsätzlicher Körperverletzung in zwei Fällen gemäß §§ 223, 53 StGB zu bestrafen.

Der Verfolgung der beiden Körperverletzungen liegt zunächst der von den beiden geschädigten Zeugen Weiß und Kunze jeweils rechtzeitig gestellte Strafantrag zugrunde.

Durch den Schlag mit der Faust in das Gesicht des Zeugen Weiß hat der Angeklagte diesen übel und unangemessen behandelt und dadurch sein körperliches Wohlbefinden und die körperliche Unversehrtheit erheblich beeinträchtigt und ihn i.S.d. § 223 Abs. 1 StGB körperlich misshandelt. Er handelte vorsätzlich, rechtswidrig und schuldhaft.

Dies gilt ebenso für die Körperverletzung zum Nachteil des geschädigten Zeugen Kunze.

Entgegen der Rechtsansicht der Staatsanwaltschaft, die das Stoßen gegen den Türrahmen bereits in der Anklageschrift als gefährliche Körperverletzung gemäß § 224 Abs. 1 Nr. 2 StGB gewertet hat, vermag diese rechtlich nicht angenommen werden zu können. Werkzeuge i.S.d. § 224 StGB sind nur solche Gegenstände, die durch menschliche Einwirkung in Bewegung gesetzt werden können. Ein mit einem Gebäude fest verbundener Türrahmen ist ebenso wie eine Wand kein Werkzeug in diesem Sinne. Es verbleibt daher auch in dem Fall zum Nachteil des Zeugen Kunze bei einer Körperverletzung gemäß § 223 Abs. 1 StGB.

Dagegen konnte dem Angeklagten nicht mit der erforderlichen Sicherheit nachgewiesen werden, dass er sich am 17.06.2020 einer weiteren Körperverletzung zum Nachteil des Zeugen Höping schuldig gemacht hat. Der Angeklagte bestreitet den Tatvorwurf. Der Zeuge Höping konnte den Angeklagten nicht als diejenige Person identifizieren, die ihm die Tritte in der Diskothek versetzt hat. Weitere Zeugen waren nicht vorhanden. Daher war der Angeklagte vom Vorwurf der Körperverletzung freizusprechen.

> **Klausurhinweis:** Auch im Assessorexamen bildet die materiell-rechtliche Prüfung einen Schwerpunkt der Klausuraufgabe, der ca. 50% der Gesamtbewertung ausmacht. Es hat daher eine umfassende Prüfung im tatbestandsmäßigen, chronologischen Aufbau – ebenso wie bei der staatsanwaltlichen Assessorklausur – zu erfolgen, der sich an den Feststellungen des Urteils zu orientieren hat.

5. Strafzumessung

179   Danach folgen gemäß § 267 Abs. 3 S. 1 StPO die **Strafzumessungstatsachen und Strafzumessungserwägungen** mit der Angabe des gesetzlichen Strafrahmens und der Einordnung der Taten in diesen Strafrahmen sowie die Angabe der bestimmenden Strafzumessungsgründe. **Die Art** – und nach dem Bearbeitervermerk regelmäßig **nicht** die Höhe – **der gewählten Strafe** ist unter Berücksichtigung general- und spezialpräventiver Aspekte i.S.d. § 46 StGB zu begründen.

180   Im Rahmen der Strafzumessung sind folgende Punkte zu beachten:

- Eine **ausdrückliche gesetzliche Begründungspflicht** besteht für die **Annahme bzw. Verneinung von strafrahmenmodifizierenden minder oder besonders schweren Fällen** nach Maßgabe des § 267 Abs. 3 S. 2, 3 StPO und für die Verhängung einer kurzen Freiheitsstrafe nach § 47 StGB, vgl. § 267 Abs. 3 S. 2 Hs. 2 StPO.

- Danach folgen Ausführungen zu einer etwaigen **Gesamtstrafenbildung** nach §§ 53, 54 StGB. Die **Aussetzung der Strafe zur Bewährung** oder aber deren Nichtaussetzung entgegen einem in der Verhandlung gestellten Antrag sind zu begründen; Entsprechendes gilt für die Verwarnung mit Strafvorbehalt und das Absehen von Strafe, vgl. § 267 Abs. 3 S. 4 StPO. Auch eine **ausgesprochene Nebenstrafe oder -folge** sowie die Anordnung der **Einziehung** oder des (erweiterten) **Verfalls** sind an dieser Stelle zu begründen.

- Soweit im Urteil noch **Maßregeln der Besserung und Sicherung angeordnet** worden sind (z.B. Entziehung der Fahrerlaubnis, Anordnung der Unterbringung in der Sicherungsverwahrung oder deren Vorbehalt, Anordnung der Unterbringung in einem psychiatrischen Krankenhaus oder in einer Entziehungsanstalt) oder – bei der (vorbehaltenen) Sicherungsverwahrung – entgegen einem Antrag in der Hauptverhandlung nicht angeordnet worden sind, bedarf dies ebenfalls der Begründung, vgl. § 267 Abs. 6 S. 1 StPO. Eine Besonderheit ist für die Maßregel nach §§ 69, 69 a StGB zu beachten: Hier besteht nach § 267 Abs. 6 S. 2 StPO ein **Begründungszwang** im schriftlichen Urteil **auch dann, wenn die Fahrerlaubnis nicht entzogen oder eine Sperre nach § 69 a Abs. 1 S. 3 StGB nicht festgesetzt worden ist, obwohl eine derartige Anordnung nach der Art der Straftat in Betracht kommt,** mithin zumindest bei den indizierenden Katalogtaten.

V.

Bei der Strafzumessung war zunächst der Strafrahmen des § 223 StGB zu bestimmen. Dieser beträgt Freiheitsstrafe bis zu 5 Jahren oder Geldstrafe. Bei der Strafbemessung im Besonderen berücksichtigte das Gericht zunächst zugunsten des Angeklagten, dass er sich in der Ausübung seiner Tätigkeit als „Türsteher" sicherlich in einer schwierigen Situation befindet. Seine Tätigkeit ist darauf abgestellt, in einer Diskothek für Ruhe und Ordnung zu sorgen. Dies bringt mit sich, dass er mit einer Vielzahl von betrunkenen und enthemmten Gästen konfrontiert wird.

Im Falle Weiß berücksichtigte das Gericht zugunsten des Angeklagten, dass die bei dem Zeugen eingetretenen Verletzungen nicht massiver Natur waren und keine Nachwirkungen hinterlassen haben. Bei dem Vorfall zum Nachteil des Zeugen Kunze berücksichtigte das Gericht, dass der Zeuge in nicht unerheblichem Umfang betrunken war und dass insoweit in seinem Verhalten ein erhebliches Mitverschulden zu sehen ist.

Zulasten des Angeklagten musste sich auswirken, dass er schon zweimal – davon einmal einschlägig – strafrechtlich in Erscheinung getreten ist.

In beiden Fällen musste sich zum Nachteil des Angeklagten auswirken, dass er ohne jegliche Vorwarnung unvermittelt zugeschlagen bzw. -gestoßen hat, was zur Überzeugung des Gerichts Ausdruck einer niedrigen Hemmschwelle zur Gewalt und damit eines Charaktermangels ist. Im Falle des Zeugen Kunze muss sich zudem zulasten des Angeklagten auswirken, dass er mitverantwortlich für die nicht unerheblichen Verletzungen war. Bei Abwägung dieser für und gegen den Angeklagten sprechenden Gesichtspunkte kam eine Freiheitsstrafe von jeweils 6 Monaten oder darüber nicht in Betracht. Zur Überzeugung des Gerichts war auch die Verhängung einer kurzfristigen Freiheitsstrafe nach § 47 Abs. 1 StGB weder zur Einwirkung auf den Angeklagten noch zur Verteidigung der Rechtsordnung unerlässlich, sodass Geldstrafen für jede der einzelnen Körperverletzungen zu verhängen waren. Unter Berücksichtigung der jeweiligen Strafzumessungserwägungen verhängte das Gericht für die vorsätzliche Körperverletzung zum Nachteil des Zeugen Weiß eine Geldstrafe von…. (keine Angabe, vgl. Bearbeitervermerk!) Tagessätzen und für diejenige zum Nachteil des Zeugen Kunze eine solche von …. Tagessätzen.

Mit diesen Einzelstrafen wäre die Geldstrafe aus der Verurteilung durch das Amtsgericht Essen-Steele vom 22.06.2020 i.H.v. 70 Tagessätzen zu 15,- € gesamtstrafenfähig. Nachdem diese Geldstrafe jedoch bereits vollstreckt ist, kann eine Gesamtstrafe nach § 55 StGB nicht mehr gebildet werden. Dieser Nachteil ist zugunsten des Angeklagten auszugleichen. Das Gericht hat diesen Härteausgleich dergestalt vorgenommen, dass es zunächst unter Abwägung sämtlicher für und gegen den Angeklagten sprechenden Gesichtspunkte eine fiktive Gesamtgeldstrafe gemäß §§ 53, 54 StGB von … Tagessätzen gebildet und hiervon die bereits vollstreckte Geldstrafe i.H.v. 70 Tagessätzen in Abzug gebracht hat. Somit verblieb als zu verhängende Gesamtgeldstrafe eine solche von … Tagessätzen.

Die Höhe eines Tagessatzes hat das Gericht mit … € bestimmt, entsprechend der vom Angeklagten eingeräumten wirtschaftlichen Verhältnisse unter Berücksichtigung der bestehenden Unterhaltsverpflichtung.

6. Nebenentscheidungen

Zuletzt werden die Entscheidungen über Kosten und Auslagen sowie eine Entschädigung nach dem StrEG oder eine positive Adhäsionsentscheidung gemäß § 406 Abs. 1 StPO begründet. **181**

VI.

Die Kostenentscheidung beruht auf den §§ 465 Abs. 1, 467 Abs. 1 StPO.

II. Freispruch, § 267 Abs. 5 S. 1 StPO

182

Gliederung der Urteilsgründe bei Freispruch
■ Vorwurf der Anklage
■ Angaben zur Person des Angeklagten (soweit für die Gründe noch relevant)
■ Tatsächliche Feststellungen zum Sachverhalt
■ Beweiswürdigung
▪ Einlassung des Angeklagten
▪ Beweistatsachen
▪ Aussagen, Gutachten
■ Tatsächliche/rechtliche Begründung des Freispruchs
■ Nebenentscheidungen

III. Verfahrenseinstellung

183

Gliederung der Urteilsgründe bei Verfahrenseinstellung
■ Vorwurf der Anklage
■ Tatsächlichen Feststellungen zu den Voraussetzungen des Verfahrenshindernisses
■ Rechtliche Begründung des Verfahrenshindernisses
■ Nebenentscheidungen

E. Unterschriften

184 Gemäß **§ 275 Abs. 2 S. 1 u. 3 StPO** ist das Urteil **von dem/den Berufsrichter(n) zu unterschreiben**, der/die bei der Entscheidung mitgewirkt haben; der Unterschrift der Laienrichter bedarf es nicht.

Ist ein Richter (z.B. durch Versetzung, Krankheit oder Urlaub) verhindert, seine Unterschrift beizufügen, so wird dies unter Angabe des Verhinderungsgrundes von dem Vorsitzenden und bei dessen Verhinderung von dem ältesten beisitzenden Richter unter dem Urteil vermerkt (§ 275 Abs. 2 S. 2 StPO).

> **Klausurhinweis:** In den Examensklausuren findet man nicht selten an dieser Stelle die eigene Unterschrift des Kandidaten. Die Klausur darf keine Hinweise auf die Identität geben! Daher hier nur ausführen „Unterschrift(en) Berufsrichter".

F. Form und Inhalt des Berufungsurteils

185 Denkbar – wenn auch selten – ist als Klausuraufgabe auch der Urteilsentwurf nach einer Berufungshauptverhandlung. Allgemein folgt das Berufungsurteil der Gliederung des erstinstanzlichen Strafurteils.

I. Urteilskopf

186 Die Angaben für den **Urteilskopf** sind grundsätzlich dem Sitzungsprotokoll zu entnehmen, das in der Klausur enthalten ist.

II. Urteilsformel

Besondere Bedeutung kommt der **Urteilsformel** zu.

1. Unzulässigkeit der Berufung

Die Berufung des Angeklagten gegen das Urteil des Amtsgerichts ... vom ... wird als unzulässig verworfen. Der Angeklagte hat die Kosten des Verfahrens zu tragen.

187

2. Einstellung wegen eines Verfahrenshindernisses oder Fehlens einer Prozessvoraussetzung

Die Tenorierung ist mit der bei einer Einstellung in erster Instanz identisch.

188 *Das Verfahren wird eingestellt*

3. Verwerfung der zulässigen Berufung

Die Berufung des Angeklagten gegen das Urteil des Amtsgerichts ... vom ... wird auf seine Kosten als unbegründet verworfen.

189

4. Teilerfolg der Berufung

Auf die Berufung des Angeklagten wird das Urteil des Amtsgerichts ... vom ... aufgehoben. Der Angeklagte wird wegen Betrugs zu einer Geldstrafe von 50 Tagessätzen zu 10,- € verurteilt. Im Übrigen wird er freigesprochen.

oder

Die Berufung wird mit der Maßgabe verworfen, dass die Vollstreckung der Freiheitsstrafe zur Bewährung ausgesetzt wird.

190

5. Erfolgreiche Berufung

Auf die Berufung des Angeklagten wird das Urteil des Amtsgerichts ... vom ... aufgehoben. Der Angeklagte wird freigesprochen. Die Kosten des Verfahrens und die notwendigen Auslagen des Angeklagten fallen der Staatskasse zur Last.

oder im Fall des § 328 Abs. 2 StPO: *Unzuständigk. d. Gerichts*

Auf die Berufung des Angeklagten wird das Urteil des Amtsgerichts ... vom ... aufgehoben. Die Sache wird zur erneuten Verhandlung und Entscheidung an das Amtsgericht ... verwiesen.

191

6. Berufung mehrerer Angeklagter

Haben mehrere Angeklagte Berufung eingelegt, ist die Urteilsformel, je nach dem entsprechenden Ergebnis der gutachterlichen Prüfung, für jeden Angeklagten verständlich und daher möglicherweise getrennt zu fassen. Exemplarisch kann eine Tenorierung wie folgt lauten:

192

Auf die Berufung des Angeklagten A wird das Urteil des Amtsgerichts ... vom ... aufgehoben, soweit es ihn betrifft. Der Angeklagte A wird freigesprochen. Die Berufung des Angeklagten B wird als unbegründet verworfen. Der Angeklagte B hat die Kosten seines Rechtsmittels zu tragen. Die Kosten und notwendigen Auslagen des Angeklagten A fallen der Staatskasse zur Last.

III. Bezeichnung der angewendeten Vorschriften

193 Die angewendeten Vorschriften sind auch im Berufungsurteil – ebenso wie beim erstinstanzlichen Urteil – zu benennen.

IV. Urteilsgründe

194 Die Ausführungen zu den Urteilsgründen im Urteil der ersten Instanz finden hier sinngemäß Anwendung. Auf einige Besonderheiten ist aber hinzuweisen:

1. Die Gründe des Berufungsurteils beginnen zunächst mit der **Wiedergabe der Straferkenntnisse erster Instanz**.

2. Es folgt **ein Bericht über die Berufungseinlegung**.

3. Erst danach folgen die **Urteilsgründe**, deren Gliederung wie beim erstinstanzlichen Urteil davon abhängig ist, ob Verurteilung, (Teil-)Einstellung oder (Teil-)Freispruch in Betracht kommt – dem der ersten Instanz.

V. Unterschriften

195 Ebenso wie bei dem erstinstanzlichen Urteil endet das Berufungsurteil mit der oder den **Unterschrift(en)** des/der Berufsrichter(s).

2. Teil: Die Revision als Aufgabe der Assessorklausur

1. Abschnitt: Aufgabenstellung

In einer strafrechtlichen Revisionsklausur ist regelmäßig ein Gutachten aus der Sicht des mit der Sache befassten Rechtspflegeorgans zu erstellen. In den meisten Fällen ist dies der Verteidiger. Manchmal ist auch die Revision der Staatsanwaltschaft oder der Nebenklage zu prüfen.

196

Seit Januar 2015 erscheint bei Alpmann Schmidt die RÜ2 als Ergänzung der RÜ speziell für Referendarinnen und Referendare. In der RÜ2 finden Sie auch monatlich die wichtigsten Entscheidungen zum Revisionsrecht.

Danach ist ein Revisionsantrag oder das sonst geforderte Ergebnis auszuformulieren und Sie sollen zu dessen Zweckmäßigkeit Stellung nehmen. Die einzelnen möglichen Verfahrensrügen müssen in der Regel nicht ausgeführt werden.

Prüfungsfolge bei einem Revisionsgutachten
■ Zulässigkeit der Revision
■ Begründetheit der Revision
■ Zweckmäßigkeitserwägungen

2. Abschnitt: Erfassen der Aufgabe

Jede Revisionsklausur ist anders. Wenn Sie aber bestimmte Handlungsschritte befolgen, lassen sich alle Klausuren gut bewältigen. Ein **strukturiertes Vorgehen** bei der Bearbeitung verschafft Ihnen zudem die notwendige Sicherheit. Hierzu trägt auch bei, wenn Sie sich für die **Klausurvorbereitung** zeitnah noch einmal die einschlägigen Vorschriften der Strafprozessordnung über die Rechtsmittel, des allgemeinen und besonderen Teiles des Strafgesetzbuches ruhig und verständnisvoll durchlesen sowie aktuellere Entscheidungen der Revisionsgerichte aus den letzten 1 bis 2 Jahren ansehen. Gerne werden in Klausuren die dort behandelten Themen aufgegriffen.

197

A. Aktenvollständigkeit

Das Aktenstück besteht in der Regel aus der **Anklageschrift**, dem **Sitzungsprotokoll**, dem **Urteil** und bereits erfolgter **Rechtsmitteleinlegung**. Dem Hauptverhandlungsprotokoll lässt sich dabei zusätzlich entnehmen, dass die Anklage mit einem datierten Eröffnungsbeschluss meist unverändert zur Hauptverhandlung zugelassen worden ist. Weitere Aktenbestandteile runden den Sachverhalt häufig ab, etwa durch den Aktenvermerk des Verteidigers, der mit der gutachtlichen Prüfung beauftragt wird.

198

Achten Sie auf Aktenvollständigkeit nach der Seitennummerierung. Lesen Sie sich dann das Aktenstück einmal langsam und sorgfältig, schon unter gedanklicher Berücksichtigung des Bearbeitervermerkes, durch.

199 ## B. Bearbeitervermerk

Vermerk für die Bearbeitung
Die Erfolgsaussichten der Revision sind zu begutachten. Begutachtungszeitpunkt ist der 10. September 2021. Eine Darstellung des Sachverhaltes ist nicht erforderlich. Dieser ist aber, unter Grundlage der getroffenen Urteilsfeststellungen, in materiell-rechtlicher Hinsicht in jedem Fall umfassend zu prüfen. Das Gutachten soll auch Überlegungen zur Zweckmäßigkeit des Vorgehens enthalten.
Etwaige Revisionsanträge sind auszuformulieren. Kommt ein Bearbeiter zur Unzulässigkeit der Revision, so ist zur Begründetheit in einem Hilfsgutachten Stellung zu nehmen.
Die Formalien (Ladungen, Zustellungen, Unterschriften, Vollmachten) sind in Ordnung, soweit sich aus dem mitgeteilten Akteninhalt nichts anderes ergibt.
Nicht abgedruckte Akteleile sind für die Erfolgsaussichten der Revision ohne weitere Bedeutung.
Die Staatsanwaltschaft hat kein Rechtsmittel gegen das Urteil eingelegt.
Hinweis: Das von Ihnen benutzte Exemplar des Aufgabentextes wird nicht zu Ihren Prüfungsunterlagen genommen.

So oder ähnlich sieht der übliche Vermerk für die Bearbeitung von Revisionsklausuren aus. Manchmal finden sich noch Ergänzungen, die dann meist den Sachverhalt betreffen und für die gutachtliche Prüfung von Bedeutung sind. Der Bearbeitervermerk muss immer der Ausgangspunkt Ihrer Überlegungen sein.

Lesen Sie vor der Begutachtung den Vermerk für die Bearbeitung genau durch, weil sich manche vermeintlichen Probleme bei der Klausurlösung dann vielleicht gar nicht erst stellen.

So ist insbesondere wichtig, welche **Prüfungsanweisungen** gegeben werden, also aus wessen Sicht das Gutachten zu fertigen ist und ob bzw. inwieweit auch die Beweiswürdigung oder Strafzumessung zu begutachten sind. Es kann insoweit sogar vorkommen, dass die Erfolgsaussichten **mehrerer Rechtsmittel** zu prüfen sind. Dies etwa dann, wenn zwei Urteile in der Welt oder Berufung und Revision statthaft sind, der Bearbeitervermerk aber keine Begrenzung auf eines der beiden Rechtsmittel erkennen lässt. Wird zu einer umfassenden Würdigung der im Urteil getroffenen Feststellungen aufgefordert, gilt in sachlicher Hinsicht, dass materiell-rechtliche Fehler auch dann zu erörtern sind, wenn sie den Revisionsführer selbst nicht betreffen bzw. beschweren.

Achten Sie darüber hinaus in besonderer Weise auf **Fiktionen** im Vermerk für die Bearbeitung, vor allem für **Zustellungsdaten** und sonstige Formalien.

C. Lückenlose Aktenkenntnis

200 Fertigen Sie sich, wie wir es in unserem Fernklausurenkurs empfehlen, eine **Zeittafel**, aus der sich Datum und Ereignis ergeben. Dies erleichtert Ihre gutachtliche Prüfung enorm. Entnehmen Sie dem Aktenstück dabei auch die Daten, welche auf den ersten Blick nicht relevant erscheinen. Denn häufig ergibt sich die Bedeutung eines Datums erst im Laufe der weiteren Bearbeitung.

Generell gilt, dass Sie beim Lesen **Ungewöhnliches markieren** sollten, ohne dies zunächst weiter zu durchdenken. Achten Sie vor allem auf

- **Abweichungen** vom üblichen Verfahrensablauf (§ 243 StPO),

- **Erklärungen** von Verfahrensbeteiligten,

- Anregungen und **Anträge** sowie

- Verfügungen des Vorsitzenden und **Gerichtsbeschlüsse**.

Sie können davon ausgehen, dass Auffälligkeiten für die Klausur auch Bedeutung haben.

Die einzelnen Aktenbestandteile erlangen im Verlauf der Prüfung ihre besondere Bedeutung:

I. Anklageschrift

Achten Sie beim Lesen der Anklageschrift insbesondere auf **Mängel**. In Revisions-   **201**
klausuren wird es dabei immer um solche Fehler in der Anklageschrift gehen, welche ihre Umgrenzungsfunktion (ggf. Verfahrenshindernis) betreffen. Maßstab ist hierbei § 200 Abs. 1 S. 1 StPO. Achten Sie also darauf, ob die **Person** des Angeklagten, **Tatzeit** und **Tatort** genügend identifizierbar sind. Notieren Sie sich zudem die angegebenen **Paragraphen** der angewendeten Strafvorschriften.

II. Protokoll

Das Hauptverhandlungsprotokoll ist die entscheidende Quelle für die Auffindung   **202**
von Verfahrensfehlern (s. Rn. 349).

III. Urteil

Aus dem Urteil ergeben sich Hinweise auf eine Missachtung von Prozesshinder-   **203**
nissen, und hier ist der Fundort für alle sachlich-rechtlichen Fehler (s. Rn. 355).

3. Abschnitt: Das Revisionsgutachten

Ihre Zeit ist in der Klausursituation sehr begrenzt und Ihnen wird kein Besinnungsauf-   **204**
satz abverlangt. Der Grundsatz der **Arbeitsökonomie** muss für Sie deshalb Priorität haben. Deshalb gilt generell:

Wählen Sie im Zweifel den Lösungsweg, der den **geringeren Zeitbedarf** verlangt.

Können Sie ein Problem gedanklich nicht in angemessener Zeit durchdringen, sollten Sie die **lösbaren Problemstellungen vorziehen** und erst am Ende auf die Schwierigkeit zurückkommen.

Es empfiehlt sich, im Zweifel der **Rspr.** zu **folgen**, auch wenn dies nicht Ihre persönliche Ansicht widerspiegeln mag. Dies entspricht im Allgemeinen der Erwartungshaltung der Prüfer sowie der Kommentierung. Lassen Sie sich bei dem Lösungsweg daher nach Möglichkeit durch die verwendeten Kommentare leiten.

Auch der generell einzuhaltende **Prüfungsaufbau** ist **kein Dogma**. Manchmal ist es erforderlich, schon im Rahmen der Zulässigkeit Überlegungen anzustellen, welche normalerweise erst im Rahmen der Begründetheit eine Bedeutung erlangen.

Formulierungsvorschlag für den üblichen Obersatz eines Revisionsgutachtens:

Die Revision hat Erfolg, wenn sie zulässig und begründet ist.

Eine Revision hat, wie jedes Rechtsmittel, Erfolg, wenn sie zulässig und begründet ist. Im Rahmen einer Klausur müssen Sie daher regelmäßig zunächst die Voraussetzungen der **Zulässigkeit** und die **Begründetheit** der Revision prüfen. Hiervon hängt dann letztlich auch Ihre Empfehlung im Rahmen der **Zweckmäßigkeitsprüfung** ab.

Bedenken Sie hierbei, dass die **Klausuren** im Examen **nicht auf** die **Erstellung von Hilfsgutachten angelegt** sind. In aller Regel wird sich daher ein Weg ergeben, welcher zur Zulässigkeit des Rechtsmittels führt.

A. Zulässigkeit der Revision

Zulässigkeit der Revision
■ Statthaftigkeit
■ Revisionsberechtigung
■ Beschwer
■ Frist- und formgerechte Einlegung
■ Wirksame Revisionsbeschränkung
■ Revisionsbegründung

205 Dabei gibt es Zulässigkeitsvoraussetzungen, die für sämtliche Rechtsmittel in gleicher Weise erfüllt sein müssen und deshalb als **allgemeine** Vorschriften (§§ 296–303 StPO) den besonderen Regelungen über die einzelnen Rechtsmittel vorangestellt sind.

In den Bestimmungen zur Revision (§§ 333 bis 358 StPO) finden sich dann noch deren **spezifische Zulässigkeitsvoraussetzungen**. Zulässig ist die Revision demnach, wenn dieses Rechtsmittel statthaft, der Rechtsmittelführer zur Revision berechtigt sowie beschwert ist und diese ordnungsgemäß eingelegt hat oder noch einlegen kann.

> **Klausurhinweis:** Unproblematische Zulässigkeitsvoraussetzungen sind in der Klausur auch so zu behandeln, also lediglich im Urteilsstil positiv festzustellen. So sparen Sie nicht nur wertvolle Zeit, sondern zeigen den Prüfern auch Ihre Vertrautheit mit der Materie.

I. Statthaftigkeit

206 Mit dem Rechtsmittel der Revision können **ausschließlich Urteile bestimmter Spruchkörper** einer rechtlichen Nachprüfung unterzogen werden (§§ 333, 335 StPO).

Statthaftigkeit der Revision
■ Urteil
■ Spruchkörper AG, LG oder OLG

1. Urteil

207 **Urteile** sind verkündete Entscheidungen, die aufgrund einer Hauptverhandlung ergehen und gegenüber dem Betroffenen auf Freisprechung, Verurteilung, Anordnung einer Maßregel der Besserung oder Sicherung, Verwarnung mit Strafvorbehalt, Absehen von Strafe oder Einstellung des Verfahrens lauten.[132] Auf die von dem Gericht im Einzelfall gewählte Bezeichnung für seine getroffene Entscheidung kommt es dabei nicht an, sondern allein auf deren Inhalt und ihre Einordnung in die konkrete Verfahrenslage.[133] Auch nichtige und damit unwirksame Urteile[134] sind nach der wohl überwiegenden Auffassung angreifbar.[135] Hierfür spricht, dass die Möglichkeit bestehen muss, schon den Rechtsschein einer solchen Entscheidung zu beseitigen.

a) Verkündet das Gericht **in** der **Hauptverhandlung** also etwa die Einstellung des Verfahrens wegen eines Verfahrenshindernisses, ist dies sachlich ein Urteil (§ 260 Abs. 3 StPO), auch wenn diese Einstellungsentscheidung von dem erkennenden Spruchkörper fälschlich als Beschluss bezeichnet wird. Ein Strafverfahren kann allerdings auch in der Hauptverhandlung durch Beschluss beendet werden (siehe etwa §§ 153, 153 a StPO). **208**

b) Andererseits sind lediglich verfahrensfördernde und **außerhalb** der **Hauptverhandlung** ergangene Entscheidungen als Beschlüsse oder Verfügungen (allenfalls) mit der Beschwerde anfechtbar, selbst wenn sie als Urteile bezeichnet werden. **209**

c) Betroffen von einer strafrechtlichen Erkenntnis ist grundsätzlich nur diejenige Person, gegen die Anklage erhoben wurde und die tatsächlich vor Gericht stand, auch wenn die angegebenen Personalien unrichtig waren. Die Rechtswirksamkeit eines Strafurteils ist deshalb nicht berührt, wenn der richtige Angeklagte unter einem falschen Namen an der Hauptverhandlung teilgenommen hat. Liegt ein solcher Fall vor, ist allein zur Berichtigung des Anscheins, wegen einer Straftat verurteilt worden zu sein, kein Rechtsmittel zulässig. Denn sonst könnte der wahre Namensträger ein Urteil zu Fall bringen, welches inhaltlich gegen den vor Gericht Erschienenen zutreffend und der Rechtskraft fähig ist. Diese Folge darf er als in Wahrheit nicht Angeklagter aber nicht auslösen. Er bedarf dieses Schutzes auch nicht, weil er den falschen Rechtsschein, ohne Eingriff in die Rechtskraft, schon mit einer Berichtigung der Personalien des Verurteilten im Rubrum des Strafurteils erreichen kann.[136] **210**

2. Spruchkörper AG, LG oder OLG

Weiterhin muss die angegriffene Entscheidung von einem **AG**, **LG** oder **OLG als Spruchkörper** erlassen worden sein.

a) Die Revision kann sich also zum einen gegen in **erster Tatsacheninstanz** ergangene Urteile richten. Dies sind dann die des Amtsgerichts (Strafrichter und Schöffengericht bzw. Jugendrichter und Jugendschöffengericht) sowie des Landgerichts (große Strafkammer bzw. Jugendkammer) oder Oberlandesgerichts (Strafsenat). Gegen die erstinstanzlichen Urteile des Landgerichts und des Oberlandesgerichts ist die Revision zugleich das einzige statthafte Rechtsmittel (siehe § 312 StPO). **211**

Legt der Revisionsführer gegen ein Urteil des Amtsgerichts unmittelbar Revision ein, umgeht also die auch mögliche Berufung, wird das als **Sprungrevision** oder **Wahlrevision** bezeichnet (§ 335 StPO). **212**

Umstritten und klausurrelevant ist, ob eine Sprungrevision im Fall der **Annahmeberufung** stets möglich ist, selbst der Annahme bedarf oder erst nach vorheriger Beru- **213**

---

132 § 260 Abs. 2–4 StPO.

133 BGHSt 25, 242, 243; BGH NStZ 2010, 344, 345.

134 S. hierzu OLG München StV 2013, 495, wo ein auf eine Verständigung beruhendes Urteil für nichtig erklärt wurde; kritisch zu der Annahme, dass es in einem Rechtsstaat überhaupt nichtige Urteile geben kann Meyer-Goßner/ Schmitt Einleitung Rn. 104.

135 S. hierzu Meyer-Goßner/Schmitt Einleitung Rn. 109.

136 KG NStZ-RR 2004, 244 ff.

fungseinlegung und Annahmebeschluss gemäß § 322 a StPO zulässig ist.[137] Die h.Rspr. geht aber von der Zulässigkeit der Sprungrevision auch bei einer solchen Sachlage aus, weil der Begriff der Zulässigkeit in § 335 StPO nur die allgemein gesetzlich eingeräumte Anfechtungsmöglichkeit (Statthaftigkeit) meine und nicht um die weitere Zulässigkeitsvoraussetzung des § 313 Abs. 2 StPO erweitert werden solle.[138]

> **Klausurhinweis:** Sie sollten in der Prüfungssituation deshalb immer zur Statthaftigkeit der Sprungrevision gelangen und den Streit allenfalls kurz darstellen.

214   **b)** Darüber hinaus ist die Revision statthaft gegen **Berufungsurteile**, also Urteile des Landgerichts (kleine Strafkammer bzw. Jugendkammer).

215   Im **Jugendstrafverfahren** kann der Berufungsführer nach § 55 Abs. 2 JGG allerdings keine Revision mehr gegen das Berufungsurteil einlegen.

216   **c)** Hat ein Rechtsmittelführer **Revision** und ein anderer **Berufung** eingelegt, ist diese nach dem Gesetz das vorrangige Rechtsmittel, sodass die Revision zunächst als Berufung behandelt wird, aber als Revision aufschiebend bedingt bestehen bleibt (§ 335 Abs. 3 StPO). Der Vorrang der Berufung gilt aber nur, soweit das als Berufung eingelegte Rechtsmittel nicht zurückgenommen oder als unzulässig verworfen ist. In diesen Fällen lebt die Revision wieder auf, vorausgesetzt, sie genügt zu diesem Zeitpunkt den revisionsrechtlichen Anforderungen. Das gilt auch dann, wenn die als Berufung behandelte Revision vom Berufungsgericht wegen offensichtlicher Unbegründetheit gemäß § 313 Abs. 2 StPO vor Ablauf der Revisionsbegründungsfrist als unzulässig verworfen wird.[139]

> **Klausurhinweis:** Probleme in der Klausur sind hier selten. Ersparen Sie sich dann langatmige Ausführungen.

217   **Formulierungsvorschlag** für die Revision gegen ein landgerichtliches Urteil:

> *Gegen das Urteil des Landgerichts ... ist die Revision statthaft (§ 333 StPO).*

218   **Formulierungsvorschlag** für die Revision gegen ein Urteil der kleinen Strafkammer:

> *Gegen das Urteil des Landgerichts ... – kleine Strafkammer – ist die Revision statthaft (§ 333 StPO).*

219   **Formulierungsvorschlag** für die Revision gegen ein amtsgerichtliches Urteil:

> *Gegen das Urteil des Amtsgerichts ... kann Revision (als sog. Sprungrevision) eingelegt werden (§§ 312, 335 Abs. 1 StPO).*

II. Revisionsberechtigung

220   Die Zulässigkeit der Revision setzt weiterhin die allgemeine Berechtigung des Rechtsmittelführers zur Einlegung und Durchführung dieses Rechtsmittels voraus. Diese Berechtigung bestimmt sich nach den allgemeinen Vorschriften über Rechtsmittel sowie Einzelbestimmungen des Jugendstrafverfahrens, zur Nebenklage, Privatklage sowie Einziehungsbeteiligung und ist hiernach in persönlicher und sachlicher Hinsicht begrenzt.

---

137 So KK-Paul § 313 Rn. 4; Meyer-Goßner/Schmitt § 335 Rn. 21.
138 OLG Karlsruhe NStZ 1995, 562; OLG Hamm NStZ 2010, 42, 43.
139 Vgl. OLG Stuttgart NJW 2002, 3487 f.

Revisionsberechtigung
■ Persönliche Rechtmittelberechtigung
■ Keine Rechtsmittelrücknahme und kein Rechtsmittelverzicht

1. Persönliche Rechtsmittelberechtigung

In **persönlicher** Hinsicht können der **Angeklagte** selbst (§§ 296 Abs. 1 StPO, 55 JGG) **221** und für ihn und mit dessen Willen der bisher im Verfahren tätig gewesene oder ein neu gewählter oder bestellter **Verteidiger** (§ 297 StPO) Revision einlegen. Grundsätzlich zur Revisionseinlegung berechtigt sind ferner der **gesetzliche Vertreter** des Angeklagten (§ 298 Abs. 1 StPO), im Jugendstrafverfahren auch der sonst Erziehungsberechtigte (§ 55 JGG), die **Staatsanwaltschaft** (§ 296 Abs. 1 StPO), der **Privatkläger** (§ 390 StPO), der **Nebenkläger** (§§ 400, 401 StPO) und der **Einziehungsbeteiligte** (§ 431 StPO).

a) Der **Angeklagte** ist auch als Jugendlicher oder Geschäftsunfähiger, sofern er je- **222** denfalls verhandlungsfähig ist, zu seinen Gunsten rechtsmittelberechtigt. Wird gegen einen Privatkläger Widerklage (§ 388 StPO) erhoben, stehen ihm gleichfalls die Rechtsmittelmöglichkeiten eines Angeklagten zu.[140]

b) Der **Verteidiger** handelt grundsätzlich aus eigenem Recht und im eigenen Na- **223** men, soweit er für den Angeklagten Rechtsmittel einlegt. Er darf dieses Recht schon nach dem Gesetzeswortlaut aber nicht gegen den ausdrücklichen Willen seines Mandanten ausüben.[141] Bei Zusammentreffen verschiedenartiger Anfechtung durch den Angeklagten und seinen Verteidiger ist deshalb der Wille des Angeklagten vorrangig und insoweit maßgebend.[142]

Voraussetzung dafür, dass ein Verteidiger für den Angeklagten Revision einlegen kann, ist allerdings eine **wirksame Bevollmächtigung**. Für den bisher im Verfahren tätigen Wahl- oder Pflichtverteidiger begründet § 297 StPO die Rechtsvermutung, dass der Verteidiger mit Vollmacht und aufgrund eines entsprechenden Auftrages des Angeklagten handelt.[143] Ein später gewählter Verteidiger muss vor der Rechtsmitteleinlegung hierzu bevollmächtigt worden sein. Dabei reicht es aus, wenn die rechtzeitige Bevollmächtigung erst im Nachhinein nachgewiesen wird. Allein eine spätere Genehmigung des Angeklagten zur Einlegung des Rechtsmittels durch den Verteidiger genügt aber nicht.[144]

Entgegen einer weit verbreiteten Auffassung in der Praxis ist eine sich **bei den Akten befindliche Verteidigervollmacht** zur Rechtsmitteleinlegung **nicht erforderlich**. Denn der StPO lässt sich keine Vorschrift entnehmen, wonach ein Verteidiger nur dann für den Beschuldigten tätig werden darf, wenn er den Nachweis seiner Bevollmächtigung zu den Akten gereicht hat. Dies gilt jedenfalls dann, wenn keine Zweifel an der Vollmacht des Verteidigers bestehen. Erforderlich ist eine solche schriftliche Bevollmächtigung dagegen nach Maßgabe des § 145 a StPO.

Der Angeklagte darf bis zu drei Wahlverteidiger mit seiner Verteidigung beauftragen (§ 137 Abs. 1 S. 2 StPO). Daneben können für ihn zudem noch bis zu zwei Pflichtverteidiger im Strafverfahren mitwirken oder insgesamt drei bestellte Verteidiger (§ 144 StPO). Zu beachten ist daneben das Verbot der Mehrfachverteidigung (§ 146 StPO).

140 Meyer-Goßner/Schmitt § 390 Rn. 2.
141 Meyer-Goßner/Schmitt § 297 Rn. 3.
142 Meyer-Goßner/Schmitt § 297 Rn. 3.
143 Meyer-Goßner/Schmitt § 297 Rn. 2.
144 Meyer-Goßner/Schmitt § 297 Rn. 2.

In Klausuren kann in diesem Zusammenhang ein Problem eingebaut werden, sodass sich dann die Frage stellt, ob eine bestimmte Prozesshandlung des Verteidigers wirksam war. Meist spielt das im Rahmen der Revisionseinlegung oder Revisionsrechtfertigung eine Rolle. Hierzu müssen Sie wissen und ausführen, dass der Verteidiger in solchen Fällen ausdrücklich zurückgewiesen werden muss und **vor der Zurückweisung vorgenommene Verfahrenshandlungen** grundsätzlich **wirksam** bleiben (§ 146 a Abs. 2 StPO).

224 **c)** Der **gesetzliche Vertreter** des Angeklagten und sein sonst Erziehungsberechtigter (§ 67 Abs. 3 JGG) können aus eigenem Recht und so ggf. auch gegen den Willen des Angeklagten Rechtsmittel zu seinen Gunsten einlegen. Bei mehreren zur Erziehung Berechtigten, steht jedem von ihnen dieses Recht zu (§ 67 Abs. 5 JGG).

225 **d)** Die Anfechtungsbefugnis der **Staatsanwaltschaft** besteht immer. Auch kann sie ausschließlich zugunsten des Angeklagten Rechtsmittelmöglichkeiten ergreifen (§ 296 Abs. 2 StPO). Dies ergibt sich aus der Stellung der Staatsanwaltschaft im Strafverfahren, wonach sie der gesetzlichen Leitidee nach nicht Partei ist, sondern allgemein Aufgaben der staatlichen Rechtspflege erfüllt. Die Staatsanwaltschaft bleibt also auch dann zur Revisionseinlegung zuungunsten des Angeklagten berechtigt, wenn der Sitzungsvertreter der Staatsanwaltschaft in seinem Schlussvortrag beantragt hatte, den Angeklagten freizusprechen.[145] Ob sie von der ihr zustehenden Revisionsbefugnis Gebrauch machen will, steht dabei in ihrem pflichtgemäßen Ermessen.[146] Maßgebend ist insoweit auch Nr. 147 RiStBV, wonach Rechtsmittel nur zurückhaltend eingelegt werden sollen. Entsprechend ihrer neutralen Aufgabenstellung hat dabei jedes von der Staatsanwaltschaft eingelegte Rechtsmittel die Wirkung, dass die angefochtene Entscheidung auch zugunsten des Angeklagten abgeändert oder aufgehoben werden kann (§ 301 StPO).

> **Fall 1: Staatsanwalt immer**
>
> *In der Hauptverhandlung beantragte der Staatsanwalt, den Angeklagten freizusprechen. Nach dem Bearbeitervermerk zur Klausur sollen Sie auch die Erfolgsaussichten einer Revision der Staatsanwaltschaft zuungunsten des Angeklagten prüfen.*

Fraglich ist, ob die Staatsanwaltschaft überhaupt zur Rechtsmitteleinlegung zuungunsten des Angeklagten berechtigt ist. Dem kann nämlich möglicherweise entgegenstehen, dass der staatsanwaltschaftliche Sitzungsvertreter im Hauptverhandlungstermin noch einen Freispruch beantragt hatte. Entsprechend der dem deutschen Strafprozessrecht zugrunde liegenden Leitidee ist die Staatsanwaltschaft jedoch nicht als Partei anzusehen, sondern nimmt allgemein Aufgaben der staatlichen Rechtspflege wahr. Vor diesem Hintergrund steht ihr nach allgemeiner Auffassung auch dann das Recht zu, Rechtsmittel zum Nachteil des Angeklagten einzulegen, wenn von einem ihrer Vertreter vor dem Tatgericht, dessen Urteil angefochten werden soll, selbst noch ein Freispruch beantragt worden war. Gegen die Rechtsmittelberechtigung der Staatsanwaltschaft bestehen daher keine Bedenken.

Legt die Staatsanwaltschaft Revision ein, **muss** also grundsätzlich **in beide Richtungen** gedacht und **geprüft** werden. Nur wenn sie ausschließlich zugunsten des Angeklagten die Rechtsmitteleinlegung erklärt, darf allein die übliche Verteidigersicht eingenommen werden. Im Rahmen der materiell-rechtlichen Prüfung gilt diese Einschränkung, sofern im Vermerk zur Bearbeitung darauf hingewiesen wird, wiederum nicht.

---

145 Meyer-Goßner/Schmitt vor §§ 296 ff. Rn. 16.
146 Meyer-Goßner/Schmitt vor §§ 296 ff. Rn. 16.

e) Dem **Privatkläger** und den nach § 375 Abs. 2 StPO dem Verfahren Beigetretenen stehen die Rechtsmittel zu, welche auch der Staatsanwaltschaft zukommen (§ 390 Abs. 1 StPO), sodass sie gleichfalls grundsätzlich zur Revisionseinlegung berechtigt sind.

f) Der **Nebenkläger** kann unabhängig von der Staatsanwaltschaft Rechtsmittel ein- **226** legen (§ 401 Abs. 1 S. 1 StPO).

g) Die sehr begrenzte Befugnis der **Einziehungsbeteiligten**, Rechtsmittel aus eige- **227** nem Recht einlegen zu dürfen, folgt aus § 431 StPO. Weitergehende Beschränkungen ergeben sich aber aus §§ 424, 438 Abs. 2 StPO.

> **Klausurhinweis:** In der Klausur legt meist der Verteidiger oder der Angeklagte selbst Revision ein. Hier genügt dann zur Bejahung der Zulässigkeit ein kurzer Hinweis auf die gesetzlichen Vorschriften im Urteilsstil.

2. Keine Rechtsmittelrücknahme und kein Rechtsmittelverzicht

In **sachlicher** Hinsicht kann der Berechtigung zur Durchführung einer Revision unter den Voraussetzungen des § 302 StPO, der für die Staatsanwaltschaft durch Nr. 147 ff. RiStBV erläutert und ergänzt wird, eine Rücknahme des Rechtsmittels oder ein Verzicht auf dieses entgegenstehen. Erforderlich ist hierfür aber stets, dass die Rechtsmittelrücknahme oder der Verzicht auf das Rechtsmittel in wirksamer Form erklärt worden ist.

a) Rechtsmittelrücknahme

Für die Wirksamkeit der **Rechtsmittelrücknahme** ist zu beachten, dass diese den **228** gleichen Formerfordernissen entsprechen muss, welche für die formwirksame Einlegung des Rechtsmittels gelten.[147] Dabei ist auch eine teilweise Rechtsmittelrücknahme verfahrensrechtlich zulässig.

Die Rücknahme eines Rechtsmittels des Angeklagten kann auch durch seinen **Ver-** **229** **teidiger** erklärt werden. In einem solchen Fall bedarf dieser hierzu aber einer ausdrücklichen Ermächtigung (§ 302 Abs. 2 StPO), welche aber auch schon im Voraus erteilt werden kann, etwa im Rahmen eines allgemeinen Vollmachtsformulars.[148] Wegen der hohen Bedeutung einer solchen Erklärung für seinen Mandanten ist aber regelmäßig zu fordern, dass sich die Verteidigervollmacht auf ein bestimmtes Verfahren beziehen muss oder dies jedenfalls aus den sonstigen Umständen deutlich erkennbar ist.[149] Der gesetzliche Vertreter (Betreuer) des Angeklagten kann die erforderliche Ermächtigung zur Zurücknahme eines vom Verteidiger für seinen Mandanten eingelegten Rechtsmittels nicht wirksam für den Angeklagten erteilen. Dies ist vielmehr dessen höchstpersönliches Recht.[150] Aufgrund der anders gelagerten Schutzrichtung ist die Regelung des § 302 Abs. 2 StPO auf den Nebenklagevertreter nicht entsprechend anwendbar.[151]

Eine ordnungsgemäß erklärte **Rechtsmittelrücknahme** wird dann **wirksam**, wenn **230** sie dem mit der Sache befassten Gericht zugeht.[152] Wenn die Entscheidung über ein Rechtsmittel auf Grund mündlicher Verhandlung stattzufinden hat, ist die Zurück-

---

147 Meyer-Goßner/Schmitt § 302 Rn. 7.

148 Vgl. OLG Hamm, Beschl. v. 17.05.2005 – 1 Ss 62/05, BeckRS 2005, 10598 m.w.N.

149 OLG Hamm RÜ2 2017, 229; BGH RÜ2 2019, 157.

150 BGH RÜ2 2016, 231 f.

151 BGH RÜ2 2018, 64.

152 Meyer-Goßner/Schmitt § 302 Rn. 8.

nahme des Rechtsmittels nach Beginn der Hauptverhandlung nur noch mit Zustimmung des Gegners zulässig, wobei der Nebenkläger einer Rechtsmittelrücknahme durch den Angeklagten zu deren Wirksamkeit aber nicht zustimmen muss (§ 303 S. 2 StPO). Nach der Entscheidung des Rechtsmittelgerichts ist eine Rücknahme ausgeschlossen.[153] Maßgeblich hierfür ist der Zeitpunkt, in dem die unterzeichnete Entscheidung in den Geschäftsgang gegeben wird.[154]

231 Die **Rücknahme** eines Rechtsmittels kann ausnahmsweise wegen der vom Gericht zu verantwortenden Art und Weise ihres Zustandekommens **unwirksam** sein. Dies etwa dann, wenn der Angeklagte ein Rechtsmittel zurücknimmt, aber offensichtlich im Ungewissen über seine Rechtsmittelmöglichkeit ist und der Verteidiger zuvor ein unrichtig bezeichnetes Rechtsmittel eingelegt hat, was dem Gericht erkennbar war. Eine faire Verfahrensgestaltung kann es hier erfordern, den Verteidiger auf sein offenkundiges Missverständnis hinzuweisen. Dies vor allem dann, wenn der Angeklagte an einer schwerwiegenden geistigen Erkrankung leidet. Denn ohne eine Aufklärung besteht erkennbar die Gefahr, dass er möglicherweise gegen seine eigenen Verteidigungsinteressen verstoßen könnte.[155]

232 Die wirksame Rechtsmittelrücknahme führt nach ganz überwiegender Auffassung zum endgültigen **Verlust** des **Rechtsmittels**.[156] Die Rücknahmeerklärung des Angeklagten erstreckt sich also stets auch auf das Rechtsmittel des Verteidigers.[157] Haben mehrere Verteidiger Rechtsmittel eingelegt, so führt die im Auftrag des Angeklagten erklärte Zurücknahme des einen grundsätzlich ebenfalls zur Rücknahme des Rechtsmittels insgesamt.[158]

b) Rechtsmittelverzicht

Problematischer als die Rechtsmittelrücknahme ist in vielen Fällen die zu prüfende Frage eines wirksamen **Rechtsmittelverzichts**.

233

Rechtsmittelverzicht
■ Prozessuale Zulässigkeit
■ Form wie bei Einlegung
■ Bei Schriftform muss Erklärender zweifelsfrei erkennbar sein
■ Bei mündlicher Erklärung auch zum Sitzungsprotokoll möglich
■ Eindeutiger Erklärungsinhalt notwendig („Verzicht")
■ Wenn Angeklagter Rechtsmittelverzicht erklärt hat
■ Verhandlungsfähigkeit und genügende Sprachkenntnisse prüfen
■ Insbesondere bei § 140 StPO ausreichende Beratung mit Verteidiger prüfen
■ Irreführung oder Drohung von Seiten der Justiz prüfen
■ Wenn Verteidiger Rechtsmittelverzicht erklärt hat
■ Entgegenstehenden Willen des Angeklagten prüfen
■ Ausreichende Bevollmächtigung prüfen

---

153 BGH NStZ 2011, 713.
154 BGH NStZ 2011, 713.
155 BGH NStZ 2004, 636.
156 A.A. Niemöller StV 2010, 597, 601.
157 BGH StraFo 2004, 58.
158 Meyer-Goßner/Schmitt § 302 Rn. 4.

aa) Als Grundsatz gilt, dass die Erklärung eines allgemeinen **Rechtsmittelverzichts**, auch bei emotionaler Aufgewühltheit des Angeklagten, soweit er sich mit seinem Verteidiger beraten konnte,[159] wie jede andere Prozesserklärung auch, **unwiderruflich** und **nicht anfechtbar** ist.[160] Dies gilt auch dann, wenn sie auf Irrtum oder falschen Erwartungen beruht.[161] Deshalb führt das Fehlen einer Rechtsmittelbelehrung allein noch nicht zur Unwirksamkeit der Erklärung des Angeklagten, auf Rechtsmittel verzichten zu wollen, weil auf eine solche Belehrung ebenfalls verzichtet werden kann.[162] Bei einer Urteilsverständigung (§ 257 c StPO) ist der Betroffene auch darüber zu belehren, dass er in jedem Fall frei in seiner Entscheidung ist, ein Rechtsmittel einzulegen (§ 35 a S. 3 StPO). Ein Verzicht auf beide Belehrungen ist in einem solchen Fall nicht möglich.[163]

Ging dem Urteil eine **Verständigung** i.S.d. § 257 c StPO voraus, ist ein Rechtsmittelverzicht **ausgeschlossen** (§ 302 Abs. 1 S. 2 StPO). Mit dieser Regelung soll entsprechend der Gesetzesbegründung verhindert werden, dass die Rechtsmittelberechtigten nach einer Verständigung aufgrund tatsächlicher oder vermeintlicher Erwartungshaltungen zu schnell auf Rechtsmittel verzichten. Denn in der Verfahrenspraxis seien wiederholt Fälle bekannt geworden, in denen sich der Angeklagte nach einer Verständigung Situationen ausgesetzt sah, in denen sein Rechtsmittelverzicht erwartet worden war. Durch den Ausschluss des Rechtsmittelverzichtes werde so sichergestellt, dass sich die Berechtigten in Ruhe und ohne Druck überlegen könnten, ob sie Rechtsmittel einlegen wollen oder nicht.[164] Entsprechend gilt die Regelung auch dann, wenn eine informelle Verständigung stattgefunden hat.[165] **234**

Beispiel: Sie können dem Aktenstück entnehmen, dass eine ordnungsgemäße Verständigung zustande gekommen ist und nach der Verkündung des Urteils ein allseitiger Rechtsmittelverzicht erklärt wurde. Der Verteidiger legt dann innerhalb der Rechtsmittelfrist Revision ein. Bei der Begutachtung führen Sie dann aus, dass die Revision trotz des erklärten Verzichtes auf Rechtsmittel seitens des Angeklagten und des Verteidigers zulässig ist.

Die Versäumung einer Rechtsmittelfrist ist aber als unverschuldet anzusehen, und eröffnet daher in der Regel die Möglichkeit der Wiedereinsetzung in den vorigen Stand, wenn die Belehrung nach §§ 35 a S. 1 und 2; 319 Abs. 2 S. 3 oder 346 Abs. 2 S. 3 StPO (§ 44 S. 2 StPO) unterblieben ist. **235**

In der Praxis wird ein allgemeiner **Rechtsmittelverzicht** meist am Ende einer **Hauptverhandlung** zu Protokoll erklärt, was prozessual möglich, wenngleich nicht die eigentliche Aufgabe des Gerichts ist. Der Angeklagte soll andererseits wegen der Unwiderruflichkeit des Rechtsmittelverzichts entsprechend Nr. 142 Abs. 2 RiStBV nicht zu einer solchen Erklärung veranlasst werden,[166] auch wenn ein Verstoß hiergegen nicht ohne Weiteres zur Unwirksamkeit des Rechtsmittelverzichtes führt.[167] **236**

bb) Die **Form** der Rechtsmittelverzichtserklärung muss auch hier derjenigen einer Rechtsmitteleinlegung entsprechen.[168] Wird eine solche Erklärung abgegeben, ist stets eine eindeutige, vorbehaltlose und ausdrückliche Erklärung zu verlangen.[169] **237**

---

159 BGH NStZ 2014, 533.
160 Meyer-Goßner/Schmitt § 302 Rn. 9; BGHSt 5, 337, 341; 37, 15, 17; OLG Koblenz, Beschl. v. 25.09.2002 – 1 Ws 743/02, BeckRS 2002, 30284508.
161 OLG Hamm, Beschl. v. 03.07.2003 – 3 Ws 257/03, BeckRS 2003, 30322479.
162 BGH NStZ 1984, 329.
163 BGH NStZ 2007, 475.
164 BT-Drs. 16/13095 S. 14.
165 OLG München StV 2013, 493.
166 OLG Hamm wistra 2003, 440.
167 OLG Hamm, Beschl. v. 03.07.2003 – 3 Ws 257/03, BeckRS 2003, 30322479.
168 Meyer-Goßner/Schmitt § 302 Rn. 18; BGHSt 18, 257, 260; 31, 109, 111.
169 OLG Hamm wistra 2003, 440.

Ein schlichtes Kopfnicken des Angeklagten auf die Frage des Vorsitzenden, ob er auf Rechtsmittel verzichten wolle, wird diesen Erfordernissen in der Regel nicht genügen.[170]

238   **cc)** Bei der Abgabe einer Rechtsmittelverzichtserklärung durch den Angeklagten muss dieser in jedem Fall **verhandlungsfähig** sein.[171] Dies bedeutet allgemein, dass er in der Lage ist, seine Interessen vernünftig wahrzunehmen, die Verteidigung in verständiger Weise zu führen und Prozesserklärungen abzugeben sowie entgegenzunehmen.[172] Der Angeklagte muss also die Tragweite seiner Erklärung, auf Rechtsmittel verzichten zu wollen, verstehen.

239   Auch können fehlende **Sprachkenntnisse** des Angeklagten die Wirksamkeit einer von ihm abgegebenen Erklärung über den Rechtsmittelverzicht in Frage stellen. Ob der Angeklagte über genügende Kenntnisse der deutschen Sprache verfügt, hat der Tatrichter nach pflichtgemäßem Ermessen zu entscheiden. Das Rechtsmittelgericht prüft hierbei nur, ob das Tatgericht die Grenzen des ihm eingeräumten Ermessens eingehalten hat.[173]

240   Die Rspr. hat aber auch anerkannt, dass der Angeklagte in bestimmten **Ausnahmefällen** an einem von ihm erklärten Rechtsmittelverzicht nicht festgehalten werden darf. Dies soll regelmäßig dann der Fall sein, wenn es aus Gründen der Gerechtigkeit oder des Anspruches des Angeklagten auf ein faires Verfahren geboten erscheint, den Grundsatz der Rechtssicherheit zurücktreten zu lassen.[174] Regelmäßig liegen den entsprechenden Entscheidungen dann Fallgestaltungen zugrunde, bei denen die Erklärung des Angeklagten auf Rechtsmittel zu verzichten, mit schwerwiegenden Willensmängeln behaftet ist und diese zudem auf ein der Justiz zurechenbares Verhalten zurückzuführen sind.

241   Die eine wesentliche Fallgruppe ist, dass der **Angeklagte** sich vor der Abgabe seiner Rechtsmittelverzichtserklärung im Anschluss an die Urteilsverkündung überhaupt nicht oder jedenfalls **nicht** mit seinem gewählten Verteidiger **beraten** konnte, wenn dieser Umstand auf Versäumnissen der Justiz beruht.[175] Denn auch dadurch werden die Verteidigungsrechte des Angeklagten in unzulässiger Weise beschränkt. Besonders auffällig ist dies etwa in den Fällen, in denen der Angeklagte in der Hauptverhandlung nicht verteidigt war, obgleich die Voraussetzungen einer notwendigen Verteidigung vorlagen.[176]

> **Klausurhinweis:** Sie müssen somit immer besonders aufmerksam werden, wenn der Angeklagte einen Rechtsmittelverzicht erklärt hat, aber die Voraussetzungen einer **notwendigen Verteidigung** vorgelegen haben. Dies ist in den Examensklausuren ein beliebtes Standardproblem.

242   Die andere wichtige Fallgruppe ist, dass das Gericht die Abgabe einer Rechtsmittelverzichtserklärung durch eine objektiv unrichtige Erklärung oder sonstige **Irreführung** des Angeklagten oder **Drohungen** ihm gegenüber veranlasst hat.[177] Dies etwa

---

170 Zu einem solchen Fall s. etwa OLG Hamm wistra 2003, 440.

171 BGH NStZ 1984, 181; 1999, 258.

172 BVerfG NJW 95, 1951; Meyer-Goßner/Schmitt Einleitung Rn. 97.

173 BGH NStZ 2004, 214.

174 OLG Koblenz, Beschl. v. 23.05.2002 – 1 Ws 409/02, BeckRS 2002, 30261437.

175 BGHSt 18, 257; dies kann auch dann der Fall sein, wenn der Angeklagte von zwei Verteidigern verteidigt wird und aufgrund gerichtlichen Verschuldens und ohne Kenntnis des Angeklagten nur einer von ihnen zur Hauptverhandlung geladen und dort anwesend ist, sodass ihm die Möglichkeit einer Beratung mit seinem zweiten Verteidiger faktisch verwehrt ist (BGH StV 2004, 581).

176 Z.B. OLG Frankfurt NStZ 1993, 507; KG StV 1998, 646; OLG Düsseldorf StV 1998, 647; ähnlich i.E. BGH NJW 2002, 1436; s. zum Ganzen auch BGHSt 45, 51.

177 BGHSt 17, 14, 18.

durch den überraschenden Erlass eines Haftbefehles in der Hauptverhandlung und die Erklärung des Gerichts im Anschluss an die Urteilsverkündung, über die Frage der Haftfortdauer erst nach der Entscheidung des (gesundheitlich überdies angegriffenen) Angeklagten und seines Verteidigers über einen Rechtsmittelverzicht befinden zu wollen.[178] Ebenso die Ankündigung des Vorsitzenden, bei einer zu erwartenden Aussetzung des Verfahrens aufgrund angekündigter Beweisanträge der Verteidigung die Außervollzugsetzung des Haftbefehles noch einmal „überdenken" zu müssen; das Gericht würde sich jedoch bei einem Geständnis des Angeklagten ohne weitere Beweiserhebungen mit einer bestimmten Freiheitsstrafe begnügen.[179]

> **Klausurhinweis:** Wenn solche Probleme in der Klausur vorkommen, handelt es sich fast immer um eindeutig zu erkennende und zu lösende Fallgestaltungen. Als Argumentationsansatz sollten Sie dann den **Anspruch des Angeklagten auf ein faires Verfahren** anführen.

dd) Zu beachten ist, dass die Regelung des **§ 302 Abs. 2 StPO** über seinen Wortlaut hinaus **auch für** den **Rechtsmittelverzicht** gilt,[180] sodass dieser gleichfalls durch den Verteidiger des Angeklagten erklärt werden darf.[181] Um eine ausdrückliche Ermächtigung in diesem Sinne kann es sich auch handeln, wenn sich diese in einer üblichen Strafprozessvollmacht befindet.[182] Eine wirksame Ermächtigung ist unter Umständen auch schon darin zu sehen, dass der Angeklagte seinen Verteidiger lediglich durch ein Kopfnicken zum Rechtsmittelverzicht oder zur Rechtsmittelrücknahme ermächtigt. Dies jedenfalls dann, wenn ein zustimmendes Nicken aufgrund der Umstände des Einzelfalles als eine ausdrückliche Ermächtigung i.S.v. § 302 Abs. 2 StPO aufzufassen ist.[183] Für die Beurteilung des Erklärungsinhaltes des Kopfnickens eines Angeklagten ist der Kontext des Verhandlungsverlaufes maßgebend.[184] Für unwirksam wird eine Rechtsmittelverzichtserklärung des Verteidigers ausnahmsweise dann gehalten, wenn sie unmittelbar im Anschluss an die Urteilsverkündung spontan und ersichtlich ohne vorherige Abstimmung mit dem Angeklagten erklärt wird und dieser dazu schweigt. An eine Rücksprache sind allerdings keine allzu hohen Anforderungen mehr zu stellen, wenn das verkündete Urteil den mit der Verteidigung erörterten Vorstellungen und Erwartungen vollständig entspricht, namentlich auch dann, wenn das Urteil mit den Anträgen der Staatsanwaltschaft und des Verteidigers übereinstimmt. Denn es ist dann davon auszugehen, dass schon vor der Urteilsverkündung eine umfassende Abstimmung des Verteidigers mit dem Angeklagten vorlag.[185]

Prozessual geltend zu **machen** ist die Unwirksamkeit des Rechtsmittelverzichtes je nachdem, in welcher Verfahrenssituation sich der Angeklagte, Verteidiger oder Rechtsanwalt befindet. Ist die Rechtsmitteleinlegungsfrist noch nicht verstrichen, so genügt es an sich, dass das Rechtsmittel eingelegt wird. Denn die Unwirksamkeit haftet dem Rechtsmittelverzicht unabhängig von einer Erklärung oder einem Antrag ex tunc an.[186] In der Praxis werden aber in der Revisionsbegründung die Gründe aufgeführt, welche nach Auffassung des Rechtsmittelführers den Rechtsmittelverzicht unwirksam machen. Kommt es in der Klausur auf die Frage an, ob in der Hauptverhand-

243

244

---

178 S. hierzu OLG Hamm, Beschl. v. 03.07.2003 – 3 Ws 257/03, BeckRS 2003, 30322479.

179 S. hierzu BGH NStZ 2005, 279 f.

180 Vgl. schon RGSt 64, 164.

181 OLG Koblenz, Beschl. v. 25.05. 2002 – 1 Ws 743/02, BeckRS 2002, 30284508.

182 BGH, Beschl. v. 18.11.2003 – 4 StR 454/03, BeckRS 2004, 00043.

183 BGH NStZ 2005, 47.

184 BGH NStZ 2005, 47.

185 OLG Koblenz, Beschl. v. 25.09.2002 – 1 Ws 743/02, BeckRS 2002, 30284508.

186 Weigend StV 2000, 63.

lung im Anschluss an die Urteilsverkündung eine Rechtsmittelverzichtserklärung abgegeben wurde, ist auf die Einhaltung der Formalien (Vorlesung und Genehmigung) i.S.v. § 273 Abs. 4 S. 3 StPO zu achten. Eine Missachtung führt dann zwar nicht zur Unwirksamkeit des Verzichtes auf Rechtsmittel. Allerdings muss die Frage der Abgabe dann freibeweislich geklärt werden.

> **Klausurhinweis:** Dies gilt selbstverständlich auch für eine Examensklausur, sodass Sie im Rahmen der Zulässigkeitsprüfung das Problem erörtern müssen.

III. Beschwer des Revisionsführers

245   Weiterhin muss der Rechtsmittelführer beschwert sein. Eine solche **allgemeine Beschwer** liegt nach feststehender Rspr. vor, wenn der Betroffene in irgendeiner Weise durch den Entscheidungstenor in seinen Rechten und schutzwürdigen Interessen unmittelbar beeinträchtigt wird.[187] Eine Beschwer kann aber auch in der Unterlassung einer rechtlich möglichen oder gebotenen Entscheidung bestehen, welche für den Rechtsmittelführer eine günstigere Rechtslage geschaffen hätte.[188]

Von dieser im Rahmen der Zulässigkeit zu prüfenden allgemeinen Beschwer ist im Revisionsrecht das weitere Erfordernis zu unterscheiden, dass der Revisionsführer auch durch den von **ihm behaupteten Rechtfehler konkret beschwert** sein muss. Diese besondere rügebezogene Beschwer steht aber im Zusammenhang mit Fragen des Beruhens sowie der Revisibilität einzelner Revisionsrügen und ist deshalb erst eine Problematik der Begründetheit einer Revision.

1. Beschwer des Angeklagten

246   Für den **Angeklagten** bedeutet das Erfordernis einer allgemeinen Beschwer, dass Ausführungen allein in den Urteilsgründen ihn niemals beschweren.[189] Ein Freispruch[190] löst also regelmäßig keine Beschwer aus, selbst wenn ein solcher mit der Schuldunfähigkeit des Angeklagten begründet wird.[191] Davon unbenommen ist aber dessen grundsätzliche Möglichkeit, ein freisprechendes Urteil wegen Verstoßes gegen Art. 6 Abs. 2 EMRK anzufechten.[192] Auch eine Einstellung des Verfahrens wegen eines nicht mehr behebbaren Verfahrenshindernisses durch ein Urteil nach § 260 Abs. 3 StPO stellt deshalb im Regelfall keine Beschwer für den Angeklagten dar.[193] Beschwert ist er aber dann, wenn das Prozessurteil auf ein behebbares Verfahrenshindernis (z.B. Mängel der Anklage) gestützt wird und der Angeklagte geltend macht, das Verfahren hätte wegen eines dauernden Verfahrenshindernisses (z.B. Verjährung) eingestellt werden müssen.[194] Auf der anderen Seite ist der verurteilte Angeklagte aber stets beschwert, selbst wenn das Gericht keine Sanktion verhängt hat, zum Beispiel wegen § 59 StGB.[195] Eine Beschwer liegt für ihn auch dann vor, wenn in der Entscheidung ein im konkreten Fall gebotener und für ihn günstiger Ausspruch fehlt, etwa eine Teilfreisprechung.[196]

---

187 Vgl. BGHSt 7, 153; 16, 374, 376; BGH NStZ 1984, 326; BGH RÜ2 2016, 37 ff.

188 Meyer-Goßner/Schmitt vor § 296 Rn. 10.

189 BGHSt 7, 153; 23, 257, 259; Meyer-Goßner/Schmitt vor §§ 296 ff. Rn. 11.

190 BGH RÜ2 2016, 37 ff; Meyer-Goßner/Schmitt vor §§ 296 ff. Rn. 13.

191 Vgl. BGHSt 7, 153.

192 BGH RÜ2 2016, 37 ff.

193 BGH NStZ 2011, 531; Meyer-Goßner/Schmitt vor §§ 296 ff. Rn. 14.

194 BGH NStZ 2011, 531.

195 Meyer-Goßner/Schmitt vor §§ 296 ff. Rn. 12.

196 OLG Koblenz, Beschl. v. 13.05.2002 – 1 Ws 363/02, BeckRS 2002, 30258816.

> **Klausurhinweis:** Bei einer Verurteilung des Angeklagten und einer von ihm durchgeführten Revision sind gutachtliche Ausführungen zur Beschwer daher verfehlt. Greifen Sie dann auch hier auf den Urteilsstil zurück.

Formulierungsvorschlag: 247

> Durch seine Verurteilung ist der Angeklagte auch beschwert.

2. Beschwer anderer Verfahrensbeteiligter

a) Der **gesetzliche Vertreter** und sonst Erziehungsberechtigte sind wie der Angeklagte beschwert (§ 298 Abs. 2 StPO). 248

b) Weil die **Staatsanwaltschaft** im Strafverfahren nach dem Idealbild allgemein Aufgaben der staatlichen Rechtspflege erfüllt, ist sie berechtigt, nach pflichtgemäßem Ermessen Urteile anzufechten, welche den Rechtspflegegeboten nicht entsprechen. Dies unabhängig davon, ob die jeweilige Entscheidung jemanden beschwert oder nicht.[197] Eine nur zugunsten des Angeklagten eingelegte Revision setzt allerdings notwendigerweise voraus, dass das angefochtene Urteil für ihn auch eine Beschwer darstellt.[198] 249

c) Der **Privatkläger** und dem Verfahren Beigetretene (§ 375 Abs. 2 StPO) können nur zuungunsten des Angeklagten Revision einlegen, weil sie sonst nicht beschwert sind,[199] sie müssen also die Verschärfung des Urteils anstreben. 250

d) Der **Nebenkläger** kann, wie der Privatkläger, nicht zugunsten des Angeklagten Revision einlegen. Darüber hinaus darf er das Urteil aber auch nicht mit dem Ziel anfechten, dass eine andere Rechtsfolge der Tat verhängt oder der Angeklagte wegen einer Gesetzesverletzung verurteilt wird, die nicht zum Anschluss als Nebenkläger berechtigt (§ 400 Abs. 1 StPO). Ergeben sich aus dem Aktenstück daher Hinweise darauf, dass die Nebenklagerevision lediglich eine Strafverschärfung oder anderweitige Verurteilung anstrebt, ist hierauf im Gutachten in jedem Fall einzugehen. Auch ist darauf zu achten, dass, in Anwendung des allgemeinen Rechtsgedankens des § 339 StPO, die Nebenklage nicht die Verletzung solcher Verfahrensvorschriften rügen kann, welche lediglich zugunsten des Angeklagten normiert sind. 251

e) Eine Beschwer des **Einziehungsbeteiligten** kann im Rechtsmittelverfahren nur im begrenzten Umfang bestehen (§ 431 StPO). 252

IV. Frist- und formgerechte Einlegung der Revision

Die Zulässigkeit der Revision hat weiter zur Voraussetzung, dass sie fristgerecht und formgerecht eingelegt wird.

1. Fristgerechte Einlegung

Die Revision muss **binnen einer Woche eingelegt** werden (§ 341 Abs. 1 StPO). 253

a) Der **Fristbeginn** ist der **Tag der Urteilsverkündung oder der Zustellung des Urteils** (§ 341 StPO). Der Beginn der Frist wird dabei grundsätzlich nicht durch eine fehlende oder unvollständige Rechtsmittelbelehrung ausgeschlossen. 254

---

197 Meyer-Goßner/Schmitt vor § 296 Rn. 16.
198 Meyer-Goßner/Schmitt § 296 Rn. 14.
199 Meyer-Goßner/Schmitt § 390 Rn. 3.

255   **aa)** Die Frist zur Revisionseinlegung beginnt für sämtliche Rechtsmittelführer mit der <u>Verkündung</u> des Urteils, sofern sie dabei anwesend waren (§§ 298, 341 Abs. 1, 390 Abs. 1 StPO, 401 Abs. 2 S. 1, 427 Abs. 1 S. 1 StPO).

256   **bb)** Waren sie bei der Urteilsverkündung abwesend, ist in bestimmten Fällen jedoch erst die <u>Urteilszustellung</u> für den Fristbeginn maßgebend. Dies hindert allerdings grundsätzlich nicht die fristgerechte Revisionseinlegung schon vor der Zustellung, aber nach Erlass des Urteils.[200]

257   **(1)** So beginnt für den abwesenden **Angeklagten** die einwöchige Revisionseinlegungsfrist nach § 341 Abs. 2 StPO <u>erst mit der ordnungsgemäßen Zustellung des vollständigen, mit Gründen versehenen Urteils</u>[201] zu laufen, sofern nicht in den Fällen der §§ 234; 329 Abs. 2; 387 Abs. 1; 411 Abs. 2 und 428 Abs. 1 S. 1[202] StPO die Verkündung in Anwesenheit des mit schriftlicher Vollmacht versehenen Verteidigers oder Vertreters stattgefunden hat. Denn in den entsprechenden Fällen kann dem Angeklagten bzw. Einziehungsbeteiligten nach Ansicht des Gesetzgebers abverlangt werden, dass er die Frage der Rechtsmitteleinlegung kurzfristig mit seinem Verteidiger oder Vertreter bespricht.[203] Voraussetzung hierfür ist allerdings, dass das Tatgericht nach den einschlägigen rechtlichen Vorgaben auch in Abwesenheit des Angeklagten verhandeln darf. Der Beginn der Revisionseinlegungsfrist wird nicht dadurch ausgeschlossen, dass gegen ein auf Ausbleiben des Angeklagten ergangenes Urteil (§§ 235, 329 Abs. 7, 412 StPO) Wiedereinsetzung in den vorigen Stand beantragt werden kann (§ 342 Abs. 1 StPO). Stellt der Angeklagte einen solchen Antrag, so wird die Frist dadurch gewahrt, dass die Revision sofort für den Fall der Verwerfung des Wiedereinsetzungsantrages eingelegt und auch begründet wird (§ 342 Abs. 2 S. 1 StPO).

258   Problematisch sind die Fälle, in denen der **Angeklagte** während der Verkündung des Urteils den Gerichtssaal (eigenmächtig) verlässt, also **nur teilweise anwesend** oder **verhandlungsunfähig** ist. Hier gilt, dass die Urteilsverkündung dann in Abwesenheit des Angeklagten erfolgte, die für ihn geltende Revisionseinlegungsfrist also erst mit der Zustellung der Urteilsgründe beginnt, sofern nicht einer der nach § 341 Abs. 2 StPO zulässigen Vertretungsfälle vorliegt.[204] Denn, wie sich dem Gesetz entnehmen lässt, wird das Urteil durch Verlesung der Urteilsformel und Eröffnung der Urteilsgründe verkündet (§ 268 Abs. 2 S. 1 StPO). War dieser Vorgang noch nicht abgeschlossen, hat demnach eine Urteilsverkündung gegenüber dem Angeklagten noch nicht stattgefunden.

> **Klausurhinweis:** Mit dieser Problematik werden Sie in einer Klausur gelegentlich konfrontiert. Bei Ihrer Argumentation sollte dann der Hinweis auf § 268 Abs. 2 S. 1 StPO nicht fehlen.

259   **(2)** Für den **gesetzlichen Vertreter** und sonst Erziehungsberechtigten findet § 341 Abs. 2 StPO entsprechende Anwendung (§ 298 Abs. 1 StPO).

260   **(3)** Nach einer Ansicht soll die Vorschrift des § 341 Abs. 2 StPO für die **Staatsanwaltschaft** entsprechend anwendbar sein.[205] Es besteht allerdings kein sachlich nachvollziehbares Bedürfnis von dieser Bestimmung auch zugunsten der Strafverfol-

---

200 Meyer-Goßner/Schmitt § 341 Rn. 4.

201 Meyer-Goßner/Schmitt § 314 Rn. 8, § 341 Rn. 11.

202 Der in § 341 Abs. 2 StPO enthaltene Verweis auf § 434 Abs. 1 S. 1 StPO bezieht sich ersichtlich noch auf eine ältere Gesetzesfassung.

203 Meyer-Goßner/Schmitt § 314 Rn. 7, § 341 Rn. 9.

204 BGHSt 15, 263, 265; BGH NStZ 2000, 498; KK-Gericke § 341 Rn. 19; Meyer-Goßner/Schmitt § 341 Rn. 9.

205 Meyer-Goßner/Schmitt § 341 Rn. 10.

gungsbehörde Gebrauch zu machen, wenn sie, in der Regel unzulässigerweise (siehe § 226 StPO), bei der Urteilsverkündung nicht vertreten war.[206]

(4) Umstritten ist gleichfalls, ob bei dem abwesenden **Privatkläger** bzw. Beigetretenen für den Fristbeginn auf die Urteilszustellung abzustellen ist. Die Regelung des § 341 Abs. 2 StPO gilt für den Privatkläger aber nur dann, wenn ihm der Verkündungstermin nicht bekannt gemacht wurde,[207] wofür auch § 391 Abs. 2 StPO spricht. **261**

(5) Die Frist für den in der Hauptverhandlung gänzlich abwesenden und nicht vertretenen **Nebenkläger** beginnt gleichfalls erst mit der Zustellung der Urteilsgründe (§ 401 Abs. 2 S. 2 StPO). Die bloße Nichtteilnahme an der Urteilsverkündung genügt insoweit nicht (§ 401 Abs. 2 S. 1 StPO). **262**

(6) War der **Einziehungsbeteiligte** oder sein Vertreter bei der Urteilsverkündung anwesend, ist diese für den Beginn der Rechtsmittelfrist maßgebend, anderenfalls die Zustellung des Urteils (§§ 427 Abs. 1 S. 1; 428 Abs. 1 S. 2; 341 Abs. 2 StPO). **263**

b) Das **Fristende** tritt in der auf die Bekanntmachung der Entscheidung folgenden Woche mit Ablauf des Tages ein, der durch seine Benennung dem Tag entspricht, an dem die Frist begonnen hat (§ 43 Abs. 1 StPO). Fällt das Ende der Frist auf einen Samstag, Sonntag oder allgemeinen Feiertag, so endet die Frist mit Ablauf des nächsten Werktages (§ 43 Abs. 2 StPO). Für den nicht auf freiem Fuß befindlichen Angeklagten gilt ergänzend die Regelung des § 299 Abs. 2 StPO. **264**

Beispiel: Das Urteil wurde am 26. März 2021 verkündet. Reguläres Fristende war daher der 2. April 2021. Da es sich bei diesem Tag (Karfreitag) um einen gesetzlichen Feiertag handelt und noch weitere folgen, endet die Frist erst am Dienstag der übernächsten Woche (6. April 2021).

c) Wird die Frist zur Einlegung der Revision versäumt, ist unter bestimmten Voraussetzungen die **Wiedereinsetzung** in den vorigen Stand möglich. Das Verfahren für diesen außerordentlichen Rechtsbehelf ist in den §§ 44 ff. StPO geregelt. **265**

---

206 KK-Gericke § 341 Rn. 20.
207 Str., vgl. Meyer-Goßner/Schmitt § 341 Rn. 10.

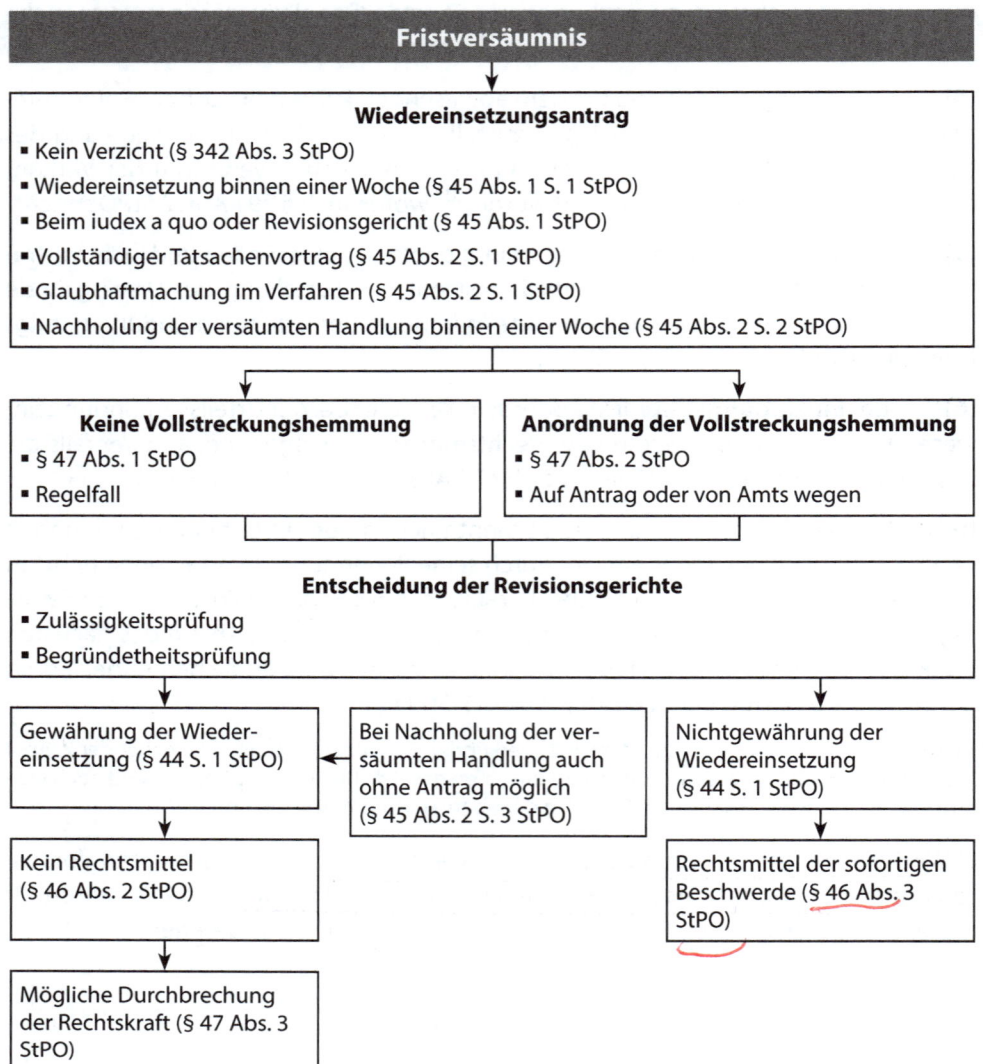

266 **aa)** Eine Wiedereinsetzung ist von vornherein ausgeschlossen, wenn gegen ein auf Ausbleiben des Angeklagten ergangenes Urteil sowohl ein Wiedereinsetzungsantrag gestellt wie auch Revision eingelegt werden kann (§§ 235, 329 Abs. 7, 412 StPO), die Revisionseinlegung aber ohne Verbindung mit dem Antrag auf Wiedereinsetzung in den vorigen Stand erfolgt. Denn dies gilt als **Verzicht** auf die Wiedereinsetzung (§ 342 Abs. 3 StPO). Auch bei einem wirksamen Rechtsmittelverzicht ist ein Antrag auf Wiedereinsetzung in den vorigen Stand von vornherein ausgeschlossen.[208]

267 **bb)** War jemand **ohne Verschulden** verhindert, eine Rechtsmittelfrist einzuhalten, ist ihm auf Antrag Wiedereinsetzung in den vorigen Stand zu gewähren (§ 44 S. 1 StPO). Dies ist aber auch dann, wenn nur möglicherweise ein Fristversäumnis vorlag.[209] Kann nicht mehr nachvollzogen werden, zu welchem Zeitpunkt der Schriftsatz zur Rechtsmitteleinlegung bei Gericht eingegangen ist (fehlender Eingangsstempel), wird man die Rechtzeitigkeit der Einlegung des Rechtsmittels annehmen müssen. Denn, sofern dem nicht gewichtige andere Anhaltspunkte entgegenstehen (etwa Datum des Schreibens), lässt sich eine sichere Überzeugung von der Fristversäumung so nicht gewinnen.

---

208 BGH RÜ2 2015, 205.
209 BGH RÜ2 2016, 206.

(1) An einem **Verschulden** im Sinne der Norm **fehlt** es, wenn der Betroffene durch **268** äußere oder innere Umstände an der Fristwahrung gehindert wurde und bei Berücksichtigung der konkreten Verhältnisse des Einzelfalles der Vorwurf schuldhafter Pflichtverletzung ausgeschlossen werden kann.[210]

Bespiel: Der Angeklagte erleidet nach der Urteilsverkündung einen Verkehrsunfall und kommt danach für zwei Wochen auf eine Intensivstation, ohne ansprechbar zu sein.

Die Versäumung einer Rechtsmittelfrist ist dabei als unverschuldet anzusehen, wenn die Belehrung nach den §§ 35 a S. 1 und 2, 319 Abs. 2 S. 3 oder § 346 Abs. 2 S. 3 StPO unterblieben ist (§ 44 S. 2 StPO). Wird einem nicht anwaltlich vertretenen Angeklagten die Rechtsmittelbelehrung nur mündlich erteilt, kann auch dies ein Wiedereinsetzungsgrund sein.[211] Ein Verschulden kann weiter beispielsweise ausgeschlossen sein bei hindernden Naturereignissen, bestimmten Erkrankungen und Störungen der Geistestätigkeit, einer Verhaftung in anderer Sache, einem Suizidversuch oder der Niederkunft der Ehefrau.[212]

Bespiel: Ein Schneesturm macht es für eine Woche unmöglich, den Wohnort zu verlassen. Zudem sind sämtliche Kommunikationsverbindungen aufgrund des Unwetters für den gleichen Zeitraum ausgefallen.

Der Bürger muss auch keine besonderen Vorkehrungen für etwaige Zustellungen treffen, wenn er für mehrere Wochen urlaubsbedingt nicht zu Hause ist.[213]

Für ein **durch den Verteidiger verschuldetes Versäumen** der (rechtzeitigen) Einlegung des Rechtsmittels gilt, dass dies dem Angeklagten grundsätzlich **nicht zugerechnet** wird. So ist diesem auch bei einer nachhaltigen Untätigkeit des ihm beigeordneten Pflichtverteidigers in der Regel Wiedereinsetzung zu gewähren, weil dies dem Anspruch des Angeklagten auf eine effektive Verteidigung widerspricht.[214] Anders kann der Fall dagegen wieder zu beurteilen sein, wenn ihm die Unzuverlässigkeit des von ihm gewählten Verteidigers in hinreichender Weise bekannt ist.[215]

(2) Ein **schuldhaftes Versäumen** der Frist wird dagegen anzunehmen sein bei dem Vergessen der Frist, einem Überhören des Weckers, der Beauftragung eines Bekannten mit dem Einwurf der Rechtsmittelschrift bei der Post oder der falschen Berechnung der Frist durch den rechtsunkundigen Betroffenen.[216]

Beispiel: Der Angeklagte schläft gerne lange und möchte am letzten Tag der Frist persönlich zur Geschäftsstelle des Gerichtes, um Rechtsmittel einzulegen. Aufgrund einer netten Zusammenkunft mit Freunden am Abend zuvor, bei dem auch reichlich Alkohol getrunken wurde, schläft der Angeklagte bis 16.00 Uhr am folgenden Tag durch und schafft es dann nicht mehr bis um 17.00 Uhr bei Gericht zu sein. Den Wecker hatte er sich nicht gestellt.

Auch das Verschulden des Prozessbevollmächtigten eines Einziehungsbeteiligten, Privat- oder Nebenklägers wird dem Mandanten regelmäßig zugerechnet.[217]

cc) Der Antrag auf Wiedereinsetzung wegen Versäumung einer Rechtsmittelfrist ist **269** **binnen einer Woche** nach Wegfall des Hindernisses bei dem iudex a quo zu stellen. Zur Fristwahrung genügt es jedoch, wenn der Antrag rechtzeitig bei dem Rechtsmittelgericht eingeht (§ 45 Abs. 1 StPO). Auch bei Versäumung dieser Frist ist ein weiterer Antrag auf Wiedereinsetzung in die Wiedereinsetzungsfrist grundsätzlich möglich.[218]

---

210 KK-Maul § 44 Rn. 18.

211 S. hierzu OLG Saarbrücken NJW 2003, 2182, 2183.

212 S. hierzu KK-Maul § 44 Rn. 20.

213 BVerfG StV 2013, 545.

214 BGH RÜ2 2016, 279.

215 OLG Köln StraFo 2012, 224.

216 S. hierzu KK-Maul § 44 Rn. 20.

217 KK-Maul § 44 Rn. 34.

218 KK-Maul § 45 Rn. 4.

Ist das Rechtsmittel innerhalb der Antragsfrist eingelegt worden, **kann** das **Rechtsmittelgericht** auch **ohne Antrag** (und Glaubhaftmachung) **Wiedereinsetzung gewähren** (§ 45 Abs. 2 S. 3 StPO). Dies wird insbesondere dann in Betracht kommen, wenn sich aus den Akten ohne Weiteres ergibt, dass die Rechtsmittelschrift zwar verspätet eingegangen, ihre Absendung aber offensichtlich so frühzeitig geschah, dass nach dem normalen Verlauf mit einem fristgerechten Eingang gerechnet werden durfte.

270   **dd)** Durch den Antrag auf Wiedereinsetzung wird die **Vollstreckung** einer gerichtlichen Entscheidung grundsätzlich **nicht gehemmt** (§ 47 Abs. 1 StPO). Dies soll einen Missbrauch des Wiedereinsetzungsverfahrens verhindern.[219] Jedoch können das den Wiedereinsetzungsantrag empfangende Gericht oder das Rechtsmittelgericht einen Aufschub der Vollstreckung anordnen (§ 47 Abs. 2 StPO). Es ist für den Betroffenen daher in der Regel sinnvoll, einen entsprechenden Antrag neben dem Wiedereinsetzungsgesuch zu stellen. Das Gericht darf einem solchen Begehren aber nur stattgeben, wenn der Wiedereinsetzungsantrag zulässig angebracht und erfolgversprechend ist.[220]

ee) Die Tatsachen zur Begründung des Antrages auf Wiedereinsetzung sind bei der Antragstellung oder im Verfahren über den Antrag **glaubhaft zu machen** (§ 45 Abs. 2 S. 1 StPO). **Glaubhaftmachung bedeutet, dass die behaupteten Tatsachen soweit bewiesen sein müssen, dass das Gericht sie für wahrscheinlich hält.**[221] Ergibt sich der behauptete Säumnisgrund schon aus den Akten oder ist er gerichtsbekannt, bedarf es einer Glaubhaftmachung aber nicht.[222]

Die Antragsbegründung erfordert somit grundsätzlich eine genaue **Darlegung sämtlicher** zwischen dem Beginn und dem Ende der versäumten Frist liegenden **Umstände**, welche für die Frage bedeutsam sind, wie und ggf. durch wessen Verschulden es zur Versäumnis gekommen ist. So sind vor allem die versäumte Frist, der Hinderungsgrund und der Zeitpunkt des Wegfalles des Hindernisses anzugeben.[223] Dies gilt jedenfalls in den Fällen, in denen die Umstände nach Aktenlage nicht offensichtlich sind.[224]

Als **Mittel** der **Glaubhaftmachung** kommt alles in Betracht, was generell geeignet ist, die Wahrscheinlichkeit des Vorbringens darzutun, weil die StPO insoweit keine Vorgaben enthält.[225] Zu nennen sind insbesondere eidesstattliche Versicherungen sowie schriftliche Erklärungen von Zeugen und Urkunden. Teilt der Verteidiger die Versäumnisgründe in dem Wiedereinsetzungsgesuch als eigene Wahrnehmung mit, ist dies in der Regel ausreichend, wenngleich sich eine anwaltliche Versicherung empfiehlt.[226] Die bloße Benennung von Zeugen genügt nur dann, wenn gleichzeitig glaubhaft dargelegt wird, dieser Zeuge habe eine schriftliche Bestätigung verweigert.[227] Die schlichte Erklärung des Antragstellers selbst reicht als Mittel der Glaubhaftmachung regelmäßig nicht aus.[228] Eine eidesstattliche Versicherung des Angeklagten ist kein zulässiges Mittel zur Glaubhaftmachung.[229]

---

219 KK-Maul § 47 Rn. 1.
220 KK-Maul § 47 Rn. 2.
221 KK-Maul § 45 Rn. 10.
222 KK-Maul § 45 Rn. 10.
223 BGH NStZ 2012, 276; KK-Maul § 45 Rn. 6.
224 BGH NStZ 2013, 474.
225 KK-Maul § 45 Rn. 11.
226 KK-Maul § 45 Rn. 11.
227 KK-Maul § 45 Rn. 11.
228 KK-Maul § 45 Rn. 12.
229 KK-Maul § 45 Rn. 13.

ff) Innerhalb der Antragsfrist ist die **versäumte Handlung nachzuholen** (§ 45 Abs. 2 S. 2 StPO), also die Revision (formgerecht) einzulegen. **271**

gg) Über den Antrag auf Wiedereinsetzung **entscheidet** das Gericht, welches bei rechtzeitiger Einlegung des Rechtsmittels zur Entscheidung in der Sache selbst berufen wäre (§ 46 Abs. 1 StPO), somit das **Revisionsgericht.** **272**

hh) Die dem Antrag **stattgebende Entscheidung** unterliegt keiner Anfechtung (§ 46 Abs. 2 StPO). Durchbricht die Wiedereinsetzung die Rechtskraft einer gerichtlichen Entscheidung, werden Anordnungen, die zum Zeitpunkt des Eintritts der Rechtskraft bestanden haben, wieder wirksam. Bei einem Haft- oder Unterbringungsbefehl ordnet das Rechtsmittelgericht deren Aufhebung an, wenn sich ohne Weiteres ergibt, dass dessen Voraussetzungen nicht mehr vorliegen. Anderenfalls hat das nach § 126 Abs. 2 StPO zuständige Gericht unverzüglich eine Haftprüfung durchzuführen (§ 47 Abs. 3 StPO). **273**

ii) Gegen die den Antrag auf Wiedereinsetzung **verwerfende Entscheidung** ist das Rechtsmittel der sofortigen Beschwerde statthaft (§ 46 Abs. 3 StPO). **274**

d) Liegen die Voraussetzungen einer Wiedereinsetzung nicht vor, hat das iudex a quo die **Revision** bei Fristversäumnis **als unzulässig** zu **verwerfen.** Das Verfahren hierfür ist in § 346 StPO geregelt. **275**

Der Verwerfungsbeschluss des Gerichts, dessen Urteil angefochten wird, darf erst **nach** dem **Fristablauf** erfolgen. Die Entscheidung zur Verwerfung ist zudem zurück zu stellen, wenn Wiedereinsetzung in den vorigen Stand beantragt wurde oder von Amts wegen in Betracht kommt.[230] Eine Verwerfungskompetenz des Tatgerichts nach § 346 Abs. 1 StPO besteht allerdings dann nicht, wenn die Revision bereits wegen eines wirksamen Rechtsmittelverzichtes unzulässig ist.[231]

Gegen einen solchen Verwerfungsbeschluss, der mit einer entsprechenden Rechtsbehelfsbelehrung zu versehen ist (§ 346 Abs. 2 S. 3 StPO), kann der Revisionsführer innerhalb einer Woche nach dessen Zustellung eine **Entscheidung** des **Revisionsgerichts** beantragen (§ 346 Abs. 2 S. 1 StPO). Hierbei handelt es sich um einen befristeten Rechtsbehelf eigener Art, jedoch gelten die Vorschriften über die sofortige Beschwerde entsprechend.[232] Die Vollstreckung des Urteils wird durch den Antrag aber nicht gehemmt (§ 346 Abs. 2 S. 2 StPO).

2. Formgerechte Einlegung

a) Eine Revision wird mit **jeder Erklärung** eingelegt, welche den Anfechtungswillen des Revisionsführers erkennen lässt, insbesondere also nicht durch seine bloße Unmutsäußerung über die Entscheidung oder die Erklärung, das Urteil werde nicht angenommen.[233] **276**

aa) Um dem Bürger einen möglichst umfassenden Rechtsschutz zu gewähren, ist ein bloßer **Irrtum bei der Bezeichnung** des Rechtsmittels für dessen Zulässigkeit unschädlich (§ 300 StPO). Für die Staatsanwaltschaft, den Rechtsanwalt und den Verteidiger gilt dies dann entsprechend, wenn nur ein bestimmtes Rechtsmittel statthaft ist und dessen Einlegung offensichtlich bezweckt ist.[234] Dies ist vor allen Dingen bei der Anfechtung erstinstanzlicher Urteile des Landgerichts oder Oberlandesgerichts der Fall, weil hiergegen ohnehin nur die Revision als ordentliches Rechtsmittel gegeben **277**

---

230 Meyer-Goßner/Schmitt § 346 Rn. 4.
231 BGH RÜ2 2015, 205.
232 Meyer-Goßner/Schmitt § 346 Rn. 8.
233 Meyer-Goßner/Schmitt § 341 Rn. 1.
234 Meyer-Goßner/Schmitt § 300 Rn. 2.

ist. In Klausuren sollte die Vorschrift bei einer entsprechenden Fallgestaltung kurz angesprochen werden.

278 **bb)** Da eine Entscheidung über das passende Rechtsmittel bei der beabsichtigten Urteilsanfechtung sinnvollerweise erst nach Kenntnis der Urteilsgründe getroffen werden kann, ermöglicht es die Rspr., dass zunächst eine **unbestimmte Anfechtungserklärung** abgegeben wird. Es muss dann aber bis zu dem Ablauf der Revisionsbegründungsfrist eine endgültige Wahl getroffen worden sein, anderenfalls wird das Rechtsmittel als Berufung behandelt,[235] weil diese eine umfassendere Nachprüfung des Urteils ermöglicht und der Rechtsmittelführer eine gewollte Beschränkung auf die rechtliche Prüfung der Entscheidung nicht zum Ausdruck gebracht hat.

279 **cc)** Auch der **Wechsel** von einem noch nicht endgültig gewählten[236] Rechtsmittel zum anderen, also von der Berufung zur Revision und umgekehrt, ist innerhalb der Revisionsbegründungsfrist möglich,[237] ebenso der Übergang von der Berufung zur Sprungrevision.[238] Allerdings ist danach ein nochmaliger Wechsel des Rechtsmittels ausgeschlossen.[239]

> **Fall 2: Das Wechselspiel**
>
> *Der Verteidiger des Angeklagten hat gegen das Urteil des Amtsgerichtes zunächst „Berufung" eingelegt. Sie haben in der Klausur die Erfolgsaussichten einer Angeklagtenrevision zu begutachten und kommen zu dem Ergebnis, dass dieses Rechtsmittel erfolgreich durchgeführt werden kann und gegenüber der Berufungsdurchführung insoweit auch zweckmäßiger ist.*

Gegen das Urteil des Amtsgerichtes kann der Angeklagte Berufung oder Sprungrevision einlegen (§§ 312, 335 StPO). Zwar hat sein Verteidiger hier zunächst das Rechtsmittel ausdrücklich als Berufung bezeichnet. Jedoch lassen sich die Erfolgsaussichten eines Rechtsmittels sinnvollerweise erst nach Kenntnis der Urteilsgründe beurteilen. Aus diesem Grund ist in Rechtsprechung und Literatur anerkannt, dass zunächst eine unbestimmte Anfechtungserklärung abgegeben oder einmal von dem einen zum anderen Rechtsmittel gewechselt werden darf, sofern innerhalb der Revisionsbegründungsfrist dann eine endgültige Festlegung erfolgt. Dies ist hier noch möglich, so dass die Revision durchgeführt werden kann.

280 **dd)** Die Revision muss in **deutscher Sprache** abgefasst sein und zu **Protokoll der Geschäftsstelle** erklärt oder selbst **schriftlich** eingelegt werden (§ 341 Abs. 1 StPO). Wird sie zu Protokoll erklärt, muss sie vom Rechtspfleger entgegengenommen werden (§ 24 Abs. 1 Nr. 1 b) RPflG). Unter Berücksichtigung von § 8 Abs. 1 RPflG genügt aber auch eine Erklärung zu Protokoll in der Hauptverhandlung nach Verkündung des Urteils, da die Unterschrift des Vorsitzenden unter dem Protokoll die Handlung des Rechtspflegers insoweit ersetzt. Die von einem unzuständigen Amtsträger aufgenommene Revisionserklärung kann die Schriftform wahren, wenn der Revisionsführer das Protokoll unterzeichnet hat.[240] Eine schriftliche Revisionseinlegung ist dem Gericht unmittelbar als Schriftsatz, per Fernschreiber, Telefax, SMS an Fax-Service[241] oder ggf. als elektronische Post (§ 32 a StPO) zuzuleiten. In dem zuletzt genannten Fall ist es aber erforderlich, dass die Revisionseinlegungsschrift mit einer qualifizier-

---

235 BGHSt 2, 63, 70.
236 Vgl. OLG Düsseldorf JMBl. NRW 1996, 9.
237 BGH NJW 2004, 789; BGHSt 5, 383; 13, 388.
238 BGH NJW 2004, 789; BGHSt 5, 383; 13, 388.
239 BGHSt 13, 388.
240 Meyer-Goßner/Schmitt § 341 Rn. 7.
241 OLG Brandenburg StraFo 2013, 72.

ten elektronischen Signatur versehen (siehe hierzu die eIDAS-Verordnung der EU so- wie das Vertrauensdienstgesetz) oder das Dokument einfach signiert ist und auf ei- nem sicheren Übermittlungsweg übertragen wird (§ 32 a Abs. 3 und 4 StPO), wobei in der Praxis nahezu ausschließlich über beA (§ 32 a Abs. 4 Nr. 2 StPO) von Bedeutung ist. Eine einfache E-Mail genügt dem Erfordernis der Schriftlichkeit nicht.

> **Klausurhinweis:** Die Problematik einer fehlenden Signatur kann in Klausuren neuerdings auftauchen.

b) Das Rechtsmittel der Revision muss **bei** dem Gericht, dessen Urteil angefochten wird (dem **iudex a quo**) eingelegt werden (§ 341 Abs. 1 StPO), bei einer Revision ge- gen das Urteil einer auswärtigen Strafkammer oder Zweigstelle dort oder bei dem Stammgericht.[242] Die Erklärung des Rechtsmittelüberganges ist wie eine Rechtsmit- teleinlegung zu behandeln und daher ebenfalls bei dem Gericht anzubringen, wel- ches das angegriffene Urteil erlassen hat.[243] Für den nicht auf freiem Fuß befindli- chen Angeklagten gilt ergänzend die Sondervorschrift des § 299 Abs. 1 StPO.

281

c) Wird eine vorgeschriebene Form versäumt, gelten die Vorschriften über die **Wie- dereinsetzung** in den vorigen Stand wegen Fristversäumnis in gleicher Weise.[244]

282

V. Wirksame Revisionsbeschränkung

Grundsätzlich ist auch eine **Beschränkung der Revision** auf bestimmte Beschwer- depunkte möglich.[245]

1. Formelle Voraussetzung hierfür ist zunächst eine Erklärung des Revisionsführers, in welcher der Wille zur Beschränkung der Revision zum Ausdruck kommt. Dies kann schon mit der Revisionseinlegung selbst oder auch später geschehen. Sachlich han- delt es sich auch dann um eine Revisionsbeschränkung, wenn der Revisionsführer im Rahmen der Revisionsbegründung den gewünschten Umfang der Anfechtung in der Weise konkretisiert, dass er ersichtlich auf eine volle Anfechtung des Urteils verzich- tet.[246] Für eine Beschränkung der Revision durch die Staatsanwaltschaft kann dabei auch Nr. 156 Abs. 2 RiStBV herangezogen werden.[247]

283

2. Inhaltliche Voraussetzung einer wirksamen Revisionsbeschränkung ist, dass sich die Beschränkung auf solche Beschwerdepunkte bezieht, welche nach dem inneren Zusammenhang der Urteilsgründe in sinnvoller Weise losgelöst von dem nicht ange- griffenen Urteilsteil beurteilt werden können und daher eine Überprüfung der Ent- scheidung im Übrigen nicht notwendig ist.[248]

284

Entscheidend für die Zulässigkeit und Wirksamkeit einer Beschränkung der Revision ist also immer, dass sie aus logischen sowie verfahrens- und sachlich-rechtlichen Gründen überhaupt möglich ist.

a) Grundsätzlich zulässig und meist unproblematisch ist die häufige Beschränkung der Revision auf den **Rechtsfolgenausspruch.** Auch **innerhalb mehrerer selbst- ständiger prozessualer Taten** ist eine Revisionsbeschränkung möglich. Ebenso bei **tatmehrheitlich begangenen Straftaten** einer prozessualen Tat, wobei in diesem Fall zugleich die Gesamtstrafenbildung angefochten wird.

285

---

242 Meyer-Goßner/Schmitt § 341 Rn. 6.

243 BGH MDR 1995, 623.

244 KK-Maul § 44 Rn. 9.

245 Meyer-Goßner/Schmitt § 344 Rn. 4 ff.

246 BGH RÜ2 2020, 161.

247 BGH wistra 2010, 441, 442.

248 BGH, Urt. v. 05.11.2020 – 4 StR 381/20, BeckRS 2020, 33106.

Gleichfalls ist es in der Regel zulässig, **innerhalb eines Rechtsfolgenausspruches** eine Rechtsmittelbeschränkung vorzunehmen. So ist beispielsweise die Beschränkung der Revision auf die Anzahl und Höhe der Tagessätze einer Geldstrafe, die Anrechnung oder Nichtanrechnung der Untersuchungshaft oder die Strafaussetzung zur Bewährung möglich. Ebenso ist es im Grundsatz zulässig, die Nichtanwendung einer Maßregel nach § 64 StGB vom Revisionsangriff auszunehmen.[249]

Beispiele: Der Angeklagte wird wegen einfacher Körperverletzung zu einer Geldstrafe verurteilt. Ihn stört nur die Anzahl der Tagessätze oder die Höhe des jeweiligen Tagessatzes. Beschränkung auf Rechtsfolge oder innerhalb dieser auf die Tagessatzhöhe möglich. Verurteilung wegen Betruges und Diebstahls zu völlig unterschiedlichen Zeiten und Orten. Trennung bei Anfechtung kein Problem, Bildung der Gesamtstrafe dann automatisch mitangegriffen.

286   **b)** Eine Beschränkung der Revision bei einem Angriff auf den **Schuldspruch** ist dagegen **nicht zulässig**, wenn die Rechtsfolgenentscheidung bestehen bleiben soll. Sind der Schuldspruch und die Entscheidung über die Rechtsfolgen so eng miteinander verknüpft, dass etwa ein das Strafmaß mildernder oder erhöhender Umstand zwangsläufig auch die Schuldfrage selbst betrifft (**doppelrelevante Tatsachen**), ist eine Revisionsbeschränkung ebenfalls ausgeschlossen.

In gleicher Weise sind Fälle zu behandeln, bei denen die Feststellungen zur Tat, also zum Schuldspruch, so unzulänglich sind, dass sie keine hinreichende Grundlage für die sachgerechte Beurteilung der Rechtsfolgenentscheidung bieten. Hierauf ist auch dringend zu achten, wenn das Urteil einer Berufungskammer zu begutachten ist und zuvor eine Beschränkung des Rechtsmittels erfolgte. Die Frage der Strafaussetzung zur Bewährung kann nur dann einer gesonderten Überprüfung zugeführt werden, wenn dies nicht zu Widersprüchen zwischen dem nicht angefochtenen Teil des Urteils und der Entscheidung des Rechtsmittelgerichts führen kann. Eine Beschränkung der Revision auf die Entscheidung über die Entziehung der Fahrerlaubnis (§§ 69, 69 a StGB) ist jedenfalls dann unzulässig, wenn die Anordnung auf Charaktermängel des Angeklagten gestützt wird. Eine Rechtsmittelbeschränkung in dem Sinne, dass die Nichtanordnung einer Maßregel nach § 64 StGB vom Revisionsangriff ausgenommen wird, ist unwirksam, wenn auch der Schuldspruch angefochten wurde und dieser von der Maßregelfrage nicht getrennt werden kann.[250]

287   **c)** Die **Rechtsfolge** einer wirksamen Revisionsbeschränkung besteht darin, dass das Rechtsmittelgericht das angefochtene Urteil nur noch im Hinblick auf den angegriffenen Teil überprüfen darf. Ist eine Beschränkung der Revision dagegen nicht wirksam, wird nicht das Rechtsmittel an sich unzulässig, sondern nur dessen vorgenommene Beschränkung, sodass dann das gesamte Urteil als angefochten gilt.

VI. Die Revisionsbegründung

288   Während das Rechtsmittel der Berufung nicht begründet zu werden braucht, schreibt das Gesetz für die Zulässigkeit der Revision deren ordnungsgemäße Begründung vor (§§ 344, 345 StPO).

---

249   S. hierzu BGH, Beschl. v. 29.09.2020 – 3 StR 195/20, BeckRS 2020, 28780.
250   BGH StV 2012, 72; BGH StV 2012, 203.

Revisionsbegründung
■ Revisionsbegründungsfrist
■ Form
■ Adressat
■ Inhaltliche Anforderungen
■ Antrag
■ Begründung

1. Revisionsbegründungsfrist

Die **Frist** zur Anbringung dieser Rechtfertigung beträgt **1 Monat und sie beginnt** **289**
mit dem Ablauf der Frist zur Einlegung des Rechtsmittels, sofern das Urteil dann
schon zugestellt war (§ 345 Abs. 1 S. 1 und 2 StPO).

a) Fristbeginn

Für den **Beginn** der **Begründungsfrist** ist also auf das Ende der Rechtsmitteleinle- **290**
gungsfrist abzustellen. Weil diese frühestens eine Woche nach der Verkündung des
Urteils ablaufen kann, betragen die Fristen zur Einlegung und Begründung der Revision insgesamt also immer mindestens 1 Woche und 1 Monat.

aa) Wird das **Urteil** noch **innerhalb** der **Wochenfrist zugestellt**, beginnt die Mo- **291**
natsfrist also dennoch erst eine Woche nach der Urteilsverkündung zu laufen.[251] War
der Angeklagte bei der Verkündung des Urteils nicht anwesend, beginnt für ihn die
Revisionseinlegungsfrist eine Woche nach der Urteilszustellung, sofern nicht die Voraussetzungen einer zulässigen Vertretung bei der Urteilsverkündung nach § 341
Abs. 2 StPO vorliegen. Die Frist zur Begründung der Revision schließt sich sodann daran an.

Beispiel: Urteil wird am 30. März 2021 zugestellt und die Wochenfrist ist am 6. April 2021 abgelaufen. Die sich daran anschließende Monatsfrist beginnt am 7. April 2021, weil man (nach Ablauf der
Frist) diesen Tag als Beginn der Revisionsbegründungsfrist annehmen muss.[252]

> **Klausurhinweis:** Eine solche Fallkonstellation wird **häufig** zu Prüfungszwecken
> angenommen. Achten Sie dann genau darauf, wann das Urteil zugestellt wurde
> und ob der Angeklagte in der Hauptverhandlung anwesend war. Hier können
> auch die Fälle seiner teilweisen Abwesenheit bzw. Verhandlungsunfähigkeit eine
> Rolle spielen.

bb) Im **Regelfall** beginnt die Monatsfrist aber mit der Zustellung der Urteilsgründe, **292**
weil dies in der Praxis immer erst nach dem Ablauf der einwöchigen Einlegungsfrist
geschieht. Der nicht deutschsprechende Angeklagte hat dabei grundsätzlich keinen
Anspruch auf eine schriftliche Übersetzung des Urteils, wenn er verteidigt ist und
sein Verteidiger bei der Urteilsverkündung anwesend war.[253]

(1) Die Frist zur Einlegung der Revisionsrechtfertigung kann allerdings nur bei einer **293**
ordnungsgemäßen Zustellung gemäß §§ 37 ff. StPO der Urteilsgründe beginnen.[254]

---

251 Meyer-Goßner/Schmitt § 345 Rn. 4.

252 BGHSt 36, 241.

253 BGH RÜ2 2020, 185 f.

254 BGH RÜ2 2018, 229.

294 So muss die Zustellung **durch** den **Vorsitzenden** (mit der Bezeichnung seiner Person) **verfügt** worden sein.

295 An die **Staatsanwaltschaft** gelangen die Urteilsgründe, wenngleich eine Zustellung nach § 37 StPO nicht ausgeschlossen sein soll,[255] regelmäßig im Wege einer elektronischen Übermittlung oder durch Vorlegung der Urschrift des Urteils (§§ 32 b, 41 StPO). Für den Fristbeginn ist, bei schriftlicher Übermittlung, allein maßgebend, wann die Urteilsgründe bei der Behörde eingehen, nicht bei dem zuständigen Sachbearbeiter.[256] Die Urteilszustellung an den **Angeklagten** setzt grundsätzlich die für ihn laufende Frist in Gang. Auch in den Fällen, in denen einem fremdsprachigen Angeklagten eine Übersetzung des Urteils zugeleitet wird, kommt es für die formellen Voraussetzungen und materiellen Wirkungen der Zustellung allein auf die deutsche Urteilsschrift an.[257]

296 Eine wirksame Zustellung kann auch **an den gewählten oder notwendigen Verteidiger** des Angeklagten erfolgen. Bei mehrfacher Verteidigung ist grundsätzlich die Zustellung des Urteils an einen von ihnen vorzunehmen.[258] Eine vom Vorsitzenden verfügte „Zustellung an Verteidiger" ist dann unwirksam, wenn der Angeklagte mehrere Verteidiger aus verschiedenen Kanzleien hat und die Geschäftsstelle nur einem der Verteidiger das Urteil zustellt.[259] Unter bestimmten Voraussetzungen kann auch eine öffentliche Zustellung erfolgen (§ 40 StPO). Sie ist allerdings nur als letztes Mittel zulässig.[260]

297 Eine Zustellung des Urteils darf aber erst veranlasst werden, nachdem das **Sitzungsprotokoll fertiggestellt** worden ist (§§ 271 Abs. 1 S. 2; 273 Abs. 4 StPO). Von einer solchen Fertigstellung ist dann nicht auszugehen, wenn die Niederschrift so durchgreifende Mängel aufweist, dass damit schon ihre grundlegende Beweisfunktion infrage gestellt wird. Dies betrifft in Klausurfällen vor allem erhebliche Lücken im Urteilstenor. Eine Verletzung der §§ 271 Abs. 1 S. 2; 273 Abs. 4 StPO führt zwingend zur Unwirksamkeit der Urteilszustellung.[261]

298 Weiter müssen sowohl das **Urteil**[262] wie auch das **Protokoll** von den zuständigen Personen **unterschrieben** sein (§§ 271 Abs. 1 S. 1, 275 Abs. 2 StPO). Zu beachten ist hier, dass der Strafrichter in der Hauptverhandlung von der Hinzuziehung eines Urkundsbeamten der Geschäftsstelle absehen kann (§ 226 Abs. 2 StPO). Liegt ein solcher Fall vor, ist das Protokoll dann allein von dem Vorsitzenden zu unterschreiben (§ 271 Abs. 1 S. 1 StPO).

299 Das unterschriebene Originalurteil verbleibt bei den Akten. Zugestellt wird also eine **Abschrift** hiervon, welche das Urteil wortgetreu und vollständig wiedergeben muss. Erhebliche Fehler hierbei machen die Zustellung unwirksam. Dies etwa bei einem Fehlen der Urteilsformel,[263] wenn eine in wesentlichen Teilen unleserliche Abschrift zugestellt wird oder die Wiedergabe der richterlichen Unterschriften fehlt.[264] Bei offensichtlichen und für alle Verfahrensbeteiligten erkennbaren Fehlern der Urteilsurkunde liegt aber gleichwohl eine wirksame Zustellung vor.[265] Fehlen die Urteilsgrün-

---

255 Meyer-Goßner/Schmitt § 41 Rn. 1.
256 BGH RÜ2 2016, 257.
257 OLG Hamm VRS 107 (2004), 116 ff.
258 BGH NStZ 2018, 153 f.
259 BGH NStZ 2011, 591.
260 OLG Hamm StraFo 2005, 244.
261 BGH NStZ 2014, 420.
262 LG Göttingen StraFo 2011, 273.
263 BGH RÜ2 2020, 205.
264 Meyer-Goßner/Schmitt § 37 Rn. 2.
265 BGH RÜ2 2020, 205.

de demgegenüber ganz oder sind sie vollständig verloren gegangen, genügt schon die Zustellung der Urteilsformel, wie sich aus der Regelung des § 338 Nr. 7 StPO ergibt.

(2) Eine ordnungsgemäße Zustellung kann zudem durch **Mängel** im eigentlichen **Zustellungsverfahren** behindert werden.　　　　　　　　　　　　　　　　**300**

Dies etwa, wenn eine **fehlerhafte Ersatzzustellung** an Personen erfolgt ist, welche **301** keine erwachsenen Familienangehörigen, in der Familie beschäftigte Personen oder erwachsene ständige Mitbewohner i.S.d. § 37 Abs. 1 StPO i.V.m. § 178 Abs. 1 Nr. 1 ZPO sind.

Eine **unwirksame Zustellung** an den **Verteidiger** liegt vor, wenn kein Verteidi- **302** gungsverhältnis mehr besteht.[266] Dabei ist zu berücksichtigen, dass die Regelung des § 145 a StPO eben nur bis zu diesem Zeitpunkt gilt.[267] Sie schafft überdies nur eine zusätzliche rechtsgeschäftliche oder gesetzlich fingierte Vollmacht zur Entgegennahme von Zustellungen durch den Wahl- oder Pflichtverteidiger. Die Vorschrift schließt es aber nicht aus, dass die Zustellung auch an sonstige Dritte, die der Angeklagte entsprechend bevollmächtigt hat, erfolgen kann.[268] Fehlt es zum Zeitpunkt der Zustellung an einer Vollmachtsurkunde, bedarf es dann keiner erneuten Zustellung des Urteils zur Ingangsetzung der Revisionsbegründungsfrist, wenn dem Verteidiger eine zusätzliche rechtsgeschäftliche Zustellungsvollmacht bereits im Zeitpunkt der Zustellung erteilt war. Dies kann durch spätere Vorlage einer solchen Vollmacht nachgewiesen werden. Es reicht aber auch, wenn eine derartige Bevollmächtigung im Rahmen des Empfangsbekenntnisses durch die eigenhändige Unterschrift bestätigt oder auf besondere Anfrage anwaltlich versichert wird.[269] Fehlerhaft ist auch die Zustellung an einen nicht nach § 145 a StPO zustellungsbevollmächtigten Sozius des Verteidigers.[270]

(3) Es kommt aber eine **Heilung** des **Zustellungsmangels** nach §§ 37 Abs. 1 StPO, **303** 189 ZPO in Betracht, sofern das Gericht dem Empfänger das Schriftstück mit Zustellungswillen übermittelt. Daran fehlt es etwa, wenn dem Angeklagten das Urteil nur formlos zugesandt wurde.[271]

(4) Werden die Gründe des Urteils durch einen zulässigen **Berichtigungsbeschluss** **304** ergänzt, so wird die Frist zur Revisionsrechtfertigung erst mit der Zustellung des Berichtigungsbeschlusses in Lauf gesetzt.

(5) Erfolgt die Zustellung des Urteils an **mehrere Empfangsberechtigte**, lässt erst **305** die **letzte** wirksame Zustellung des Urteils die Frist zur Einlegung der Revisionsrechtfertigung beginnen (§ 37 Abs. 2 StPO). Dies ist vor allem dann der Fall, wenn der Angeklagte mehrere Verteidiger hat und jedem Verteidiger eine Urteilsausfertigung zugestellt wird.

Beispiel: Dem Aktenstück (meist im Bearbeitervermerk angegeben) lässt sich entnehmen, dass sowohl an den Angeklagten wie auch an seinen Verteidiger eine Zustellung erfolgt ist. Für die Berechnung der Frist ist dann die spätere Zustellung maßgeblich.

Die Vorschrift gilt auch für mehrfache Verfügungen zur Zustellung, sofern die Frist da noch nicht abgelaufen war.[272]

266　KG, Beschl. v. 08.07.2004 – (5) 1 Ss 218/03.

267　KG, Beschl. v. 08.07.2004 – (5) 1 Ss 218/03.

268　BayObLG wistra 2004, 198.

269　BayObLG wistra 2004, 198.

270　BGH bei Miebach NStZ 1988, 213.

271　KG, Beschl. v. 08.07.2004 – (5) 1 Ss 218/03.

272　BGH RÜ2 2015, 137; BGH RÜ2 2016, 278.

306 (6) Wird demselben Empfangsberechtigten das Urteil **mehrfach zugestellt**, ist nur die erste Zustellung maßgebend, sofern diese nicht unwirksam war.[273] **Doppelzustellungen** an den Angeklagten und seinen Verteidiger sind an sich nicht zugelassen (arg.e § 145 a Abs. 3 StPO). Finden sie gleichwohl statt, ist die später bewirkte Zustellung an den Verteidiger jedenfalls dann unwirksam, wenn für diesen zum Zustellungszeitpunkt keine wirksame Zustellungsvollmacht bestand.[274]

b) Fristende

307 Die Frist zur Einlegung der Revisionsbegründung **endet** nach § 43 StPO an dem Tag des nächsten Monats, der durch seine Zahl dem Tag des Fristbeginnes entspricht. Fehlt dieser Tag im Folgemonat, gilt allerdings dessen letzter Tag als Ende der Revisionsbegründungsfrist. Fällt das Fristende auf einen Samstag, Sonntag oder allgemeinen Feiertag, endet die Frist mit Ablauf des nächsten Werktages. Für den nicht auf freiem Fuß befindlichen Angeklagten gilt auch hier § 299 Abs. 2 StPO.

Beispiel: Wäre das eigentliche Fristende also etwa der 3. April 2021 (Samstag), endete die Frist zur Revisionsbegründung erst am nächsten Werktag, nämlich Dienstag, den 6. April 2021 (der 5. April 2021 ist Ostermontag, also gesetzlicher Feiertag).

Diese meist sehr knapp bemessene Monatsfrist kann nicht verlängert werden. Ausführungen zur erhobenen Sachrüge sind, wegen der Besonderheit dieser Rüge, allerdings noch bis zur Entscheidung des Revisionsgerichts ergänzbar.

> **Klausurhinweis:** Beginnt die maßgebliche Frist am 31. eines Monats, ist das Fristende also schon der 30. des Folgemonats und im Februar sogar noch früher. Manchmal muss auch darauf geachtet werden, ob es sich um einen „allgemeinen Feiertag" handelt oder nicht. Über diese zweifelhaften Fälle sollte man sich vor der Klausur sicherheitshalber informieren.

c) Wiedereinsetzung

308 Eine **Wiedereinsetzung** in den vorigen Stand bei Versäumung der Frist zur Einlegung der Revisionsbegründung ist, auch zur Nachholung einzelner Verfahrensrügen, nur ganz ausnahmsweise möglich. So etwa bei einer Erkrankung des Verteidigers[275] oder wenn der Vorsitzende, entgegen § 345 StPO, eine Verlängerung der Revisionsbegründungsfrist bewilligt hat[276]. Im Regelfall aber nicht, wenn ein Verteidiger von der schon erfolgten Zustellung an einen Mitverteidiger erfahren hat. Denn in einem solchen Fall kann er nicht auf eine weitere Urteilszustellung an ihn vertrauen.[277]

d) Verfahren bei Fristversäumung

309 Ansonsten hat auch hier das Gericht, dessen Urteil angefochten wird, die Revision bei **Fristversäumnis** durch Beschluss als unzulässig zu verwerfen (§ 346 StPO). Für das weitere Verfahren gelten die Ausführungen zur verspäteten Revisionseinlegung in entsprechender Weise.

2. Form

310 Die Begründung der Revision muss durch eine von einem **Verteidiger** oder Rechtsanwalt **unterzeichnete Schrift** angebracht werden oder der Angeklagte kann dies

---

273 Meyer-Goßner/Schmitt § 37 Rn. 29.
274 Meyer-Goßner/Schmitt § 37 Rn. 29; BGH NStZ 2018, 153 f.
275 BGH StraFo 2014, 333.
276 BGH RÜ2 2017, 111.
277 BGH RÜ2 2017, 277 f.

zu **Protokoll der Geschäftsstelle** des Gerichts erklären (§ 345 Abs. 2 StPO). Allerdings schließen sich beide Möglichkeiten nach dem Gesetz nicht aus, sodass auch der Angeklagte, der einen Verteidiger hat, eine bereits von diesem eingereichte Begründungsschrift noch zu Protokoll der Geschäftsstelle ergänzen kann.[278] Der Verteidiger selbst darf eine Begründung der Revision nicht zu Protokoll der Geschäftsstelle erklären.

Selbst kann der **Angeklagte** somit **keine wirksame Revisionsbegründung** verfassen. Der Zweck dieser Regelung ist es zu gewährleisten, dass der Inhalt der Revisionsbegründung von sachkundiger Seite stammt und daher gesetzmäßig und sachgerecht ist. Den Revisionsgerichten soll die Prüfung ganz grundloser und unverständlicher Anträge erspart werden.[279]

311

Die Regelung des § 345 Abs. 2 StPO ist deshalb dahingehend auszulegen, dass sich die **Beteiligung** des **Urkundsbeamten** nicht nur auf die formelle Beurkundung beschränkt, sondern er gestaltend mitzuwirken hat und Verantwortung für den Inhalt übernimmt, damit die Formvorschriften für die Begründung der Revision beachtet werden. Nach diesen Grundsätzen ist eine Revisionsbegründung dann als unzulässig anzusehen, wenn der Urkundsbeamte sich den Schriftsatz nur diktieren lässt, ihn abschreibt oder mit dem üblichen Eingangsvermerk versieht. Die Mitwirkungspflicht gilt auch für den Fall der Sachrüge, wenn der Angeklagte lediglich diktiert hat, er rüge die Verletzung materiellen Rechtes.[280] Wird die Revisionsbegründung nicht von dem Rechtspfleger, sondern von einen sonstigen hierfür nicht zuständigen Mitarbeiter des Gerichts aufgenommen, ist sie unzulässig und dem Angeklagten ist, sofern ihn hieran kein Verschulden trifft, Wiedereinsetzung zur Nachholung der Revisionsbegründung zu gewähren.[281]

312

Diesen Grundsätzen entspricht es auch, dass der **Verteidiger** des Angeklagten für den Inhalt seines Vortrages im Rahmen der Revision nach der Rspr. auch die volle **Verantwortung** übernehmen muss und sich hiervon nicht, insbesondere durch einschlägige Formulierungen („auf ausdrücklichen Wunsch meines Mandanten" u.ä.) distanzieren darf. Ist in solcher Weise schon die Revision eingelegt worden, bedarf es daher eines ausdrücklichen Hinweises des Verteidigers in seiner Revisionsbegründungsschrift, dass er für diese verantwortlich ist.[282] So bleibt es einem Verteidiger, der nicht in der Hauptverhandlung anwesend war, auch unbenommen, Verfahrensvorgänge zu rügen. Gleichwohl muss er hierbei ebenfalls die inhaltliche Verantwortung für sein Vorbringen übernehmen.[283] Dies bedeutet auch, dass er unter Umständen Erkundigungen über das tatsächliche Verfahrensgeschehen einzuholen hat. Dies jedenfalls dann, wenn sich aus dem Protokoll der von ihm in seinem Revisionsvortrag behauptete Verfahrensfehler nicht ergibt.[284] Zudem hat der Rechtsanwalt als Verteidiger stets das Sachlichkeitsgebot[285] zu beachten.

313

3. Adressat

Empfänger der Revisionsrechtfertigung ist, wie bei der Einlegung der Revision, das **iudex a quo**. Für den nicht auf freiem Fuß befindlichen Angeklagten gilt hier ebenfalls die Regelung des § 299 Abs. 1 StPO.

314

---

278 Meyer-Goßner/Schmitt § 345 Rn. 9.

279 Meyer-Goßner/Schmitt § 345 Rn. 10.

280 OLG Hamm VRS 107 (2004), 116 ff.

281 OLG Dresden RÜ2 2016, 258.

282 OLG Rostock NJW 2009, 3670.

283 BGH StraFo 2004, 120; BGH NStZ 2005, 283, 284.

284 BGH StraFo 2004, 120; BGH NStZ 2005, 283, 284.

285 Zu einem negativen Extrembeispiel s. BGH NStZ 2004, 690.

4. Inhaltliche Anforderungen an die Revisionsbegründung

315 Die Begründung der Revision erfordert inhaltlich einen Revisionsantrag und dessen Begründung (§ 344 StPO).

a) Antrag

316 Der **Revisionsantrag** besteht in der Erklärung des Revisionsführers, inwieweit er das Urteil anfechten und dessen Aufhebung beantragen will (§ 344 Abs. 1 StPO). Damit stellt er zugleich die Grenzen der dem Gericht aufgetragenen Prüfung klar (§ 352 Abs. 1 StPO). Zu berücksichtigen ist hierbei, dass Privatkläger, Nebenkläger sowie Einziehungsbeteiligte von vornherein nur zu einer eingeschränkten Urteilsanfechtung befugt sind. Aus dem Antrag darf sich daher kein Anfechtungsziel ergeben, welches sie nicht verfolgen dürfen.

317 **aa)** Es ist grundsätzlich ein **ausdrücklicher Antrag** im Präsens zu stellen, wobei kein bestimmter Wortlaut vorgeschrieben ist. Der Inhalt orientiert sich einerseits an den Möglichkeiten der Revisionsbeschränkung, andererseits an den nach der gutachtlichen Prüfung noch erreichbaren Entscheidungsmöglichkeiten des Revisionsgerichts (§§ 349 ff. StPO). Diese ergeben sich schon aus dem Gesetz, sodass es eines Hinweises hierauf nicht zwingend bedarf, in der Klausur aber erforderlich ist. Meist wird das gesamte Urteil angefochten und eine neue Hauptverhandlung begehrt.

318 **Formulierungsvorschlag bei unbeschränkter Anfechtung:**

> *Ich beantrage, das Urteil mit den zugrundeliegenden Feststellungen aufzuheben sowie die Sache zur erneuten Verhandlung und Entscheidung an eine andere Abteilung / Strafkammer des … zurückzuverweisen.*

319 **Formulierungsvorschlag bei Beschränkung oder Teilrücknahme:**

> *Ich beantrage, … . Von der Anfechtung ausgenommen ist die Verurteilung des Angeklagten wegen Diebstahls.*

320 **bb)** Ein gestellter Revisionsantrag kann bei Unklarheiten auch **ausgelegt** werden und wird im Zweifel zu einem unbeschränkten Anfechtungswillen führen. Wenn sich das Begehren des Beschwerdeführers nach einer umfassenden Aufhebung des Urteils schon sicher aus der Revisionsbegründung ergibt, soll es eines ausdrücklichen Antrages nicht bedürfen.[286]

> **Klausurhinweis:** In der Klausur muss aber selbstverständlich immer ein eindeutiger Antrag gestellt werden.

b) Begründung

321 Aus der **Revisionsbegründung** muss hervorgehen, ob das Urteil wegen der Verletzung einer Rechtsnorm über das Verfahren oder wegen der Verletzung einer anderen Rechtsnorm angefochten wird (§ 344 Abs. 2 StPO). Der erste Fall wird als **Verfahrensrüge** bezeichnet, der andere als **Sachrüge**. Mit der Verfahrensrüge kann der Weg beanstandet werden, auf dem das Tatgericht zu seinen Feststellungen und dem Urteil gelangt ist. Die Rüge sachlichen Rechts ist dagegen auf Mängel des Urteils selbst gerichtet. Unter die Sachrüge fallen aber auch die Verfahrensvoraussetzungen und Ver-

---

286 BGH StraFo 2014, 26.

fahrenshindernisse als notwendige Bedingungen, um in einem Verfahren zu einem Sachurteil in einer bestimmten Sache gelangen zu dürfen.

aa) Verfahrensrüge

Wird eine **Verfahrensrüge** erhoben, muss diese die den Mangel enthaltenden Tatsachen angeben (§ 344 Abs. 2 S. 2 StPO). Bei mehreren in Betracht kommenden Verfahrensmängeln ist zudem die Angriffsrichtung der erhobenen Rüge deutlich zu machen.[287] Diesen Anforderungen genügt es nicht, lediglich sämtliche Verfahrenstatsachen im Sinne einer Nacherzählung der Hauptverhandlung zu referieren, statt, bezogen auf die konkrete Rüge, lediglich den insoweit relevanten Verfahrensstoff mitzuteilen.[288] Wird ein Beweisverwertungsverbot darauf gestützt, dass ein Beweismittel mangels Anordnungsvoraussetzung oder Anordnungskompetenz erlangt worden sei, ist regelmäßig auch die Verdachts- und Beweislage, welche zum Zeitpunkt der beanstandeten Beweisgewinnung gegeben war, anhand der Aktenlage zu rekonstruieren und darzustellen.[289] Auch wenn dies nach dem Gesetz (§ 352 Abs. 2 StPO) nicht notwendig ist, sollte zudem die konkret verletzte Verfahrensvorschrift genannt werden.

322

Für den Tatsachenvortrag gilt folgender **Grundsatz: Das Revisionsgericht muss ohne Rückgriff auf sonstige Schriftstücke oder Erkenntnisquellen, nur auf der Grundlage der von dem Revisionsführer vorgetragenen Tatsachen, den behaupteten Verfahrensfehler vollständig nachprüfen können.**

323

> **Klausurhinweis:** Die Anforderungen der Rspr. an den Vortrag sind in der Praxis ausgesprochen hoch. In der Klausur ist die Ausführung von Verfahrensrügen nur erforderlich, wenn dies ausdrücklich gefordert wird, kann im Regelfall also unterbleiben.

Die Revisionsgerichte verlangen zudem, dass das Fehlen solcher Verfahrenstatsachen vorgetragen werden soll, welche dem Durchdringen einer Verfahrensrüge ausnahmsweise entgegenstehen könnten, also den Vortrag sog. **Negativtatsachen**. Die Zulässigkeitsanforderungen werden aber überspannt, wenn das Revisionsgericht die Mitteilung von Tatsachen fordert, denen kein über den Revisionsvortrag hinausgehender Bedeutungsgehalt zukommt.[290]

324

Der Revisionsführer muss die vollständigen Tatsachen, aus denen sich der Verfahrensfehler ergeben soll, daneben als tatsächlich geschehen **bestimmt behaupten** und rügen. Eine Verfahrensrüge ist deshalb unzulässig, wenn der Verfahrensverstoß nur als möglich bezeichnet oder als Vermutung oder lediglich in Form von Zweifeln an dem ordnungsgemäßen Ablauf des Verfahrens geäußert wird.[291]

325

An dem Erfordernis eines bestimmten Behauptens eines Verfahrensfehlers kann es insbesondere fehlen, wenn der Revisionsführer in erkennbarer Weise nicht einen tatsächlich geschehenen Fehler im Verfahren rügt, sondern, als sog. **Protokollrüge**, allein die im Hauptverhandlungsprotokoll niedergelegten Verfahrenstatsachen zur Grundlage seines Vortrages macht. Die Formulierung, dass sich „ausweislich des Sitzungsprotokolls" oder „gemäß Protokoll" ein bestimmtes Verfahrensgeschehen ereignet habe, mag zwar möglicherweise auch lediglich als ein Hinweis auf das geeig-

326

---

287 BGH NStZ 1998, 636.
288 BGH NStZ 2020, 625.
289 BGH, Beschl. v. 29.09.2020 – 5 StR 123/20, BeckRS 2020, 28648.
290 BVerfG NStZ 2005, 522 ff.
291 Meyer-Goßner/Schmitt § 344 Rn. 25.

nete Beweismittel gemeint sein.[292] Ein solcher Vortrag ist zumindest missverständlich und kann, insbesondere bei mehrfacher Wiederholung solcher Formulierungen, unter Umständen auch dahin ausgelegt werden, dass die Revision die Verfahrenstatsachen gar nicht ernsthaft als tatsächlich geschehen behaupten will.[293]

327 Gleichfalls verbieten sich im Rahmen des Revisionsvortrages **Einwendungen** gegen die **Sitzungsniederschrift** in der Form, dass ein bestimmter Verfahrensvorgang falsch protokolliert sei oder fehle, denn damit kann lediglich auf Mängel des Protokolls hingewiesen werden. Fehler des Sitzungsprotokolls können keinen Einfluss auf das Urteil gehabt haben, sodass dieses auf dem mangelhaften Protokoll niemals beruhen kann.[294]

Beispiel: „Zwar ist in dem Protokoll vermerkt, dass die Öffentlichkeit nach der Vernehmung der Zeugin Meier wieder zugelassen wurde. Dies trifft aber nicht zu. Vielmehr wurde auch die nachfolgende Zeugenvernehmung weiter unter Öffentlichkeitsausschluss vorgenommen. Dies konnte der Unterzeichner bei einer kurzen Sitzungsunterbrechung selbst feststellen, weil das Schild vor dem Gerichtssaal ‚nicht öffentliche Sitzung' anzeigte."

Das schließt es aber natürlich nicht aus, im Wege des Protokollberichtigungsverfahrens auf die Richtigstellung einer vermeintlich falschen Protokollierung zu drängen.

328 Eine **Ausnahme** von diesen Grundsätzen gilt nach der neueren, allerdings nicht einheitlichen, Rspr. jedoch für eine entgegen § 273 Abs. 1a S. 2 StPO fehlende oder inhaltlich **unzureichende Dokumentation** von **außerhalb** der **Hauptverhandlung** geführten **Verständigungsgesprächen** i.S.v. § 243 Abs. 4 StPO. Der damit aufgezeigte Verfahrensfehler soll dann unmittelbar gerügt werden können, ohne dass es sich dabei um eine unzulässige Protokollrüge handele. Begründet wird dies damit, dass der Gesetzgeber mit dem Verständigungsgesetz insoweit eine Sonderregelung geschaffen habe.[295]

329 Ob und in wieweit ein Verfahrensfehler gerügt werden darf, der sich aufgrund des Sitzungsprotokolls zwar beweisen lässt, dessen zugrunde liegende Verfahrenstatsachen sich in Wahrheit und nach Kenntnis des Revisionsführers aber so nicht zugetragen haben (sog. **unwahre Verfahrensrüge**), ist in der Praxis streitig, im Ergebnis aber wohl als zulässig anzusehen.

> **Klausurhinweis:** In der Klausur wird man mit dieser Problematik kaum konfrontiert werden.

Ein Antrag auf Wiedereinsetzung zur Nachbesserung nicht formgerechter Verfahrensrügen ist in der Regel bereits unzulässig, weil dies der Systematik des Revisionsverfahrens widerspräche.[296] Ein solcher Antrag ist allenfalls in besonderen Prozesssituationen zulässig, wenn dies zur Wahrung des Anspruchs des Angeklagten auf rechtliches Gehör unverzichtbar ist.[297]

bb) Sachrüge

330 Soweit die **Sachrüge**, allein oder neben der Verfahrensrüge, erhoben wird, genügt nach dem Gesetz die Rüge der Verletzung des sachlichen Rechts (§ 344 Abs. 2 S. 1, 2 StPO), um eine vollständige Überprüfung des Urteils auf sachlich-rechtliche Fehler

---

292 Meyer-Goßner/Schmitt § 344 Rn. 26; BGH StV 2005, 256.
293 BGH StV 2012, 73.
294 Meyer-Goßner/Schmitt § 344 Rn. 26.
295 BGHSt 58, 310; a.A. BGHSt 59, 130; siehe hierzu auch Meyer-Goßner/Schmitt § 344 Rn. 26a.
296 BGH RÜ2 2019, 14.
297 BGH RÜ2 2019, 14; 158.

seitens des Revisionsgerichts zu erreichen. Für die Staatsanwaltschaft sieht Nr. 156 Abs. 2 der RiStBV allerdings die verwaltungsinterne Verpflichtung auch zur Begründung der Sachrüge vor.

Werden im **Jugendstrafverfahren** nur Zuchtmittel ausgesprochen, muss der Verurteilte, wegen der sachlichen Rechtsmittelbeschränkung des § 55 Abs. 1 JGG, aber eindeutig klarstellen, dass er mit seiner Revision ein zulässiges Ziel in Gestalt von Angriffen gegen den Schuldspruch oder die verhängte Sanktion als solche verfolgt.[298] Ähnliches gilt im Hinblick auf die beschränkte Rechtsmittelbefugnis des **Privatklägers**, **Nebenklägers**[299] sowie **Einziehungsbeteiligten**. Diese Verfahrensbeteiligten müssen gleichfalls die Verfolgung eines für sie statthaften Anfechtungszieles erkennen lassen.

331

Beispiele: Der Jugendliche wurde zu einem Jugendarrest verurteilt. Aus den Ausführungen ergibt sich, dass allein die Dauer dieser Maßnahme beanstandet wird. Die Nebenklage bemängelt ausschließlich die zu verhängte Freiheitsstrafe gegen den Angeklagte als zu niedrig. In beiden Fällen wäre die Revision unzulässig.

Übliche Formulierung bei einer Urteilsanfechtung wegen sachlicher Mängel:

332

> *Ich rüge die Verletzung sachlichen Rechts.*

Es sollte also immer zunächst die **allgemeine Sachrüge** erhoben werden. Denn auch wenn der Revisionsführer oder Klausurbearbeiter selbst keine speziellen Sachmängel entdeckt hat, kann nicht ausgeschlossen werden, dass das Revisionsgericht solche findet.

Formulierungsvorschlag für die Erhebung der allgemeinen Sachrüge:

333

> *Die Sachrüge erhebe ich in allgemeiner Form.*

Daneben sind aber auch die konkret entdeckten, sachlich rechtlichen Fehler als **spezielle Sachrügen** gesondert auszuführen, wobei hier keine besonderen Anforderungen an den Vortrag gestellt werden. Diese Ausführungen sind in der Praxis aber sinnvoll. Bei der Formulierung sollte man jedoch klarstellen, dass damit keine Beschränkung des Prüfungsumfanges gewollt ist.

Formulierungsvorschlag für die Rüge besonderer sachlicher Mängel:

334

> *Insbesondere beanstande ich, dass … .*

B. Die Begründetheit der Revision allgemein

Formulierungsvorschlag für den Obersatz zur Begründetheit bei einem Gutachten:

> *Die Revision ist begründet, soweit das Urteil auf einer Verletzung des Gesetzes beruht (§ 337 StPO). Eine solche ist dann gegeben, wenn Verfahrensvoraussetzungen fehlen oder Verfahrenshindernisse bestehen, das Verfahren prozessordnungswidrig war oder Verurteilung in sachlicher Hinsicht Mängel aufweist.*

Bei der Bearbeitung des Gutachtens im Hinblick auf die Begründetheit ist es hilfreich, die gängigen (zugelassenen) **Kommentare** zu Rate zu ziehen, sobald man eine möglicherweise verletzte Gesetzesvorschrift entdeckt hat. Am Ende zu der jeweiligen

335

---

298 BGH NStZ 2013, 659; vgl. auch OLG Celle NStZ-RR 2001, 121.
299 BGH RÜ2 2019, 61; BGH NStZ 2020, 310.

Norm stehen in der Kommentierung meist **Hinweise** für die Revision (Voraussetzungen und Ausschluss des Beruhens). So kann recht schnell abgeschätzt werden, ob sich ein tieferer Einstieg überhaupt lohnt oder ein Verstoß offensichtlich ausscheidet.

Begründetheit der Revision
■ Gesetzesverletzung ■ Beruhen ■ Beweis ■ Revisibilität des Rechtsfehlers

I. Gesetzesverletzung

336   Das **Gesetz** ist **verletzt**, wenn eine Rechtsnorm nicht oder nicht richtig angewendet worden ist (§ 337 Abs. 2 StPO).

Rechtsnormen in diesem Sinne sind alle bundes- und landesrechtlichen Normen des Verfassungsrechts und sämtliche Normen des Verfahrensrechts sowie des sachlichen Rechts. Hierzu gehören auch anerkannte Auslegungsregeln, das Gewohnheitsrecht, die Naturgesetze, Erfahrungssätze, zwingende Denkgesetze der Logik und der Zweifelssatz. Keine Rechtsnormen sind demgegenüber bloße Verwaltungsanordnungen wie die RiStBV oder der Geschäftsverteilungsplan.[300]

II. Beruhen

337   Von einem **Beruhen** des Urteils auf dem Gesetzesverstoß ist immer dann auszugehen, wenn das Urteil ohne die Verletzung des Gesetzes möglicherweise anders (und bei einer Revision des Angeklagten für ihn günstiger) ausgefallen wäre.[301] Einer positiven Feststellung des Ursachenzusammenhangs bedarf es aber nicht. Vielmehr genügt es, dass dieser jedenfalls nicht ausgeschlossen werden kann.[302] Ein Beruhen ist im Ergebnis also dann zu verneinen, wenn das Urteil auch bei Vermeidung des Rechtsfehlers in gleicher Weise ausgefallen wäre.

1. Verfahrensfehler

338   Im Rahmen von Verfahrensfehlern kommt es darauf an, ob ein rechtsfehlerfreies Verfahren zu demselben oder möglicherweise zu einem anderen Ergebnis geführt hätte.[303] Erwähnt das Urteil bei einer zusammenfassenden Aufzählung der verwendeten Beweisquellen ein bestimmtes Beweismittel, bedeutet dies noch nicht, dass das Urteil auf diesem beruhen muss.[304]

Beispiel: Fehlerhafte Vernehmung eines Zeugen. Inhalt der Angaben wird im Urteil zu Lasten des Angeklagten verwertet (Beruhen zu bejahen) oder wird mit keinem Wort erwähnt (Beruhen zu verneinen).

Im Rahmen der **absoluten Revisionsgründe** wird das Beruhen allerdings grundsätzlich unwiderlegbar vermutet, sodass hier keine Beruhensprüfung vorzunehmen ist (§ 338 StPO).

---

300   Meyer-Goßner/Schmitt § 337 Rn. 2 ff.

301   Meyer-Goßner/Schmitt § 337 Rn. 37.

302   Meyer-Goßner/Schmitt § 337 Rn. 37.

303   Meyer-Goßner/Schmitt § 337 Rn. 38.

304   Meyer-Goßner/Schmitt § 337 Rn. 38.

2. Sachlich-rechtliche Fehler

Bei sachlich-rechtlichen Mängeln ergibt sich das Beruhen aus den fehlerhaften Urteilsgründen selbst.[305] Enthält das Urteil widersprüchliche Feststellungen, kann häufig nicht ausgeschlossen werden, dass auch die übrigen Feststellungen fehlerhaft sind. Bei mit Mängeln behafteten Strafzumessungserwägungen entscheidet das Revisionsgericht nach eigenen Ermessen darüber, ob nach dem Gesamtinhalt der Urteilsgründe auszuschließen ist, dass der Mangel Einfluss auf die Strafbemessung gehabt haben kann.[306]   **339**

3. Kriterien für das Beruhen

Weder aus dem Gesetz noch aus Entscheidungen der Rspr. lassen sich indes sichere einheitliche Kriterien für das Maß der Wahrscheinlichkeit gewinnen, bei welchem ein Beruhen des Urteils auf dem Rechtsfehler anzunehmen oder aber zu verneinen ist.[307] Letztlich kann die Beruhensfrage daher immer nur einzelfallorientiert beantwortet werden. Gleichwohl gibt es bestimmte Grundzüge und Fallgruppen, welche bei der Beruhensprüfung durch die Rspr. typischerweise von Bedeutung sind.   **340**

a) So ist grundsätzlich zu beachten, dass nach der **Aufgabenverteilung** zwischen Tat- und Revisionsgericht sowie der zu achtenden Subjektstellung des Angeklagten, der vom Revisionsgericht zu erschließende hypothetische Verfahrensverlauf weder die freie Beweiswürdigung, noch das denkbare gesetzeskonforme Verteidigungsverhalten des Angeklagten vorwegnehmen darf.[308]   **341**

b) Das **Beruhen** des Urteils auf dem Rechtsfehler wurde von der Rspr. in vielen Fällen dann **verneint**, wenn der Beweiswert eines Beweismittels (beispielsweise bei Faserspuren) so hoch war, dass sich der Tatrichter darüber ohnedies nicht hätte hinwegsetzen dürfen. Ebenso, wenn bestimmte Umstände es ausgeschlossen erscheinen lassen, dass sich der Angeklagte anders als geschehen hätte verteidigen können,[309] bei prozessualer Überholung, fehlerhaften Hilfserwägungen[310] und die Entscheidung nicht tragenden Feststellungen[311] sowie bei Verfahrenshandlungen, wenn sich diese im Ergebnis als unerheblich herausgestellt haben. Fehler aus dem Ermittlungsverfahren sind wegen ihrer prozessualen Überholung regelmäßig nicht mit der Revision anfechtbar. Etwas anderes kann ausnahmsweise dann gelten, wenn solche Verfahrensfehler bis zur Hauptverhandlung fortwirken und das Urteil in ergebnisrelevanter Weise beeinflusst haben.   **342**

c) Für den Bereich der **Rechtsfolgenentscheidung** hat die Rspr. ein Beruhen des Urteils auf dem Rechtsfehler häufig verneint, wenn die ausgeurteilte Strafe so deutlich am unteren Rand des möglichen Strafrahmens angesiedelt war, dass ein noch günstigeres Ergebnis für den Angeklagten auch ohne den Gesetzesverstoß ausgeschlossen werden konnte. Vielfach hob die revisionsgerichtliche Rspr. in ihren Entscheidungen auf der anderen Seite auch lediglich den Rechtsfolgenausspruch auf, weil der Rechtsfehler nur diesen betraf und nach den Gesamtumständen ein Einfluss des Gesetzesverstoßes auf den Schuldspruch auszuschließen war. Mit der Regelung des § 354 Abs. 1 a StPO hat der Gesetzgeber die von dem Revisionsgericht zuvor auch bei   **343**

---

305 Meyer-Goßner/Schmitt § 338 Rn. 40.

306 Meyer-Goßner/Schmitt § 337 Rn. 40.

307 Hamm Rn. 519.

308 Hamm Rn. 522.

309 Z.B. OLG Koblenz, Beschl. v. 16.10.2002 – 1 Ss 127/02, BeckRS 2002, 30288201.

310 Meyer-Goßner/Schmitt § 337 Rn. 40.

311 S. hierzu etwa BGH, Beschl. v. 09.01.2003 – 3 StR 431/02, BeckRS 2003, 01635; OLG Koblenz, Beschl. v. 16.10.2002 –
     1 Ss 127/02, BeckRS 2002, 30288201.

Rechtsfolgenentscheidungen allein vorzunehmende Kausalitätsprüfung im Rahmen des Beruhens durch eine Ergebniskontrolle ersetzt.[312]

4. Prüfung von Amts wegen

344   Die Frage des **Beruhens** wird zwar stets **von Amts wegen** geprüft,[313] Ausführungen sind aber zweckdienlich und dringend zu empfehlen, wenn das Beruhen nicht ohnedies evident ist oder unwiderlegbar vermutet wird (§ 338 S. 1 Hs. 1 StPO).[314]

> **Klausurhinweis:** Auch im revisionsrechtlichen Gutachten sollten Sie deshalb immer das Beruhen des Urteils auf dem Rechtsfehler gedanklich prüfen und in den angesprochenen Zweifelsfällen ansprechen sowie diskutieren. Meist finden sich in dem Aktenstück hierzu auch deutliche Hinweise, welche Sie dann aufgreifen und argumentativ verarbeiten müssen.

345   **Formulierungsvorschlag für die Bejahung des Beruhens:**

> *Auf diesem Rechtsfehler beruht das Urteil auch. Denn es kann nicht ausgeschlossen werden, dass der Schuldspruch bei Vermeidung* (hier ist das konkret beanstandete Verfahrensgeschehen zu erwähnen) *zugunsten des Angeklagten hätte beeinflusst werden können* (was ggf. noch kurz ausgeführt werden sollte, z.B. weil die versäumte Beweiserhebung für die Beweiswürdigung von Bedeutung war).

346   **Formulierungsvorschlag für die Verneinung des Beruhens:**

> *Allerdings kann ausgeschlossen werden, dass das Urteil auf diesem Rechtsfehler beruht. Denn* (hier ist das konkret beanstandete Verfahrensgeschehen zu erwähnen) *hatte keinen Einfluss auf den Schuldspruch des Tatrichters* (was ggf. noch kurz ausgeführt werden sollte, z.B. weil die fehlerhaft verwertete Zeugenaussage für die Beweiswürdigung ersichtlich ohne jede Bedeutung war).

III. Beweis des Rechtsfehlers

347   Der **Beweis** ist erbracht, wenn die Gesetzesverletzung zur **Überzeugung** des **Revisionsgerichts** feststeht. Hierbei hat es die Beweisregel des § 274 StPO zu beachten. Zudem gilt das von den Revisionsgerichten entwickelte sog. **Rekonstruktionsverbot**. Dies bedeutet, dass Einzelheiten der Hauptverhandlung nicht im Wege des Freibeweises rekonstruiert werden dürfen. In der neueren Rspr. sind allerdings hiervon in Einzelfällen Ausnahmen gemacht worden, wenn das tatsächliche Verfahrensgeschehen ausschließlich mit Mitteln des Revisionsrechts (insbesondere durch Urkunden) festgestellt werden konnte.

1. Verfahrensvoraussetzungen und -hindernisse

348   Die Prüfung von **Verfahrensbedingungen** erfolgt im Freibeweisverfahren. Problematisch sind in diesem Zusammenhang die Feststellungen, welche sowohl für den Schuld- und Rechtsfolgenausspruch, als auch für die Entscheidung über das Fehlen von Verfahrensvoraussetzungen oder das Vorliegen von Verfahrenshindernissen von Bedeutung sind (doppelrelevante Tatsachen). So etwa die Altersfeststellung eines Angeklagten, wenn die Beweisaufnahme dazu führen kann, dass ein Jugendgericht

---

312 Eisenberg/Kölbel/Haeseler StraFo 2005, 221, 222.
313 BGH StraFo 2014, 335.
314 BGH StV 2012, 74.

sachlich zuständig wird.[315] Als Grundsatz gilt, dass das Revisionsgericht jedenfalls insoweit an die tatrichterlichen Feststellungen gebunden ist, als es sich um für die Schuld- und Rechtsfolgenentscheidung tragende Feststellungen handelt. Bestehen tatsächliche Zweifel hinsichtlich einer Verfahrensbedingung, wirken diese zugunsten des Angeklagten und schließen eine Sachentscheidung aus. Der dem materiellen Recht immanente Zweifelssatz wird hier so zumindest entsprechend angewendet. Eine Ausnahme gilt für die Frage der Verhandlungsfähigkeit des Angeklagten. Dieses Verfahrenshindernis muss nach der Rspr. sicher feststehen, um Berücksichtigung finden zu können.[316]

2. Verfahrensfehler

349

Prüfung des Beweises von Verfahrensfehlern
Verfahrensfehler muss für Revisionsgericht feststehen
Vorentscheidung, ob wesentliche oder nicht wesentliche Förmlichkeit
■ Maßstab sind §§ 273, 274 StPO
■ Sonderproblem § 273 Abs. 1a StPO
Wenn nicht wesentliche Förmlichkeit
■ Freibeweisverfahren (Telefonische Auskünfte, dienstliche Erklärungen u.a.)
■ Ergänzend ggf. Protokoll und Urteil
Wenn wesentliche Förmlichkeit
■ Prüfung, ob Verfahrensvorgang im Sitzungsprotokoll vermerkt ist
▪ Eindeutige Erklärung
▪ Ggf. durch Auslegung zu ermitteln
■ Grundsatz, dass Protokoll absolute Beweiskraft zukommt
■ Ausnahme, wenn nicht ordnungsgemäße Protokollierung
▪ Meinungsverschiedenheiten zwischen Vorsitzendem und Urkundsperson erkennbar
▪ Vorsitzender oder Urkundsbeamter distanzieren sich vom Inhalt
▪ Fälschung
Wenn Protokoll berichtigt wurde
■ Übereinstimmende Erklärung von Vorsitzendem und Urkundsbeamten erforderlich
■ Bei Rügeverkümmerung auch ordnungsgemäßes Protokollberichtigungsverfahren

Bei der Prüfung von rügebedürftigen **Verfahrensfehlern** (§ 344 Abs. 2 S. 1, 2 StPO) wird der Beweis des vom Revisionsführer behaupteten Verfahrensfehlers entweder im **Freibeweisverfahren** oder mit Hilfe des **Sitzungsprotokolls** erbracht.

a) Grundsätzlich kommt das **Freibeweisverfahren** zur Anwendung. Hierbei kann das Revisionsgericht z.B. telefonische Auskünfte oder dienstliche Erklärungen einholen, aber auch die Urteilsurkunde oder das Sitzungsprotokoll zur Klärung von Beweisfragen heranziehen.[317]

---

315 BGH StV 2013, 483.
316 BGH NStZ 1983, 280; StV 1996, 250, 251.
317 Zur Einholung eines Gutachtens zum Nachweis einer unwahren Beweisbehauptung s. BGH wistra 2012, 314.

350 **b)** Wird die Nichtbeachtung einer für die Hauptverhandlung vorgeschriebenen Förmlichkeit des Verfahrens gerügt, kann der Beweis des Verfahrensfehlers grundsätzlich nur durch das **Sitzungsprotokoll** erbracht werden.

351 **(1)** In der Sache handelt es sich dabei um die **wesentlichen Förmlichkeiten**, welche für die Gesetzmäßigkeit des anhängigen Verfahrens von Bedeutung sind und deren Unterlassung, Nichtbeachtung oder fehlerhafte Behandlung eine Verfahrensrüge gegen das auf die Hauptverhandlung ergehende Urteil begründen können.[318] Im Falle einer **Verständigung** soll die Protokollierungspflicht allerdings, über § 273 Abs. 1a S. 2 StPO hinaus, auch den Inhalt einer Mitteilung nach § 243 Abs. 4 StPO umfassen. In diesen Fällen kommt dem **Hauptverhandlungsprotokoll** eine **absolute positive und negative Beweiskraft** zu (§§ 273, 274 StPO). Insbesondere kann diese nicht im Wege des Freibeweises entkräftet werden. Die Regelung des § 274 StPO dient somit der Vereinfachung des Revisionsverfahrens. Sie soll dem Revisionsgericht die Prüfung von Verfahrensrügen dadurch erleichtern, dass die Förmlichkeiten des Hauptverfahrens nicht Gegenstand von Beweiserhebungen im Revisionsverfahren sein müssen.[319] Der Grundsatz der freien Beweisermittlung und -würdigung tritt insoweit zurück.[320]

Dies schließt es allerdings nicht aus, dass die **Protokolleintragungen** nach den allgemeinen Regeln **ausgelegt** werden. Das ist immer dann zulässig und geboten, wenn der Sinn des Protokolleintrages zweifelhaft ist.[321]

352 **(2)** Auch nimmt eine zulässige **Protokollberichtigung** an der absoluten Beweiskraft der Sitzungsniederschrift teil, denn sie ändert lediglich den Inhalt des Protokolls.

Dies sind zunächst die Fälle der Protokolländerung **vor** der **Fertigstellung** des Protokolls. Diese sind unbeschränkt zulässig,[322] setzen allerdings eine übereinstimmende Erklärung von beiden nach § 271 Abs. 1 S. 1 StPO zuständigen Urkundspersonen voraus, soweit nicht allein der Vorsitzende das Protokoll aufgenommen hat.[323]

Auch **nach** der **Fertigstellung** des Protokolls ist dessen Berichtigung nach den gleichen Grundsätzen zeitlich unbegrenzt von Amts wegen oder auf Antrag zulässig.[324]

Eine Berichtigung des Protokolls ist auch dann zulässig, wenn sie einer bereits erhobenen Verfahrensrüge die Grundlage entzieht.[325] Voraussetzung dieser sog. **Rügeverkümmerung** ist allerdings die Beachtung bestimmter Vorgaben im Protokollberichtigungsverfahren.[326]

Fall 3: Ein einsamer Vorsitzender

In einer Hauptverhandlung mit mehreren Verhandlungsterminen und umfangreichen Tatvorwürfen vor dem Landgericht soll die Anklageschrift entsprechend den Angaben des Angeklagten und seines Verteidigers nicht verlesen worden sein. Nach dem ursprünglichen Protokollinhalt ist eine Anklageverlesung auch nicht dokumentiert. Allerdings fügte der Vorsitzende vor Fertigstellung der Sitzungsniederschrift an der entsprechenden Stelle des Protokolls den handschriftlichen Vermerk „Anklage wurde verlesen, berichtigt am 12. Aug. 2021, gez. VRiLG Meier" ein. Die Protokollführerin lehnt die Abgabe einer entsprechenden Erklärung ab.

---

318 Meyer-Goßner/Schmitt § 273 Rn. 6.

319 Meyer-Goßner/Schmitt § 274 Rn. 2.

320 Meyer-Goßner/Schmitt § 274 Rn. 3.

321 Meyer-Goßner/Schmitt § 274 Rn. 5.

322 Meyer-Goßner/Schmitt § 271 Rn. 22.

323 Meyer-Goßner/Schmitt § 271 Rn. 22.

324 Meyer-Goßner/Schmitt § 271 Rn. 23.

325 BGH GSSt 1/06 StV 2007, 403.

326 BGH GSSt 1/06 StV 2007, 403, 407; BGH RÜ2 2019, 209 f.; zur Zulässigkeit der Wiederholung eines zunächst wegen eines Verfahrensfehlers ohne Wirkung gebliebenen Protokollberichtigungsverfahrens s. BGH StV 2012, 523 f.

Die von der Verteidigung behauptete Nichtverlesung des Anklagesatzes wäre, als unabdingbare Voraussetzung für die ordnungsgemäße Durchführung der Hauptverhandlung (s. hierzu Rn. 443), rechtsfehlerhaft (§ 243 Abs. 3 S. 1 StPO). Hierauf würde das Urteil auch beruhen, weil es sich bei der von der Strafkammer verhandelten Sache um ein umfangreiches Verfahren mit mehreren Hauptverhandlungstagen gehandelt hat und somit nicht ausgeschlossen werden kann, dass die Entscheidung, bei Vermeidung des Rechtsfehlers, für den Angeklagten günstiger ausgefallen wäre. Eine Fallgestaltung, wonach sämtliche Verfahrensbeteiligte ausnahmsweise schon aufgrund des Verhandlungsverlaufes eine ausreichende Kenntnis vom Tatvorwurf erlangt und ihre Prozessführung entsprechend einrichten konnten, lag nicht vor (§ 337 StPO). Die Nichtverlesung des Anklagesatzes muss allerdings bewiesen sein. Als wesentliche Förmlichkeit gilt für dieses Verfahrensgeschehen die absolute Beweiskraft der Sitzungsniederschrift (§§ 273, 274 StPO). Nach dem ursprünglichen Protokollinhalt ist der Rechtsfehler belegt, wohingegen der nachträglich angebrachte Vermerk des Vorsitzenden ihm die Grundlage entziehen würde. Fraglich ist daher, welcher Inhalt des Protokolls zugrunde gelegt werden muss. Zwar ist eine Protokollberichtigung vor Fertigstellung der Sitzungsniederschrift grundsätzlich unbeschränkt zulässig. Voraussetzung hierfür ist allerdings eine dahingehende übereinstimmende Erklärung beider nach § 271 Abs. 1 S. 1 StPO zuständigen Urkundenpersonen. Hier hat aber lediglich der Vorsitzende eine Berichtigung vorgenommen, sodass der entsprechende Berichtigungsvermerk unbeachtlich ist. Der Verfahrensfehler ist somit auch bewiesen.

(3) Die absolute **Beweiskraft** des Protokolls kann unter bestimmten Voraussetzungen **entfallen:**

Dies ist einmal dann der Fall, wenn sich schon aus dem Protokoll **Meinungsverschiedenheiten** zwischen den Urkundsbeamten in der Weise ergeben, dass es an der erforderlichen Übereinstimmung fehlt.

Darüber hinaus ebenso, wenn eine Urkundsperson oder beide den Inhalt des Protokolls nachträglich für unrichtig erklären, sich also davon **distanzieren**, sodass es von ihrer Unterschrift nicht mehr gedeckt ist.[327] Hierfür reicht es aber aus, wenn sich der Vorsitzende oder der Protokollführer nicht mehr sicher an das entsprechende Verfahrensgeschehen erinnern.[328]

Auch wenn das **Protokoll** in der Weise **mangelhaft** ist, dass es offensichtliche Widersprüche, Lücken und Unklarheiten aufweist, kann seine absolute Beweiskraft entfallen.[329] Offensichtlich ist eine Lücke insbesondere, wenn ein protokollierter Vorgang beweist, dass ein anderer geschehen ist, über den das Protokoll schweigt.[330] Belegt das Protokoll etwa einerseits die Nichtverlesung des Anklagesatzes, andererseits aber auch, dass die Angeklagten nach der Belehrung Gelegenheit erhielten, sich zu der Anklage zu äußern, kann dies ein deutlicher Hinweis darauf sein, dass der Anklagesatz wohl doch verlesen worden war.[331] Auch aus der protokollierten Reihenfolge der Aufzählung bei den Schlussvorträgen soll sich ergeben können, dass dem Angeklagten das letzte Wort erteilt wurde, auch wenn dies nicht ausdrücklich vermerkt ist.[332] Ein Beschluss über die Ablehnung eines Beweisantrages deutet darauf hin, dass ein Beweisantrag gestellt wurde.[333] Aus sonstigen Fehlern des Protokolls darf

353

---

327 Meyer-Goßner/Schmitt § 274 Rn. 16.

328 BGH NStZ 2014, 668.

329 Für den Fall des nicht sicheren Nachweises der Anwesenheit eines notwendigen Verteidigers s. BGH StV 2002, 525, 527 mit Anm. Köberer.

330 BGH NStZ 2004, 451; Meyer-Goßner/Schmitt § 274 Rn. 17.

331 Nach BGH NStZ 2004, 451.

332 Nach BGH NStZ 2005, 280.

333 Meyer-Goßner/Schmitt § 274 Rn. 17.

aber nicht geschlossen werden, dass ein eindeutig beurkundeter Vorgang so nicht stattgefunden hat.[334]

Der mögliche **Nachweis der Fälschung** (§ 274 S. 2 StPO) ist praktisch nicht relevant. Bloße Missverständnisse oder Nachlässigkeiten der Urkundsperson bei der Protokollierung genügen hier nicht.[335]

354   Die **Folge** der **fehlenden Beweiskraft** des Protokolls für den Nachweis der wesentlichen Förmlichkeiten ist, dass das Revisionsgericht nun im Freibeweisverfahren und in freier Beweiswürdigung klären muss, wie der von dem Sitzungsprotokoll nicht mehr belegte Verfahrensablauf tatsächlich war. Hierzu kann es sich, wie im Regelfall des Freibeweises, sämtlicher erreichbarer Beweismittel bedienen. Vornehmlich sind das der Urteilsinhalt und dienstliche Erklärungen der Gerichtsmitglieder sowie Erklärungen anderer Verfahrensbeteiligter. Lässt sich das entscheidende Verfahrensgeschehen auch danach nicht aufklären, wird die Revision, nach dem Grundsatz, dass nur erwiesene Verfahrensfehler zum Erfolg verhelfen können, verworfen.[336]

3. Sachlich-rechtliche Fehler

355   Fehler des Urteils im sachlichen Recht erschließen sich dem Revisionsgericht in der Regel unmittelbar durch die Lektüre der Urteilsurkunde und werden insoweit auch durch das verfasste Urteil selbst erwiesen.

IV. Revisibilität

356   Auch wenn an sich eine Verletzung des Gesetzes vorliegt und dieser Rechtsfehler in ordnungsgemäßer Weise gerügt sowie bewiesen werden könnte, ist es denkbar, dass der Revisionsführer mit einer erhobenen Rüge in der Revision gleichwohl nicht gehört werden würde. Dies hat seinen Grund darin, dass zum einen bereits das Gesetz, zum anderen die Rspr. in bestimmten Fällen **Präklusionen**, also zeitliche Begrenzungen zur Geltendmachung von Verfahrensmängeln oder erforderlichen Einwendungen gegen Verfahrenshandlungen, und Normrestriktionen kodifiziert oder entwickelt hat, welche der entsprechenden (Verfahrens-)Rüge den Erfolg in der Revision versagen. All diese Fallgestaltungen können unter dem Stichwort der (bestehenden oder fehlenden) **Revisibilität** zusammengefasst werden.

1. Präklusionsvorschriften

Zu den **Präklusionsvorschriften** gehören einmal die eigentlichen revisionsrechtlichen, der Rügeverlust bei sonstigen präklusionsbewehrten Verfahrensvorschriften, der Rügeverzicht und die Fallgruppe des arglistigen Verhaltens.

357   **a) Revisionsrechtliche Präklusionsvorschriften** sind der Besetzungseinwand (§§ 338 Nr. 1, 222 a, 222 b StPO) und die örtliche bzw. funktionelle Unzuständigkeit des Gerichts (§§ 338 Nr. 4, 6 a, 16 StPO). Hier schreibt das Gesetz jeweils vor, dass Einwände bis (spätestens) zu bestimmt festgelegten Zeitpunkten in der Hauptverhandlung zu erheben sind, wenn eine darauf gestützte Verfahrensrüge in der Revision Erfolg haben soll. Zu beachten ist insoweit das neue gesetzliche Vorabentscheidungsverfahren, wonach über den erhobenen Einwand in der Regel schon vor der Hauptverhandlung verbindlich entschieden werden soll. Hält der Tatrichter hiernach einen frist- und formgerecht eingelegten Besetzungseinwand für nicht begründet, ist er spätestens vor Ablauf von drei Tagen dem Rechtsmittelgericht vorzulegen. Dessen

---

334   Meyer-Goßner/Schmitt § 274 Rn. 17.
335   Meyer-Goßner/Schmitt § 274 Rn. 19.
336   Meyer-Goßner/Schmitt § 274 Rn. 18.

Entscheidung ergeht dann ohne mündliche Verhandlung (§ 222 b Abs. 3 StPO). In der Verfahrenspraxis wird ein solches Verfahren, insbesondere aufgrund der häufig notwendigen späten oder geänderten Mitteilung der Gerichtsbesetzung, allerdings meist nicht vor dem Hauptverhandlungsbeginn beendet sein können.

b) Ein **Rügeverlust** kann insbesondere eintreten bei der Nichteinhaltung der Ladungsfrist (§§ 217 Abs. 2, 218 StPO), bei überraschend eingeführten Beweismitteln (§ 246 Abs. 2 u. 3 i.V.m. § 222 StPO), der Ablehnung erkennender Richter (§ 25 StPO), Aussetzungsanträgen wegen veränderter Rechts- oder Sachlage (§ 265 Abs. 3 u. 4 StPO), Nichtwiederholung bereits vor der Hauptverhandlung gestellter Beweisanträge in der Hauptverhandlung, unterlassenem rechtzeitigen Widerspruch gegen Beweiserhebungen und -verwertungen, unterlassener Beanstandung unzulässiger Fragen (§§ 241, 242 StPO), Nichtherbeiführung eines Gerichtsbeschlusses bei unzulässigen Sachleitungsanordnungen des Vorsitzenden (§ 238 Abs. 2 StPO), nicht aber Maßnahmen der Sitzungspolizei[337] und Nichtherbeiführung eines Gerichtsbeschlusses bei unzulässiger Beschränkung der Verteidigung (§ 338 Nr. 8 StPO).

358

Der Rügeverlust tritt in diesen Fällen aufgrund der **Untätigkeit** oder des **Unterlassens** gebotener (rechtzeitiger) **Einwendungen** ein. Die von der Rspr. entwickelten Widerspruchs- und Beanstandungspflichten sind auf den unverteidigten Angeklagten hier nur dann uneingeschränkt übertragbar, wenn dieser um seine Rechte und Pflichten weiß oder in verständlicher Form vom Vorsitzenden bzw. dem Gericht auf sie hingewiesen worden ist. Ein Sonderfall ist der Verlust der Rüge durch eine ordnungsgemäße Wiederholung der fehlerhaften Verfahrenshandlung. Hier tritt die Verwirkung allein aufgrund einer Heilung vormals verfahrenswidriger Vorgänge ein.

c) Auch bei einem ausdrücklichen oder schlüssigen **Verzicht** auf die **Normeinhaltung** kann die Revisibilität einer Rüge ausgeschlossen sein. Unproblematisch ist dies bei disponiblen Verfahrensvorschriften, wie bei dem erklärten Verzicht auf eine Ladung oder die Einhaltung der Ladungsfristen (§§ 216, 217, 218 StPO) und auf die Erteilung einer Rechtsmittelbelehrung (§ 35 a StPO). Bei unverzichtbaren Normgeboten ist ein Verzicht mit der Folge der Irrevisibilität dagegen grundsätzlich nicht möglich.

359

d) Daneben soll in Einzelfällen wegen des **arglistigen Verhaltens** eines Verfahrensbeteiligten die Revisibilität ausgeschlossen sein. Darunter fallen vornehmlich Fallkonstellationen, bei denen der Verfahrensfehler von dem späteren Revisionsführer selbst herbeigeführt worden ist. Wenn etwa ursprünglich ein Beweisverwertungsverbot geltend gemacht wurde, sich nachfolgende Beweisanträge dann aber auf das angeblich nicht verwertbare Beweismittel stützen, soll eine entsprechende Verfahrensrüge wegen widersprüchlichen Prozessverhaltens ebenfalls unzulässig sein.[338] Problematisch ist die Folge der Irrevisibilität auch hier bei unverzichtbaren Verfahrensgeboten, da es bei diesen die Aufgabe des Gerichts ist, den ordnungsgemäßen Verfahrensablauf zu garantieren. Bloße Verfahrensunkenntnis oder Unachtsamkeit kann den Vorwurf der Arglist jedenfalls nicht ausreichend begründen.

360

2. Fehlende Normbeschwer

In die Gruppe der **fehlenden Normbeschwer** einzuordnen sind inhaltlich an die verletzte Verfahrensnorm selbst anknüpfende Restriktionen, welche aufgrund normspezifischer Erwägungen die Revisibilität ausschließen. Grundlage dieser Auffassung ist die Annahme der Rspr. und von Teilen der Lit., dass Verfahrensvorschriften nicht stets dem gleichen übergeordneten Verfahrenszweck zu dienen bestimmt und von

361

---

337 BGH NStZ 2013, 608.
338 BGH NStZ 2019, 301.

gleicher Wertigkeit sind, sondern dass die einzelnen Normen, generell und auch im Einzelfall, unterschiedliche Interessen- und Schutzrichtungen haben können.

362 **a)** Hierunter fallen zum einen die von der Rspr. als **Sollvorschriften** angesehenen Verfahrensnormen. Solche Bestimmungen machen schon im Wortlaut deutlich, dass sie zwar grundsätzlich Beachtung fordern, der Gesetzgeber ihre lückenlose Befolgung aber ersichtlich nicht erwartet.[339] Dies gilt beispielhaft für § 257 Abs. 1 StPO, weil dessen Zweck spätestens mit der Erteilung des letzten Wortes an den Angeklagten (§ 258 Abs. 2 StPO) erreicht wird. Steht ihm diese Möglichkeit allerdings ausnahmsweise nicht zu, kann auch eine Missachtung dieser Sollvorschrift revisionsrechtliche Bedeutung erlangen. Grundsätzlich aber gilt, dass eine Verletzung solcher Vorschriften nur dann die Revision begründen kann, wenn der vom Gesetz erwartete Mindestgehorsam missachtet wurde.[340]

363 **b)** Zu nennen sind weiter als bloße **Ordnungsvorschriften** angesehene Verfahrensvorschriften. Hierzu rechnet die Rspr. etwa § 58 Abs. 1 StPO.[341] Die Revision kann auf eine Verletzung solcher Normen grundsätzlich nicht gestützt werden.[342]

364 **c)** Darüber hinaus sind am vermeintlichen **Schutzzweck** der **Norm** ausgerichtete Revisibilitätsbeschränkungen anzuführen. Hierunter hat vor allem die sog. **Rechtskreistheorie** praktische Bedeutung erlangt. Demnach sollen bestimmte Verfahrensvorschriften im Rahmen ihres Normzwecks von vornherein nicht den Rechtskreis des Angeklagten berühren und seinen Schutz ins Auge fassen, sodass er auch bei Verletzung solcher Normen und der nachweislichen Ursächlichkeit dieses Rechtsfehlers für das Urteil nicht (konkret) beschwert sein könne. Entwickelt und entschieden worden ist diese Ansicht anhand einer unterlassenen Belehrung über das Auskunftsverweigerungsrecht des § 55 Abs. 2 StPO[343] und gilt mit differenzierenden Argumentationsansätzen entsprechend z.B. für § 54 StPO,[344] § 70 StPO[345] und § 81 c StPO.[346]

> **Klausurhinweis:** Problemstellungen im Zusammenhang mit § 55 Abs. 2 StPO kommen in Klausuren immer wieder vor. Die Rechtskreistheorie sollten Sie dann im Zusammenhang mit dem Schutzzweck der Norm stets erwähnen.

V. Die einzelnen Rechtsfehler

365 Für die Revision erhebliche Rechtsfehler können im Bereich der Verfahrensvoraussetzungen und Verfahrenshindernisse, als rügebedürftige Verfahrensfehler oder als sachlich-rechtliche Mängel vorliegen.

1. Verfahrensvoraussetzungen und Verfahrenshindernisse

366 Die Verfahrensvoraussetzungen und Verfahrenshindernisse werden von Amts wegen geprüft. Bei Revisionen gegen Berufungsurteile auch die Zulässigkeitsvoraussetzungen für das Berufungsverfahren. Ist die Zulässigkeit insoweit zu verneinen, wird das angefochtene Urteil aufgehoben und die Berufung als unzulässig verworfen. Es kommt ggf. auch eine Zurückverweisung an das sachlich zuständige Gericht in Betracht. Das **Fehlen** von **Verfahrensvoraussetzungen** und das **Vorliegen** von **Ver-**

---

339 Hamm Rn. 246.
340 Hamm Rn. 248.
341 Hamm Rn. 249; Meyer-Goßner/Schmitt § 58 Rn. 17.
342 Meyer-Goßner/Schmitt § 58 Rn. 17.
343 BGHSt 11, 213, 214.
344 Meyer-Goßner/Schmitt § 54 Rn. 32.
345 Meyer-Goßner/Schmitt § 70 Rn. 21.
346 Meyer-Goßner/Schmitt § 81 c Rn. 32.

fahrenshindernissen begründet regelmäßig einen **Verfahrensfehler**, der zur Aufhebung des Urteils und vorläufigen oder endgültigen Einstellung des Verfahrens führt, soweit die Verfahrensbedingung reicht und das Urteil davon betroffen ist. Die Entscheidung des Revisionsgerichts ergeht hier in der Regel nach Maßgabe der §§ 205, 206 a oder 354 StPO, je nach dem Zeitpunkt des Fehlens der Verfahrensvoraussetzung oder Vorliegens des Verfahrenshindernisses. In der Sache sind Verfahrensvoraussetzungen und -hindernisse Verfahrensbedingungen, welche so bedeutsam für ein rechtsstaatliches Verfahren sind, dass von ihrem Vorliegen oder Nichtvorliegen die Durchführung des Verfahrens überhaupt abhängig gemacht werden muss. Liegen mehrere Verfahrenshindernisse vor bzw. fehlen mehrere Verfahrensvoraussetzungen, genießt die weiterreichende Verfahrensbedingung den Vorrang, bei Entscheidungsreife der Freispruch vor einer Einstellung des Verfahrens.

a) In der Klausur ggf. zu erörternde **mögliche Verfahrensbedingungen** sind insbesondere:

367

■ Die absolute **Strafunmündigkeit** des Beschuldigten (§ 19 StGB),

■ **bei einer Privatklage die Minderjährigkeit des Beschuldigten** (§ 80 JGG),

■ der **Tod** des Beschuldigten,

■ die **Exterritorialität** des Beschuldigten (§§ 18–20 GVG),

■ die **Immunität** des Beschuldigten als Abgeordneter (Art. 46 Abs. 2 GG, § 152 a StPO),

■ die Niederschlagung des Verfahrens durch ein Straffreiheitsgesetz (**Amnestie**),

■ Beschränkungen aufgrund des **Spezialitätsgrundsatzes im Auslieferungsverfahren** (§ 72 IRG),

■ das **Fehlen der deutschen Gerichtsbarkeit** bei Nichtanwendbarkeit des deutschen Strafrechts (§§ 3 ff. StGB),[347]

■ bei absoluten Antragsdelikten das **Fehlen** oder die wirksame **Zurücknahme** eines **Strafantrages**,

■ die unterbliebene **Bejahung** des ggf. erforderlichen besonderen öffentlichen **Strafverfolgungsinteresses** durch die Staatsanwaltschaft,

■ das **Fehlen** eines behördlichen **Strafverlangens** oder einer Strafverfolgungsermächtigung,

■ die **dauernde Verhandlungsunfähigkeit** des Angeklagten,

■ der Eintritt der **Strafverfolgungsverjährung** (§§ 78 ff. StGB),

■ die **anderweitige Rechtshängigkeit bezüglich derselben prozessualen Tat**,

■ die eingetretene **anderweitige Rechtskraft** (siehe auch Art. 54 SDÜ)[348] oder **Teilrechtskraft**,

■ die **Unzuständigkeit** des erkennenden Gerichts,

■ das **Fehlen einer wirksamen Anklage, Nachtragsanklage** oder **Antragsschrift**,

■ das **Fehlen eines wirksamen Eröffnungs- oder Einbeziehungsbeschlusses**,

■ der Verstoß gegen das **Verbot der Schlechterstellung** (§ 331 StPO),

---

347 S. BGH NStZ 1986, 520.

348 Zum Strafklageverbrauch bei Einstellungen außerhalb eines Hauptverfahrens zwischen Deutschland und Frankreich s. EuGH wistra 2015, 140.

115

- die Verletzung des Rechtes auf **konfrontative Befragung** nach Art. 6 Abs. 3 d) EMRK,

- Fälle der **Tatprovokation**, welche den Strafverfolgungsbehörden zuzurechnen sind sowie

- den Justizorganen anzulastende rechtsstaatswidrige **Verfahrensverzögerungen**.

368 **b)** Bei einigen Verfahrensbedingungen sind dabei **bestimmte Besonderheiten** zu beachten.

369 **aa)** Im Zusammenhang mit **Strafanträgen** ist zu berücksichtigen, dass deren Zurücknahme auch in konkludenter Form geschehen kann, etwa durch dahingehende Äußerungen eines Zeugen in der Hauptverhandlung, was sich in der Klausur dann im Hauptverhandlungsprotokoll wiederfinden lässt. Der in § 77 Abs. 2 StGB geregelte Übergang des Antragsrechtes gilt nicht bei § 247 StGB.[349]

bb) Die **Bejahung** des besonderen öffentlichen **Strafverfolgungsinteresses** von Seiten der Staatsanwaltschaft kann auch schon dadurch schlüssig erfolgen, dass eine Anklageschrift ein relatives Antragsdelikt beinhaltet.[350] Dies gilt allerdings dann nicht, wenn es der Sachverhalt nahe legt, dass eine staatsanwaltschaftliche Befassung mit der Frage ersichtlich nicht stattgefunden hat.[351]

370 **cc)** Lag die dauernde **Verhandlungsunfähigkeit** im Verfahren des angegriffenen Urteils vor, trifft das Revisionsgericht seine Entscheidung nach § 354 StPO. In der Revisionshauptverhandlung selbst gelten die §§ 205, 206 a StPO.

371 **dd)** Eine Berechnung der Frist für die **Strafverfolgungsverjährung** ist immer veranlasst, wenn die zu prüfenden Straftaten mehr als 3 Jahre zurückliegen (Mindestdauer nach § 78 Abs. 3 Nr. 5 StGB). Die Wirkung des Ruhens der Verjährung nach § 78 b Abs. 3 StGB für Prozessurteile endet mit dessen Rechtskraft.[352]

Beispiel: Tatbeendigung liegt über fünf Jahre zurück. Verjährungsfrist fünf Jahre. Kein Anhalt für deren Ruhen. Erste Vernehmung des Beschuldigten durch die Polizei vor Ablauf der Frist hat die Verjährung wirksam unterbrochen (§ 78 c Abs. 1 Nr. 1 StGB). Dann noch eine weitere polizeiliche Beschuldigtenvernehmung innerhalb der folgenden fünf Jahre. Anklageerhebung aber erst danach. Keine sonstigen wirksamen Unterbrechungsmaßnahmen. Verfahrenshindernis wegen Strafverfolgungsverjährung. Zweite Vernehmung des Beschuldigten erfüllt nämlich nicht § 78 c Abs. 1 Nr. 1 StGB.

372 **ee)** Die örtliche und funktionelle **Zuständigkeit** des erkennenden Gerichts ist von diesem nur bis zur Eröffnung des Hauptverfahrens von Amts wegen zu prüfen, danach nur noch auf einen besonderen und befristeten Einwand hin (§§ 6 a, 16 StPO). Die sachliche Zuständigkeit muss das Tatgericht dagegen in jeder Lage des Verfahrens von Amts wegen prüfen (§ 6 StPO). Zu beachten ist § 269 StPO, wonach es grundsätzlich nicht rechtsfehlerhaft ist, wenn ein an sich unzuständiges höheres Gericht in der Sache entscheidet. Diese Vorschrift ist bei einer objektiv willkürlichen Anrufung aber nicht anwendbar. Wurde daher vor dem Schöffengericht verhandelt, obwohl schon abstrakt unter keinen Umständen eine Freiheitsstrafe von über 2 Jahren zu erwarten war (z.B. bei § 21 StVG), kommt eine sachliche Unzuständigkeit in Betracht (§§ 25, 28 GVG). Gleiches gilt in den Fällen, in denen eine große Strafkammer in einer Sache entschieden hat, für welche offensichtlich das Amtsgericht zuständig gewesen war. Auf der anderen Seite liegt eine Verletzung der sachlichen Zuständig-

---

349 BGH RÜ 2017, 307 ff.

350 BGH RÜ2 2016, 133 f.

351 BGH RÜ2 2016, 180.

352 BGH RÜ2 2018, 112 ff.

keitsregeln vor, wenn der Strafrichter entgegen § 25 GVG über ein Verbrechen entscheidet oder der Tatrichter die ihm nach dem Gesetz zustehende Strafgewalt überschritten hat. Hierbei ist aber zu berücksichtigen, dass die Frage der Erfüllung eines Verbrechenstatbestandes nicht von der Tenorierung des Tatrichters abhängt, sondern davon, ob dessen Feststellungen ein solches Delikt belegen oder nicht. Von diesen Ausnahmefällen abgesehen, wird die Unzuständigkeit des erkennenden Gerichts ohne eine besondere Verfahrensrüge deshalb im Ergebnis nur beachtet, wenn statt des Tatgerichts ein Gericht höherer Ordnung zuständig gewesen wäre.[353]

ff) Die Anklageschrift hat den Angeschuldigten, die Tat, die ihm zur Last gelegt wird, **373** Zeit und Ort ihrer Begehung, die gesetzlichen Merkmale der Straftat und die anzuwendenden Strafvorschriften zu bezeichnen (§ 200 Abs. 1 S. 1 StPO). Der Tatbegriff entspricht dabei dem des § 264 StPO und stellt auf die Nämlichkeit des Sachverhaltes ab.[354] Die Anklage hat also das abzuurteilende Ereignis zeitlich und örtlich in der Weise zu schildern, dass die Identität des gesamten geschichtlichen Vorgangs klargestellt wird.[355] Dabei muss die Schilderung umso konkreter sein, je größer die allgemeine Möglichkeit ist, dass der Angeschuldigte verwechselbare weitere Straftaten gleicher Art verübt und je offener der Gesetzgeber den Straftatbestand gefasst hat.[356] Allerdings kann auch das völlige Fehlen der Angaben unschädlich sein, wenn die Tat durch andere Umstände ausreichend konkretisiert ist.[357] Demgemäß wird der verhandelte **Prozessgegenstand** also **durch** die, mit dem Eröffnungsbeschluss zugelassene bzw. modifizierte, **Anklage bestimmt**, ggf. auch durch eine Nachtragsanklage gemäß § 266 StPO. Dabei ist allerdings eine Umgestaltung der Strafklage nach § 264 Abs. 2 StPO möglich, dies etwa bei sich überlagernden und ineinander greifenden Geschehensabläufen. Die Identität der Tat muss aber stets gewahrt bleiben. Der Urteilsspruch hat den Anklagevorwurf dann erschöpfend zu würdigen. Geschieht dies nicht im vollen Umfang, muss ein Teilfreispruch erfolgen.[358] Deckt sich die Verurteilung demgegenüber nicht mit der durch die Anklageschrift konkretisierten Tat, kann die Revision geltend machen, dass wegen einer Tat verurteilt wurde, auf welche sich die zugelassene Anklage nicht erstreckt hat. Es besteht insoweit dann das Verfahrenshindernis einer fehlenden Anklage.

> **Fall 4: Urteil ohne Anklage**
>
> *Die unverändert zur Hauptverhandlung zugelassene Anklageschrift warf dem Angeklagten vor, am 12. Mai 2021 in Bochum zum Nachteil des Geschädigten Müller eine Betrugsstraftat begangen zu haben. Das Tatgericht verurteilte ihn wegen eines am 29. April 2021 verübten Diebstahls einer demselben Verletzten gehörenden Sache. Eine Nachtragsanklage war zuvor nicht erhoben worden. Entsprechende rechtliche Hinweise erfolgten gleichfalls nicht.*

Fraglich ist, ob wegen einer fehlenden Anklage ein Verfahrenshindernis besteht. Gegenstand der Urteilsfindung ist die in der Anklage bezeichnete Tat (§ 264 Abs. 1 StPO), welche wesentlich durch die zeitliche und örtliche Eingrenzung eines bestimmten Ereignisses gekennzeichnet wird. Anklageschrift und Eröffnungsbeschluss umfassten insoweit einen sich am 12. Mai 2021 in Bochum ereignenden Sachverhalt. Demgegenüber erfolgte die Verurteilung unter Grundlage eines Geschehens am 29.

---

353 BGHSt 18, 79, 83.

354 Siehe hierzu BGH NStZ 2020, 48 f.

355 BGHSt 29, 124, 126; BGH RÜ2 2018, 61 f.; Meyer-Goßner/Schmitt § 200 Rn. 7.

356 BGH RÜ2 2018, 61 f.

357 BGH StraFo 2015, 68; Meyer-Goßner/Schmitt § 200 Rn. 7 a.

358 Meyer-Goßner/Schmitt § 260 Rn. 10.

April 2021. Zeit sowie Ort waren damit nicht identisch. Derselbe Geschädigte allein begründet keine Nämlichkeit. Der Angeklagte wurde somit wegen einer Tat verurteilt, auf welche sich die zugelassene Anklage nicht erstreckt hat, sodass ein entsprechendes Verfahrenshindernis besteht.

> **Klausurhinweis:** Sie müssen also immer auch überprüfen, ob die in der Anklageschrift nach Zeit und Ort festgelegte Tat mit der Verurteilung identisch ist. Wird nicht alles erledigt, hat ein Teilfreispruch zu erfolgen. Geht das Urteil darüber hinaus, besteht ein Verfahrenshindernis. Bei rechtlichen Abweichungen kann ein Verfahrensfehler bestehen.

Einer **fehlenden Anklage** steht es gleich, wenn die Anklageschrift den Täter oder die Tat nicht genügend konkretisiert und dieser Mangel der Umgrenzungsfunktion weder im Eröffnungsbeschluss, noch in der Hauptverhandlung geheilt worden ist. Eine im Übrigen ungenügende Konkretisierung der Anklage führt zwar in der Regel nicht zu einem Verfahrenshindernis, kann sich aber als eine Verletzung des § 243 Abs. 3 S. 1 StPO darstellen.[359] Eine persönliche Unterschrift unter der Anklage ist nicht erforderlich, sofern feststeht, dass diese mit Wissen und Willen des zuständigen Staatsanwalts dem Gericht vorgelegt worden ist.[360]

374 **gg)** Ein **fehlender Eröffnungs-** oder **Einbeziehungsbeschluss** stellt ein in der Revision nicht mehr behebbares Verfahrenshindernis dar.[361] Eine entsprechende Verfahrenseinstellung durch das Revisionsgericht erfasst dann auch nach § 154 Abs. 2 StPO eingestellte Taten.[362] Ist die Verbindung von Verfahren versäumt worden, darf der fehlende Verbindungsbeschluss nicht durch einen Einbeziehungsschluss „analog § 266 StPO" ersetzt werden.[363] Wird eine Verbindung von Verfahren beschlossen, ohne eine erforderliche Entscheidung des gemeinschaftlichen Oberlandesgerichts (§ 4 Abs. 2 StPO) hierfür einzuholen, ist eine gleichwohl erfolgte Übernahme gegenstandslos. Denn die Regelung des § 13 StPO ändert nichts an der sachlichen Zuständigkeit. Das übernommene Verfahren bleibt daher beim Amtsgericht anhängig.[364] Diesen Fällen sind diejenigen schwerwiegenden und in der Hauptverhandlung nicht geheilten Mängel gleichzustellen.

Beispiel: Fehlende Unterschrift des Richters unter einem Eröffnungsbeschluss. Auch aus den sonstigen Umständen lässt sich nicht mit Sicherheit entnehmen, dass das zuständige Gericht das Verfahren nach pflichtgemäßer und eigenständiger Prüfung tatsächlich eröffnen wollte.[365]

Allerdings muss die erforderliche Unterschrift nicht lesbar, sondern lediglich individualisierbar sein.[366] Gleiches gilt für das Fehlen der Unterschrift eines Berufsrichters bei Kollegialgerichten.[367] Dabei soll es aber nicht auf die Zahl der Unterschriften ankommen, sondern auf die Anzahl der Richter, welche bei der Beschlussfassung tatsächlich mitgewirkt haben.[368] Erfolgt diese während der Hauptverhandlung in der gemäß § 76 Abs. 2 S. 4 GVG reduzierten Strafkammerbesetzung, liegt kein wirksamer Eröffnungsbeschluss vor.[369] Auch dann nicht, wenn die Schöffen hieran mitgewirkt

---

359 BGH StV 2006, 447.
360 BGH, Beschl. v, 27.04.2020 – 5 StR 117/20, BeckRS 2020, 25882.
361 BGH NStZ 2012, 225.
362 BGH, Beschl. v. 18.07.2019 – 4 StR 310/19, BeckRS 2019, 15979.
363 BGH RÜ2 2018, 89 f.
364 BGH RÜ2 2015, 138.
365 OLG Karlsruhe StV 2005, 120 f.
366 BGH RÜ2 2019, 184.
367 LG Darmstadt StV 2005, 123.
368 BGH wistra 2012, 157.
369 BGH StV 2008, 505; BGH NStZ 2014, 664.

haben.[370] Zwar ist die Verwendung eines Vordruckes zur Eröffnung des Hauptverfahrens zulässig. Er muss dann aber in ausreichender Weise erkennen lassen, in welchem Verfahren die Anklage zugelassen und die Eröffnungsentscheidung ergehen soll.[371] Fehlt ein ausdrücklicher Eröffnungsbeschluss bei dem Übergang vom beschleunigten Verfahren in das Regelstrafverfahren, ist auch dies ein Verfahrenshindernis. Denn dem Gesetz lässt sich nicht entnehmen, dass dem Eröffnungsbeschluss dann eine geringere Bedeutung zukommen soll, wenn dem Regelstrafverfahren zunächst ein beschleunigtes Verfahren vorausgegangen war.[372] Auch die Übernahme eines Verfahrens ist, wie der Eröffnungsbeschluss, durch die mitwirkenden Richter schriftlich zu beschließen.[373] Sieht die Staatsanwaltschaft bei einer Anklage vor dem Strafrichter in zulässiger Weise von der Darstellung des wesentlichen Ermittlungsergebnisses ab, führt dies auch bei der Übernahme des Verfahrens durch ein höheres Gericht zu keinem Verfahrenshindernis.[374]

hh) Das **Verbot der Schlechterstellung** schließt auch die Erhöhung von Einzelstrafen im Rahmen einer zu bildenden Gesamtstrafe aus. Das Verschlechterungsverbot hat naturgemäß zunächst nur Bedeutung bei der Anfechtung von Berufungsurteilen. Im Rahmen der Zweckmäßigkeitserwägungen kann aber auch die Regelung des § 358 Abs. 2 StPO Bedeutung erlangen. Bei einer Zurückverweisung kann der neue Tatrichter grundsätzlich eine unterlassene Entscheidung nach § 64 StGB auch im Falle einer Revision des Angeklagten nachholen.[375] **375**

ii) Das Recht zur **konfrontativen Befragung**, insbesondere des Belastungszeugen, ist für ein rechtsstaatliches Strafverfahren elementar. Wird es verletzt, muss dies, vor dem Hintergrund der Rspr. des EGMR, jedenfalls bei der Beweiswürdigung berücksichtigt werden. Eine im Revisionsverfahren beachtliche Verletzung des Art. 6 Abs. 3 d) EMRK ist allerdings nur dann anzunehmen, wenn das Verfahren auch insgesamt als nicht fair angesehen werden muss. Dies führt aber im Ergebnis zu keinem Verfahrenshindernis.[376] **376**

jj) Eine den Strafverfolgungsbehörden zuzurechnende **Tatprovokation**[377] kann allenfalls dann zu einem Verfahrenshindernis führen, wenn die Einwirkung von Seiten der Behördenmitarbeiter oder durch diese instrumentalisierte Dritte so stark ist, dass die Straftat letztlich allein aufgrund deren Initiative begangen und gesteuert wurde.[378] **377**

kk) Eine **rechtsstaatswidrige Verfahrensverzögerung** begründet lediglich ausnahmsweise ein Verfahrenshindernis, wenn eine angemessene Berücksichtigung der überlangen Verfahrensdauer nicht mehr im Rahmen der Rechtsfolgenentscheidung kompensiert werden kann. Eine in einem anderen Vertragsstaat der EMRK bereits eingetretene rechtsstaatswidrige Verzögerung des Verfahrens ist nicht zu kompensieren.[379] Unter Umständen genügt zur Kompensation auch schon die ausdrückliche Feststellung des Konventionsverstoßes.[380] Berücksichtigt wird ein derartiger Verstoß außerdem nur dann, bezogen auf eine erhobene Sachrüge, wenn sich sämtliche für **378**

370 BGH RÜ2 2018, 13; BGH RÜ2 2019, 231.
371 BGH RÜ2 2020, 38.
372 OLG Köln StV 2003, 493 ff.
373 BGH RÜ2 2016, 280.
374 BGH RÜ2 2020, 157.
375 BGH, Beschl. v. 29.09.2020 – 3 StR 195/20., BeckRS 2020, 28780
376 BGH RÜ2 2017, 205 ff.
377 Zum Begriff der Tatprovokation siehe BGH NStZ 2018, 355 ff.
378 BGH RÜ 2016, 24 ff.
379 BGH NStZ 2012, 152.
380 BGH NStZ 2012, 470.

die Beurteilung notwendigen Umstände schon aus den Urteilsgründen selbst erge-ben. Anderenfalls ist die Erhebung einer entsprechenden Verfahrensrüge erforder-lich.[381] Nach den §§ 198 bis 201 GVG hat der von einer Verfahrensverzögerung be-troffene Beschuldigte deswegen ggf. auch einen Anspruch auf Schadensersatz. Dies setzt allerdings schon im Verfahren die Erhebung einer sog. **Verzögerungsrüge** vo-raus. Für das Revisionsverfahren haben diese Regelungen allerdings keine unmittel-bare Bedeutung.

Beispiel für eine gutachtliche Darstellung eines Verfahrenshindernisses

Im Rahmen der von Amts wegen zu prüfenden Verfahrensvoraussetzungen und Ver-fahrenshindernisse ist zweifelhaft, ob wegen des abgeurteilten Diebstahls nicht be-reits Strafverfolgungsverjährung eingetreten war.

Gemäß §§ 242 Abs. 1, 78 Abs. 3 Nr. 4 StGB beträgt die Verjährungsfrist insoweit 5 Jahre. Für ein Ruhen (§ 78 b StGB) der Verjährung ergeben sich keine Anhaltspunkte.

Die Tat wurde am 19. August 2016 beendet, sodass zu diesem Zeitpunkt die Frist zur Strafverfolgungsverjährung begann (§ 78 a StGB). Anklage erhob die Staatsanwalt-schaft in dieser Sache am 20. August 2021, also schon nach Verjährung der Tat. Vorhe-rige wirksame Verfahrenshandlungen zur Unterbrechung der Verjährung (§ 78 c StGB) sind nicht zu erkennen.

Hinsichtlich der Verurteilung wegen Diebstahls besteht daher das Verfahrenshindernis der Verfolgungsverjährung.

2. Rügebedürftige Verfahrensfehler

379   Hier unterscheidet das Gesetz zwischen den **absoluten** und **relativen Revisions-gründen**. Das gesetzgeberische Motiv für die Hervorhebung bestimmter Verfahrens-fehler als absolute Revisionsgründe ist umstritten. Im Ergebnis liegt der Unterschied allein darin, dass bei den relativen Revisionsgründen das Beruhen des Urteils auf dem Rechtsfehler positiv festgestellt werden muss, wohingegen bei den absoluten Revisi-onsgründen das Beruhen unwiderlegbar vermutet wird (§ 338 S. 1 Hs. 1 StPO). Eine Ausnahme soll dann gelten, wenn es denkgesetzlich ausgeschlossen sei, dass das Ur-teil auf dem Rechtsfehler beruhen könne.[382] Diese Differenzierung wird in Exa-mensklausuren gelegentlich abverlangt, sodass die Problematik jedenfalls bekannt sein muss.

a) Die absoluten Revisionsgründe

380   Die **absoluten Revisionsgründe** sind in **§ 338 StPO** abschließend **kodifiziert**, wo-bei aber immer die konkret verletzte Verfahrensnorm Ausgangspunkt der Prüfung ist, da das Gericht gegen § 338 StPO selbst nicht verstoßen kann.[383]

> **Klausurhinweis:** Für die Klausur bedeutet das, dass Sie schon in der Prüfungs-überschrift die eigentlich verletzte Rechtsnorm mit benennen müssen.

---

381   BGH NStZ 2005, 223, 224; BGH wistra 2005, 109.

382   Meyer-Goßner/Schmitt § 338 Rn. 2.

383   Meyer-Goßner/Schmitt § 338 Rn. 1.

aa) § 338 Nr. 1 StPO

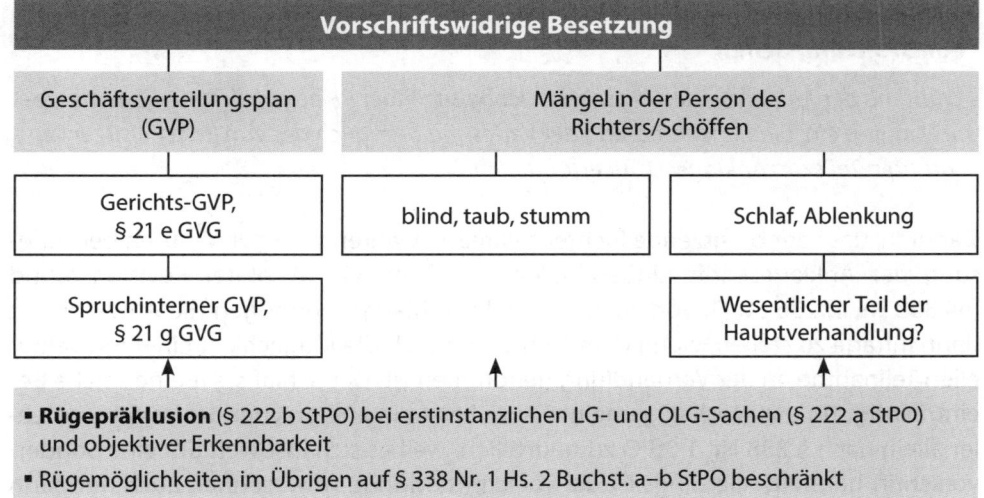

Mit **§ 338 Nr. 1 StPO** kann die nicht vorschriftsgemäße **Besetzung** des erkennenden Gerichts gerügt werden.

(1) Die Vorschrift sichert das verfassungsrechtlich garantierte **Recht** des Angeklagten **auf** seinen **gesetzlichen Richter** (Art. 101 Abs. 1 S. 2 GG). Dies erfordert, dass bereits zuvor in allgemeinen Normen nach abstrakten Kriterien festgelegt ist, wer in einer Sache als Richter tätig werden und entscheiden darf. Jede Möglichkeit, im konkreten Fall Einfluss auf die Gerichtsbesetzung nehmen zu können, muss soweit wie möglich ausgeschlossen sein.

Beispiel: Im Laufe des Geschäftsjahres wird der Geschäftsverteilungsplan dahingehend geändert, dass die bei der Wirtschaftsstrafkammer anhängigen Strafsachen mit den Anfangsbuchstaben M an eine andere Kammer abgegeben werden. Bei der Ursprungskammer ist aber nur ein einziges entsprechendes Verfahren vorhanden. Dies könnte als rechtsfehlerhaft gerügt werden.

Im Hinblick auf das Ziel, willkürliche Zuweisungen einer Rechtssache zu vermeiden, hat die Rspr. mit zunehmender Tendenz aber Verstöße gegen einfach-rechtliche Regeln der Zuweisung nur noch dann als revisibel angesehen, wenn sie auf **Willkür** beruhten.[384] Infolgedessen ist die Bedeutung der Besetzungsrüge auch in der Praxis immer mehr zurückgegangen. Problematisch sind in diesem Zusammenhang die Regelungen, die eine bewegliche Zuständigkeit (Wahlmöglichkeit der Staatsanwaltschaft) vorsehen (§ 24 Abs. 1 Nr. 3 GVG). Das Bundesverfassungsgericht hat diese Regelungen mit der Maßgabe als verfassungsgemäß angesehen, dass der Staatsanwaltschaft kein Ermessen eingeräumt sei, sondern sie vielmehr den unbestimmten Rechtsbegriff der Bedeutung der Sache auszulegen und hierunter zu subsumieren habe.

Unter § 338 Nr. 1 StPO fallen nach überwiegender Auffassung auch **sämtliche Fälle** der **abwesenden, blinden, tauben oder schlafenden Richter** und **Schöffen**, da es sich insoweit um eine Sondervorschrift handele. Voraussetzung ist dabei aber, dass sie während eines **wesentlichen Teils** der Hauptverhandlung abwesend sind (s. nachstehend zu § 338 Nr. 5 StPO). Verlässt ein Richter während einer audiovisuellen Vernehmung den Sitzungssaal, ist er für diesen Zeitraum nicht anwesend. Der

381

382

---

384 Vgl. BGH NStZ 2004, 56 – willkürlicher Besetzungsbeschluss nach § 76 Abs. 2 GVG; zur Dokumentationspflicht bei Entbindung eines Hilfsschöffen s. BGH RÜ2 2015, 75 mit Besprechung und bei Einrichtung einer Hilfsstrafkammer s. BGH RÜ2 2015, 92.

Herbeiführung eines Gerichtsbeschlusses nach § 238 Abs. 2 StPO bedarf es zur späteren Geltendmachung dieses Verfahrensfehlers nicht.[385]

> **Fall 5: Sitzungsschlaf**
>
> *Während der Anklageverlesung schläft der beisitzender Richter Hellmann über mehrere Minuten ein. Eine Wiederholung der Verlesung bezüglich des von dem Beisitzer versäumten Teils der Anklageschrift erfolgt nicht.*

Dadurch, dass der beisitzende Richter Hellmann während einiger Minuten bei Verlesung der Anklageschrift eingeschlafen war, kann ein absoluter Revisionsgrund (§§ 338 Nr. 1; 226 StPO) vorliegen. Persönliche Mängel vermögen die Anwesenheit dann infrage zu stellen, wenn dem Richter dadurch die Möglichkeit einer intellektuellen Teilnahme an der Verhandlung genommen ist. Der Schlaf stellt eine solche Beeinträchtigung dar. Nach allgemeiner Ansicht ist ein entsprechender Verfahrensfehler allein nach § 338 Nr. 1 StPO zu beurteilen, weil es sich insoweit um eine Sondervorschrift handelt. Allerdings ist die vorschriftswidrige Abwesenheit auch nur dann beachtlich, sofern sie während eines wesentlichen Teils der Hauptverhandlung vorgelegen hat. Dies wird daraus gefolgert, dass eine Urteilsaufhebung unter Grundlage eines absoluten Revisionsgrundes dann ausgeschlossen sein soll, wenn ein Beruhen der Entscheidung auf dem Rechtsfehler schon denkgesetzlich ausgeschlossen werden kann. Wegen ihrer grundlegenden Bedeutung für die Hauptverhandlung stellt die Anklageverlesung einen solchen wesentlichen Verhandlungsteil dar. Der absolute Revisionsgrund einer vorschriftswidrigen Abwesenheit eines Richters liegt somit vor.

Auch bei fehlender Vereidigung eines Schöffen ist ein absoluter Revisionsgrund anzunehmen. Dabei ist auch zu berücksichtigen, dass dies vor der ersten Diensthandlung geschehen sein muss (§ 45 Abs. 2 S. 1 DRiG).

383 Von Bedeutung ist auch die Regelung des **§ 76 Abs. 2 S. 1 und 4 GVG**, wonach die große Strafkammer, soweit diese nicht als Schwurgericht zuständig ist, die Anordnung bei Unterbringung in der Sicherungsverwahrung, deren Vorbehalt oder die Anordnung der Unterbringung in einem psychiatrischen Krankenhaus zu erwarten ist oder nach dem Umfang oder der Schwierigkeit der Sache die Mitwirkung eines dritten Richters notwendig erscheint, bei Eröffnung des Hauptverfahrens beschließen soll, dass sie in der Hauptverhandlung mit **zwei Richtern einschließlich des Vorsitzenden** und zwei Schöffen besetzt ist. Zwar steht der Strafkammer hier kein Ermessen, wohl aber ein weiter Beurteilungsspielraum zu.[386] Dabei sind die Umstände des Einzelfalles zu berücksichtigen. Eine Rolle spielen etwa die Anzahl der Zeugen, Angeklagten und Verteidiger sowie die Notwendigkeit von Dolmetschern und Sachverständigengutachten. In Zweifelsfällen verdient die Dreierbesetzung den Vorzug.[387] Ist schon aufgrund der Anklageschrift mit Erlass des Eröffnungsbeschlusses die besondere Umfänglichkeit der Sache erkennbar, ist die Strafkammer dann mit nur zwei Berufsrichtern fehlerhaft besetzt. Sind etwa allein für die Verlesung der Anklage, mit hunderten von Betrugsstraftaten sowie 299 benannten Zeugen, und die Einlassung der mehreren Angeklagten, drei Hauptverhandlungstage vorgesehen, weist der Vorsitzende schon vor Beginn der Hauptverhandlung darauf hin, dass mit mehreren Monaten Verhandlungsdauer zu rechnen sei und ordnet er zudem die Zuziehung eines Ergänzungsschöffen an, kann die Besetzung mit nur zwei Berufsrichtern rechtsfehler-

---

385 BGH RÜ2 2017, 42.
386 BGH NStZ 2004, 56, BGH StV 2004, 250.
387 BGH NStZ 2004, 56.

haft sein.[388] Denkbar ist auch die Fallkonstellation, dass sich aufgrund bestimmter Umstände, etwa bei der Verbindung von Verfahren, eine ursprünglich nicht zu beanstandende Kammerreduzierung nunmehr als unzulässig erweist.

Auch **innerhalb** des **Spruchkörpers** eines Gerichts und der darin bestehenden Sitzgruppen muss die Zuständigkeit durch Mitwirkungsgrundsätze generell im Voraus nach objektiven Merkmalen der anhängigen Sache bestimmt sein (§ 21 g GVG).[389] So muss der Spruchkörper selbst regeln, welche der ihm zugewiesenen Richter bei der Entscheidung welcher Verfahren mitwirken. Erst diese Regelungen bestimmen den gesetzlichen Richter. Präsidium und Spruchkörper unterliegen deshalb notwendigerweise den Bindungen des Art. 101 Abs. 1 S. 2 GG. Eine vermeidbare Freiheit in der Heranziehung der einzelnen Richter zur Entscheidung einer Sache und damit eine unnötige Unbestimmtheit hinsichtlich des gesetzlichen Richters darf deshalb auch bei Mitwirkungsplänen nicht gelassen werden.[390] Eine lediglich mündliche Beschlussfassung genügt nach der Rspr. des BVerfG den verfassungsrechtlichen Anforderungen daher nicht.[391] In der spruchinternen Geschäftsverteilung muss auch geregelt sein, wer nicht an der Hauptverhandlung teilnimmt, wenn nach § 76 Abs. 2 S. 4 GVG die Zweierbesetzung beschlossen werden sollte.[392] Eine Überbesetzung von Kammern ist zulässig und eine Verletzung des Anspruches auf den gesetzlichen Richter somit nicht gegeben, wenn die spruchinterne Geschäftsverteilung für die Bestimmung des gesetzlichen Richters in ausreichender Weise Gewähr bietet, ein Spielraum bei der Heranziehung der einzelnen Richter also nicht besteht.[393] Bei einer Hauptverhandlung, die schon mindestens zehn Verhandlungstage gedauert hat, kommt der Eintritt eines Ergänzungsrichters (§ 192 GVG) bei Erkrankung eines Richters grundsätzlich erst in Betracht, wenn dieser nach Ablauf der maximalen Fristenhemmung zu dem ersten notwendigen Fortsetzungstermin weiterhin nicht erscheinen kann.[394]

384

Zwar ist der Geschäftsverteilungsplan selbst keine Rechtsnorm i.S.d. § 337 StPO. Da aber die Vorschriften der §§ 21 a ff. GVG, welche die Aufstellung und Durchführung des Geschäftsverteilungsplans regeln, Rechtsnormen sind, werden mittelbar auch **Fehler** des **Geschäftsverteilungsplans** oder dessen Voraussetzungen Grundlage der Besetzungsrüge. Für die Errichtung einer Hilfsstrafkammer ist grundsätzlich ebenfalls ein Präsidiumsbeschluss erforderlich (§ 21 e Abs. 3 GVG). Sind die Gründe hierfür aber sonst ohne Weiteres nachprüfbar, ist dessen Fehlen nicht zwingend rechtsfehlerhaft.[395] Eine Übertragung laufender Geschäfte auf einen anderen Spruchkörper kann vor Art. 101 GG aber nur Bestand haben, wenn die Maßnahme überhaupt geeignet ist, die Effizienz des Geschäftsablaufs zu erhalten oder wiederherzustellen.[396] Der ordentliche Vorsitzende einer kleinen oder großen Strafkammer muss ein Vorsitzender Richter oder Landgerichtspräsident sein (§ 21 f GVG). Als Vertreter des Vorsitzenden einer kleinen Strafkammer kann aber auch ein Proberichter bestimmt werden.[397] Für den Fall einer vorübergehenden Verhinderung von Richtern muss der Geschäftsverteilungsplan eine ordnungsgemäße Vertretungsregelung aufweisen (§ 21 f Abs. 2 S. 1 GVG). Weiterhin kann auch eine unrichtige Schöffenbesetzung vorliegen. So ist die Entbindung eines Hilfsschöffen von seinen Aufgaben

385

---

388 Nach BGH NStZ 2004, 56.
389 BGH StV 2004, 525.
390 BVerfG wistra 2004, 336.
391 BGH StV 2004, 525.
392 BGH StV 2004, 525.
393 BVerfG wistra 2004, 336; BGH StV 2004, 525.
394 BGH RÜ2 2017, 65.
395 BGH RÜ2 2015, 92.
396 BGH RÜ2 2015, 159 f.
397 OLG Rostock RÜ2 2020, 133 ff.

(§ 54 Abs. 1 GVG) aus beruflichen Gründen nur ausnahmsweise zulässig. Insoweit genügen dessen allgemeine Hinweise hierzu nicht. Vielmehr muss der Richter nachfragen, Unterbrechungsmöglichkeiten bedenken und seine Erwägungen nachvollziehbar dokumentieren.[398] Allerdings ist die Entbindungsentscheidung im Revisionsverfahren nur auf Willkür hin überprüfbar.[399] Ein Amtsenthebungsverfahren nach § 51 GVG ist begründet, wenn der Schöffe sich selbst den sog. „Reichsbürgern" zurechnet oder deren Ideologie folgt.[400] Gleiches gilt bei der Mitgliedschaft in einer verfassungsfeindlichen Partei, sofern diese vom BVerfG schon als solche festgestellt wurde, wie die AfD oder NPD; eines förmlichen Verbotes bedarf es insoweit nicht.[401]

386 **(2)** Die Erhebung und der Zeitpunkt des Besetzungseinwands und die Anwesenheit oder Nichtanwesenheit der erkennenden Richter[402] können ausschließlich durch das **Sitzungsprotokoll bewiesen** werden (§§ 273, 274 StPO), ebenso deren zeitweilige Entfernung.[403]

387 **(3)** Im Rahmen der zu prüfenden **Revisibilität** gelten die gesetzlichen Rügepräklusionen gemäß § 222 b i.V.m. § 338 Nr. 1 Hs. 2 StPO. Ausnahmen finden sich in § 338 Nr. 1 a–b StPO. Soweit die Besetzungsrüge auf Mängel gestützt wird, die sich aus der Person des Richters selbst ergeben (Blindheit, Taubheit und Schlafen), gilt die Rügepräklusion nicht, da solche Mängel von den §§ 222 a, b StPO nicht erfasst sind.[404] Insoweit kann die fehlerhafte Besetzung dann noch in der Revisionsinstanz gerügt werden. Bei der fehlerhaften Nichtvereidigung eines Schöffen ist dagegen ein rechtzeitiger Besetzungseinwand erforderlich, da es sich dabei um keinen Mangel in der Person des Schöffen handelt.[405] Ein solcher Verfahrensfehler ist allerdings nur dann revisibel, wenn der persönliche Mangel während eines wesentlichen Teiles der Hauptverhandlung vorlag.[406]

Klausurhinweis: Rügen im Zusammenhang mit § 338 Nr. 1 StPO können nur mithilfe des Bearbeitervermerkes oder sonstiger Mitteilungen im Aktenstück sinnvoll in eine Klausur eingearbeitet werden. Wer an der Hauptverhandlung teilgenommen hat, ergibt sich aus der ersten Seite des Protokolls. Fehler im Geschäftsverteilungsplan sind selten relevant, dann aber leicht zu erkennen, weil hier explizite Hinweise erforderlich sind. Wichtig zu wissen ist, dass auch persönliche Mängel in dem aufgezeigten Sinn als absolute Revisionsgründe nach § 338 Nr. 1 StPO Bedeutung erlangen können.

---

388 **Beispiel für eine gutachtliche Darstellung:**

Dadurch, dass der Richter am Landgericht Becker und nicht, wie nach dem Geschäftsverteilungsplan der 1. großen Strafkammer vorgesehen, die Richterin am Landgericht Meyer als erkennende Richterin an der Hauptverhandlung vor dem Landgericht ... teilgenommen hat, kann ein absoluter Revisionsgrund nach § 338 Nr. 1 StPO, § 21 g GVG vorliegen.

---

398 BGH RÜ2 2015, 75 f.; BGH RÜ2 2017, 134 f.

399 BGH RÜ2 2017, 134 f.

400 OLG Hamm RÜ 2018, 106.

401 OLG Hamm NStZ 2020, 104 f.

402 KK-Greger § 273 Rn. 5.

403 BGH NStZ 1983, 375.

404 Meyer-Goßner/Schmitt § 338 Rn. 10.

405 BGH NStZ 2004, 98.

406 Meyer-Goßner/Schmitt § 338 Rn. 36 ff.; s. auch nachstehend zu § 338 Nr. 5 StPO.

Ein Durchgreifen dieser Rüge setzt allerdings voraus, dass schon im Verfahren von dem Angeklagten Held bzw. dessen Verteidiger ein gemäß §§ 222 a, 222 b StPO rechtzeitiger Besetzungseinwand erhoben worden ist.

Die Mitteilung der Gerichtsbesetzung erfolgte zwei Wochen vor der Hauptverhandlung, sodass nach §§ 222 a Abs. 1, 222 b Abs. 1 StPO ein entsprechender Einwand bis zu einer Woche nach Zustellung der Besetzungsmitteilung hätte erfolgen müssen. Der Verteidiger des Angeklagten Held brachte den Besetzungseinwand jedoch erst an, als sein Mandant zur Sacheinlassung aufgefordert worden war, somit also verspätet.

Eine auf die Verletzung der § 338 Nr. 1 StPO, § 21 g GVG gestützte Verfahrensrüge kann daher keinen Erfolg haben.

bb) § 338 Nr. 2 StPO

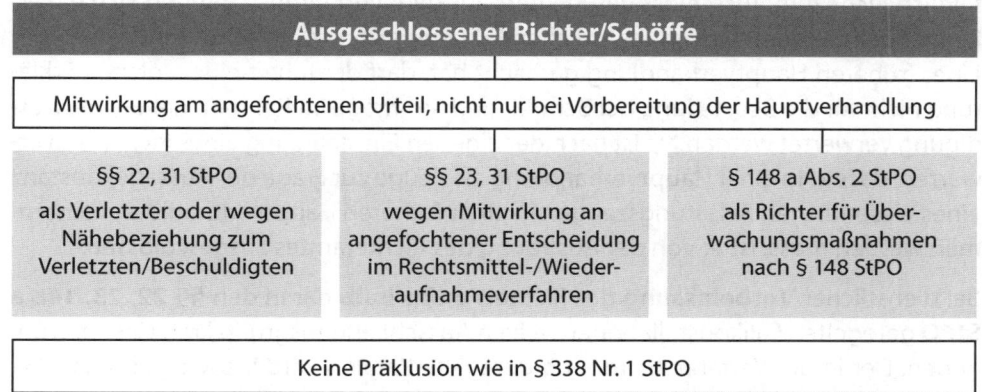

Im Zusammenhang mit **§ 338 Nr. 2 StPO** kann die Mitwirkung eines **ausgeschlossenen Richters** oder **Schöffen** an dem Urteil gerügt werden.

(1) Mit dieser **Regelung** soll gleichfalls der **Anspruch** des Angeklagten **auf** den **gesetzlichen Richter gesichert** werden. Denn auch ein kraft Gesetzes ausgeschlossener Richter ist nicht zur Ausübung des Richteramtes berufen. Ist hingegen der Protokollführer von der Ausübung seines Amtes aus gesetzlichen Gründen ausgeschlossen, liegt nach dem eindeutigen Wortlaut kein Fall des § 338 Nr. 2 StPO vor. Hier könnte nur ein relativer Revisionsgrund gegeben sein, wobei ein Beruhen des Urteils auf einem solchen Rechtsfehler aber kaum angenommen werden kann. Allerdings ist es in einem solchen Fall möglich, dass die Beweiskraft des Protokolls ausgeschlossen ist.

389

Fall 6: Verletzter als Lebenspartner des Richters

Der Vorsitzende Richter am Amtsgericht Krämer ist nach dem LPartG mit Alfons Rudolf verbunden. Dieser wurde von dem Jürgen Droste körperlich misshandelt, sodass die Staatsanwaltschaft gegen ihn wegen Körperverletzung Anklage erhob. Zuständig zur Verhandlung und Entscheidung in der Sache war der Richter Krämer, der den Angeklagten Droste auch verurteilte.

Es kann ein absoluter Revisionsgrund nach §§ 338 Nr. 2; 22 Nr. 2 StPO vorliegen. Der Richter am Amtsgericht Krämer hat in der Sache verhandelt und entschieden, also bei dem Urteil mitgewirkt. Er verurteilte den Angeklagten wegen Körperverletzung zum Nachteil des Alfons Rudolf, der damit durch die Straftat verletzt wurde. Bei dieser Person handelt es sich um den Lebenspartner des erkennenden Richters nach dem

LPartG. Von der Ausübung des Richteramtes in der abgeurteilten Sache war der Richter am Amtsgericht Krämer somit kraft Gesetzes ausgeschlossen. Ein absoluter Revisionsgrund (§§ 338 Nr. 2; 22 Nr. 2 StPO) liegt vor.

390 Wichtig ist die Regelung des **§ 22 Nr. 5 StPO**. Die dort geforderte Sachidentität setzt nicht zwingend Verfahrensidentität voraus, sondern ist auch gegeben, wenn zwischen den einzelnen Verfahrenskomplexen ein enger und für die Entscheidung bedeutsamer Sachzusammenhang besteht.[407] Die bloße Benennung als Zeuge (oder Sachverständiger) reicht allerdings noch nicht aus, um die Voraussetzungen dieser Norm bejahen zu können.[408] Auch dienstliche Erklärungen von Richtern, welche von vornherein nicht dazu bestimmt sind, Gegenstand der Beweiswürdigung zu sein, sondern sich lediglich zu prozessual erheblichen Vorgängen und Umständen verhalten, etwa auch wenn sie der freibeweislichen Aufklärung der Frage dienen, ob ein Richter überhaupt als Zeuge für die in sein Wissen gestellten Tatsachen in Betracht kommt, sind nicht als Zeugenaussagen i.S.v. § 22 Nr. 5 StPO zu bewerten und führen folglich nicht zum Ausschluss des Richters aus dem Verfahren.[409] Äußert sich ein erkennender Richter in seiner dienstlichen Erklärung über Wahrnehmungen, die er in einer früheren Hauptverhandlung gemacht hat, darf der Inhalt einer solchen Erklärung nicht für die Beurteilung der Schuld- und Straffrage im Rahmen der Beweiswürdigung verwertet werden.[410] Ist nach der eigenen Einschätzung eines Richters zu erwarten, dass er in einer Hauptverhandlung als Zeuge zur Frage der Aussagekonstanz eines wesentlichen Belastungszeugen in einer früheren Hauptverhandlung vernommen werden muss, ist er von der Ausübung des Richteramtes ausgeschlossen.[411]

391 Bei dienstlicher **Vorbefassung** des Richters **außerhalb** der in den **§§ 22, 23, 148 a StPO** geregelten Fallkonstellationen ist kein Ausschließungsgrund kraft Gesetzes gegeben. Der in der Verfahrensordnung geregelte Katalog wird insoweit als abschließend angesehen.[412]

392 (2) Die Anwesenheit oder Nichtanwesenheit des ausgeschlossenen Richters in der Hauptverhandlung kann als wesentliche Förmlichkeit allein durch das **Sitzungsprotokoll** (§§ 273, 274 StPO) **bewiesen** werden.[413]

393 (3) Der Verfahrensfehler ist stets **revisibel** und kann unabhängig davon geltend gemacht werden, ob der Richter nach § 24 StPO abgelehnt worden ist.[414]

Klausurhinweis: Bei Beanstandungen nach § 338 Nr. 2 StPO ergibt sich die Mitwirkung der Gerichtsperson an dem Urteil aus der ersten Seite der Sitzungsniederschrift.

Für die Klausur sollten Sie insbesondere mit § 22 Nr. 5 StPO vertraut sein, weil dies hierbei ein beliebtes Problem ist.

---

394 **Beispiel für eine gutachtliche Darstellung:**

Aufgrund der Mitwirkung des Richters am Landgericht Dr. Hensel bei der Urteilsfindung kann ein absoluter Revisionsgrund nach §§ 338 Nr. 2, 22 Nr. 5 StPO vorliegen.

---

407 BGH RÜ2 2019, 15 f.
408 LG Lüneburg StV 2005, 77, 78.
409 BGH StV 2004, 355.
410 BGH StV 2004, 355.
411 LG Lüneburg StV 2005, 77.
412 BGH StV 2004, 353.
413 KK-Greger § 273 Rn. 5.
414 Meyer-Goßner/Schmitt § 338 Rn. 22.

Dies setzt voraus, dass die Abgabe seiner dienstlichen Erklärung als eine Zeugenvernehmung in der Sache anzusehen ist.

Der Erklärungsinhalt erschöpfte sich in der Auskunft, zu dem im Beweisantrag des Verteidigers benannten Beweisthema keine Angaben machen zu können. Damit liegt aber eine Fallgestaltung vor, bei welcher die Rspr. das Vorliegen der Voraussetzungen des § 22 Nr. 5 StPO verneint. Dies wird überzeugend damit begründet, dass diese Regelung lediglich eine sachliche Vorbefassung des Richters, die Einfluss auf seine Entscheidung im Hinblick auf die Schuld- oder Straffrage haben kann, verhindern soll. Ein derartiger möglicher Konflikt ist aber von vornherein ausgeschlossen, wenn der Richter erklärt, keinerlei sachbezogenes Wissen zu haben.

Eine auf die Verletzung der §§ 338 Nr. 2, 22 Nr. 5 StPO gestützte Verfahrensrüge greift daher nicht durch.

cc) § 338 Nr. 3 StPO

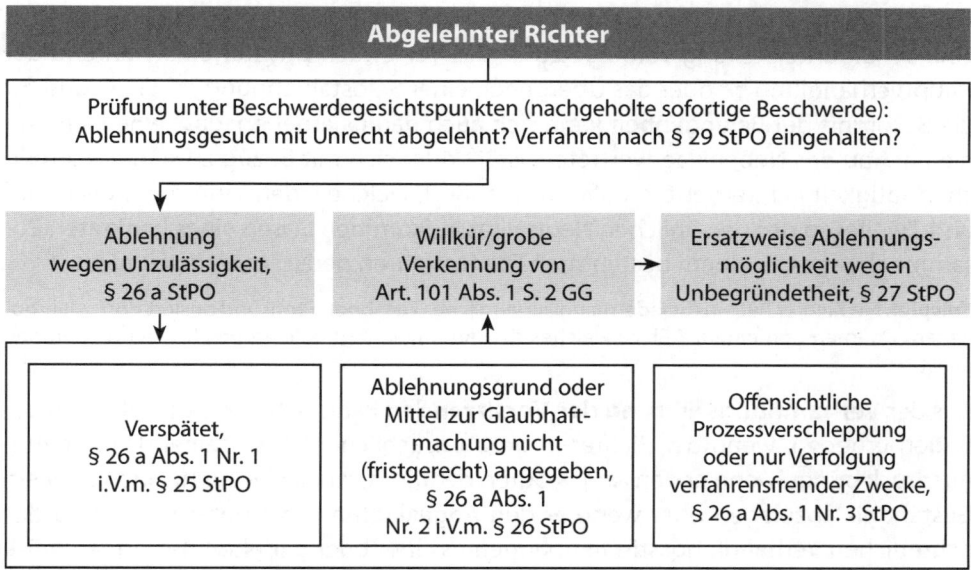

In Verbindung mit **§ 338 Nr. 3 StPO** kann die Mitwirkung eines Richters oder Schöffen bei dem Urteil beanstandet werden, wenn er wegen **Besorgnis der Befangenheit** abgelehnt worden war und das Ablehnungsgesuch für begründet erklärt oder mit Unrecht verworfen wurde.

(1) Diese Vorschrift ist nach ihrem Wortlaut eindeutig und nicht auf Staatsanwälte oder andere Personen übertragbar. Wurde die Ablehnung eines Sachverständigen für begründet erklärt oder zu Unrecht zurückgewiesen (§ 74 StPO), kann hierin nur ein relativer Revisionsgrund (§ 337 Abs. 1 StPO) liegen. **395**

(2) Die Umstände, welche eine Besorgnis der Befangenheit begründen können, sind vielfältig. Wichtig ist, dass die bloße **Rechtsunkenntnis** des Richters allein keinen Befangenheitsgrund darstellt, sofern nicht bereits die Grenze zu einer objektiv willkürlichen Verfahrensweise überschritten ist. Es kommt auch nicht darauf an, ob der abgelehnte Richter tatsächlich befangen war oder sich dafür hält, sondern allein darauf, wie sein **Verhalten** nach **objektiver Betrachtung** von dem Ablehnenden verstanden werden konnte oder musste.[415] Ein Misstrauen in die Unparteilichkeit eines Rich- **396**

---
415 BGH StV 2004, 356.

127

ters ist also dann gerechtfertigt, wenn der Ablehnende bei verständiger Würdigung des ihm bekannten Sachverhaltes Grund zu der Annahme hat, der Richter nehme ihm gegenüber eine innere Haltung ein, welche seine Unparteilichkeit und Unvoreingenommenheit störend beeinflussen kann. Dabei ist der Sachverhalt auch unter Berücksichtigung der dienstlichen Erklärung des abgelehnten Richters zu beurteilen; ein zunächst berechtigt erscheinendes Misstrauen ist danach möglicherweise zu überwinden.[416] Insoweit ist zwar die eigene Einschätzung des Richters, dass er befangen sei, grundsätzlich zwar nicht entscheidend, kann aber, sofern nachvollziehbar, ein wichtiger Gesichtspunkt bei der Bewertung sein.[417]

So kann etwa die **grundlose Ablehnung eines Terminsverlegungsantrages** durch den Vorsitzenden die Besorgnis der Befangenheit begründen, wenn dies nach der Sachlage willkürlich und nicht nachvollziehbar erscheint,[418] ebenso die Zurückweisung einer beantragten Entpflichtung eines beigeordneten Rechtsanwaltes, wenn sich bei in derselben Kanzlei tätigen Verteidigern von Mitbeschuldigten ein Interessenkonflikt konkret manifestiert,[419] Gespräche mit Verteidigern von Mitangeklagten, insbesondere, wenn dies auf nachfolgendes Befragen auch nur zögerlich offengelegt wird,[420] die Befragung eines Außenstehenden durch den Richter im Vorfeld der Hauptverhandlung zu den Strafmaßvorstellung des Angeklagten, weil dies bereits eine Schuldunterstellung voraussetzt,[421] das Versenden privater SMS während der Hauptverhandlung[422] oder das Übergehen einer Selbstablehnung.[423] Ein Grund für die Besorgnis der Befangenheit kann sich auch daraus ergeben, dass eine Richterin die Ehefrau des Nebenklagevertreters ist[424] oder sich mit Bezug zu seiner richterlichen Tätigkeit in Internetforen öffentlich äußert, welche jedermann zugänglich sind und Zweifel an der persönlichen Neutralität aufkommen lassen eines konkreten Zusammenhanges zu einem bestimmten Strafverfahren bedarf es insoweit nicht.[425]

Beispiel: Ein Richter hat ein für jedermann zugängliches Facebook-Profil und posiert dort mit erhobenem Daumen und einem T-Shirt, welches den Aufdruck trägt: Alle Verbrecher gehören in den Knast.

Aus der **Verhandlungsführung des Vorsitzenden** kann sich dann ein solches Misstrauen ergeben, wenn der Richter in grob unsachlicher Weise seinen Unmut zum Ausdruck bringt, wenn er den Angeklagten bedrängt, zur Sache auszusagen oder ein Geständnis abzulegen oder wenn er den Angeklagten sonst unter Verletzung des richterlichen Verhandlungsstils in unangemessener oder gar ehrverletzender Weise behandelt.[426] Allerdings ist es einem Richter unbenommen, situationsangemessen und auf das Naturell des Angeklagten eingehend, Erklärungen und Fragen auch mit Nachdruck und in klarer, dem jeweiligen Angeklagten verständlicher Sprache zu formulieren. Auch eine individuelle Ansprache des Angeklagten ist gestattet. Ein gewisser Unmut kann unter Umständen so auch für den Angeklagten nachvollziehbar erscheinen.[427] Nach Ansicht der Rspr. kann ein Befangenheitsantrag nicht darauf gestützt werden, dass in dem Ablehnungsgesuch vorgetragen wird, der abgelehnte

---

416 BGH StV 2004, 356.
417 BGH NStZ 2020, 495 f.
418 OLG Naumburg StraFo 2005, 24, 25.
419 BGH NStZ 2014, 660.
420 BGH NStZ 2019, 85 f.
421 BGH RÜ2 2015, 161 f.
422 BGH RÜ2 2015, 181 f.
423 BGH RÜ2 2017, 281 f.
424 BGH, Beschl. v. 19.11.2020 4 StR 249/20, BeckRS 2020, 34273.
425 BGH RÜ2 2016, 113 f.
426 BGH StV 2004, 356; BGH StraFo 2012, 222.
427 BGH StV 2004, 356.

Richter habe im Rahmen der Hauptverhandlung eine Zeugenaussage falsch wiedergegeben und gewürdigt. Denn nach dem im Revisionsrecht geltenden Rekonstruktionsverbot sind Rügen im Revisionsverfahren ausgeschlossen, die eine Rekonstruktion der Beweisaufnahme voraussetzen würden. Der Grundsatz des § 261 StPO verbiete es nämlich ausnahmslos, Aufzeichnungen, die ein Verfahrensbeteiligter über die Vernehmung eines Zeugen in der Hauptverhandlung abweichend von den tatrichterlichen Feststellungen gemacht hat, zu deren Widerlegung im Revisionsverfahren heranzuziehen. Diese verfahrensrechtliche Situation könne auch nicht dadurch umgangen werden, dass der Angeklagte in der laufenden Hauptverhandlung auf seine abweichende Wiedergabe und Würdigung von Zeugenaussagen einen Befangenheitsantrag stützte. Die ureigene Aufgabe des erkennenden Richters, Zeugenaussagen inhaltlich festzustellen und zu würdigen, dürfe nicht mit Hilfe eines Befangenheitsantrages auf andere Richter verlagert werden, die hierüber nicht ohne eine Rekonstruktion der Beweisaufnahme entscheiden könnten.[428]

(3) Grundsätzlich **entscheidet** über das Ablehnungsgesuch das **Gericht**, dem der abgelehnte Richter angehört, **ohne** dessen **Mitwirkung** (§ 27 Abs. 1 StPO). Bei gleichzeitig angebrachten und auf gleiche oder ähnliche Gründe gestützte Ablehnungsgesuche gegen mehrere Richter, sollen diese nach der Rspr., entsprechend § 27 Abs. 1 StPO, in einem einheitlichen Beschluss[429] beschieden werden und somit sämtliche abgelehnte Richter von der Mitwirkung an der Entscheidung über die Gesuche ausgeschlossen sein, sodass sie alle durch die geschäftsplanmäßigen Vertreter zu ersetzen sind. Diese Auslegung ist jedenfalls vertretbar und daher verfassungsrechtlich nicht zu beanstanden.[430] Zu beachten ist, dass ein Richter trotz eines gegen ihn gerichteten Ablehnungsgesuchen bis zur Entscheidung hierüber noch weiterhin an der Hauptverhandlung teilnehmen darf. Die Einzelheiten hierzu sind in § 29 StPO geregelt. **397**

(4) Unzulässige Ablehnungsgesuche verwirft das Gericht nach Maßgabe des § 26 a StPO, ohne dass der abgelehnte Richter ausscheidet (§ 26 a Abs. 2 S. 1 StPO); bei offensichtlicher Verschleppungs- oder Missbrauchsabsicht mit Einstimmigkeitserfordernis (und Angabe der Umstände, welche den Verwerfungsgrund ergeben sollen (§ 26 a Abs. 1 Nr. 3, Abs. 2 S. 2 StPO). Die Anwendung des § 26 a StPO auf Befangenheitsanträge mit sachlichem Gehalt ist aus verfassungsrechtlicher Sicht unzulässig, weil damit der Anspruch auf den gesetzlichen Richter verletzt wird.[431] Auch eine Erweiterung auf, aus Sicht des abgelehnten Richters, „offensichtlich unbegründete" Befangenheitsgesuche ist vor diesem Hintergrund rechtsfehlerhaft.[432] Zudem ermöglicht eine solche Verfahrensweise dem Revisionsgericht, wegen der dann fehlenden dienstlichen Erklärungen des abgelehnten Richters, eine nur eingeschränkte Tatsachengrundlage bei seiner Prüfung. Dies kann im Ergebnis dazu führen, den im Befangenheitsantrag anwaltlich als richtig versicherten Vortrag der Revisionsentscheidung zugrunde legen zu müssen.[433] **398**

(5) Die **Prüfung** der Begründetheit erfolgt bei dieser Verfahrensrüge, anders als sonst, nach **Beschwerdegesichtspunkten**.[434] Dies bedeutet zunächst, dass das Tatgericht das gesetzlich vorgeschriebene Verfahren bei Stellung eines Ablehnungsgesuches sowie nach Ablehnung eines Richters (§ 29 StPO) eingehalten hat. Außerdem **399**

428 BGH NStZ 2004, 630.
429 Meyer-Goßner/Schmitt § 27 Rn. 4.
430 BVerfG NJW 2004, 2514.
431 BGH RÜ2 2018, 38 f.
432 BGH RÜ2 2018, 38 f.
433 BGH StraFo 2005, 72, 73.
434 BGH StV 2004, 356; BGH NStZ 2004, 630.

ist die Ermessensentscheidung des Tatrichters nicht nur auf ihre Rechtmäßigkeit hin zu untersuchen. Vielmehr entscheidet das Revisionsgericht nach eigenem Ermessen, ob die im Hauptverfahren vorgebrachten und glaubhaft gemachten Tatsachen die Besorgnis der Befangenheit begründen. Außerdem muss das Tatgericht natürlich das gesetzlich vorgeschriebene Verfahren eingehalten haben.

Fall 7: Der unsachliche Richter

In einer Hauptverhandlung vor dem Strafrichter äußerte der Vorsitzende, Richter am Amtsgericht Schröder, unmittelbar nach Verlesung der Anklageschrift gegenüber dem Angeklagten: „Sie können hier sagen, was Sie wollen. Leute wie Sie gehören alle in den Knast". Unmittelbar im Anschluss daran lehnte der Angeklagte den Vorsitzenden Richter wegen Besorgnis der Befangenheit ab und bezog sich zur Glaubhaftmachung auf dessen dienstliche Stellungnahme. Im nachfolgenden Verfahren über das Ablehnungsgesuch räumte der abgelehnte Richter die tatsächlichen Umstände als zutreffend ein, führte jedoch ergänzend aus, dass er sich nicht für befangen halte, sondern lediglich einen offenen Verhandlungsstil bevorzuge. Unter dieser Grundlage wies der für die Entscheidung zuständige Amtsrichter das Ablehnungsgesuch als unbegründet zurück.

Aus der Äußerung des Vorsitzenden Richters gegenüber dem Angeklagten zu Beginn der Hauptverhandlung, dass er sagen könne was er wolle, Leute wie er gehörten alle in den Knast, kann sich ein absoluter Revisionsgrund nach §§ 338 Nr. 3; 24 ff. StPO ergeben. Der Richter am Amtsgericht Schröder wirkte am Urteil mit, nachdem er von dem Angeklagten wegen Besorgnis der Befangenheit abgelehnt worden war. Dieses Ablehnungsgesuch wurde im nachfolgenden Verfahren verworfen, sodass zu prüfen ist, ob das mit Unrecht erfolgte. Das Revisionsgericht bewertet dies nach Beschwerdegesichtspunkten, entscheidet also selbst, ob die vorgebrachten und glaubhaft gemachten Tatsachen eine Ablehnung des Richters rechtfertigen. Das ist dann der Fall, wenn die Äußerung bei verständiger Würdigung Anlass für den Angeklagten geboten hat, an der Unparteilichkeit und Unvoreingenommenheit des abgelehnten Richters ihm gegenüber zu zweifeln. Hiervon ist auszugehen, weil der Ablehnende nach objektivem Maßstab Sorge haben durfte, dass der für seine Strafsache zuständige Richter ihn, unabhängig vom weiteren Verlauf der Hauptverhandlung, in jedem Fall verurteilen wolle. Ob der Richter am Amtsgericht Schröder tatsächlich befangen war oder sich dafür hielt, ist demgegenüber nicht von Belang. Ein absoluter Revisionsgrund (§§ 338 Nr. 3; 24 ff. StPO) liegt vor.

400 **(6)** Die Mitwirkung des abgelehnten Richters oder Schöffen,[435] das Ablehnungsgesuch, sein Zeitpunkt sowie die hierauf ergangene Entscheidung werden allein durch das **Sitzungsprotokoll bewiesen** (§§ 273, 274 StPO), sofern diese Vorgänge Teil der Hauptverhandlung waren.

401 **(7)** Die **Revisibilität** ist grundsätzlich ausgeschlossen, wenn das Ablehnungsgesuch nicht rechtzeitig angebracht oder (ausreichend) begründet worden ist (§§ 25, 26 StPO). Unter Umständen können aber auch an sich präkludierte Ablehnungsgründe Bedeutung erlangen. Dies etwa dann, wenn ein Vorsitzender seine sachlich verfehlten Äußerungen vom ersten Verhandlungstag später wieder aufgreift und, im Empfinden des Angeklagten, so wiederbelebt.[436]

---

435 KK-Greger § 273 Rn. 5.
436 Nach BGH StV 2004, 356.

Klausurhinweis: In der Klausur kommen Fallgestaltungen mit Befangenheitsgründen in Zusammenhang mit § 338 Nr. 3 StPO nicht selten vor. Meist handelt es sich dann um Äußerungen von Berufsrichtern oder Schöffen, die im Hauptverhandlungsprotokoll festgehalten werden. Für Sie kommt es dann darauf an, den Sachverhalt unter Berücksichtigung der aufgezeigten Kriterien zu bewerten.

Beispiel für eine gutachtliche Darstellung: **402**

Durch die Äußerung des Richters am Amtsgericht Meyer gegenüber dem Angeklagten zu Beginn der Hauptverhandlung: „Es ist mir egal, was Sie hier erzählen, für mich steht Ihre Verurteilung schon jetzt fest." kann ein absoluter Revisionsgrund nach §§ 338 Nr. 3, 24 ff. StPO gegeben sein.

Voraussetzung hierfür ist zunächst, dass damit ein Grund für die Besorgnis der Befangenheit des Richters vorliegt. Dies ist dann der Fall, wenn dessen Verhalten nach objektiven Maßstäben und bei verständiger Würdigung des bekannten Sachverhaltes geeignet ist, ein Misstrauen in die Unparteilichkeit des Richters zu rechtfertigen. Ob dieser tatsächlich befangen war oder sich dafür hält, ist dagegen unerheblich.

Nach diesen Vorgaben kann die Äußerung des Richters am Amtsgericht Meyer aus Sicht des Angeklagten nur dahin verstanden werden, dass seine Verurteilung durch den erkennenden Richter schon feststehe, bevor überhaupt zur Sache verhandelt wurde und er Gelegenheit hatte, sich zu äußern. Dass sich der Richter am Amtsgericht Meyer, nach dessen dienstlicher Äußerung, nicht für befangen hielt, entkräftet das begründete Misstrauen in seine Unvoreingenommenheit nicht.

Der Angeklagte hat, durch seine Verteidigerin, den erkennenden Richter auch unverzüglich, nämlich unmittelbar nach dessen Äußerung in der Hauptverhandlung, und in gehöriger Form nach Maßgabe der §§ 25 Abs. 2, 26 Abs. 1, 2 StPO abgelehnt.

Eine auf die Verletzung der §§ 338 Nr. 3, 24 ff. StPO gestützte Verfahrensrüge hat damit Erfolg.

dd) § 338 Nr. 4 StPO

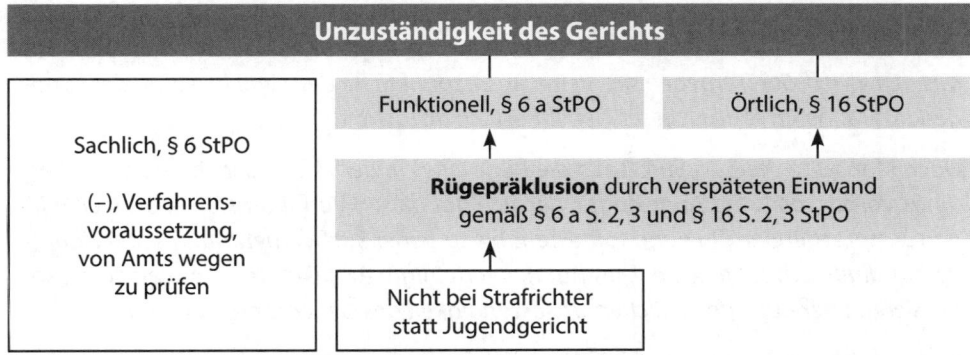

Im Zusammenhang mit **§ 338 Nr. 4 StPO** kann gerügt werden, dass ein **unzuständiges Gericht** die Hauptverhandlung geführt und entschieden habe.

(1) Diese Rüge **betrifft** stets den **Spruchkörper** als Ganzes, wohingegen § 338 Nr. 1   **403**
StPO den einzelnen Richter ins Auge fasst. Grundsätzlich sind die örtliche (§§ 7 ff. StPO), sachliche (§§ 24, 25, 28, 74 Abs. 1, 120 GVG, §§ 39 ff. JGG) und besondere (funktionelle) Zuständigkeit (§§ 74 Abs. 2, 74 a ff. GVG) zu prüfen. Seine sachliche Zuständigkeit prüft das Gericht jederzeit von Amts wegen (§ 6 StPO). Hierbei ist auch in der Revision zu berücksichtigen, dass die Regelung des § 269 StPO nur bei offensichtli-

cher Willkür hinter § 6 StPO zurücktritt. Ein Jugendgericht darf sich nach Eröffnung des Hauptverfahrens nicht deshalb für unzuständig erklären, weil die Sache vor ein für allgemeine Strafsachen zuständiges Gericht gleicher oder niedrigerer Ordnung gehört (§ 47 a S. 1 JGG). Im Bereich der örtlichen Zuständigkeit gilt eine weitgehend (verfassungsrechtlich unbedenkliche) bewegliche Zuständigkeit. Relevant werden kann diese Verfahrensrüge auch, wenn der Angeklagte während des Verfahrens seinen Wohnsitz wechselt, wodurch möglicherweise der Gerichtsstand betroffen ist. Als solcher gilt derjenige, an dem er sich zur Zeit der Anklageerhebung überwiegend aufgehalten hat. Im Jugendgerichtsverfahren gilt § 42 Abs. 3 JGG.

404 **(2)** Das erkennende Gericht und die Tatsache seiner Entscheidung wird insoweit auch durch das **Sitzungsprotokoll bewiesen** (§§ 273, 274 StPO).

405 **(3)** Bei der **Revisibilität** ist zu beachten, dass hinsichtlich der örtlichen und besonderen Zuständigkeit des Gerichts der Angeklagte nach Eröffnung des Hauptverfahrens die behauptete Unzuständigkeit spätestens bis zum Beginn seiner Vernehmung zur Sache in der Hauptverhandlung geltend machen muss (§§ 6 a, 16 StPO). Im Verhältnis zwischen dem Erwachsenen- und dem Jugendgericht ist eine entsprechende Präklusionswirkung nicht statuiert. Sobald der Angeklagte in der (ersten) Hauptverhandlung Gelegenheit zur Sacheinlassung hatte, ist jeder spätere, auf die örtliche und besondere Zuständigkeit bezogene Einwand verspätet. Dies gilt auch, wenn die Hauptverhandlung wegen einer Veränderung der Sachlage auf Antrag (§ 265 Abs. 4 StPO) entsprechend § 228 StPO ausgesetzt worden ist.

> **Klausurhinweis:** Für § 338 Nr. 4 StPO ergibt sich ebenfalls aus der ersten Seite des Protokolls, welches Gericht in der Sache entschieden hat.
>
> Bei Rügen in Zusammenhang mit § 338 Nr. 4 StPO kommt es für Sie vor allem darauf an, die entsprechenden Präklusionsvorschriften zu beachten.

406 **Beispiel für eine gutachtliche Darstellung:**

> *Dadurch, dass das Landgericht A. in der Sache entschieden hat, kann ein absoluter Revisionsgrund nach §§ 338 Nr. 4, 7 ff. StPO gegeben sein.*
>
> *Sowohl nach dem Tatort (§ 7 StPO), als auch nach dem Wohnort des Angeklagten (§ 8 StPO) war das Landgericht B. berufen, über den Anklagevorwurf zu entscheiden. Auch aus den §§ 9 ff. StPO ergeben sich keine Ansatzpunkte für den Gerichtsstand des Landgerichts Münster, sodass dieses Gericht örtlich unzuständig war.*
>
> *Nach Maßgabe des § 16 StPO setzt die Rüge eines fehlerhaften Gerichtsstandes allerdings voraus, dass der Angeklagte, der sich auf diesen Verfahrensfehler stützen will, den entsprechenden Einwand spätestens bis zu seiner Sachvernehmung in der Hauptverhandlung erhoben hatte. Dies hat der verteidigte Angeklagte indes versäumt, sodass er mit der Rüge der örtlichen Unzuständigkeit des Gerichts präkludiert ist.*
>
> *Eine auf die Verletzung der §§ 338 Nr. 4, 7 ff. StPO gestützte Verfahrensrüge hat daher keinen Erfolg.*

ee) § 338 Nr. 5 StPO

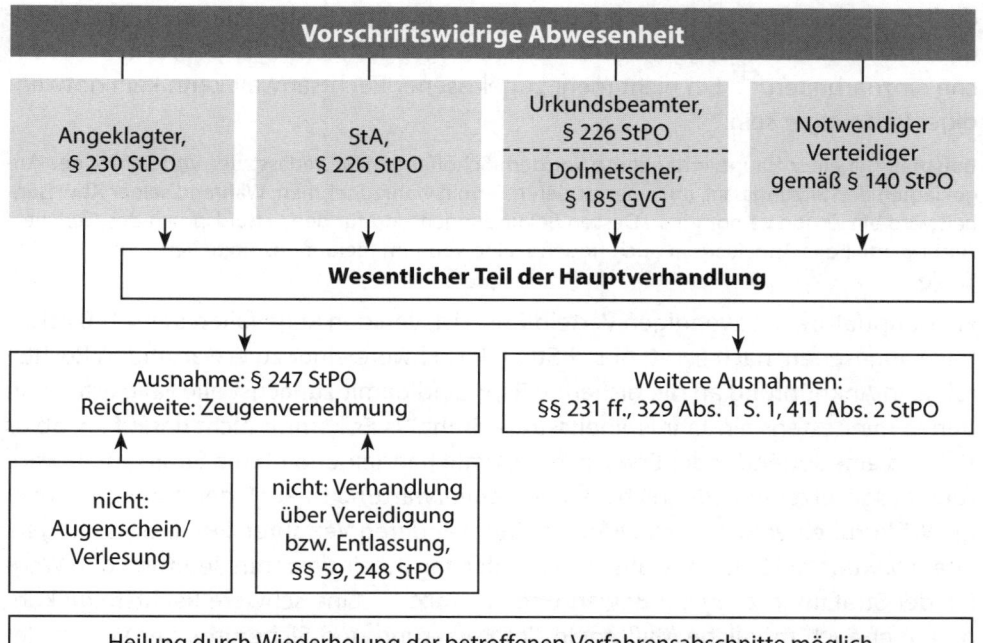

In Verbindung mit **§ 338 Nr. 5 StPO** kann geltend gemacht werden, dass die Hauptverhandlung in **Abwesenheit** eines Vertreters der Staatsanwaltschaft oder einer anderen Person, deren Anwesenheit das Gesetz vorschreibt, stattgefunden hat.

(1) Die **Anwesenheitspflicht** unmittelbar oder mittelbar regelnde Normen finden sich in §§ 140; 145 Abs. 1; 226; 230; 231 StPO, § 185 GVG. Neben der rein körperlichen Anwesenheit muss in der Person des an der Hauptverhandlung teilnehmenden Verfahrensbeteiligten auch die Möglichkeit der intellektuellen Teilnahme an der Verhandlung gegeben sein. Er darf also weder geistig abwesend noch vorübergehend verhandlungsunfähig sein.   **407**

Auch der **schlafende, taube, stumme oder blinde Richter** ist nicht in genügender Weise anwesend. Zu beachten ist aber, dass nach überwiegender Auffassung in all denjenigen Fällen, bei welchen die Abwesenheit von Richtern und Schöffen gerügt wird, immer die auf § 338 Nr. 1 StPO gestützte Besetzungsrüge als Sonderregelung vorrangig sein soll.[437] Es muss während der gesamten Hauptverhandlung derselbe Richter anwesend gewesen sein (§ 226 Abs. 1 StPO). Ein Ergänzungsrichter kann nur dann für einen ausgefallenen Richter eintreten, wenn auch er an der gesamten bisherigen Hauptverhandlung teilgenommen hat.[438]   **408**

Ein **Staatsanwalt** muss bis zum Schluss der Hauptverhandlung anwesend sein, wobei sich verschiedene Staatsanwälte im Laufe der Verhandlung abwechseln und mehrere Vertreter der Staatsanwaltschaft gleichzeitig anwesend sein können (§ 227 StPO). Abwesend soll ein Staatsanwalt auch dann sein, wenn ein sachlich unzuständiger Vertreter der Staatsanwaltschaft (s. §§ 142, 142 a GVG) an der Hauptverhandlung teilgenommen hat.[439] In Klausurfällen kann dies etwa dann relevant werden, wenn der Sitzungsvertreter nicht von der Behördenleitung bestimmt, sondern beispielsweise auf Bitten des Vorsitzenden das Amt des Staatsanwaltes in der Hauptverhandlung wahrnimmt.   **409**

---

437 Meyer-Goßner/Schmitt § 338 Rn. 10.

438 Meyer-Goßner/Schmitt § 226 Rn. 5.

439 Meyer-Goßner/Schmitt § 338 Rn. 39.

410 Im Falle der **notwendigen Verteidigung** ist die ununterbrochene Gegenwart eines Verteidigers in der Hauptverhandlung, sofern er nicht beurlaubt worden ist,[440] erforderlich. Bei kurzfristiger Erkrankung des Verteidigers muss der für einen Termin beigeordnete Pflichtverteidiger ausreichend Gelegenheit gehabt haben, sich in die Sache einzuarbeiten.[441] Ein nicht mehr zugelassener Rechtsanwalt kann kein notwendiger Verteidiger sein.[442]

Beispiel: Bei einer Hauptverhandlung vor dem Schöffengericht verlässt der Verteidiger des Angeklagten den Sitzungssaal, um einen anderen Termin wahrzunehmen. Während seiner Abwesenheit wird ein Zeuge vernommen. Dessen Bekundungen sind für den Schuldspruch des Gerichtes zum Nachteil des Angeklagten auch tragend. Eine von ihm hierauf gestützte Verfahrensrüge hat Erfolg.

Ein Hauptfall der notwendigen Verteidigung ist, von den Regelfällen des § 140 Abs. 1 StPO abgesehen, nach § 140 Abs. 2 StPO die Schwere einer zu erwartenden Rechtsfolge. In Anknüpfung an die bisherige Rspr. sind damit zunächst alle Fälle erfasst, in denen mindestens ein Jahr Freiheitsstrafe droht.[443] Es kommt nicht darauf an, ob es sich um eine Jugend- oder Erwachsenenstrafe handelt und ob die Strafe zur Bewährung ausgesetzt wird oder nicht. Bei der Straferwartung ist auch der drohende etwaige Widerruf einer Strafaussetzung in einem anderen Verfahren zu berücksichtigen. Ebenso, wenn die Staatsanwaltschaft mit der von ihr eingelegten Berufung den Wegfall der Strafaussetzung zur Bewährung anstrebt.[444] Eine schwere Rechtsfolge können aber auch mögliche Maßregeln der Besserung und Sicherung, der Verlust der Fahrerlaubnis oder Einziehungsentscheidungen darstellen.[445] Weiterhin ist nach § 140 Abs. 2 StPO die Mitwirkung eines Verteidigers geboten wegen der Schwere der Tat, der Schwierigkeit der Sach- oder Rechtslage oder, wenn ersichtlich ist, dass sich der Beschuldigte nicht selbst verteidigen kann. Hierunter fallen etwa Sachverhalte, bei denen zur sachgerechten Verteidigung des Angeklagten die Kenntnis der Akten erforderlich ist, ein Mitangeklagter über seinen Verteidiger Akteneinsicht erlangt hat und es auch um die Frage der jeweiligen Tatbeiträge geht,[446] dem Angeklagten der Widerruf seiner Aufenthaltserlaubnis wegen des Strafverfahrens droht[447] oder das Gericht Verständigungsgespräche führen möchte.[448] Von einer schwierigen Rechtslage i.S.v. § 140 Abs. 2 StPO ist unter Umständen auch dann auszugehen, wenn umfangreiche materiell-rechtliche Probleme zu erörtern sind. Dies ist bei der Bearbeitung im Blick zu behalten.

Fall 8: Der Vorbestrafte

Der Angeklagte wird von dem Strafrichter zu einer Freiheitsstrafe von sechs Monaten verurteilt. In der Hauptverhandlung wurde er von keinem Verteidiger begleitet. Die verhandelte Sache war in tatsächlicher und rechtlicher Hinsicht einfach gelagert. Der Angeklagte war zuvor in einem anderen Verfahren zu einer Freiheitsstrafe von neun Monaten, unter Strafaussetzung zur Bewährung, verurteilt worden. Zum Zeitpunkt der Hauptverhandlung vor dem Strafrichter lief die Bewährungszeit noch.

Der Angeklagte stand unter offener Bewährung von 9 Monaten und wurde zu einer Freiheitsstrafe von 6 Monaten verurteilt. Wegen dieser Rechtsfolge kann ein absolu-

---

440 Siehe hierzu BGH StraFo 2013, 285.

441 BGH StraFo 2013, 460.

442 BGH StV 2004, 5.

443 Meyer-Goßner/Schmitt § 140 Rn. 23a.

444 KG StraFo 2013, 425.

445 Meyer-Goßner/Schmitt § 140 Rn. 23b.

446 LG Itzehoe StV 2013, 206.

447 LG Oldenburg StraFo 2013, 22.

448 OLG Naumburg NStZ 2014, 116.

ter Revisionsgrund gemäß §§ 338 Nr. 5; 140 Abs. 2 StPO in Betracht kommen, sofern sie als schwer im Sinne der Norm anzusehen ist. Nach allgemeiner Auffassung wird dies grundsätzlich jedenfalls bei einer Straferwartung ab einem Jahr angenommen. Hierfür spricht vor allem die aus § 140 Abs. 1 Nr. 2 StPO folgende Wertung des Gesetzgebers. Zwar lag die vom Tatrichter ausgesprochene Strafe unterhalb dieses Rahmens. Allerdings ist insoweit anerkannt, dass hier auch die offene Bewährungsstrafe in den Blick zu nehmen ist, weil mit der neuerlichen Verurteilung ein Widerruf der Strafaussetzung droht (§ 56 f Abs. 1 Nr. 1 StGB). Bei einer Gesamtbetrachtung ist somit von einem Strafübel für den Angeklagten auszugehen, welches bei einem Jahr und drei Monaten liegt, womit eine schwere Rechtsfolge anzunehmen ist. Ein absoluter Revisionsgrund (§§ 338 Nr. 5; 140 Abs. 2 StPO) ist gegeben.

Die Gerichtssprache ist deutsch (§ 184 S. 1 GVG). Wird unter Beteiligung von Personen verhandelt, die der deutschen Sprache nicht mächtig sind, ist ein **Dolmetscher** zuzuziehen (§ 185 Abs. 1 S. 1 GVG). Für den Beschuldigten, welcher die deutsche Sprache nicht ausreichend beherrscht, bestellt das Gericht einen Dolmetscher oder Übersetzer, soweit dies zur Ausübung seiner strafprozessualen Rechte erforderlich ist (§ 187 Abs. 1 GVG). Die Abwesenheit eines Dolmetschers kann somit als ein absoluter Revisionsgrund nach § 338 Nr. 5 StPO Bedeutung erlangen. Ob der Angeklagte genügend Sprachkenntnisse hat, entscheidet der Tatrichter nach pflichtgemäßem Ermessen. Wird in der Revision gerügt, dass kein Dolmetscher hinzugezogen wurde, prüft das Revisionsgericht lediglich, ob die Grenzen des tatrichterlichen Ermessens eingehalten worden sind.[449] Als ein absoluter Revisionsgrund kann es sich auch darstellen, wenn der Dolmetscher der Sprache des Angeklagten nicht hinreichend mächtig ist.[450] **411**

Grundsätzlich muss auch ein **Urkundsbeamter** der Geschäftsstelle durchgehend an der Hauptverhandlung teilnehmen, soweit nicht der Strafrichter von seiner Hinzuziehung absieht (§ 226 Abs. 1 und 2 StPO). **412**

Die vorschriftswidrige **Abwesenheit** des **Angeklagten** kann als Verstoß gegen die §§ 230, 338 Nr. 5 StPO gerügt werden. Bei einer vorübergehenden Abtrennung des Verfahrens liegt eine die Revision begründende Abwesenheit des Angeklagten ggf. auch dann vor, wenn in dem abgetrennten Verfahren Vorgänge erörtert wurden, die den nicht anwesenden Angeklagten betreffen.[451] Auf die Anwesenheit des Angeklagten kann nicht wirksam, auch nicht von allen Verfahrensbeteiligten einvernehmlich, verzichtet werden. Allerdings ist zu berücksichtigen, dass das Anwesenheitsrecht und damit auch die Anwesenheitspflicht des Angeklagten unter Grundlage der §§ 230 ff., § 247 StPO wirksam beschränkt werden können. **413**

Eine typische Konstellation ist, dass der Angeklagte unter den Voraussetzungen des **§ 247 StPO vorübergehend von der Hauptverhandlung ausgeschlossen** worden ist. Zu beachten ist dann insbesondere, dass die Entfernung nicht über die jeweilige Vernehmung hinaus geschehen darf. Das gilt namentlich für Augenscheinseinnahmen während der Vernehmung des Zeugen.[452] **414**

Beispiel: Der Angeklagte wird für die Vernehmung einer Zeugin von der Verhandlung ausgeschlossen und verlässt den Sitzungssaal. In seiner Abwesenheit wird dann noch eine Urkunde verlesen, welche für die Entscheidungsfindung des Gerichts auch von Bedeutung ist. Anschließend wird er wieder hereingerufen. Eine Wiederholung der Verlesung nun in Anwesenheit des Angeklagten erfolgt nicht. Ein revisibler Verfahrensverstoß liegt damit vor.

---

449 BGH NStZ 2004, 214.
450 BGH NStZ 2002, 275.
451 BGHSt 30, 74.
452 Z.B. BGH NStZ-RR 2002, 102.

Dies kann allerdings dadurch geheilt werden, dass dem Angeklagten bei seiner anschließenden Unterrichtung die Besichtigung des Augenscheinsobjektes gestattet wird.[453] Nach der Rspr. ist die Regelung des § 247 StPO als Ausnahmevorschrift eng auszulegen, sodass der Angeklagte auch bei Anwendung der Norm zumindest Gelegenheit haben muss, auf die Entscheidung über die Vereidigung des Zeugen Einfluss zu nehmen und über die Entlassung des Zeugen mit zu entscheiden.[454] Denn nur so kann das Recht des Angeklagten auf eine möglichst effektive Ausübung seines Fragerechtes gesichert werden.[455] Entsprechend werden auch die Verhandlung über die Vereidigung[456] und die Entlassung[457] des Zeugen nicht mehr als Teil seiner Vernehmung angesehen, sondern als ein wesentlicher Hauptverhandlungsteil, während dem der nach § 247 StPO vorübergehend ausgeschlossene Angeklagte nicht mehr entfernt gehalten werden darf.[458]

Beispiel: Eine Zeugin wird vernommen und unmittelbar danach entlassen. Der von der Vernehmung ausgeschlossene Angeklagte wird erst nachfolgend wieder in den Sitzungssaal gerufen. Dies ist rechtsfehlerhaft.

Eine Ausnahme ist nach der Rspr. aber unter Umständen dann zuzulassen, wenn der Verfahrensfehler das Urteil ersichtlich nicht zum Nachteil des Angeklagten beeinflusst haben kann, etwa weil eine Einflussnahme des Angeklagten auf die Vereidigungsentscheidung wegen eines gesetzlichen Vereidigungsverbotes ohnehin von vornherein ausgeschlossen war oder weil der Angeklagte nach der vorschriftswidrigen Entlassung des Zeugen auf weitere Fragen an diesen ausdrücklich verzichtet hat und dies im Protokoll vermerkt ist.[459] Eine Entfernung des Angeklagten nach § 247 StPO setzt immer einen begründeten Gerichtsbeschluss voraus.[460] Das Fehlen oder die verspätete nach § 247 S. 4 StPO vorgeschriebene Unterrichtung des Angeklagten kann nur als ein relativer Revisionsgrund (§ 337 StPO) gerügt werden.[461] Die Unterrichtungspflicht entsteht dabei schon nach jeder Unterbrechung einer über mehrere Hauptverhandlungstage erfolgenden Zeugenvernehmung, nicht erst im Anschluss an die endgültige Entlassung des Zeugen.[462] Eine simultan erfolgende Bild- und Tonübertragung soll grundsätzlich Vorrang vor der nachträglichen Unterrichtung haben, sofern die technischen Voraussetzungen hierfür vorliegen, eine höhere Zuverlässigkeit der Kenntnisnahme des Geschehens durch den Angeklagten damit verbunden ist und schutzwürdige Belange des Zeugen dem nicht ausnahmsweise entgegenstehen.[463]

415 **(2)** Die Anwesenheit und Abwesenheit der Verfahrensbeteiligten, deren ununterbrochene Gegenwart das Gesetz vorschreibt, im Fall der notwendigen Verteidigung auch die des notwendigen Verteidigers,[464] kann ausschließlich durch das **Sitzungsprotokoll** (§§ 273, 274 StPO) **bewiesen** werden.

416 **(3)** Nach überwiegender Auffassung soll nur dann eine **Revisibilität** des Rechtsfehlers vorliegen, wenn sich die Verletzung der Anwesenheitspflicht auf einen **wesentlichen Teil der Hauptverhandlung** bezogen hat. Der Grund hierfür kann entweder

---

453 BGH NStZ 2014, 223.
454 BGH NStZ 2014, 532.
455 BayObLG StV 2005, 7.
456 BGH StraFo 2005, 34; BayObLG StV 2005, 7.
457 BGH RÜ 2010, 512; BGH StV 2012, 519.
458 BGH StraFo 2005, 34.
459 BayObLG StV 2005, 7.
460 BGH StV 2003, 373; BGH NStZ 2018, 40 f.
461 Meyer-Goßner/Schmitt § 247 Rn. 22.
462 BGH RÜ2 2018, 186.
463 BGH RÜ2 2018, 40.
464 BGHSt 24, 280, 281.

bereits in dem insoweit denkgesetzlich ausgeschlossenen Beruhen[465] oder in normspezifischen Erwägungen (fehlende Normbeschwer) gesehen werden. Der Fall des schlafenden Richters (nach Auffassung der Rspr. im Zusammenhang mit § 338 Nr. 1 StPO erheblich, s. dort) ist demnach auch nur dann revisibel, wenn er während eines nicht unerheblichen Teils der Verhandlung fest geschlafen hat und so den wesentlichen Vorgängen in der Hauptverhandlung nicht hat folgen können. Gleiches gilt für die Abwesenheit eines Dolmetschers.[466]

Zum **wesentlichen Teil** der **Hauptverhandlung** gehören vor allem die Vernehmung des Angeklagten zur Person und Sache, die Verlesung des Anklagesatzes, die gesamte Beweisaufnahme, die Schlussvorträge und die Verlesung der Urteilsformel.[467] Als nicht wesentlichen Teil der Hauptverhandlung hat die Rspr. etwa das Ablehnungsverfahren nach §§ 24 ff. StPO, den Aufruf von Zeugen und Sachverständigen,[468] die Belehrung nach § 57 StPO,[469] die Feststellung der Identität und der Verhandlungsfähigkeit des Angeklagten, die mündliche Eröffnung der Urteilsgründe und die Verkündung von Beschlüssen nach § 268 a StPO[470] angesehen.

Auch kann nach den allgemeinen Regeln eine **Wiederholung** des entsprechenden **Verhandlungsteils** nunmehr in Anwesenheit des vorab abwesenden Verfahrensbeteiligten die Revisibilität ausschließen. Entfernt sich der Verteidiger eigenmächtig aus der Hauptverhandlung, ist eine auf seine Abwesenheit gestützte Verfahrensrüge verwirkt.[471]

417

> **Klausurhinweis:** Wird die Abwesenheit von notwendigen Personen im Zusammenhang mit § 338 Nr. 5 StPO relevant, ist darauf zu achten, dass sich aus der Sitzungsniederschrift auch eine zeitweilige Abwesenheit ergeben kann. Achten Sie vor allem auf notwendige Verteidiger. Deren Abwesenheit wird gern in Revisionsklausuren „eingebaut". Bei Richtern ist § 226 StPO zu berücksichtigen.

Beispiel für eine gutachtliche Darstellung:

Dadurch, dass während der Vernehmung des Zeugen Mildresch der Verteidiger des Angeklagten Heinrich in der Hauptverhandlung abwesend war, kann ein absoluter Revisionsgrund gemäß §§ 338 Nr. 5, 140 StPO vorliegen.

Das Verfahren fand vor dem Schöffengericht statt, womit die Anwesenheit eines Verteidigers notwendig war (§ 140 Abs. 1 Nr. 1 StPO). Die Zeugenvernehmung ist, als Beweiserhebung, ein wesentlicher Teil der Hauptverhandlung, sodass der Verfahrensverstoß auch revisibel ist.

Eine auf die Abwesenheit des Verteidigers gestützte Verfahrensrüge nach §§ 338 Nr. 5, 140 Abs. 1 Nr. 1 StPO hat daher Erfolg.

465 S. Meyer-Goßner/Schmitt § 338 Rn. 36.
466 BGH RÜ2 2017, 160.
467 Meyer-Goßner/Schmitt § 338 Rn. 37.
468 Meyer-Goßner/Schmitt § 338 Rn. 38; BGHSt 15, 263.
469 Meyer-Goßner/Schmitt § 338 Rn. 38.
470 Meyer-Goßner/Schmitt § 338 Rn. 38.
471 BGH NStZ 1998, 209.

ff) § 338 Nr. 6 StPO

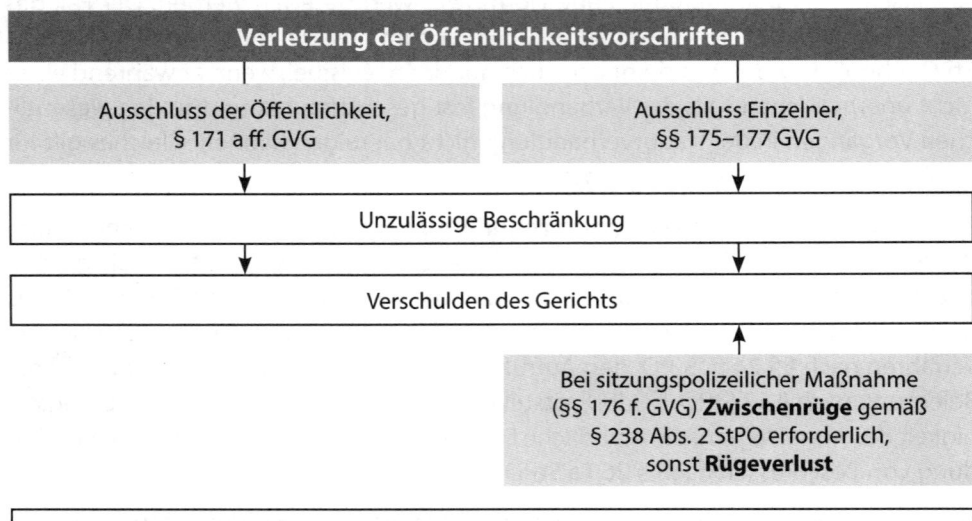

Im Zusammenhang mit **§ 338 Nr. 6 StPO** kann gerügt werden, dass das Urteil aufgrund einer mündlichen Verhandlung ergangen ist, bei der die Vorschriften über die **Öffentlichkeit** des Verfahrens verletzt worden sind.[472]

418 **(1)** Unter einer **mündlichen Verhandlung** ist nur die Hauptverhandlung i.S.d. StPO zu verstehen.

419 Solche, die **Öffentlichkeit** des Verfahrens **regelnde Vorschriften** finden sich im Grundsatz in den §§ 169 ff. GVG, § 48 JGG. Nach einhelliger Rspr. ist § 338 Nr. 6 StPO aber nur anzuwenden, wenn die Öffentlichkeit zu Unrecht beschränkt worden ist, wohingegen eine gesetzwidrige Erweiterung der Öffentlichkeit (insbesondere entgegen § 169 S. 2 GVG, § 48 Abs. 1 JGG) nicht als ein absoluter Revisionsgrund gelten soll.[473] Allerdings ist in diesen Fällen jedenfalls theoretisch die Möglichkeit einer Aufklärungsrüge als relativer Revisionsgrund gegeben.[474] Die entgegen § 173 Abs. 1 GVG nicht öffentliche Verkündung des Urteils ist ein absoluter Revisionsgrund.

420 **Öffentlichkeit** im Sinne der Vorschrift bedeutet, dass grundsätzlich jedermann Zugang zur Gerichtsverhandlung haben können muss. Dabei sind die Kapazitätsgrenzen von Sitzungssälen und das (private) Hausrecht,[475] etwa bei Augenscheinseinnahmen, als zulässige Beschränkung der Öffentlichkeit anerkannt. Bei auswärtigen Sitzungen ist ein Aushang mit Hinweisen auf den Ort der Verhandlung erforderlich, damit die Öffentlichkeit daran teilnehmen kann.[476] Allerdings darf eine Hauptverhandlung nicht bewusst in einen sehr kleinen Verhandlungsraum verlegt werden, um einen Zuhörerandrang zu vermeiden. Kontrollmaßnahmen aus Sicherheitsgründen sind zulässig. Einzelne Personen können, weil sie als Zeuge in Betracht kommen oder aus den in §§ 171 a ff. GVG genannten Gründen, vom Vorsitzenden von der Verhandlung ausgeschlossen werden.[477] Der Ausschluss von Zuhörern von der weiteren Teilnahme an der Hauptverhandlung mit der Begründung, es könnten Tatzeugen sein, setzt voraus, dass das Gericht tatsächliche Anhaltspunkte dafür hat, dass jeder Einzelne von der Maßnahme Betroffene Sachdienliches zur Aufklärung beitragen

---

472 BGH StV 2004, 639.

473 BGHSt 36, 119.

474 S. hierzu BGHSt 22, 83, 84; 23, 176.

475 S. hierzu BGH NStZ 1994, 498.

476 OLG Köln StV 1992, 222.

477 Vgl. aber BGH NStZ 2004, 453.

kann und deshalb als potentieller Zeuge in Betracht kommt.[478] Ein Beschluss etwa, sämtliche Zuhörer einer bestimmten Ethnie von der weiteren Hauptverhandlung auszuschließen, weil der geschädigte Zeuge im Ermittlungsverfahren auf die Frage hin, wer sonst noch am Tatort gewesen sei und den Vorgang beobachtet habe, erklärt hatte, dass alle Angehörigen dieser Volksgruppe seiner Heimatstadt dabei gewesen seien, ist nicht ausreichend.[479] Zu beachten ist weiter, dass ein auf § 171 b GVG gestützter öffentlichkeitsbeschränkender Beschluss zwar grundsätzlich nicht anfechtbar ist (§ 171 b Abs. 5 GVG), das Revisionsgericht aber prüfen darf, ob der Tatrichter die tatbestandlichen Voraussetzungen der Ausschlussnormen verkannt hat.[480] Muss die Öffentlichkeit nach § 171 b Abs. 3 S. 2 GVG für die Schlussvorträge ausgeschlossen werden, gilt dies wegen der Einheitlichkeit des Verfahrens,[481] für die Ausführungen sämtlicher Verfahrensbeteiligter[482] sowie der letzten Worte der Angeklagten.[483]

Der **Ausschluss** der Öffentlichkeit **erfordert** einen in öffentlicher Verhandlung ausreichend begründeten **Gerichtsbeschluss**, welcher sich grundsätzlich zu der Dauer und den Gründen der Öffentlichkeitsbeschränkung verhalten muss.[484]   **421**

Beispiel: Das Gericht verkündet einen Beschluss, wonach die Öffentlichkeit während der Vernehmung der Zeugin Maier ausgeschlossen werden soll. Nach deren Entlassung wird jedoch in Kenntnis des Spruchkörpers weiter unter Öffentlichkeitsausschluss verhandelt. Die ist revisibel.

Das in § 174 GVG geregelte Verfahren ist einzuhalten und seine Verletzung revisibel. Allerdings ist hier zu berücksichtigen, dass in der Regel schon die Angabe des Ausschlussgrundes ausreichend ist. Wird ein Zeuge mehrmals vernommen, ist jeweils ein gesonderter Gerichtsbeschluss für den Ausschluss der Öffentlichkeit erforderlich.[485] War der Ausschluss der Öffentlichkeit für die Schlussvorträge nach § 171 b GVG zwingend anzuordnen, ist das Fehlen eines entsprechenden Beschlusses jedoch nicht revisibel.[486] Hat der Angeklagte unter Ausschluss der Öffentlichkeit ein Geständnis abgelegt, ist nicht anzunehmen, dass er den Schuldspruch durch nicht-öffentliche Angaben im Schlussvortrag oder seinem letzten Wort noch infrage stellen würde. Der Nichtausschluss der Öffentlichkeit kann daher nur für den Rechtsfolgenausspruch von Bedeutung sein.[487]

Nach der Rspr. muss die Beschränkung der Öffentlichkeit auf ein **Verschulden** des **Gerichts** zurückzuführen sein, um erfolgreich gerügt werden zu können.[488]   **422**

Beispiel: Das Gericht hat sich morgens vergewissert, dass die elektronische Tafel, auf der auf die Öffentlichkeit oder Nichtöffentlichkeit der Verhandlung hingewiesen wird, ordnungsgemäß funktioniert. Im Laufe des Tages fällt jedoch die entsprechende Elektronik aus, so dass auf dem Schild „nicht öffentliche Sitzung" erscheint. Hierüber wurde der Spruchkörper nicht informiert. In einer Sitzungspause zuvor war den Richtern bei einer Kontrolle noch keine Störung aufgefallen. Ein Verschulden ist hier zu verneinen.

Ein Öffentlichkeitsausschluss aufgrund des Verhaltens untergeordneter Bediensteter ist dem Gericht grundsätzlich nicht zuzurechnen. Dieses hat allerdings eine Aufsichtspflicht, deren gröbliche Verletzung ein Gerichtsverschulden auslösen kann.[489]

---

478 BGH NStZ 2004, 453, 454.
479 Nach BGH NStZ 2004, 453, 454.
480 BGH RÜ2 2016, 65.
481 BGH RÜ2 2020, 162.
482 BGH RÜ2 2018, 65 f.; OLG Hamm RÜ2 2019, 159 f.
483 BGH RÜ2 2017, 88.
484 BGHSt 30, 298.
485 BGH NStZ 2013, 479; zum Antragsrecht eines Zeugen s. BGH RÜ2 2015, 57.
486 BGH RÜ2 2019, 205 f.
487 BGH RÜ2 2020, 85 f.
488 BGH RÜ2 2016, 162.
489 Meyer-Goßner/Schmitt § 338 Rn. 50.

423 **(2)** Die Vorgänge hinsichtlich des Ausschlusses und der Wiederherstellung der Öffentlichkeit sind für die Hauptverhandlung vorgeschriebene Förmlichkeiten[490] und werden allein durch das **Sitzungsprotokoll bewiesen** (§§ 273, 274 StPO).

424 **(3)** Im Rahmen der **Revisibilität** geht dem Angeklagten die Rüge auch dann nicht verloren, wenn er den Ausschluss der Öffentlichkeit selbst beantragte, da er keinen Anspruch auf die Öffentlichkeitsbeschränkung hatte. Bei Maßnahmen nach § 177 GVG kann und muss ggf. eine Entscheidung nach § 238 Abs. 2 StPO herbeigeführt werden.

Klausurhinweis: Bei Beanstandungen im Zusammenhang mit § 338 Nr. 6 StPO ist ebenfalls das Hauptverhandlungsprotokoll heranzuziehen. Beachten Sie, dass die Öffentlichkeit nach ihrem zeitweiligen Ausschluss wiederhergestellt werden muss.

In Klausuren werden gerne Fallkonstellationen gewählt, bei denen der Zugang zum Gericht durch das Justizpersonal verwehrt worden ist. Hier müssen Sie die Ansicht der Rspr. erörtern, wonach eine erfolgreiche Rüge ein Verschulden des Gerichts voraussetzen soll.

---

425 **Beispiel für eine gutachtliche Darstellung:**

Dadurch, dass der Alfons Peters wegen der verschlossenen Tür zum Sitzungssaal 3 nicht an der Hauptverhandlung gegen den Angeklagten Tommsen vor dem Amtsgericht teilnehmen konnte, kann ein absoluter Revisionsgrund nach §§ 338 Nr. 6 StPO, 169 Abs. 1 S. 1 GVG vorliegen.

Die Verhandlung gegen den Angeklagten hatte öffentlich stattzufinden (§ 169 S. 1 GVG), die Voraussetzungen für einen zulässigen Ausschluss der Öffentlichkeit nach Maßgabe der §§ 171 a ff. GVG lagen nicht vor.

Für den Alfons Peters musste daher grundsätzlich die Möglichkeit bestehen, ungehindert an der Gerichtsverhandlung als Zuhörer teilzunehmen. Dies war ihm durch das Verschließen der Tür allerdings verwehrt worden, womit an sich ein Verstoß gegen den Öffentlichkeitsgrundsatz vorliegt.

Die Rspr. verlangt für das Durchgreifen einer hierauf gestützten Verfahrensrüge aber, dass der Ausschluss der Öffentlichkeit durch ein Verschulden des erkennenden Gerichts verursacht worden sein muss. Hier ging der Justizmeister Krumm aufgrund eines ihm zurechenbaren Versehens bei der Durchsicht seines persönlichen Terminplans davon aus, es finde keine Verhandlung mehr in dem Sitzungssaal 3 statt, sodass er diesen abschloss.

Diese Umstände hatte das Gericht weder zu verantworten noch sonst seine Aufsichtspflichten in grober Weise verletzt.

Eine auf die Verletzung der § 338 Nr. 6 StPO, § 169 Abs. 1 S. 1 GVG gestützte Verfahrensrüge hat somit keinen Erfolg.

---

490 BGH RÜ2 2016, 64; Meyer-Goßner/Schmitt § 273 Rn. 7; KK-Greger § 273 Rn. 5.

gg) § 338 Nr. 7 StPO

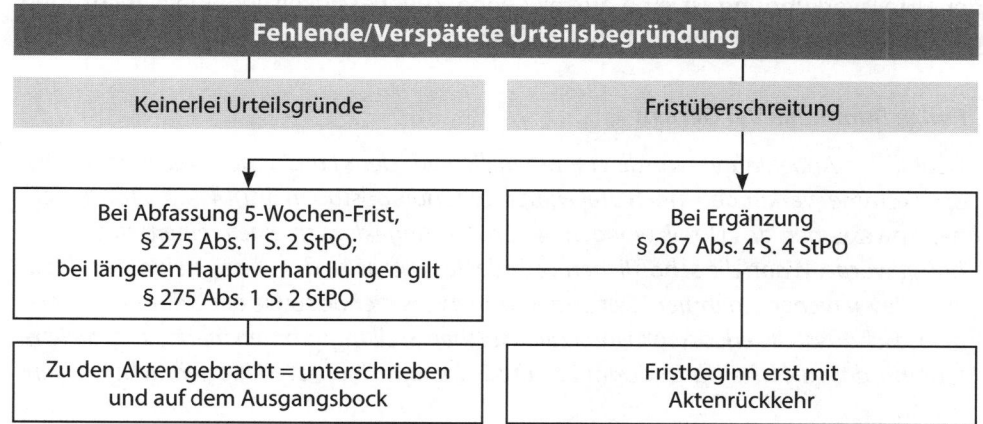

In Verbindung mit **§ 338 Nr. 7 StPO** kann beanstandet werden, dass das Urteil entweder gar keine (schriftlichen) **Entscheidungsgründe** enthält oder diese nicht innerhalb der gesetzlich vorgesehenen Fristen (§§ 267, 275 StPO) zu den Akten gebracht worden sind. Da das gänzliche Fehlen der Gründe schon auf die Sachrüge hin zu beachten ist, hat § 338 Nr. 7 StPO für diesen Fall nur eine Bedeutung bei Prozessurteilen (§§ 329 Abs. 1; 412 StPO).[491]

(1) Die Grundfrist beträgt **fünf Wochen nach der Urteilsverkündung**, innerhalb derer das Urteil von den daran mitwirkenden Berufsrichtern unterschrieben und zu den Akten gebracht worden sein muss. Eine gesetzliche Elternzeit kann einen Hinderungsgrund zur Leistung der Unterschrift i.S.v. § 275 Abs. 2 S. 2 StPO darstellen.[492] Bei Kollegialgerichten ist das Fehlen einzelner Unterschriften als Verfahrensfehler geltend zu machen.[493] Haben mehrere Hauptverhandlungstage stattgefunden, verlängert sich die Frist. Die **gestaffelten Fristen** ergeben sich im Einzelnen aus § 275 StPO. Für den Fall, dass wegen vermeintlicher Rechtskraft zunächst nur abgekürzte Urteilsgründe verfasst worden sind (§ 267 Abs. 4 StPO), nachfolgend aber Wiedereinsetzung gewährt wurde, beginnt die Frist zur Urteilsergänzung mit Eingang der Akten bei dem zuständigen Tatgericht.[494] Eine Fristüberschreitung führt auch bei einer versehentlich falschen Berechnung der Frist zum Durchgreifen dieser Verfahrensrüge.[495] Die Rspr. lässt es zur Fristwahrung jedoch ausreichen, wenn zum Zeitpunkt des Ablaufs der Frist die mit allen erforderlichen Unterschriften und nicht mehr änderbare schriftliche Urteilsurkunde auf den Weg zur Geschäftsstelle gebracht wird. Die Frist kann entsprechend § 275 Abs. 1 S. 4 StPO überschritten werden, wenn und solange das Gericht durch einen im Einzelfall nicht voraussehbaren unabwendbaren Umstand an der Fristeinhaltung gehindert worden ist. Umstände aus der gerichtsinternen Organisation rechtfertigen keine Fristüberschreitung.[496] Dies auch dann nicht, wenn eine Belastung mit anderen Dienstgeschäften bestanden hat.[497] Hier ist zu berücksichtigen, dass die Regelung des § 275 StPO zwar keine Höchstdauer der Fristüberschreitung kennt. Allerdings trägt diese Vorschrift Ausnahmecharakter. Dem liegt der Gedanke zugrunde, dass die Zuverlässigkeit der Erinnerung und somit auch die Grundlage der Entscheidungsgründe durch die Verzögerung der Urteilsabsetzung gefährdet ist. Deshalb können nur Fristüberschreitungen in einem überschau-

426

---

491 Meyer-Goßner/Schmitt § 338 Rn. 52.

492 BGH NStZ 2020, 181 f.

493 Meyer-Goßner/Schmitt § 275 Rn. 28.

494 BGH RÜ2 2020, 61.

495 BGH StraFo 2005, 76; BGH wistra 2011, 431.

496 BGH RÜ2 2019, 137.

497 BGH RÜ2 2019, 137.

baren Zeitraum anerkannt werden. Bei einer Urteilabsetzung von etwa 1 Jahr nach der Urteilsverkündung ist eine ausreichende Zuverlässigkeit jedenfalls nicht mehr gewährleistet, sodass dies zur Urteilsaufhebung führen muss.[498]

Fall 9: Bummelei bei Gericht

Gegen den Angeklagten wurde erstinstanzlich vor dem Landgericht verhandelt. Die Strafkammer verkündete nach drei Hauptverhandlungstagen am 14. Mai 2021 in seiner Anwesenheit das Urteil, wonach gegen den Angeklagten eine Freiheitsstrafe verhängt wurde. Wann die schriftlichen Gründe des Urteils zu den Akten gelangten, lässt sich diesen nicht entnehmen. Der Strafkammervorsitzende sowie der Urkundsbeamte der Geschäftsstelle erklärten in ihren dienstlichen Stellungnahmen hierzu aber gleichlautend, dass die Urteilsgründe am 22. Juni 2021 vollständig zur Akte gebracht worden waren.

Fraglich ist das Vorliegen eines absoluten Revisionsgrundes nach §§ 338 Nr. 7; 275 StPO. Die Hauptverhandlung hat an drei Tagen stattgefunden, sodass die vollständigen Urteilsgründe spätestens fünf Wochen nach Verkündung der Entscheidung zu den Akten zu bringen waren (§ 275 Abs. 1 S. 2 StPO). Die Urteilsverkündung erfolgte am 14. Mai 2021. Wann die Gründe des Urteils zur Akte gelangten, ist freibeweislich festzustellen. Entsprechend den übereinstimmenden dienstlichen Erklärungen des Vorsitzenden und des Urkundsbeamten der Geschäftsstelle geschah dies am 22. Juni 2021, also außerhalb des gesetzlich vorgegebenen Zeitraumes. Ein zur Fristüberschreitung rechtfertigender Grund i.S.d. § 275 Abs. 1 S. 4 StPO liegt nicht vor. Der Revisionsgrund der §§ 338 Nr. 7; 275 StPO ist gegeben.

427 Die **Qualität** der **Urteilsgründe** ist unbeachtlich. Selbst der dürftigste, lückenhafteste und widersprüchlichste Text, den das Gericht zur Begründung seiner Entscheidung verfasst, reicht aus, um als Entscheidungsgründe im Sinne der Vorschrift angesehen zu werden. Deren Inhalt kann allein Gegenstand der Sachrüge sein.

428 **(2)** Die erforderlichen Feststellungen im Rahmen dieser Rüge trifft das Revisionsgericht im **Freibeweisverfahren**. Es stellt (meist durch dienstliche Äußerungen der Richter) den Zeitpunkt, zu welchem das Urteil zu den Akten gebracht worden ist, fest. Dies kann auch im Widerspruch zu dem Eingangsvermerk der Geschäftsstelle stehen.

429 **(3)** Die **Revisibilität** bei einem Verstoß gegen die im Zusammenhang mit dieser Rüge stehenden Verfahrensvorschriften ist stets anzunehmen, weil ein Beruhen des Urteils auf dem Verfahrensfehler regelmäßig auch denkgesetzlich nicht auszuschließen ist.[499]

Klausurhinweis: Rügen nach § 338 Nr. 7 StPO sind vor allem im Zusammenhang mit einer nicht rechtzeitigen Urteilsabsetzung relevant. Dem Protokoll lässt sich die Anzahl der Hauptverhandlungstage entnehmen.

Diese sollten mit der Absetzungsfrist verglichen werden. Auf entsprechende Problemstellungen werden Sie aber meist schon durch den Bearbeitervermerk hingewiesen.

---

498 OLG Zweibrücken NJW 2004, 2108; Meyer-Goßner/Schmitt § 275 Rn. 12.
499 BGH, Urt. v. 30.01.2002 – 2 StR 504/01, BeckRS 2002, 2767.

Beispiel für eine gutachtliche Darstellung: **430**

> *Weil die schriftlichen Urteilsgründe erst am 14. Februar 2021 zu den Akten gebracht worden sind, kann ein absoluter Revisionsgrund gemäß §§ 338 Nr. 7, 275 StPO vorliegen.*
>
> *Die Hauptverhandlung gegen den Angeklagten Müller vor dem Landgericht fand an nur einem Verhandlungstag statt, sodass die Gründe bis spätestens fünf Wochen nach der Urteilsverkündung (§ 275 Abs. 1 S. 2 StPO), also bis zum 10. Februar 2021, mindestens auf dem Weg zur Geschäftsstelle hätten sein müssen. Ein Fall nach § 275 Abs. 1 S. 4 StPO, welcher ausnahmsweise eine Fristüberschreitung rechtfertigen könnte, liegt ersichtlich nicht vor. Gleichfalls steht die von dem Vorsitzenden in seiner dienstlichen Erklärung abgegebene Begründung für die Überschreitung der Frist, nämlich eine versehentlich falsche Berechnung, nach einhelliger Auffassung dem Durchgreifen der Rüge nicht entgegen.*
>
> *Eine auf die Verletzung der §§ 338 Nr. 7, 275 StPO gestützte Verfahrensrüge hat somit Erfolg.*

hh) § 338 Nr. 8 StPO

Unzulässige Verteidigungsbeschränkung

Gerichtsbeschluss, insbesondere
▪ Ablehnung von Beweisanträgen ohne Prüfung ▪ Weigerung, Anträge entgegenzunehmen ▪ Keine Unterbrechung zur Ermöglichung der Vorbereitung ▪ Zurückweisung von Fragen pp.

Unzulässige Beschränkung der Verteidigung, insbesondere
▪ Verletzung des Grundsatzes fairen Verfahrens ▪ Verletzung der gerichtlichen Fürsorgepflicht

In einem **wesentlichen** Punkt (umstr.)
▪ Konkret-kausale Beziehung zum Urteil (h.M.) ▪ Wenn Urteil auf Fehler beruht oder beruhen kann (BGH)

Verletzung besonderer Verfahrensvorschriften, Einzelfallprüfung

Im Zusammenhang mit **§ 338 Nr. 8 StPO** kann bemängelt werden, dass die **Verteidigung** durch einen Beschluss des Gerichts in einem für die Entscheidung wesentlichen Punkt unzulässig **beschränkt** worden ist.

(1) Die Unzulässigkeit der **Verteidigungsbeschränkung** setzt nach allgemeiner Ansicht die Verletzung einer konkreten (anderen) Prozessvorschrift voraus und kann somit nur unter Rückgriff auf die sonstigen Verfahrensnormen des Strafprozessrechts beantwortet werden. Beschränkungen der Verteidigung können sich auch und vor allem aus einer Verletzung der **Grundsätze des fairen Verfahrens** oder der **Fürsorgepflicht** des Gerichts ergeben. Denkbar sind die zeitlich ungenügende Gewährung von Akteneinsicht,[500] die ungenügende Rücksichtnahme auf eine Verhinderung des   **431**

---

500 BGH NStZ 2014, 347.

Verteidigers[501] oder die Verhandlung ohne ihn, trotz Zusage vonseiten des Gerichts, die fehlerhafte Behandlung von Unterbrechungs- oder Aussetzungsanträgen, Beschränkungen des Fragerechts, die Zuweisung eines ungenügenden Sitzplatzes oder die Beiordnung eines Pflichtverteidigers und fehlende Rücksichtnahme auf die berechtigten Interessen des daneben für den Angeklagten als Vertrauensanwalt tätigen Wahlverteidigers.[502]

432 Aus der Eingrenzung der Beschränkung in einem **für die Entscheidung wesentlichen Punkt** wird überwiegend gefolgert, bei § 338 Nr. 8 StPO handele es sich, entgegen dessen systematischer Stellung, der Sache nach um einen lediglich **relativen Revisionsgrund**.[503] Nach dieser Auffassung dürfte für § 338 Nr. 8 StPO kaum ein eigenständiger Anwendungsbereich verbleiben, da entsprechende Verfahrensverstöße dann immer zugleich auch als relative Revisionsgründe (§ 337 StPO) gerügt werden könnten.[504] Demgegenüber wird angenommen, dass in Fällen einer evidenten Verletzung von Normen, welche für eine rechtsstaatliche Entscheidungsfindung von wesentlicher Bedeutung sind, § 338 Nr. 8 StPO gleichwohl anwendbar sei, da es insoweit einer konkreten Beruhensprüfung nicht bedürfen könne.[505] Für die Klausur bedeutet dieser Meinungsstand, dass im Regelfall auf § 337 StPO zurückgegriffen werden sollte. Lediglich dort, wo sich mögliche Verfahrensfehler nur unter Rückgriff auf allgemeine Verfahrensgrundsätze ergeben können, ist § 338 Nr. 8 StPO heranzuziehen.

433 Ein für § 338 Nr. 8 StPO **erforderlicher Gerichtsbeschluss** in der Hauptverhandlung setzt im Allgemeinen, aber nicht zwingend, einen zuvor gestellten Antrag der Verteidigung voraus. Ferner muss der Verfahrensverstoß vom Gericht, nicht dem Vorsitzenden allein, zu verantworten sein. Die Nichtbescheidung eines Antrags seitens des Gerichts steht einem ausdrücklichen Beschluss gleich.

434 (2) Die Verkündung des gerichtlichen Beschlusses kann nur durch das **Sitzungsprotokoll bewiesen** werden (§§ 273, 274 StPO).

435 (3) Im Rahmen der **Revisibilität** ist zu beachten, dass nur ein Gerichtsbeschluss die Verteidigung unzulässig beschränken kann, was ggf. dessen Herbeiführung nach § 238 Abs. 2 StPO erfordert. Aufgrund der Besonderheit dieses absoluten Revisionsgrundes muss zwischen dem Verfahrensfehler und dem Urteil eine konkrete kausale Beziehung i.S.d. Beruhens bestehen.[506]

> **Klausurhinweis:** Für Beanstandungen, welche auf § 338 Nr. 8 StPO gestützt werden sollen, können Sie der Sitzungsniederschrift den die Verteidigung vermeintlich beschränkenden Beschluss entnehmen.
>
> Eine entsprechende Rüge kann in der Regel ebenso als relativer Revisionsgrund geltend gemacht werden. Sie sollten deshalb den aus Ihrer Sicht praktikableren Weg wählen und sich nicht auf eine vertiefte Auseinandersetzung mit diesem Streitpunkt einlassen.

436 **Beispiel für eine gutachtliche Darstellung:**

> *Durch die Nichtberücksichtigung des Unterbrechungsantrages vonseiten des Verteidigers des Angeklagten kann ein absoluter Revisionsgrund nach §§ 338 Nr. 8, 228, 265 Abs. 4 StPO vorliegen.*

---

501 BGH RÜ2 2018, 137 f.
502 BGH StV 2004, 191.
503 Z.B. BGHSt 30, 131, 135; a.A. etwa Hamm Rn. 493 ff.
504 Für die Anwendbarkeit bei der Rüge unzulänglicher Übersetzungsleistungen siehe BGH RÜ2 2018, 17 f.
505 S. hierzu auch BGH NStZ 1995, 298; Hamm Rn. 493 ff.
506 Meyer-Goßner/Schmitt § 338 Rn. 59.

Voraussetzung für das mögliche Durchgreifen einer solchen Rüge ist stets, dass sich die unzulässige Beschränkung der Verteidigung in einem für die Entscheidung wesentlichen Punkt aus einem Gerichtsbeschluss ergeben muss. Hieran fehlt es bereits, weil allein der Vorsitzende über das Begehren gemäß § 228 Abs. 1 S. 2 StPO entschieden hatte und es die Verteidigung insoweit versäumte, eine Kammerentscheidung nach § 238 Abs. 2 StPO herbeizuführen.

Eine auf die Verletzung der §§ 338 Nr. 8, 228, 265 Abs. 4 StPO gestützte Verfahrensrüge hat somit keinen Erfolg.

b) Die relativen Revisionsgründe

Bei den rügebedürftigen Verfahrensfehlern, die als **relative Revisionsgründe** für die Revision Bedeutung erlangen können, kann es sich einmal um solche handeln, deren zugrundeliegende fehlerhafte Verfahrenshandlung bereits vor der Hauptverhandlung ausgeführt worden ist oder um Verfahrensfehler, welche in der Hauptverhandlung selbst, unter Einschluss der Urteilsberatung und Urteilsverkündung, begangen worden sind.

Hier ist das **Sitzungsprotokoll** wieder die entscheidende Informationsquelle.

437

Prüfen sie insbesondere den **verfahrensgemäßen Verlauf** der Hauptverhandlung (§ 243 StPO), **Belehrungen**, von den Verfahrensbeteiligten gestellte **Anträge**, sowie ergangene sachleitende **Anordnungen** und **Beschlüsse**. Dies muss alles ordnungsgemäß erledigt worden sein. Bei **mehreren Hauptverhandlungsterminen** müssen die Unterbrechungsfristen gewahrt und in jedem Fortsetzungstermin muss zur Sache verhandelt (kein sog. „Schiebetermin") worden sein (§§ 228, 229 StPO).

aa) Fehlerhafte Verfahrenshandlungen vor der Hauptverhandlung

438

Prüfung Verfahrensfehler vor der Hauptverhandlung
Verletzung einer Verfahrensvorschrift
■ Fehler etwa bei Pflichtverteidigerbestellung oder Zulassung der Nebenklage
■ Belehrungsfehler oder fehlerhafte Beschlagnahme
■ Sonstige sachliche Fehler bei der Beweiserhebung
Fortwirkung in der Hauptverhandlung
■ Fehler des Verfahrens sind nicht behoben worden
■ Fehlerhafte Beweiserhebung wird in die Verhandlung eingeführt
Soweit erforderlich, ordnungsgemäßen Widerspruch prüfen
Beruhen des Urteils auf Rechtsfehler
■ Bei fehlerfreier Wiederholung auszuschließen
■ Ggf. nur erhöhte Anforderungen an Beweiswürdigung

(1) Solche **allgemeinen Verfahrensfehler** können im Zusammenhang mit einer Pflichtverteidigerbestellung oder Verletzung des § 146 a StPO, der verfahrenswidrigen Zulassung einer Nebenklage[507] oder der unterlassenen Ladung des Verteidigers

---

507 Meyer-Goßner/Schmitt § 336 Rn. 3.

(§ 218 StPO) und dem Versäumnis der nach Maßgabe des § 224 StPO erforderlichen Benachrichtigungen im Rahmen einer kommissarischen Vernehmung bis zum Urteil fortwirken und daher für die Revision Bedeutung erlangen.

439   **(2)** Die in der Praxis und Klausur bedeutsameren Fälle vor der Hauptverhandlung liegender revisibler Verfahrensfehler kommen hier allerdings meistens im Bereich der **Beweiserhebungs-** und **Beweisverwertungsverbote** vor. Dies ist für das Revisionsverfahren deshalb von Bedeutung, weil dem Tatgericht damit mögliche Erkenntnisgrundlagen entzogen werden, womit der Anwendungsbereich des § 261 StPO berührt ist.

(a) Dabei handelt es sich im Allgemeinen um fehlerhafte Verfahrenshandlungen, die schon im Ermittlungsverfahren aufgetreten sind. Sie sind für die Revision jedenfalls dann von Bedeutung, wenn das Gericht unter Verkennung des entgegenstehenden Verbots der Beweiserhebung oder Beweisverwertung das bemakelte Beweismittel in die Hauptverhandlung eingeführt hat und der **Verfahrensfehler** dadurch **fortwirkt**.

(aa) So ist es etwa bei einer unterlassenen Belehrung nach **§ 55 Abs. 2 StPO** des jetzigen Angeklagten als damaligen Zeugen der Fall, denn dadurch wird sein Rechtskreis nunmehr berührt.

(bb) Ebenso ist es bei einer unterlassenen Beschuldigtenbelehrung entsprechend **§ 136 StPO** bei Vernehmungen im Ermittlungsverfahren.[508] Diese Fälle sind ausgesprochen klausurrelevant. Hier kann schon die Beschuldigteneigenschaft selbst problematisiert werden. Darüber hinaus, neben dem Hinweis auf die Aussagefreiheit an sich, insbesondere das Recht zur Verteidigerkonsultation und die hierbei zu leistende Hilfestellung. Der Hinweis auf den anwaltlichen Notdienst ist aber entbehrlich, wenn der Beschuldigte bereits einen bestimmten Verteidiger zur Kontaktaufnahme benannt hat.[509] Die Belehrung über die Möglichkeit einer Pflichtverteidigerbestellung führt nach der Rspr. zu keinem absoluten Verwertungsverbot.[510] Hat der Beschuldigte eindeutig erklärt, sich nicht zur Sache äußern zu wollen und macht er nachfolgend, etwa im Rahmen einer angeordneten körperlichen Untersuchung, gegenüber dem ärztlichen Personal Angaben, welche von den gleichfalls anwesenden Polizeibeamten mitgehört werden, dürfen diese Äußerungen nicht verwertet werden.[511] Ein Belehrungsmangel kann aber durch eine nachfolgende qualifizierte Belehrung, also den Hinweis darauf, dass das bislang Ausgesagte nicht verwertbar ist, geheilt werden. Fehlt eine solche, führt dies aber nicht ohne weiteres zu einem Beweisverwertungsverbot, weil ihr nicht das gleiche Gewicht zukommt, wie dem gänzlichen Fehlen einer Belehrung.[512] Äußert sich der Beschuldigte gegenüber seinem Verteidiger und wird dies von Ermittlungsbeamten wahrgenommen, können diese hierüber vernommen werden.[513] Es ist daher im Einzelfall abzuwägen, ob die fehlende qualifizierte Belehrung eine Verwertung ausschließt.[514] Jugendliche sind auch über ihr Recht zur Elternkonsultation zu unterrichten. Ein Verstoß hiergegen führt allerdings grundsätzlich nur zu einem relativen Beweisverwertungsverbot.[515]

(cc) In Revisionsklausuren von Bedeutung ist auch ein Verstoß gegen den Richtervorbehalt des **§ 81 a Abs. 2 StPO**, dessen Bedeutung durch die neuere, auch verfassungsgerichtliche Rspr. gestärkt worden ist. Bei Verdachtslagen für in der Praxis be-

---

508   Siehe zum Begriff des Beschuldigten BGH RÜ 2019, 582 ff.

509   BGH RÜ2 2019, 207 f.

510   BGH RÜ 2018, 513 f.

511   BGH RÜ2 2018, 161 ff.

512   BGH NStZ 2019, 227 ff.

513   BGH RÜ 2019, 110.

514   BGH NStZ 2019, 227 ff.

515   BGH RÜ2 2019, 253 ff.

deutsame Straftatbestände im Zusammenhang mit Trunkenheit im Verkehr besteht ein Richtervorbehalt nach der gesetzlichen Wertung allerdings nicht mehr (§ 81 a Abs. 2 S. 2 StPO).

(dd) Die Beschlagnahmeverbote des **§ 97 StPO** orientieren sich an den Zeugnisverweigerungsrechten und sollen deren Umgehung verhindern. Relevant ist hierbei vor allen Dingen die Kommunikation zwischen dem Angeklagten und seinem Verteidiger. Keine Anwendung findet die Vorschrift auf selbst beschuldigte Zeugnisverweigerungsberechtigte.[516]

(ee) In diesem Kontext zu beachten ist auch die Regelung des **§ 160 a StPO**. Hiernach sind Ermittlungsmaßnahmen, die sich gegen bestimmte Berufsgeheimnisträger richten und voraussichtlich Erkenntnisse erbringen würden, über die diese das Zeugnis verweigern dürften, unzulässig oder nur unter bestimmten Voraussetzungen zulässig.

(ff) Auch Fehler im Zusammenhang mit Durchsuchungen nach **§§ 102 ff. StPO** werden in Revisionsklausuren gerne generiert. Hierbei geht es dann häufig um das Verkennen der tatbestandlichen Voraussetzungen für diese Maßnahme oder der möglicherweise fehlerhaften Annahme von Gefahr im Verzuge.

(gg) Eine Verletzung von Benachrichtigungspflichten gemäß **§§ 168 c Abs. 5 S. 1; 224 StPO** mit der Folge der Nichtteilnahme des anwesenheitsberechtigten Verteidigers führt dazu, dass die über die Vernehmung gefertigte Niederschrift jedenfalls nicht als richterliches Protokoll verlesen werden darf.

(hh) Verstöße gegen **§ 136 a StPO** werden in Examensklausuren auch immer wieder aufgegriffen. Bei dem Tatbestandsmerkmal der Ermüdung werden von der Rspr. in der Regel nur Extremfälle anerkannt. Als Täuschung gelten nur bewusste Irreführungen, wobei die kriminalistische List hierunter nicht fallen soll. Relevant werden kann insoweit gegebenenfalls auch die Problematik der „Hörfalle", also durch die Strafverfolgungsbehörden initiierte Telefongespräche zwischen dem Beschuldigten und anderen Personen mit dem Ziel, ihm sich selbst belastende Angaben zu entlocken.

(ii) Bei Zufallsfunden, also dem Auffinden von Beweismitteln für solche Straftaten, welche von der Durchsuchungsmaßnahme an sich nicht umfasst sein sollten, ist auch die hierfür geltende besondere gesetzliche Regelung des **§ 477 Abs. 2 S. 2 StPO** zu beachten, welche ersichtlich von der Rechtsidee eines hypothetischen Ersatzeingriffs getragen wird. Hinweis zur Behandlung solcher Fälle gibt hierbei auch § 479 StPO.

(jj) Bei einer sonstigen Verletzung des aus **Art. 1 Abs. 1; 2 Abs. 1 GG** folgenden Persönlichkeitsrechtes des Angeklagten ist zu berücksichtigen, dass in der Regel nur ein intimer Kernbereich der eigenen Lebensgestaltung unantastbar und so staatlichen Eingriffen schlechthin entzogen ist. Durch eine Missachtung dieses Grundsatzes hervorgebrachte Erkenntnisse sind dann auch im Strafverfahren einer Verwertung nicht zugänglich.

(b) Von im Gesetz ausdrücklich geregelten Einzelfällen abgesehen, gehen Rspr. und wohl herrschende Lehre davon aus, dass aus einem Verstoß gegen ein Beweiserhebungsverbot (also ein Beweisthemen-, Beweismittel- oder Beweismethodenverbot) nicht ohne Weiteres ein Beweisverwertungsverbot folgt. Vielmehr soll dies unter Grundlage der **Abwägungslehre** im Einzelfall entschieden werden. Abzuwägen ist dabei einerseits zwischen dem Strafverfolgungsinteresse des Staates, welches im Topos der Funktionstüchtigkeit der Strafrechtspflege auch eine verfassungsrechtliche Verankerung haben soll und andererseits dem Individualinteresse des Angeklagten.

---

516 Meyer-Goßner/Schmitt § 97 Rn. 4.

Kriterien sind insoweit vor allem die Tragweite des Verfahrensverstoßes und dessen Bedeutung für die Belange des Betroffenen, die Schwere des Tatvorwurfes sowie die Frage, ob die Voraussetzungen für eine rechtmäßige Erlangung des Beweismittels vorgelegen hätten.

440 **(c)** Für die Revision von besonderer Bedeutung ist, dass die Rspr. nach der sog. **Widerspruchslösung** bei den meisten Beweisverboten einen rechtzeitigen Widerspruch gegen die einzelne Beweiserhebung verlangt, damit dieser Verfahrensfehler in der Revision überhaupt beachtet werden kann. Dies gilt, nach dem gesetzlich normierten Verwertungsverbot, aber nicht bei § 136 a StPO (§ 136 a Abs. 3 S. 2 StPO). Der späteste Zeitpunkt dieses Widerspruchs ist der des § 257 StPO. Streitig ist, ob ein bereits vor der Hauptverhandlung erhobener Widerspruch gegen die Beweiserhebung und Beweisverwertung beachtlich ist. Allerdings soll ein Beweisverwertungsverbot für das Ermittlungsverfahren selbst schon von Amts wegen beachtet werden müssen.[517] Zur Wahrung der Revisibilität muss ein vor der Hauptverhandlung erhobener Widerspruch, soweit er in der Hauptverhandlung zunächst nicht beachtet wird, erneut erhoben worden sein.

Beispiel: Der verteidigte Angeklagte wurde unter Verstoß gegen sein Verteidigerkonsultationsrecht polizeilich vernommen und hat dort ein umfassendes Geständnis abgelegt. Nachfolgend und in der Hauptverhandlung vor dem Landgericht schweigt er. Der Polizeibeamte wird vom Gericht zum Inhalt der Vernehmung als Zeuge gehört, wobei der Beamte einräumt, nicht entsprechend belehrt zu haben. Der Angeklagte wird verurteilt und die Strafkammer stützt sich dabei allein auf dessen Angaben vor der Polizei (beruht also hierauf). Ein Widerspruch des Verteidigers in der Hauptverhandlung erfolgte nicht. Eine Revision hätte mit einer Rüge eines Verstoßes gegen §§ 136, 337 StPO keinen Erfolg. Wäre jedoch bis zum Abschluss der Vernehmung des Polizeibeamten ein Widerspruch des Verteidigers gegen die Verwertung des Inhaltes der Zeugenvernehmung, unter Bezug auf die unterlassene Belehrung zur Verteidigerkonsultation, erfolgt, würde eine entsprechende Verfahrensrüge durchgreifen.

441 **(3) Weitere Fallgestaltungen** des Fortwirkens vor der Hauptverhandlung liegender Rechtsfehler mit der Folge möglicher Revisibilität liegen auch darin, dass im Ermittlungsverfahren begangene Identifizierungsfehler aufgrund nicht ordnungsgemäßer Wahlgegenüberstellungen[518] oder mangelhafter Stimmvergleiche in der Hauptverhandlung von dem erkennenden Gericht übernommen werden. Der Unterschied besteht aber darin, dass in diesen Fällen der Urteilsmangel schon auf die Sachrüge hin berücksichtigt werden kann, soweit sich die Einzelheiten hinreichend deutlich aus den Urteilsgründen selbst ergeben.

bb) Fehlerhafte Verfahrenshandlungen in der Hauptverhandlung

442 Hier sind vielfältige Rechtsfehler möglich. Dies betrifft zum einen schon den äußeren Verfahrensgang einschließlich der Vernehmung des Angeklagten. Daneben kann die eigentliche Beweisaufnahme in mannigfacher Weise als Gegenstand von Verfahrensrügen in Betracht kommen. So ist es denkbar, dass das falsche oder gar kein Beweisverfahren stattgefunden hat. Fehler treten vor allem bei der Verwendung der im Strengbeweisverfahren zugelassen Beweismittel Zeuge, Sachverständiger, Urkunde und Augenschein sowie bei der Hinzuziehung eines Dolmetschers auf. Darüber hinaus kann das Gericht seine Pflicht zur Sachaufklärung, das Beweisantragsrecht oder sonstige Rechte der Verfahrensbeteiligten verletzt haben.

---

517 BGH (Ermittlungsrichter) NStZ 2019, 539.

518 S. hierzu z.B. BGH StV 1993, 627; 1994, 282.

(1) Abweichungen im vorgeschriebenen Verfahrensablauf

Die Regelung des **§ 243 StPO** legt den äußeren Verfahrensablauf der Hauptverhandlung im Groben fest. Im Berufungsverfahren gilt ergänzend die Vorschrift des § 324 Abs. 1 StPO, welche in gleicher Weise revisibel ist.[519] **Abweichungen** von diesem Ablauf des Verfahrens können revisibel sein. Ebenso, im Falle einer Verständigung, von den in **§ 257 c StPO** vorgesehenen Verfahrensvorschriften.

Verfahrensfehler im vorgeschriebenen Verfahrensablauf

- Nichtverlesung des Anklagesatzes
  - Beweis durch Protokoll
  - Bei einfachen Anklagen genügt ggf. Erörterung in der Hauptverhandlung
  - Heilung des Rechtsfehlers durch Wiederholung möglich
- Verspätete Verlesung des Anklagesatzes
  - Beweis durch Protokoll
  - Heilung des Rechtsfehlers durch Wiederholung möglich
- Fehlerhafte Mitteilung nach § 243 Abs. 4 StPO
  - Grundsätzlich Beweis durch Protokoll
  - Bei fehlender oder unvollständiger Mitteilung ggf. auch Freibeweis
  - Erfasst auch Negativmitteilung
  - Beruhensprüfung problematisch
  - Zugleich Verletzung des § 257 c StPO
- Verletzung des § 257 c StPO
  - Beweis durch Protokoll oder Freibeweis
  - Verständigung muss zulässig sein
    - Zweifelhaft bei nicht geständigem Angeklagten
    - Nur die vorgesehenen Vereinbarungen erlaubt
  - Drohung mit Sanktionsschere unzulässig
  - Bekanntgabe nach § 257 c Abs. 3 StPO erforderlich
    - Erfasst auch Bewährungsauflagen
    - Ausnahme für nur geringfügige Auflagen (Wohnungswechsel)
  - Zusage muss eingehalten werden
    - Bindung kann nach § 257 c Abs. 4 StPO entfallen
    - Zusage darf auch nicht mehr angemessen sein
    - Unverzügliche Mitteilung bei Abweichung erforderlich
  - Belehrung nach § 257 c Abs. 5 StPO vor Verständigung erforderlich
    - Bei fehlerhafter Wiederholung Heilung möglich

---

519 Dahs Rn. 266, 268.

- Fehler bei der Vernehmung des Angeklagten
  - Beweis durch Protokoll
  - Belehrung erforderlich
  - Mündliche Einlassung notwendig
    - Kann auch durch Verteidiger erfolgen
    - Verwendung von Aufzeichnungen möglich
  - Bei Umfangsachen mögliche Verteidigererklärung zur Anklage

443 **(a)** Die **Verlesung des Anklagesatzes** (§ 243 Abs. 3 S. 1 StPO), ist eine unabdingbare Voraussetzung für die ordnungsgemäße Durchführung der Hauptverhandlung. Sie ist auch bei einer Zurückverweisung der Sache erforderlich.[520] Eine Unterlassung begründet zwingend die Revision.[521] Ein Beruhen kann allerdings ausgeschlossen sein, wenn statt der Anklageverlesung das zuvor im Revisionsverfahren aufgehobene Urteil verlesen wurde.[522]

Beispiel: Der Angeklagte wird unmittelbar im Anschluss an seine Vernehmung zur Person, nach Belehrung, zur Sache vernommen. Dieser Verfahrensfehler wird durch das Protokoll bewiesen.

Bei sehr einfach gelagerten Sachverhalten soll die unterlassene Verlesung des Anklagesatzes der Revision aber dann nicht zum Erfolg verhelfen, wenn der Verhandlungsverlauf es allen Verfahrensbeteiligten ermöglicht, den Tatvorwurf im erforderlichen Umfang zu erfassen und ihre Prozessführung darauf einzurichten.[523] Auch eine nach Maßgabe des § 243 StPO verspätete Verlesung des Anklagesatzes ist in gleicher Weise revisibel, unter Umständen ebenso eine fehlende Konkretisierung der Anklageschrift.[524] Der Mangel kann aber durch eine ordnungsgemäße Wiederholung des entsprechenden Teils der Hauptverhandlung geheilt werden. Die Verlesung oder Nichtverlesung des Anklagesatzes wird als wesentliche Förmlichkeit ausschließlich durch das Sitzungsprotokoll bewiesen.

444 **(b)** Gemäß § 243 Abs. 4 StPO hat der Vorsitzende in der Hauptverhandlung mitzuteilen, wenn **Erörterungen** mit dem **Ziel** einer **Verständigung** stattgefunden haben sowie deren wesentlichen Inhalt. Dies auch dann, wenn die Gespräche schon im Zwischenverfahren stattgefunden haben, bei Rücknahme und Erhebung einer im Wesentlichen gleichen Anklage[525] oder die Berufsrichter vor Beginn der Hauptverhandlung vollständig ausgewechselt wurden.[526] Im Rahmen des Hauptverfahrens nicht öffentlich geführte Gespräche müssen in der Hauptverhandlung mitgeteilt werden.[527] Die vom BVerfG und BGH hierzu aufgestellten Anforderungen an den Umfang der Mitteilungspflicht sind hoch. So ist mitzuteilen, von welcher Seite die Initiative für Verständigungsgespräche ausging,[528] wie dies die anderen Gesprächsteilnehmer aufnahmen und welche jeweiligen Standpunkte eingenommen wurden.[529] Gespräche zur Einstellung von Taten lösen allerdings keine Pflicht zur Mitteilung aus.[530] Diese gebotene weite Auslegung entspricht dem Ansinnen des Gesetzgebers, mit den statuierten Transparenz- und Dokumentationspflichten eine öffentli-

---

520 BGH RÜ2 2018, 184 f.
521 OLG Hamm StV 2003, 490 f.
522 BGH RÜ2 2020, 13.
523 BGH NStZ 1995, 201.
524 BGH StV 2006, 447.
525 BGH NStZ 2014, 217; anders bei wesentlichen Änderungen, s. BGH NStZ 2014, 600.
526 BGH StV 2015, 149.
527 BGH RÜ2 2015, 183 f.
528 A.A. unter Hinweis auf Wortlaut und Entstehungsgeschichte der Vorschrift BGH NStZ 2015, 293.
529 S. etwa BGH NStZ 2013, 722; BGH, Beschl. v. 06.10.2020 – 2 StR 262/20.
530 BGH NStZ 2018, 49 f.; zum Umfang der Mitteilungspflicht s. auch BGH NStZ 2018, 363 f.; 487 f.; NStZ 2019, 484; 684 ff.

che Kontrolle bei Verständigungen zwischen den Verfahrensbeteiligten zu erreichen. Eine Mitteilungspflicht besteht im Sinne einer sog. **Negativmitteilung** daher auch, wenn keine Verständigungsgespräche stattgefunden haben[531] oder solche gescheitert sind.[532] Ist, wofür das Protokoll den Beweis erbringt, eine Mitteilung nach § 243 Abs. 4 StPO ganz unterblieben oder schon aus sich heraus unvollständig, liegt ein Verfahrensfehler vor. Soll dagegen gerügt werden, dass eine nach § 243 Abs. 4 S. 2 StPO erforderliche Mitteilung nicht erfolgte oder der Vorsitzende den Inhalt von Gesprächen unvollständig wiedergegeben hat, lässt sich der Beweis eines solchen Rechtsfehlers nur im Freibeweisverfahren klären. Dem Revisionsführer obliegt es dann, entsprechend vorzutragen. Von einem Verstoß gegen die Mitteilungspflicht ist bereits dann auszugehen, wenn mitteilungspflichtige Gespräche nicht ausgeschlossen werden können.[533] Liegt ein entsprechender Verfahrensfehler vor, beruht das Urteil im Allgemeinen auch darauf, weil dann die Verständigung, als Urteilsgrundlage, ihrerseits mit einem Gesetzesverstoß behaftet, also § 257 c StPO verletzt ist.[534] Dies soll auch gelten, wenn es an der Negativmitteilung fehlt und nicht ausnahmsweise zweifelsfrei feststeht, dass es keine Gespräche gegeben hat, in denen die Möglichkeit einer Verständigung im Raum stand.[535] Bei der Beruhensprüfung ist es den Revisionsgerichten allerdings auch nicht versagt, Art und Schwere des Verfahrensverstoßes zu berücksichtigen.[536] Das Beruhen allein unter Hinweis auf die fehlende Kausalität zu verneinen ist aber unzulässig, ggf. muss die Beruhensprüfung mit zusätzlichen Kriterien angereichert werden, um die Mitteilungspflicht nicht zu entwerten.[537] Insbesondere ist auch der Zweck des Verständigungsverfahrens, eine Kontrolle der Öffentlichkeit hierüber zu ermöglichen, zu berücksichtigen.[538] Für eine auf § 243 Abs. 4 StPO gestützte Verfahrensrüge ist es nicht erforderlich, in der Hauptverhandlung von dem Zwischenrechtsbehelf des § 238 Abs. 2 StPO Gebrauch gemacht zu haben.[539] Ein absoluter Revisionsgrund nach § 338 Nr. 6 StPO liegt bei einem Verstoß gegen die Mitteilungspflicht nicht vor, weil diese vorrangig den Informationsgleichstand sämtlicher Verfahrensbeteiligter sichern soll.[540] Da nach der Rspr. bei einer Verletzung des § 243 Abs. 4 StPO letztlich das Verständigungsverfahren selbst mit einem Fehler behaftet ist, auf dem das Urteil beruhen kann,[541] sollte die Vorschrift des § 257 c StPO bei einer Prüfung immer in Bezug genommen werden.

(c) Uneingeschränkt mit der Revision angreifbar sind auch **Rechtsfehler**, die **im Rahmen** einer in der Hauptverhandlung getroffenen **Verständigung** zwischen den Verfahrensbeteiligten aufgetreten sind. Angesprochen sind damit solche Verfahrensmängel die, über eine Verletzung der §§ 273 Abs. 1a, 243 Abs. 4 StPO hinaus, unmittelbar die in § 257 c StPO normierten Förmlichkeiten betreffen. Die möglichen Fehler sind dabei vielfältig. So ist etwa der Anwendungsbereich des § 257 c StPO bei nicht geständnisbereiten Angeklagten nur in Ausnahmefällen eröffnet, weil sonst ein Verstoß gegen die Sachaufklärungspflicht nahe liegt.[542] Einen besonderen „Rechts-

445

---

531 BVerfGE 133, 168, 178; a.A. noch BGH NStZ 2013, 610.

532 BGH NStZ 2014, 221; BGH RÜ2 2015, 42.

533 BGH StraFo 2015, 154.

534 BVerfGE 133, 168, 223; BGH NStZ 2014, 416.

535 BVerfGE 133, 168, 223; der BGH hat in bestimmten Fällen ein Beruhen indes verneint, s. hierzu NStZ 2014, 221, bei einem Angeklagten, der durchweg auf seiner Unschuld beharrte und StV 2014, 650, bei einem Angeklagten, der von seinem Verteidiger umfassend unterrichtet worden war.

536 BVerfG RÜ2 2015, 59.

537 BVerfG RÜ2 2015, 59.

538 BVerfG RÜ2 2020, 181 ff.

539 BGH StraFo 2014, 385.

540 BGH NStZ 2013, 724.

541 BVerfG wistra 2015, 143.

542 BGH StV 2014, 78.

bindungswillen" setzt die Vorschrift dagegen nicht voraus.[543] Weiterhin darf selbstverständlich nur das und in der vorgesehenen Art vereinbart werden, was sich § 257 c Abs. 2 und 3 StPO entnehmen lässt. Über die Einziehung von Taterträgen selbst ist etwa wegen ihres zwingenden Charakters keine Verständigung möglich, wohl aber zu § 421 StPO.[544] Auch ist die Drohung mit einer Sanktionsschere, um den Angeklagten zum Abschluss einer Verständigung zu bringen, unzulässig.[545] Sein Anspruch auf ein faires Verfahrens erfordert zudem, den Angeklagten vor einer Verständigung grundsätzlich auch auf die angedachten Bewährungsauflagen hinzuweisen.[546] Dies gilt allerdings nicht für übliche und geringfügige Auflagen, wie den Wohnungswechsel anzeigen zu müssen.[547] Hält sich das Gericht nicht an den zugesagten Strafrahmen, ist auch dies mit der Revision angreifbar.[548] Die regelmäßige Bindungswirkung der Verständigung für das Gericht entfällt nach § 257 c Abs. 4 StPO außerdem nicht schon deswegen, weil der Angeklagte nicht das erwartete Prozessverhalten gezeigt hat. Vielmehr muss hinzukommen, dass das Gericht den zugesagten Strafrahmen auch nicht mehr für tat- und schuldangemessen hält.[549] Schließlich ist die gemäß § 257 c Abs. 5 StPO erforderliche Belehrung vor dem Eingehen des Angeklagten auf eine Verständigung zu erteilen. Ihr Fehlen verletzt ihn in seinem Recht auf ein faires Verfahren und in seiner Selbstbelastungsfreiheit. Eine vor Aussetzung einer Hauptverhandlung getroffene Verständigung verliert bei dem Neubeginn ihre Gültigkeit. Eine Belehrung nur nach § 257 c Abs. 5 StPO genügt für diesen Fall daher nicht.[550] Fließt die Verständigung in das Urteil ein, beruht dieses daher regelmäßig auf einer Grundrechtsverletzung.[551] Bei einer fehlerfreien Wiederholung des Verständigungsverfahrens unter Hinweis auf den Verfahrensfehler und dessen Folgen, wird der Rechtsfehler jedoch geheilt.[552]

446 **(d)** Auch bei der **Vernehmung des Angeklagten** zur Person und zur Sache können für die Revision bedeutsame Rechtsfehler auftreten. Insbesondere ist darauf Bedacht zu nehmen, ob sich der Angeklagte in der Hauptverhandlung zur Sache eingelassen hat und ob Belehrungsmängel seitens des erkennenden Gerichts vorliegen. Die Hinweispflicht nach § 243 Abs. 5 S. 1 StPO ist keine bloße Ordnungsvorschrift.[553] Das Urteil beruht aber nicht auf der unterlassenen Belehrung, wenn der Angeklagte seine Rechte insoweit kannte.[554] Die Einlassung des Angeklagten hat nach dem Gesetz mündlich zu erfolgen, wobei er sich auch der Hilfe seines Verteidigers bedienen[555] und Notizen benutzen[556] kann. Eine Erklärung des Verteidigers zur Sache wird aber nur dann zu einer des Angeklagten, wenn er sie ausdrücklich als seine gelten lassen will.[557] Grundsätzlich ist das Tatgericht nach Maßgabe der §§ 136 Abs. 2, 243 Abs. 5 S. 2 StPO deshalb nicht verpflichtet, eine schriftliche Einlassung des Angeklagten als Urkunde zu verlesen.[558] Hinsichtlich dieser Vorgänge gilt die absolute Beweiskraft

---

543 BVerfG RÜ2 2017, 85 ff.; a.A. BGH RÜ2 2018, 15 f.

544 BGH NStZ 2018, 366 f.

545 S. hierzu Meyer-Goßner/Schmitt § 257 c Rn. 32b.

546 BGH StraFo 2014, 160 f.

547 BGH StraFo 2014, 514.

548 Meyer-Goßner/Schmitt § 257 c Rn. 33.

549 BGH StV 2013, 484.

550 BGH NStZ 2019, 483 f.

551 BVerfG NStZ 2014, 721; s. hierzu auch BGH StV 2013, 611.

552 BGH NStZ 2013, 728; eine zusammenfassende Darstellung „Update zur Verständigung" in RÜ2 2019, 37 ff.

553 S. Meyer-Goßner/Schmitt § 243 Rn. 39.

554 BGH NStZ 1983, 210.

555 BGH NStZ 2019, 168.

556 BGH StV 2015, 277.

557 BGH RÜ2 2020, 232 ff.

558 BGH NStZ 2004, 163; BGH StraFo 2004, 173.

des Sitzungsprotokolls (§§ 273, 274 StPO). Zu den wesentlichen Förmlichkeiten gehört allerdings nicht, dass dem Angeklagten im Anschluss an die Belehrung zur Aussagefreiheit auch tatsächlich Gelegenheit gegeben worden ist, sich zu der Anklage zu äußern. Dies ergibt sich lediglich konkludent aus der Systematik des Gesetzes.[559] Ein Urteil ist ersichtlich rechtsfehlerhaft, wenn in den Urteilsgründen eine Sacheinlassung verwertet wird, obgleich sich der Angeklagte nicht zur Sache eingelassen hat und umgekehrt.[560]

Beispiel: Der Verteidiger gibt in der Hauptverhandlung eine Erklärung zur Sache ab. Der Angeklagte selbst äußert sich nicht und macht den Inhalt der Verteidigererklärung auch nicht zu seiner Einlassung. In den Urteilsgründen wird jedoch das von dem Verteidiger Gesagte als Angaben des Angeklagten bezeichnet und auch so gewürdigt. Das ist rechtsfehlerhaft.

Fehlerhaft und klausurrelevant ist es auch, wenn der Tatrichter Angaben des zur Sache schweigenden Angeklagten im Urteil verwertet, welche er schon im Rahmen seiner Personalangaben, also vor Belehrung, gemacht hat. Die Frage, ob und inwieweit die Nichtgewährung oder Beschränkung des Rechtes zur Abgabe einer Verteidigererklärung (§ 243 Abs. 5 S. 3, 4 StPO) revisibel ist, hat für Examensklausuren keine Relevanz.

(e) Sonstige Abweichungen im regelmäßigen Verlauf der Hauptverhandlung sind im Allgemeinen nur dann revisibel, wenn es dadurch zu einer Behinderung der Verteidigung (§ 338 Nr. 8 StPO) oder anderer Verfahrensbeteiligter gekommen ist, was ggf. die Herbeiführung eines Gerichtsbeschlusses nach § 238 Abs. 2 StPO voraussetzt. **447**

(2) Verkennung des richtigen Beweismittels

Fehler des erkennenden Gerichts bei der Beweisaufnahme können schon durch die **Verkennung** des richtigen **Beweisverfahrens** bzw. Beweismittels vorkommen.

So ist es denkbar, dass der Tatrichter die für die Frage der Schuld- und Rechtsfolgenentscheidung erheblichen Umstände nicht im Wege des Strengbeweisverfahrens in die Hauptverhandlung eingeführt hat.[561] Es hat also etwa ein falsches Beweisverfahren stattgefunden, wie z.B. ein in den Urteilsgründen verwertetes Telefongespräch zwischen dem Vorsitzenden und dem Zeugen über beweiserhebliche Umstände (Freibeweis statt Strengbeweis). Denkbar ist auch, dass das Gericht die Eigenschaft eines Beweismittels verkannt hat (z.B. Zeugenbeweis statt Sachverständigenbeweis oder Augenscheinsbeweis statt Urkundenbeweis). So ist es etwa ein revisibeler Rechtsfehler, wenn Urkunden statt durch ihre Verlesung im Wege des richterlichen Augenscheins in die Hauptverhandlung eingeführt werden. Schließlich ist es möglich, dass überhaupt kein Beweis in irgendeiner Form erhoben worden ist, obgleich die Urteilsgründe hierüber berichten (keine Beweiserhebung). **448**

(3) Fehler beim Zeugenbeweis

Im Rahmen des **Zeugenbeweises** sind zahlreiche Rechtsfehler denkbar, namentlich Belehrungsfehler, die Nichtbeachtung von Zustimmungserfordernissen oder Beweisverboten und Fehler bei der Vereidigung oder Durchführung der Zeugenvernehmung.

---

559 BGH RÜ2 2016, 281 f.

560 OLG Koblenz, Beschl. v. 29.01.2003 – 1 Ss 13/03, BeckRS 2003, 30303938; ggf. kann die Einlassung auch im Rahmen einer Erklärung nach § 257 StPO erfolgen.

561 S. z.B. KG, Urt. v. 25.01.2002 – 1 Ss 357/01, BeckRS 2002, 16327, betreffend den Fall der Verwertung von Angaben eines Zeugen, welche dieser in einem Telefonat mit dem Vorsitzenden im Rahmen der Hauptverhandlung machte.

Rechtsfehler bei Zeugenvernehmungen

- Verletzung § 52 StPO
  - Beweis durch Protokoll
  - Rüge auch von Mitangeklagten möglich, wenn durch Aussage belastet
  - Fehlende Zustimmung oder Belehrung (§ 52 Abs. 2 und 3 StPO) fehlerhaft
    - Kein Beruhen, wenn Zeuge Rechte kannte und zugestimmt oder ausgesagt hätte
    - Ggf. kein Beruhen bei Belehrung nach § 55 StPO
- Verletzung §§ 53, 53 a StPO
  - Beweis durch Protokoll
  - Rüge auch von Mitangeklagten möglich, wenn durch Aussage belastet
  - Belehrung des Berufsgeheimnisträgers nicht erforderlich
  - Fehlerhaft aber falsche Belehrung und falscher Hinweis auf Entbindung
- Verletzung § 252 StPO
  - Beweis durch Protokoll
  - Vernehmungsbegriff weit auszulegen
  - Umfassendes Verwertungsverbot
    - Ausnahme richterliche Vernehmung
    - Hier streitig, ob Hinweis auf Verwertungsmöglichkeit erforderlich
- Verletzung §§ 59 ff. StPO
  - Beweis durch Protokoll
  - Allenfalls bei Überschreitung des Ermessens rechtsfehlerhaft
  - Streitig, ob Beschluss nach § 238 Abs. 2 StPO für Revision erforderlich
- Verletzung §§ 54, 55, 57, 58 StPO
  - Beweis durch Protokoll
  - Für Angeklagten grundsätzlich nicht revisibel
    - Rechtskreistheorie (§§ 54, 55 StPO)
    - Reine Ordnungsvorschriften (§§ 57, 58 StPO)
  - Für Staatsanwaltschaft grundsätzlich nicht revisibel
    - Lediglich Erweiterung der Sachaufklärung (§§ 54, 55 StPO)
    - Reine Ordnungsvorschriften (§§ 57, 58 StPO)
  - Ggf. Verletzung der Sachaufklärungspflicht möglich
- Verletzung §§ 58 a, 255 a StPO
  - Beweis durch Protokoll
  - Ggf. Verletzung der Sachaufklärungspflicht möglich

449   **(a)** Ist die Einholung der Zustimmung nach **§ 52 Abs. 2 StPO** oder die Belehrung nach § 52 Abs. 3 S. 1 StPO unterblieben, so darf die Aussage im Verfahren nicht verwertet werden. Es besteht ein Verlesungs- und Verwertungsverbot im selben Umfang wie bei § 252 StPO.[562] Das Beweisverwertungsverbot entfällt, wenn feststeht,

---

562   Meyer-Goßner/Schmitt § 52 Rn. 32.

dass der Zeuge sein Recht zur Verweigerung des Zeugnisses kannte und auch bei vorheriger Belehrung ausgesagt hätte.[563] Die Revision kann aber auf das Unterlassen der Belehrung nach § 52 Abs. 3 S. 1 StPO gestützt werden, wenn der Zeuge ausgesagt hat und das Urteil darauf beruht.

Beispiel: In der Hauptverhandlung wird die Tochter des Angeklagten ohne Hinweis auf ihr Zeugnisverweigerungsrecht vernommen. Sie macht ihren Vater belastende Angaben, welche von dem Gericht bei der Verurteilung des Angeklagten zumindest mit zu seinem Nachteil verwertet werden.

Dasselbe gilt für den Fall, dass der gesetzliche Vertreter nicht belehrt worden ist. Geht die Auskunftsperson erkennbar unrichtig von einem Verwandtschaftsgrad aus, welcher nicht zur Zeugnisverweigerung berechtigt und will deshalb Angaben machen, muss der Vorsitzende auf diesen Mangel aufmerksam machen. Diese Verfahrensfehler kann auch ein Mitangeklagter rügen, zu dessen Ungunsten die Aussage verwertet worden ist.[564] Ein Beruhen kann aber ausgeschlossen sein, wenn der Zeuge nach § 55 StPO belehrt worden war.[565] Zu beachten ist, dass das bis zur Verweigerung des Zeugnisses Bekundete im Verfahren verwertbar bleibt. Eine in Deutschland geschlossene Ehe nach islamischen Recht unterfällt nicht § 52 Abs. 1 Nr. 2 StPO und kann auch nicht ohne Weiteres in ein Verlöbnis (§ 52 Abs. 1 Nr. 1 StPO) umgedeutet werden.[566]

(b) Das Gesetz verlangt keine Belehrung über die Zeugnisverweigerungsrechte als **450** Berufsgeheimnisträger. Das Gericht darf davon ausgehen, dass der Zeuge seine Berufsrechte und Berufspflichten kennt.[567]

Beispiel: Der Arzt des Angeklagten macht in der Hauptverhandlung als Zeuge Angaben, welche seinen Patienten schwer belasten. Von der Vorschrift des § 53 StPO weiß er nichts. Eine Entbindung von seiner Schweigepflicht liegt nicht vor. Die Verurteilung stützt sich auch auf die Angaben des Arztes. Dieser hat sich zwar mit seiner Zeugenaussage wahrscheinlich strafbar gemacht. An der strafprozessualen Verwendbarkeit seiner Bekundungen ändert dies jedoch nichts.

Im Rahmen des **§ 53 StPO** sind jedoch die unrichtige Belehrung und der unzutreffende Hinweis darauf, dass eine Entbindung von der Schweigepflicht nach § 53 Abs. 2 StPO vorlag dann revisibel, wenn dies zur Aussage des Zeugen geführt hat und das Urteil darauf beruht. Die Verfahrensrüge kann jeder Angeklagte erheben, zu dessen Ungunsten die Aussage verwertet worden ist. Verweigert der Zeuge aufgrund einer unrichtigen Belehrung die Aussage, kann hierin ein Verstoß gegen das Gebot der umfassenden Sachaufklärungspflicht (§ 244 Abs. 2 StPO), bei präsenten Zeugen gegen § 245 StPO, liegen.[568]

(c) Das Zeugnisverweigerungsrecht der mitwirkenden Personen ist von dem Haupt- **451** berufsträger abgeleitet. Hinsichtlich der möglichen Rechtsfehler gilt im Rahmen des **§ 53 a StPO** das gleiche wie bei § 53 StPO.

(d) Nach überwiegender Auffassung kann ein Verstoß gegen die Regelung des **§ 54** **452** **StPO** in der Revision nicht geltend gemacht werden. Hinsichtlich des Angeklagten beruht dies nach der herrschenden Ansicht darauf, dass nach Maßgabe der sog. Rechtskreistheorie der Rechtskreis des Angeklagten nicht berührt sein soll.[569] Für die Staatsanwaltschaft ergibt sich das fehlende Rügerecht daraus, dass auch eine Vernehmung ohne Aussagegenehmigung der Sachaufklärung nicht schaden kann.[570]

---

563 Meyer-Goßner/Schmitt § 52 Rn. 32.

564 Meyer-Goßner/Schmitt § 52 Rn. 34.

565 BGH RÜ 2012, 173.

566 BGH RÜ2 2018, 63.

567 Meyer-Goßner/Schmitt § 53 Rn. 44.

568 Meyer-Goßner/Schmitt § 53 Rn. 50.

569 Meyer-Goßner/Schmitt § 54 Rn. 32.

570 Meyer-Goßner/Schmitt § 54 Rn. 32.

453 **(e)** Das Unterlassen der Belehrung über das Auskunftsverweigerungsrecht nach § 55 Abs. 2 StPO, welches auch bei einer im Ausland drohenden Verfolgung gilt,[571] soll nach der Rechtskreistheorie gleichfalls keine Revision des Angeklagten begründen können.[572] Für die Staatsanwaltschaft ergibt sich die mangelnde Rügebefugnis daraus, dass das Gebot der Sachaufklärung aufgrund der unterlassenen Belehrung nicht berührt ist.[573] Das Gericht kann aber unter Umständen seine Sachaufklärungspflicht (§ 244 Abs. 2 StPO) verletzt haben, wenn es eine unrichtige Verweigerung des Zeugnisses nach **§ 55 StPO** aus Rechtsirrtum hingenommen[574] oder der Zeuge aufgrund einer unrichtigen Belehrung das Zeugnis verweigert hat.[575]

454 **(f)** Eine Rüge wegen der Verletzung des **§ 56 StPO** setzt voraus, dass das Gericht erkennbar rechtsirrig auf eine Glaubhaftmachung verzichtet hat. Im Übrigen muss bei der Vorabentscheidung des Vorsitzenden ein Gerichtsbeschluss nach § 238 Abs. 2 StPO herbeigeführt worden sein.[576]

455 **(g)** Die Regelung über die Zeugenbelehrung nach **§ 57 StPO** stellt aus Sicht der Rspr. eine bloße Ordnungsvorschrift zum Schutz des Zeugen dar, sodass die Revision auf eine Verletzung dieser Vorschrift nicht gestützt werden kann.[577]

456 **(h)** Vernehmungen werden nach Maßgabe des **§ 58 StPO** im Regelfall als Einzelvernehmungen durchgeführt. Dabei soll der Zeuge in Abwesenheit des später zu Hörenden vernommen werden. Gegenüberstellungen kommen erst in Betracht, wenn jeder Zeuge zuvor einzeln vernommen worden ist. Bei der Regelung des § 58 StPO handelt es sich nach der Rspr. um eine reine Ordnungsvorschrift, sodass ihre Verletzung selbst nicht revisibel ist.[578] Gerügt werden kann unter Umständen aber die Nichtbeachtung des § 244 Abs. 2 StPO.[579]

457 **(i)** Fehler bei der Vereidigung von Zeugen (**§§ 59 ff. StPO**) sind unterschiedlich zu bewerten. Gerügt werden kann, dass ein Zeuge unter Verstoß gegen § 60 StPO vereidigt wurde. Der Herbeiführung eines Gerichtsbeschlusses bei einer Vorabentscheidung des Vorsitzenden bedarf es dann nicht.[580] Im Übrigen ist die Entscheidung über die Vereidigung deshalb in der Revision grundsätzlich nicht angreifbar, weil dies im Ermessen des Gerichts liegt (§ 59 Abs. 1 S. 1 StPO). Etwas anderes kann allenfalls bei Überschreitung des Beurteilungsspielraums oder rechtsfehlerhafter Ermessensausübung gelten,[581] was aber praktisch keine Relevanz hat. Trifft der Vorsitzende keine Entscheidung über die Vereidigung, kann dies wohl auch ohne die Herbeiführung eines Gerichtsbeschlusses nach § 238 Abs. 2 StPO gerügt werden.[582] Dies gilt ebenfalls für einen Verstoß gegen § 67 StPO.[583]

458 **(j)** In Ergänzung zu den §§ 52 ff. StPO sieht die Regelung des **§ 252 StPO**, über den unmittelbaren Wortlaut hinaus, inhaltlich vor, dass die Aussage eines vor der Hauptverhandlung vernommenen Zeugen, der erst in der Hauptverhandlung sein Zeugnis verweigert, nicht verwertet werden darf.

---

571 BGH RÜ 2019, 437.
572 Meyer-Goßner/Schmitt § 55 Rn. 17.
573 Meyer-Goßner/Schmitt § 55 Rn. 17.
574 Meyer-Goßner/Schmitt § 55 Rn. 16.
575 Meyer-Goßner/Schmitt § 55 Rn. 18.
576 Meyer-Goßner/Schmitt § 56 Rn. 4.
577 Meyer-Goßner/Schmitt § 57 Rn. 7.
578 Meyer-Goßner/Schmitt § 58 Rn. 17.
579 Meyer-Goßner/Schmitt § 58 Rn. 17.
580 Meyer-Goßner/Schmitt § 60 Rn. 13.
581 BGH NStZ 2009, 343, 397.
582 Meyer-Goßner/Schmitt § 59 Rn. 13.
583 Meyer-Goßner/Schmitt § 67 Rn. 9.

Beispiel: Die Ehefrau des wegen Trunkenheit im Verkehr angeklagten Ehemannes hat im Ermittlungsverfahren bei der Polizei angegeben, dass der Angeklagte Fahrer des Fahrzeuges gewesen ist, mit dem die Trunkenheitsfahrt unternommen wurde. In der Hauptverhandlung macht sie dann von ihrem Zeugnisverweigerungsrecht umfassend Gebrauch. Ihre belastenden Bekundungen können nicht ordnungsgemäß in die Hauptverhandlung eingeführt werden.

Die Bestimmung gilt auch dann, wenn der jetzige Zeuge zuvor als Beschuldigter Angaben gemacht hatte. Denn hierbei kann er, vor dem Hintergrund seiner angestrebten Selbstentlastung, möglicherweise Sachaussagen getätigt haben, welche im Rahmen einer zeugenschaftlichen Vernehmung nicht erfolgt wären. Das Verwertungsverbot gilt auch für bei der Vernehmung übergebene Schriftstücke,[584] den Beweisgegenstand betreffende sonstige schriftliche Darlegungen[585] und Tonbandaufzeichnungen, soweit der Zeuge oder damalige Beschuldigte den Inhalt hätte wiedergeben können.[586] Auch die Vernehmung nichtrichterlicher Verhörspersonen über den Inhalt der früheren Aussage ist ausgeschlossen.[587]

Wurde der zeugnisverweigerungsberechtigte **Zeuge** allerdings **von** einem **Richter vernommen** und ordnungsgemäß über seine Zeugnisverweigerungsrechte belehrt, soll das Verwertungsverbot des § 252 StPO nach Ansicht der Rspr. insoweit nicht gelten, sodass der Richter in diesem Fall über den Inhalt der gemachten Zeugenaussage vernommen werden darf.[588] Begründet wird dieses Ergebnis mit der aus § 251 StPO folgenden und auch dem Zeugen ersichtlichen (§§ 153 ff. StGB) höheren Bedeutung der richterlichen gegenüber einer anderen Vernehmung.[589] Einer vorherigen Belehrung über die spätere Möglichkeit dieser Verwertung bedarf es nicht.[590] Im Rahmen der Vernehmung des Richters darf das schriftliche Vernehmungsprotokoll, im Wege des Vorhaltes zum Zwecke der Auffrischung des Gedächtnisses, verlesen werden.[591] Für eine frühere Beschuldigtenvernehmung gelten die Einschränkungen des Verwertungsverbotes im Zusammenhang mit Vernehmungen durch Richter allerdings nicht.

Fall 10: Die wankelmütige Ehefrau

Der Angeklagte wurde wegen einer Trunkenheitsfahrt angeklagt. Er selbst hat im Ermittlungsverfahren zu dem Tatvorwurf geschwiegen und macht auch in der Hauptverhandlung hiervon Gebrauch. Einziges Beweismittel für seine Fahrereigenschaft ist seine Ehefrau, welche ihn im Rahmen einer Vernehmung durch den Richter am Amtsgericht Kröger im Ermittlungsverfahren, nach ordnungsgemäßer Belehrung über ihr Zeugnisverweigerungsrecht als Ehefrau des Beschuldigten, belastet hatte. In der Hauptverhandlung macht sie jedoch dann umfassend von ihrem Recht Gebrauch, das Zeugnis zu verweigern. Das Tatgericht vernimmt daraufhin den Richter am Amtsgericht Kröger über den Inhalt ihrer Vernehmung und nimmt dies als maßgebliche Grundlage zur Verurteilung des Angeklagten wegen der Trunkenheitsfahrt.

Es kann ein Verfahrensfehler nach §§ 252, 337 StPO durch die Vernehmung des Richters am Amtsgericht Kröger über den Inhalt der von ihm im Ermittlungsverfahren durchgeführten Vernehmung der Zeugin vorliegen. Denn diese hat, als Ehefrau des Angeklagten, umfassend von ihrem Zeugnisverweigerungsrecht gemäß § 52 Abs. 1

---

584 BGH NStZ 2013, 247.
585 BGH RÜ 2016, 173 f.
586 BGH NStZ 2013, 247.
587 Meyer-Goßner/Schmitt § 252 Rn. 13.
588 Meyer-Goßner/Schmitt § 252 Rn. 13.
589 Meyer-Goßner/Schmitt § 252 Rn. 14.
590 BGH RÜ 2017, 36 ff.
591 Meyer-Goßner/Schmitt § 252 Rn. 15.

Nr. 2 StPO Gebrauch gemacht, sodass nach Maßgabe des § 252 StPO eine Vorlesung ihrer Zeugenaussage unzulässig wäre. Über den Wortlaut der Norm hinaus ist anerkannt, dass damit auch eine sonstige Verwertung des Aussageinhaltes vom Grundsatz her ausgeschlossen ist. Allerdings macht die Rechtsprechung hiervon wiederum eine Ausnahme für die Fälle, in denen die zeugnisverweigerungsberechtigte Auskunftsperson von einem Richter vernommen wurde, welcher zuvor ordnungsgemäß über das ihr zustehende Zeugnisverweigerungsrecht belehrt hatte. Dann soll die Vernehmung des Richters über den Inhalt der Aussage verfahrensrechtlich zulässig und verwertbar sein. Eine solche Fallgestaltung liegt hier vor, sodass ein Verfahrensfehler insoweit zu verneinen ist.

459   Unter den **Begriff** der **Vernehmung** i.S.d. § 252 StPO fallen sämtliche Angaben des Zeugen im Rahmen amtlicher Vernehmungen, nicht nur förmliche, in ein Protokoll aufgenommene Aussagen. Vielmehr werden auch von dem Zeugen ausgefüllte, von der Polizei zugesandte Fragebögen, telefonische Befragungen und informatorische Anhörungen erfasst.[592] Ebenso die Befragung des Angehörigen eines Angeklagten durch einen Vertreter der Jugendgerichtshilfe (vgl. § 38 JGG). Dies ergibt sich zum einen daraus, dass solche Befragungen auch sonst verfahrensrechtlich wie Vernehmungen behandelt werden; zum anderen gebietet dies der Zweck der Norm. Denn auch Vernehmungen durch Vertreter der Jugendgerichtshilfe dienen der Erforschung der Persönlichkeit des Angeklagten, was für die Rechtsfolgenentscheidung des Gerichts von Bedeutung ist.[593]

460   Stützt sich das Verbot der Verwertung auf § 52 StPO, ist es gleichgültig, ob das Angehörigenverhältnis vor oder nach der früheren Vernehmung entstanden ist. Im Falle der §§ 53, 53 a StPO ist die Vorschrift nur anwendbar, wenn schon bei der früheren Vernehmung ein Zeugnisverweigerungsrecht bestanden hat.[594] Hatte der Schweigeberechtigte nach Entbindung von seiner Schweigepflicht im Ermittlungsverfahren ausgesagt und sich nach Widerruf der Entbindungserklärung in der Hauptverhandlung auf sein Schweigerecht berufen, ist die Aussage durch Vernehmung der Verhörsperson im Ermittlungsverfahren verwertbar.[595] Im Falle des § 54 StPO gilt § 252 StPO, sofern der Zeuge in der irrigen Annahme ausgesagt hatte, er sei nicht zum Schweigen verpflichtet.[596] Keine Bedeutung hat die Regelung für § 55 StPO.[597] Zur Rüge einer Verletzung der Regelung des § 252 StPO in der Revision ist es nicht erforderlich, dass der Verwertung der Aussage in der Hauptverhandlung widersprochen worden ist. Auch einer Beanstandung nach § 238 Abs. 2 StPO bedarf es nicht.[598] Denn es handelt sich um ein **gesetzliches Verwertungsverbot**.

461   **(k)** Verfahrensfehler können auch im Zusammenhang mit den **§§ 58 a, 247 a, 255 a StPO** vorkommen. Der Sinn dieser Regelungen ist es vor allem, besonders schutzbedürftigen Zeugen die häufig belastenden Vernehmungen, auch in der Hauptverhandlung, dadurch zu ersparen, dass sie nicht im Sitzungssaal vernommen werden oder eine verwertbare Bild-Ton-Aufzeichnung einer einmaligen und frühzeitigen Vernehmung in einem späteren Verfahrensstadium zur Verfügung steht.[599] Als Ausnahmeregelung zu § 250 S. 1 StPO ist § 247 a StPO eng auszulegen.[600] Bei der Anwendung der Regelung des § 255 a StPO hat sich der Tatrichter zunächst zu fragen,

---

592 Meyer-Goßner/Schmitt § 252 Rn. 7.
593 BGH StraFo 2005, 117, 118.
594 Meyer-Goßner/Schmitt § 252 Rn. 3.
595 BGH RÜ 2012, 309.
596 Meyer-Goßner/Schmitt § 252 Rn. 4.
597 Meyer-Goßner/Schmitt § 252 Rn. 5.
598 Meyer-Goßner/Schmitt § 252 Rn. 18.
599 Meyer-Goßner/Schmitt § 58 a Rn. 1.
600 Meyer-Goßner/Schmitt § 247 a Rn. 1a.

ob die persönliche Vernehmung des Zeugen in der Hauptverhandlung nach dieser Vorschrift ersetzt werden kann. Macht er von der Ersetzung Gebrauch, so ist die durch Vorspielen der Bild-Ton-Aufzeichnung eingeführte Vernehmung so zu behandeln, als sei der Zeuge in der Hauptverhandlung selbst gehört worden. Im Ausnahmefall kann danach die ergänzende Vernehmung des Zeugen in der Hauptverhandlung nach Maßgabe der Sachaufklärungspflicht oder auch des Beweisantragsrechtes erforderlich werden.[601]

(4) Fehler beim Sachverständigenbeweis

Beim **Sachverständigenbeweis** sind ebenfalls verschiedene Rechtsfehler denkbar.   **462**
So steht die Hinzuziehung eines Sachverständigen, von gesetzlich geregelten Ausnahmefällen abgesehen, zwar grundsätzlich im Ermessen des Gerichts. Bei bestimmten Verfahrenslagen (Beurteilung der Glaubhaftigkeit sehr junger Zeugen, Fragen der Schuldfähigkeit usw.) kann die Amtsaufklärungspflicht (§ 244 Abs. 2 StPO) aber die Einholung eines Sachverständigengutachtens zwingend erfordern. Soweit die Befangenheit eines Sachverständigen erörterungsbedürftig ist, muss berücksichtigt werden, dass dieser bis zum Ende der Hauptverhandlung abgelehnt werden kann (§ 74 StPO). Eine der Richterablehnung entsprechende Präklusionsvorschrift besteht nicht.[602] Das Revisionsgericht prüft allerdings nur nach revisionsgerichtlichen Maßstäben, ob eine Befangenheit vorlag, nicht unter Beschwerdegesichtspunkten.[603] Eine Vereidigung des Sachverständigen steht entsprechend § 79 Abs. 1 StPO im Ermessen des Gerichts. Ansonsten gelten für die Vereidigung des Sachverständigen und dessen Gutachtenverweigerungsrechte die gleichen Regelungen wie beim Zeugenbeweis (§§ 72, 76 StPO). Die Regelung des § 252 StPO wird bei § 76 StPO entsprechend angewendet.[604] Zu beachten ist, dass die persönliche Vernehmung des Sachverständigen in der Hauptverhandlung unter bestimmten Voraussetzungen durch eine audiovisuelle ersetzt werden kann (§ 247 a Abs. 2 StPO).

(5) Fehler beim richterlichen Augenschein

Im Rahmen des **richterlichen Augenscheins** kann ein Rechtsfehler dadurch entstehen,   **463**
dass dieser Beweis außerhalb der Hauptverhandlung erhoben und dessen Beweisergebnis im Urteil verwertet wurde (§ 261 StPO) oder dass nicht die (oder sämtliche) erkennenden Richter den Augenschein eingenommen haben oder ein blinder Richter (bei Augenschein durch Sehen) an der Einnahme des Augenscheins mitgewirkt hat. In diesem Fall wird aber bereits die Mitwirkung des blinden Richters, als erkennender Richter für sich genommen, in der Revision Bedeutung erlangen. Soweit der Augenschein nicht als richterlicher erfolgte, sondern von anderen Personen eingenommen wurde, ist die ordnungsgemäße Einführung der bei dem Augenschein festgestellten Tatsachen erforderlich, um in beanstandungsfreier Weise im Urteil verwertet werden zu können. Durch Inaugenscheinnahme einer Urkunde kann regelmäßig nur deren Vorhandensein und Beschaffenheit, nicht aber ihr Inhalt, zum Gegenstand der Beweisaufnahme gemacht werden.[605] Der richterliche Augenschein ist, wie jede Beweiserhebung, eine wesentliche Förmlichkeit i.S.v. § 273 StPO. Nicht protokollierungspflichtig ist dagegen die Verwendung von Augenscheinsobjekten als Vernehmungshilfen.

---

601 BGH StV 2004, 246.
602 BGH NStZ 2018, 487.
603 BGH NStZ 2014, 663.
604 Meyer-Goßner/Schmitt § 252 Rn. 6.
605 BGH NStZ 2014, 606.

(6) Fehler beim Urkundenbeweis

464 Aufgrund der recht komplizierten Ausgestaltung des **Urkundenbeweises** sind hier Fehler sehr häufig. Die Regelungen zum Beweis mit Urkunden (§§ 249 ff. StPO) bilden nicht die rechtliche Grundlage für die Zulässigkeit dieses Strengbeweismittels. Vielmehr ist der Urkundenbeweis zulässig, wenn das Gesetz ihn nicht ausdrücklich untersagt.[606]

Rechtsfehler beim Urkundenbeweis
■ Beweis durch Protokoll
■ Urkundenbeweis zulässig, wenn nicht ausdrücklich untersagt
■ Grundsätzlich Einführung durch Verlesung auf Anordnung des Vorsitzenden
■ Ausnahme, wenn flüchtiger Blick genügt, dann Augenschein
■ Ausnahme bei ordnungsgemäßem Selbstleseverfahren
– Anordnung des Vorsitzenden
– Sämtliche Richter müssen Kenntnis genommen haben
– Für Rüge Beschluss nach § 238 Abs. 2 StPO erforderlich
■ Grundsätzlicher Vorrang des Personalbeweises (§ 250 StPO)
■ Ergänzende Verlesung allerdings statthaft
– Gilt entsprechend für Bild- und Tonaufzeichnungen
■ Ausnahmen §§ 411 Abs. 2 S. 2, 420 Abs. 1 StPO
■ Ausnahmen §§ 251, 256 StPO
■ Regelung des § 252 StPO gilt auch für Verlesungen
■ Sachaufklärungspflicht bleibt unberührt, kann also zur Vernehmung drängen
■ Vorhalt keine Verlesung, sondern Vernehmungsbehelf

465 **(a)** Regelmäßig wird der **Inhalt** einer **Urkunde** durch deren angeordnete **wörtliche Verlesung** in die Hauptverhandlung eingeführt (§ 249 Abs. 1 S. 1 StPO). Elektronische Dokumente stehen Urkunden gleich, soweit sie verlesbar sind (§ 249 Abs. 1 S. 2 StPO). Kann der gedankliche Urkundeninhalt allerdings schon durch einen flüchtigen Blick auf das Schriftstück erfasst werden, wird der Wortlaut der Urkunde im Wege des Augenscheines zum Gegenstand der Beweisaufnahme.[607] Von der wörtlichen Verlesung kann bei zulässiger Anordnung des **Selbstleseverfahrens** durch den Vorsitzenden (§ 249 Abs. 2 StPO) abgesehen werden. Wird von dieser Möglichkeit Gebrauch gemacht, müssen die Berufsrichter und die Schöffen tatsächlich Kenntnis von dem Wortlaut der Urkunde genommen[608] und die übrigen Verfahrensbeteiligten hierzu Gelegenheit gehabt haben. Hier ist, um die nicht wörtliche Verlesung überhaupt der Revision zuführen zu können, der (weitergehend als nach § 238 Abs. 2 StPO) unverzügliche Widerspruch gegen die Anordnung des Vorsitzenden und somit die Herbeiführung eines Gerichtsbeschlusses erforderlich (§ 249 Abs. 2 S. 2 StPO).

466 Über den Wortlaut einer Urkunde wird also nur dann im Wege der Verlesung oder des Selbstleseverfahrens Beweis erhoben, wenn dies auf **Anordnung** des Vorsitzenden oder des Gerichts geschieht.[609] Verliest der Verteidiger des Angeklagten für die-

---

606 BGH NJW 2004, 1136.
607 BGH NStZ 2014, 606.
608 BGH NStZ 2005, 160.
609 BGH NStZ 2004, 163; BGH StraFo 2004, 173.

sen eine vorbereitete schriftliche Erklärung, die dann als Anlage zum Protokoll genommen wird, ist über deren Wortlaut also kein Beweis erhoben worden. Allein der mündliche Vortrag des Verteidigers und die zustimmende Erklärung des Angeklagten werden in einem solchen Fall in die Hauptverhandlung eingeführt. Eine Überprüfung, ob die zusammenfassende Darstellung dieser Einlassung in den Urteilsgründen zutreffend und vollständig wiedergegeben wurde, ist dem Revisionsgericht wegen des Rekonstruktionsverbotes daher nicht möglich.[610]

Eine Verlesung und sämtliche damit im Zusammenhang stehende Umstände des Verfahrensgeschehens sind wesentliche Förmlichkeiten des Verfahrens und werden nur durch das **Protokoll bewiesen** (§§ 273, 274 StPO). Die Verlesung oder das Selbstleseverfahren als Surrogat müssen im Sitzungsprotokoll so genau fixiert werden, dass erkennbar ist, um welches Schriftstück es sich handelt. Wurde die Feststellung der Kenntnisnahme durch die Schöffen beim Selbstleseverfahren (§ 249 Abs. 2 S. 3 StPO) nicht protokolliert, gilt auch insoweit die negative Beweiskraft des Protokolls, freibeweisliche Feststellungen des Revisionsgerichts sind ausgeschlossen.[611]

467

Wird im Urteil der Inhalt einer Urkunde mitgeteilt, obwohl diese nicht durch Verlesung oder im Wege des Selbstleseverfahrens zum Inbegriff der Hauptverhandlung gemacht wurde, ist ein **Beruhen** des Urteils auf diesem Rechtsfehler denkbar, sodass ggf. eine Verfahrensrüge nach §§ 249, 261 StPO erhoben werden kann. Dies jedenfalls dann, wenn die (nicht ganz kurze) Urkunde im Urteil wörtlich wiedergegeben wird. Denn in einem solchen Fall ist in der Regel auszuschließen, dass der Inhalt des Schriftstücks auf andere Weise, vor allem aus der freien Erinnerung eines Zeugen, in die Hauptverhandlung eingeführt worden ist.[612] Betrifft der Urkundeninhalt nur ein für die Entscheidung nicht tragendes Randgeschehen, wird die Entscheidung allerdings häufig nicht auf dem Verfahrensfehler beruhen.

468

(b) Stets zu beachten ist der verfahrensrechtliche Grundsatz des **Vorranges** des **Personalbeweises** vor dem Urkundenbeweis (§ 250 StPO), der allerdings schon für das Regelstrafverfahren wiederum durch zahlreiche Einschränkungen gekennzeichnet ist (§§ 251 ff. StPO) und für das beschleunigte Verfahren und die Strafbefehlshauptverhandlung (§§ 411 Abs. 3 S. 2, 420 Abs. 1 StPO) durchbrochen wird. § 250 StPO verbietet von vornherein nur die **Ersetzung**, nicht aber die Ergänzung der in einem Protokoll oder einer schriftlichen Erklärung festgehaltenen Äußerung der Beweisperson.[613] Wird der Zeuge oder Sachverständige in der Hauptverhandlung vernommen, ist die Verlesung daher zulässig, wenn sie weder ganz noch teilweise an die Stelle der Vernehmung treten soll.[614] Diese Grundsätze gelten auch für die ergänzende Inaugenscheinnahme der Bild-Ton-Aufzeichnung. Denn das Videoprotokoll ist insoweit der Niederschrift einer Zeugenvernehmung gleichzusetzen. Allerdings kommt in diesen Fällen als Rechtsgrundlage nicht § 255 a StPO in Betracht, weil diese Bestimmung nur die vernehmungsersetzende Vorführung regelt.[615] Der Tatrichter ist von Rechts wegen insoweit also auch nicht gehindert, dem Zeugen bei der Vernehmung die Bild-Ton-Aufzeichnung vorzuhalten oder sie im Anschluss ergänzend durch Vorspielen in Augenschein zu nehmen.[616] Stets ist aber zu berücksichtigen, dass auch bei der grundsätzlichen Möglichkeit der Vernehmungsersetzung die Sachaufklärungspflicht gleichwohl die persönliche Vernehmung gebieten kann.

469

---

610 BGH NStZ 2004, 163; BGH StraFo 2004, 173.

611 BGH NStZ 2005, 160.

612 OLG Hamm, Beschl. v. 30.09.2003 – 3 Ss 530/03, BeckRS 2003, 30329463.

613 BGH NJW 2004, 1136.

614 BGH NStZ 2014, 607 f.; Meyer-Goßner/Schmitt § 250 Rn. 12; anders BGH RÜ 2019, 438.

615 BGH NJW 2004, 1136.

616 BGH NJW 2004, 1136.

470 **(c) Ausnahmen von** dem Gebot des **§ 250 StPO** finden sich in §§ 251, 253, 254, 256 StPO. Diese Regelungen erlauben in einem sehr weiten Umfang, die persönliche Vernehmung von Zeugen und Sachverständigen durch die Verlesung von Schriftstücken, ggf. auch im Wege des Selbstleseverfahrens, zu ersetzen.

471 **(aa)** Im Rahmen des **§ 251 StPO** kann die Vernehmung von Zeugen, Sachverständigen oder Mitbeschuldigten, unter den dort normierten Voraussetzungen, durch die Verlesung von Vernehmungsprotokollen sowie sonstigen schriftlichen Erklärungen (Abs. 1) oder Protokollen über eine richterliche Vernehmung (Abs. 2) ersetzt werden. Zu beachten ist, dass die grundsätzlich verlesbaren Niederschriften weder eine Wiedergabe der Angaben in wörtlicher Rede, noch eine Unterschrift voraussetzen.[617] Die nach § 251 Abs. 1 Nr. 1 StPO erforderliche Zustimmung kann ausnahmsweise auch stillschweigend erfolgen, wenn sich sämtliche Verfahrensbeteiligten der Tragweite ihres Schweigens bewusst sind. Dies setzt im Regelfall allerdings eine vorherige entsprechende Thematisierung voraus.[618] Eine Verlesung, welche lediglich der Bestätigung eines Geständnisses dienen soll, ist auch möglich, wenn der Staatsanwalt sowie ein nicht verteidigter Angeklagter dem zustimmen (§ 251 Abs. 1 Nr. 2 StPO). Diese Regelung soll bei geständigen Tätern der Beschleunigung dienen.[619] Die Vorlegungsmöglichkeit beschränkt sich allerdings auf die Überprüfung der gemachten Angaben, wobei die Sachaufklärungspflicht zu der persönlichen Vernehmung der Auskunftspersonen drängen kann.[620] Von § 251 Abs. 1 Nr. 3 StPO kann auch der Fall erfasst sein, dass sich ein Zeuge aufgrund einer persönlichen Bedrohungslage weigert, zur Sache auszusagen. Hierzu kann er, unter Grundlage des § 34 StGB, ggf. berechtigt sein. In einer Klausur müssten dann die tatsächlichen Umstände genau untersucht werden. Wohnt ein Zeuge im Ausland, rechtfertigt dies allein keine Verlesung nach § 251 Abs. 1 Nr. 3 StPO.[621] Im Rahmen des § 251 Abs. 2 StPO ist zu berücksichtigen, dass die Verlesbarkeit richterlicher Vernehmungsniederschriften nur bei dessen ordnungsgemäßer Errichtung infrage kommt. Dies betrifft insbesondere die erforderliche Benachrichtigung des Verteidigers (§ 168 c Abs. 5 StPO), wobei dieser Mangel durch Zustimmung des Angeklagten und seines Verteidigers geheilt werden kann,[622] oder die Übersetzung durch einen nicht vereidigten Dolmetscher (§ 189 GVG). Soll das Protokoll wegen solcher Mängel dann als nichtrichterliches nach § 251 Abs. 1 StPO verlesen werden, bedarf es eines Hinweises entsprechend § 265 StPO.[623] Der Tatrichter muss sich des minderen Beweiswertes zudem erkennbar bewusst sein.

472 **(bb)** Die Regelung des **§ 253 StPO** setzt die Anwesenheit der entsprechenden Auskunftsperson in der Hauptverhandlung sowie dessen Erklärung, sich nicht erinnern zu können, voraus. Im Wege der Verlesung wird dann die Vernehmung der Verhörsperson und nicht des Zeugen oder Sachverständigen ersetzt.

473 **(cc)** Eine Verlesung nach **§ 254 StPO** soll auch zulässig sein, wenn der Angeklagte früher als Zeuge vernommen wurde, weil der Wortlaut insoweit keine Eingrenzung erfährt. Ob das verlesene Protokoll tatsächlich ein Geständnis enthält überprüft das Revisionsgericht, wegen des grundlegenden Verbotes der Rekonstruktion der Hauptverhandlung, grundsätzlich nicht.

(dd) Bei **§ 256 StPO** ist zu berücksichtigen, dass der Wortlaut des Abs. 1 Nr. 1 keine Beschränkung enthält, sodass auch die in den dort erwähnten Zeugnissen und Gut-

---

617 BGH RÜ2 2018, 134 ff.
618 BGH RÜ2 2017, 18.
619 Meyer-Goßner/Schmitt § 251 Rn. 8a.
620 Meyer-Goßner/Schmitt § 251 Rn. 8a.
621 BGH RÜ2 2018, 134 ff.
622 BGH RÜ 2019, 517 f.
623 Meyer-Goßner/Schmitt § 251 Rn. 15.

achten enthaltenen Zusatztatsachen verlesbar sind. Es kann hier auch manchmal die Problematik der Zuordnung zu einer der dort genannten privilegierten Dienststellen auftauchen, welche unter Zuhilfenahme der Kommentierung aber unschwer zu lösen ist. Außerdem sind, unabhängig vom Tatvorwurf, ärztliche Atteste (auch deren Kopien) über sämtliche Formen von Körperverletzungen zur Verlesung freigegeben (Abs. 1 Nr. 2). Einer lesbaren Unterschrift des Arztes bedarf es nicht, wenn seine Urheberschaft feststeht.[624] Weiterhin nicht verlesbar sind aber darüber hinausgehende Feststellungen des Arztes, die er ohne besondere Sachkunde wahrgenommen hat. Die Verlesbarkeit nach § 256 Abs. 1 Nr. 5 StPO ist nicht von vornherein auf Routinehandlungen der Ermittlungsbehörden beschränkt.[625] Polizeiliche Protokolle können auch dann teilweise verlesen werden, wenn sie Angaben zu Vernehmungen enthalten, sofern damit keine Umgehung des § 251 StPO einhergeht.[626] Liegen die Voraussetzungen des § 256 StPO nicht vor, ist gegen den Grundsatz des § 250 StPO verstoßen worden, sodass es der Herbeiführung eines Gerichtsbeschlusses nach § 238 Abs. 2 StPO nicht bedarf.[627] Über § 256 Nr. 6 StPO können nun auch Übertragungsnachweise nach § 32 e Abs. 3 StPO verlesen werden.

> **Fall 11: Attest ohne Unterschrift**
> *Der Angeklagte wird wegen einer Körperverletzung zum Nachteil der Zeugen Schöneberger angeklagt. In der Hauptverhandlung wird ein ärztliches Attest des Herrn Dr. Klein über die dabei erlittene Augenverletzung verlesen, welches aber keine Unterschrift enthält. Es wurde jedoch von Herrn Dr. Klein mit einem von ihm unterzeichneten Begleitschreiben an das Gericht übersandt, in dem er auf seine beiliegende ärztliche Bescheinigung hinwies. Der Inhalt des Attestes fand Eingang bei der Verurteilung des Angeklagten zu seinem Nachteil.*

In der Hauptverhandlung wurde ein Attest des Dr. Klein über die Augenverletzung verlesen, welche der Zeugin Schöneberger, nach den Feststellungen, von dem Angeklagten zugefügt worden war. Allerdings befand sich auf der Bescheinigung keine Unterschrift des behandelnden Arztes, sodass ein Verfahrensfehler nach §§ 256 Abs. 1 Nr. 2; 337 StPO denkbar ist. Indes lässt sich ein solches Erfordernis der Unterzeichnung bereits dem Wortlaut der Norm nicht entnehmen. Zudem besteht der Zweck der Vorschrift darin, persönliche Vernehmungen von Ärzten dann entbehrlich zu machen, wenn deren Wahrnehmungen über körperliche Verletzungen Eingang in ein von Ihnen gefertigter Attest gefunden haben und ihre Einvernahme daher im Regelfall keinen zusätzlichen Gewinn für die Sachaufklärung verspricht. Bestehen daher keine Zweifel, dass die verlesene Bescheinigung auch tatsächlich von dem ausstellenden Arzt gefertigt wurde, ist ein Verfahrensfehler zu verneinen. Dies war hier der Fall, weil aus dem beigefügten sowie unterzeichneten Begleitschreiben an das Gericht die Urheberschaft eindeutig erkennbar war. Die Verlesung des ärztlichen Attestes war somit nicht rechtsfehlerhaft.

(d) Das umfassende **Beweisverwertungsverbot** des § 252 StPO umfasst zugleich auch das Verbot der Verlesung. 474

(e) Urkunden können immer auch im Wege eines **Vorhalts** Verwendung finden, um das durch den Vorhalt Veranlasste (meist eine Zeugenaussage) einer Erkenntnisgewinnung zuzuführen. Da die Urkunde in diesem Fall lediglich als Vernehmungsbehelf dient und nicht selbst das Beweismittel ist, gelten die Regeln des Urkundenbeweises

---

624 BGH RÜ2 2020, 18.
625 BGH RÜ 2016, 378 f.
626 BGH RÜ 2015, 442 f.
627 BGH StV 2012, 202; Meyer-Goßner/Schmitt § 256 Rn. 30.

hier nicht. Ein Vorhalt ist aber dann unzulässig, wenn die vorgehaltene Urkunde verfahrensfehlerhaft zustande gekommen ist. Um die Unzulässigkeit eines derartigen Vorhalts in der Revision rügen zu können, ist entsprechend der von der Rspr. entwickelten Widerspruchslösung in der Hauptverhandlung grundsätzlich der rechtzeitige Widerspruch gegen den Vorhalt erforderlich. Ein solcher ist, als bloßer Vernehmungsbehelf, keine wesentliche Förmlichkeit des Verfahrens.[628]

475   Beispiel für eine gutachtliche Darstellung:

Dadurch, dass der Vorsitzende die von der Zeugin Schäfer gegenüber dem behandelnden Arzt gemachten Angaben zu dem Tatgeschehen durch Verlesung des ärztlichen Attestes in die Hauptverhandlung eingeführt hat, kann ein Verfahrensverstoß nach §§ 250, 256, 337 StPO vorliegen.

Zwar können gemäß § 256 Abs. 1 Nr. 2 StPO Atteste von Ärzten über Körperverletzungen verlesen werden. Hiervon umfasst sind aber nicht darin enthaltene zusätzliche Feststellungen, welche der Arzt nur bei Gelegenheit seiner Behandlung wahrgenommen hat.

Auf diesem Verfahrensfehler beruht das Urteil auch, weil das Tatgericht diese Angaben bei der Beweiswürdigung zu Lasten des Angeklagten verwertet hat. Der Verstoß ist als Verletzung des § 250 StPO auch revisibel, ohne dass es einer, hier unterbliebenen, Herbeiführung eines Gerichtsbeschlusses bedurft hätte.

Die Verlesung des ärztlichen Attestes kann daher mit der Revision als Verletzung der §§ 250, 256 Abs. 1 Nr. 2, 337 StPO gerügt werden.

(7) Fehler bei der Hinzuziehung eines Dolmetschers

476   Verfahrensverstöße sind vor allem bei der Vereidigung denkbar. Diese ist, vorbehaltlich § 190 GVG, zwingend (§ 189 GVG). Ein Versäumnis kann insoweit nicht geheilt werden.[629] Eine Hinzuziehung ist auch fehlerhaft, wenn sich der Dolmetscher auf seine tatsächlich nicht vorliegende allgemeine Vereidigung beruft. Die Nichtvereidigung begründet die Revision. Das Beruhen des Urteils auf diesem Rechtsfehler kann ausnahmsweise dann ausgeschlossen sein, wenn die Richtigkeit der Übersetzung leicht zu kontrollieren war oder anderweitig bestätigt worden ist.[630] Anderenfalls kann nicht ausgeschlossen werden, dass der Dolmetscher im Falle seiner Vereidigung gewissenhafter übersetzt hätte.[631] Als wesentliche Förmlichkeit werden die Vereidigung sowie die Berufung darauf ausschließlich durch das Protokoll bewiesen.[632]

(8) Verletzung der Amtsaufklärungspflicht

477   Das Verfahrensgebot der umfassenden Sachaufklärung beherrscht das gesamte Strafverfahren[633] und ist im Rechtsstaatsgebot verankert.[634] Seine einfach gesetzliche Grundlage findet es in der Regelung des § 244 Abs. 2 StPO, wonach das Gericht zur Erforschung der Wahrheit in der Hauptverhandlung die Beweisaufnahme von Amts wegen auf alle Tatsachen und Beweismittel zu erstrecken hat, welche für die Entscheidung von Bedeutung sind.[635] Die Sachaufklärungspflicht ist allein dem Ge-

---

628 Meyer-Goßner/Schmitt § 249 Rn. 28.

629 OLG Hamm ZfSch 2004, 184.

630 Vgl. BGH BeckRS 2005, 10259.

631 OLG Hamm ZfSch 2004, 184.

632 BGH NStZ 2014, 356.

633 Herdegen NJW 1996, 26, 27.

634 BVerfGE 77, 65, 77; Rieß NStZ 1994, 409, 410.

635 Meyer-Goßner/Schmitt § 244 Rn. 11; Bernsmann ZRP 1994, 329, 330; Frister ZStW 105, 340; Schulz GA 1981, 301, 304; Weigend JZ 1990, 774, 775.

richt übertragen und auch nicht von der Initiative anderer Verfahrensbeteiligter abhängig.[636] Eine **Verletzung** der gerichtlichen **Pflicht** zur **Sachaufklärung** kann demnach Gegenstand einer Verfahrensrüge, nämlich der sog. **Aufklärungsrüge**, sein (§§ 244 Abs. 2, 337 StPO).

(a) Verletzt ist die Aufklärungspflicht, wenn bei einer Ausschöpfung der ungenutzten Erkenntnisquelle auch nur die **entfernte Möglichkeit** einer **Änderung** der bisher begründeten **Vorstellung** von dem zu beurteilenden **Sachverhalt** bestanden hätte und sich das Gericht durch die aus den Akten oder dem Verfahrensverlauf bekannt gewordenen Tatsachen zu dem Gebrauch von Beweismitteln hätte gedrängt sehen müssen.[637] Eine Grenze findet die Sachaufklärungspflicht da, wo Schätzklauseln eingreifen und diese so mindestens die Pflicht des Gerichts zur umfassenden Erkenntnisgewinnung begrenzen.[638] Dies gilt etwa für die Höhe des Tagessatzes, wobei der Tatrichter jedoch auch hierbei eine Nachprüfung durch das Revisionsgericht ermöglichen muss.[639] Eine Begrenzung des Versuchs einer Erkenntnisgewinnung ist zudem dadurch veranlasst, dass nur denkbare und nicht völlig fern liegende Sachverhaltsmodalitäten zu erwägen sind, soweit nicht konkrete Hinweise auf solche vom Angeklagten vorgebracht werden oder sonst erkennbar sind. Außerdem muss das Beweismittel dem Gericht rechtlich (verwertbar) und tatsächlich zugänglich (erreichbar) sein. **478**

So kann etwa die Aufklärungspflicht zur **audiovisuellen Vernehmung** nach § 255 a StPO oder in einem solchen Fall auch zur ergänzenden Einvernahme der Wahrnehmungsperson zwingen.[640] Bei einem von der Innenbehörde **gesperrten Zeugen** hat sich das Gericht grundsätzlich darum zu bemühen, dass die Sperrerklärung aufgehoben wird und der Zeuge in der Hauptverhandlung persönlich vernommen werden kann. Die Überprüfung einer bereits gegebenen Sperrerklärung im Wege einer Gegenvorstellung muss das Gericht allenfalls dann veranlassen, wenn konkrete Anhaltspunkte dafür vorliegen, dass die Behörde ihre Auffassung möglicherweise geändert hätte.[641] Ebenso kann die Vernehmung der (einzigen) Belastungszeugin geboten sein, auch wenn diese verhandlungsunfähig ist,[642] oder mit Zwangsmitteln nach § 70 StPO vorzugehen.[643] Das Gericht ist auch verpflichtet, eine vom Angeklagten in der Hauptverhandlung übergebene schriftliche Erklärung zur Kenntnis zu nehmen, um zu prüfen, ob die Aufklärungspflicht deren Verlesung gebietet.[644] **479**

(b) Weil sich die Anhaltspunkte, welche die Pflicht zur Sachaufklärung konkretisiert haben, nahezu überall finden lassen, kann über den Weg einer Aufklärungsrüge das **gesamte Aktenmaterial**, also auch Umstände außerhalb des Sitzungsprotokolls und des Urteils, zur Prüfung des Rechtsfehlers **herangezogen** werden. Allerdings wird eine Aufklärungsrüge in der Regel nur dann Erfolg haben, wenn der Revisionsführer die bestimmten Umstände darlegen kann, welche in dem konkreten Fall zur Verwendung eines entsprechenden Beweismittels drängten. Dies wird im Allgemeinen nur dann nachvollziehbar begründbar sein, wenn der Revisionsführer in der Hauptverhandlung selbst dahingehende Anträge gestellt oder Anregungen gegeben hat. Daraus ergibt sich auch, dass die Aufklärungsrüge nur dann geboten ist, wenn nicht spezifische Normverletzungen gerügt werden können. Insbesondere, sofern eine fehlende Sachaufklärung des Gerichts aufgrund eines übergangenen oder **480**

---

636 Widmaier NStZ 1994, 414, 418.

637 Meyer-Goßner/Schmitt § 244 Rn. 12.

638 Meyer-Goßner/Schmitt § 244 Rn. 15.

639 SaarlOLG StraFo 2012, 109.

640 BGH NJW 2003, 531, 531 ff.

641 BGH NStZ 2004, 241, 241 ff.

642 BGH StraFo 2002, 353, 354.

643 BGH StV 2013, 4.

644 BGH StV 2013, 373 f.

fehlerhaft beschiedenen Beweisantrags gerügt werden soll, ist die spezifische Rüge der Verletzung des Beweisantragsrechts zu erheben. Jedoch muss ein Mitangeklagter, auch bei gleicher Interessenlage, die Aufklärungsrüge erheben, wenn er nicht selbst den Beweisantrag gestellt hat.[645]

> **Klausurhinweis:** Gedanklich sollten Sie § 244 Abs. 2 StPO immer im Auge behalten, weil es sich um die zentrale Vorschrift des Strafverfahrens handelt. In der Klausur werden Sie aber nur mit Fallgestaltungen konfrontiert werden, bei denen sich die Prüfung einer Verletzung der Sachaufklärungspflicht aufgrund des Geschehens in der Hauptverhandlung aufdrängt, meist im Zusammenhang mit gestellten Anträgen von Verfahrensbeteiligten, Mitteilungen von Zeugen oder eigenen Hinweisen des Gerichts.

481 **Beispiel für eine gutachtliche Darstellung:**

> *Da der Vorsitzende den Zeugen Maier nicht in der Hauptverhandlung vernommen hat, kann ein Verstoß gegen die §§ 244 Abs. 2, 337 StPO vorliegen.*
>
> *Gegen seine Pflicht zu einer umfassenden Sachaufklärung verstößt das Gericht, wenn es sich ihm aufdrängende Beweismittel nicht nutzt, welche für die Entscheidung von Bedeutung sind.*
>
> *Dem Vorsitzenden war aufgrund der schriftlichen Eingabe des Zeugen Maier bekannt, dass dieser Angaben dazu machen konnte, wo sich der Angeklagte zur Tatzeit aufgehalten hatte. Dies war für die Entscheidung auch bedeutsam, weil damit, sofern es sich bestätigen würde, ausgeschlossen wäre, dass der Angeklagte zur Tatzeit am Tatort gewesen sein konnte. Die unterlassene Vernehmung des Zeugen Maier verstieß somit gegen die Amtsaufklärungspflicht.*
>
> *Auf diesem Rechtsfehler beruht das Urteil auch, weil die Beweiserhebung möglicherweise zu einem für den Angeklagten günstigeren Beweisergebnis geführt hätte.*
>
> *Die Revision hat daher mit der Rüge einer Verletzung der Sachaufklärungspflicht nach §§ 244 Abs. 2, 337 StPO Erfolg.*

(9) Verletzung des Beweisantragsrechts

Von erheblicher Relevanz sind in der Praxis und Klausur Verfahrensrügen, die im Zusammenhang mit der **Verletzung** des **Beweisantragsrechtes** stehen.

Fehler im Zusammenhang mit dem Beweisantragsrecht
■ Beweis von Antrag und Ablehnungsbeschluss durch Protokoll
■ Begründung zu Anträgen nimmt nicht an der Beweiskraft teil
■ Jeder Verfahrensbeteiligte hat eigenständiges Beweisantragsrecht
Bei extremem Missbrauch soll Entzug und Verlagerung auf Verteidiger zulässig sein

---

645 BGH StV 2011, 711.

- Vorliegen eines ordnungsgemäßen Beweisantrages erforderlich
  - Beweisbehauptung ist vom Beweisziel zu unterscheiden
  - Negativtatsachen grundsätzlich problematisch
  - Bei Bezeichnung des Beweismittels genügt Aufzeigung des Weges
  - Konnexitätserfordernis zu beachten
  - Stellung bis zur Urteilsverkündung möglich, außer bei zulässiger Fristsetzung
  - Bei Hilfsbeweisantrag grundsätzlich erst Bescheidung im Urteil erforderlich
  - Kein Vorliegen eines Beweisantrages bei Verschleppungsabsicht
- Erhebung des Beweises erfolgt durch Anordnung des Vorsitzenden
- Ablehnung des Beweisantrages erfordert einen Gerichtsbeschluss
- Bei Fristsetzung Ablehnung in den Urteilsgründen möglich
  - Auslegung des Antrages geht Ablehnung vor
  - Grundsätzliches Verbot der Beweisantizipation ist zu beachten
  - Anwendung mehrerer Ablehnungsgründe möglich, wenn nicht widersprüchlich
  - Abschließende Regelung der Ablehnungsgründe im Gesetz
  - Austausch von Beweismitteln nur ausnahmsweise zulässig
  - Zwingender Ablehnungsgrund nur § 244 Abs. 3 S. 1 StPO, sonst Ermessen
- Wenn Ablehnung, Prüfung, ob genannter Ablehnungsgrund vorliegt
- Bei Ablehnung wegen Offenkundigkeit
  - Allgemeinkundigkeit

    Vernünftige Menschen können sich ohne großen Aufwand hierüber informieren
  - Gerichtskundigkeit

    Ausreichend, wenn ein Gerichtsmitglied den anderen das Wissen vermitteln kann
- Bei Ablehnung wegen Bedeutungslosigkeit
  - Behauptung muss als erwiesen behandelt werden
  - Ablehnung ist aus dem Begehren selbst zu begründen
  - Kann aus tatsächlichen oder rechtlichen Gründen bedeutungslos sein
  - Es ist eine ausreichende Begründung erforderlich
- Bei Ablehnung wegen Erwiesenheit
  - Bedeutung für das Verfahren unerheblich
  - Urteilsgründe dürfen der Ablehnung nicht widersprechen
- Bei Ablehnung wegen völliger Ungeeignetheit
  - Muss aus Beweismittel selbst gefolgert werden
  - Generell zweifelhaft beim Zeugenbeweis
- Bei Ablehnung wegen Unerreichbarkeit
  - Kann aus rechtlichen oder tatsächlichen Gründen unerreichbar sein
  - Bedeutung der Sache ist in die Abwägung mit einzubeziehen

167

- Bei Ablehnung wegen Wahrunterstellung
  - Unterstellung nur zugunsten des Angeklagten
  - Daher bei Freispruch eigentlich ausgeschlossen
  - Nur erhebliche Tatsachen dürfen als wahr behandelt werden
  - Hinweis erforderlich, wenn Gericht von der Wahrunterstellung abrücken will
  - Kein Hinweis erforderlich, wenn Tatsache nicht mehr erheblich sein soll
- Bei Ablehnung eines Sachverständigenbeweises
  - Es gelten die allgemeinen Ablehnungsründe
  - Daneben die eigene Sachkunde des Gerichts
- Bei Ablehnung eines weiteren Sachverständigenbeweises
  - Es gelten die allgemeinen Ablehnungsgründe
  - Wenn Gegenteil durch erstes Gutachten schon erwiesen, auch Ablehnung möglich
- Bei Ablehnung einer Augenscheinseinnahme der Ladung eines Auslandszeugen oder der Verlesung eines Ausgangsdokuments

  Es gilt nur die Sachaufklärungspflicht
- Bei Beweisanträgen nach Fristsetzung

  Fehler können Verstoß gegen § 244 Abs. 6 S. 1 StPO sein

  Grund für Fristüberschreitung muss glaubhaft gemacht werden
- Bei Beweisanträgen im Strafbefehlsverfahren, beschleunigten Verfahren oder Privatklageverfahren

  Es gilt nur die Sachaufklärungspflicht
- Bei Beweisermittlungsanträgen oder Beweisanregungen
  - Es gilt nur die Sachaufklärungspflicht
  - Nicht zwingend Gerichtsbeschluss erforderlich
- Sachaufklärungspflicht bleibt in jedem Fall unberührt

482 **(a)** Das Recht zur Stellung von Beweisanträgen in der Hauptverhandlung ist namentlich für die Verteidigung von wesentlicher Bedeutung. Auch wenn das Gericht sich seiner Pflicht zu einer umfassenden Sachaufklärung bewusst ist, allen aus seiner Sicht erkennbaren Beweisquellen nachgeht und ernsthaft um ein an der Wahrheitsfindung orientiertes Erkenntnis bemüht ist, genügt dies zum Schutz des Beschuldigten im Strafverfahren oft nicht. So ist nach allgemeiner Auffassung das **Beweisantragsrecht** auch ein über den Anspruch auf rechtliches Gehör (Art. 103 Abs. 1 GG) hinausgehender **elementarer Bestandteil** eines **fairen Strafverfahrens** und verfassungsrechtlich garantiert.[646] Es gibt den Verfahrensbeteiligten die Möglichkeit, bestimmend auf die Sachverhaltsfeststellungen Einfluss zu nehmen. Für das Beweisantragsrecht des Nebenklägers gelten dabei die gleichen Grundsätze wie für den Angeklagten.[647] Dem Recht zur Stellung von Beweisanträgen ist auch immanent, dass die Verfahrensbeteiligten (insbesondere die Verteidigung) den Zeitpunkt eines Beweisantrages grundsätzlich (siehe aber § 244 Abs. 6 S. 3 StPO) frei bestimmen können, ohne hierdurch aufgrund gesetzlicher oder gerichtlicher Präklusionsvorschriften gehin-

---

646 S. hierzu etwa Schulz StV 1991, 354, 362; Herzog StV 1994, 166, 167.
647 BGH NStZ 2011, 713.

dert zu sein (§ 246 StPO). Denn eine legitime Verteidigungsstrategie muss die Chancen und Risiken einer beantragten Beweiserhebung im Sinne der einseitigen Interessen des Beschuldigten an seiner Entlastung abwägen und kann dies in der Regel erst aufgrund des Verlaufes der Beweisaufnahme in der Hauptverhandlung in sachgerechter Weise.[648]

(b) Das **Verhältnis** zwischen der **Sachaufklärungspflicht** und dem **Beweisantragsrecht** ist umstritten. Diese Streitfrage kann da von Bedeutung sein, wo das Gesetz den Umfang der Beweisaufnahme auch bei der Stellung eines Beweisantrages allein nach Maßgabe des § 244 Abs. 2 StPO bestimmt und insoweit von den spezifischen Voraussetzungen der Ablehnungsgründe löst.[649] Nach der heute überwiegend vertretenen und als Heterogenitätslehre bezeichneten Auffassung wird das Beweisantragsrecht als ein gegenüber der Sachaufklärungspflicht selbstständiges und auch weitergehendes Recht der Verfahrensbeteiligten angesehen. Diese Ansicht liegt auch dem Gesetz zugrunde. Die Regelungen im Beweisantragsrecht, die das Gericht von den spezifischen Voraussetzungen der Ablehnungsgründe lösen (§§ 244 Abs. 5, 384 Abs. 3, 411 Abs. 2 S. 2, 420 Abs. 4 StPO), wären anders nicht verständlich. Eine solche Unterscheidung macht nur Sinn, wenn man davon ausgeht, dass der notwendige Umfang der Beweisaufnahme in beiden Fällen gerade nicht identisch ist.[650] Anzunehmen, der Gesetzgeber habe mit solchen gesetzlichen Differenzierungen die vorgegebene unabänderliche Übereinstimmung zwischen Aufklärungspflicht und Beweisantragsrecht (Identitätslehre) verkannt, ist nicht hinreichend begründbar. Hinzu kommt, dass auch zahlreiche Fälle vorstellbar sind, bei denen zwar die Sachaufklärungspflicht keine weitere Beweiserhebung notwendig machen würde, aber eine Beweiserhebung aufgrund eines Beweisantrages notwendig wäre, da ein solcher nicht in zulässiger Weise abgelehnt werden könnte. Umgekehrt kann es vorkommen, dass zwar ein Ablehnungsgrund gegeben ist, die Sachaufklärungspflicht aufgrund des gestellten Beweisantrages aber so aktualisiert worden ist, dass das Gericht von Amts wegen dem nun bekannten Beweismittel nachgehen muss.[651]

483

> **Klausurhinweis:** Selbst wenn die Ablehnung eines Beweisantrages rechtlich möglich ist, muss somit immer auch geprüft werden, ob nicht dennoch von Amts wegen (§ 244 Abs. 2 StPO) eine Beweiserhebung erforderlich ist.

(c) Ein **Beweisantrag** ist **das in der Hauptverhandlung mündlich vorgebrachte** (s. aber § 257 a StPO) **und ernsthafte, unbedingte oder bedingte, Verlangen eines Verfahrensbeteiligten, über einen bestimmten, für die Schuld- oder Rechtsfolgenentscheidung erheblichen Umstand, mit einem bestimmten Beweismittel, Beweis zu erheben, wobei dem Antrag zu entnehmen ist, weshalb das bezeichnete Beweismittel die behauptete Tatsache belegen können soll** (§ 244 Abs. 3 S. 1 StPO). Das förmliche Beweisantragsrecht des Angeklagten steht selbstständig neben dem seines Verteidigers.[652] Einschränkend hat der BGH den Entzug des unmittelbaren Antragsrechtes des Angeklagten und die diesem erteilte Auflage des Tatgerichts, Beweisanträge künftig nur noch über seinen Verteidiger zu stellen, in einem Fall für zulässig gehalten, in dem der Angeklagte in einer sehr extensiven Weise von seinem Beweisantragsrecht Gebrauch gemacht haben sollte.[653]

484

---

648 Frister StV 1994, 445, 448.

649 S. hierzu auch Engels GA 1981, 21 ff.

650 Widmaier NStZ 1994, 414, 415.

651 KK-Krehl § 244 Rn. 35.

652 BGH NStZ 2009, 581; Michalke StV 1989, 235, 237.

653 BGHSt 38, 111 ff.; s. hierzu auch Hamm StV 1993, 455, 456.

485   **(aa)** Ein ordnungsgemäßer Beweisantrag erfordert mindestens die Angabe einer bestimmten **Beweistatsache**. Dabei gilt der Grundsatz, dass der Antragsteller mit dem Mittel des Beweisantrags auch solche Tatsachen unter Beweis stellen kann, derer er sich nicht sicher ist oder sicher sein kann, sondern welche er lediglich vermutet oder für möglich hält.[654] Wenn jedwede Anhaltspunkte für die Annahme einer solchen Vermutung des Antragstellers, insbesondere unter Grundlage der auch von ihm selbst nicht in Frage gestellten Umstände, aber fehlen, handelt es sich um keine bestimmte Tatsachenbehauptung.[655] Bei schon aktenkundigen Anknüpfungspunkten scheidet eine solche Herabstufung aber regelmäßig aus.[656] Wenn lediglich gewünschte Schlussfolgerungen unter Beweis gestellt werden, was häufig im Zusammenhang mit dem Antrag auf Anhörung eines Sachverständigen vorkommt, liegt mangels einer bestimmten Beweistatsache nur ein Beweisermittlungsantrag vor.[657]

486   **(bb)** Weiterhin ist die Angabe eines bestimmten **Beweismittels** notwendig. Es muss also so genau individualisiert sein, dass das Gericht ohne Weiteres hiervon Gebrauch machen könnte. Beim Zeugenbeweis hat es die Rspr. aber genügen lassen, wenn der Antrag Tatsachen enthält, welche die Identifizierung und den Aufenthaltsort des Zeugen ermöglichen. Ein Antrag auf Vernehmung eines Sachverständigen muss diesen nicht namentlich benennen, weil es, nach Maßgabe der Sachaufklärungspflicht, allein Sache des Gerichts ist, den richtigen Sachverständigen auszuwählen.

487   **(cc)** Nach dem nun in das Gesetz aufgenommenen **Konnexitätserfordernis**, bedarf es darüber hinaus der Darlegung einer sinnhaften Verknüpfung zwischen dem genannten Beweismittel und der angegebenen Tatsachenbehauptung. Das Fehlen führt dann dazu, dass kein förmlicher Beweisantrag vorliegt.[658] Fraglich ist allerdings, ob dieses Erfordernis, wie es der Wortlaut des Gesetzes nahelegt, generell gilt oder, in Anlehnung an die frühere Rspr., nur dann, wenn sich ein solcher beweiserheblicher Zusammenhang nicht von selbst versteht. So bedurfte es etwa bei der Benennung eines unmittelbaren Tatzeugen, dessen Wahrnehmungsfähigkeit nicht zweifelhaft war, auch bei fortgeschrittener Beweisaufnahme, keiner weiteren Ausführungen des Antragstellers zur Wahrnehmungskompetenz der Auskunftsperson.[659]

488   **(dd)** Darüber hinaus muss bei dem Antrag auf Vernehmung eines Zeugen auch deutlich werden, dass dieser die behauptete Tatsache aufgrund eigener Wahrnehmungen angeben könne.[660] Dies vor allem dann, wenn unter Beweis gestellt wird, dass bestimmte Ereignisse nicht stattgefunden haben. Denn in einem solchen Fall wird der benannte Zeuge nur selten unmittelbar die behauptete **Negativtatsache** bekunden können.[661]

489   **(ee)** Den **Zeitpunkt** des **Beweisantrages** bestimmt der Antragsteller grundsätzlich selbst. Das Gericht muss deshalb bis zur Urteilsverkündung Beweisanträge entgegennehmen, auch wenn die Urteilsberatung bereits abgeschlossen und der neue Termin lediglich für die Verkündung des Urteils vorgesehen ist. Allerdings kann der Vorsitzende, nach Abschluss der von Amts wegen vorgesehenen Beweisaufnahme, eine Frist zu dem Stellen von Beweisanträgen bestimmen kann (§ 244 Abs. 6 S. 3 StPO). Ob dies in jedem Fall gilt oder nur, sofern das Beweisantragsrecht zuvor schon

---

654 BGH NStZ 1987, 181; 1989, 334, 335; 1993, 247; StV 1989, 378, 379; 2006, 458; StraFo 2008, 264; OLG Köln NStZ 2008, 584; Gollwitzer StV 1990, 420, 424; Schulz StV 1985, 312.

655 BGH NStZ 1987, 181; 1989, 334; 335.

656 BGH NStZ 2013, 536.

657 BGH NStZ 2012, 280.

658 BGH NStZ 2013, 476.

659 BGH NStZ 2014, 351.

660 BGHSt 39, 251, 253; 43, 321, 329; BGH NStZ 1994, 247.

661 BGHSt 39, 251, 254; 43, 321, 327; BGH StraFo 2008, 473; s. hierzu auch Becker NStZ 2004, 432.

(vermeintlich) zur Verzögerung des Verfahrens missbraucht wurde, ist zweifelhaft. Die Fristsetzung muss aber jedenfalls für sämtliche Verfahrensbeteiligte in gleicher Weise gelten.

(ff) Nach der neuen Gesetzeslage ist ein Begehren auf Beweiserhebung dann nicht mehr als Beweisantrag einzustufen, wenn die beantragte Beweiserhebung nichts Sachdienliches zugunsten des Antragstellers erbringen kann, dieser sich dessen bewusst ist und er die Verschleppung des Verfahrens bezweckt, wobei die Verfolgung anderer verfahrensfremder Ziele der Annahme von **Verschleppungsabsicht** nicht entgegensteht (§ 244 Abs. 6 S. 2 StPO). Mit dieser neuen Regelung ist zugleich der entsprechende frühere Ablehnungsgrund entfallen. Zudem sind die Voraussetzungen zur Anwendbarkeit herabgesetzt worden. So verlangte die Rspr. zuvor, dass der Antragsteller ausschließlich die Verfahrensverzögerung bezweckte und auch tatsächlich eine nicht unerhebliche Verzögerung der Hauptverhandlung im Falle der Beweiserhebung eintreten würde. Diese Einschränkungen hat der Gesetzgeber bewusst nicht übernommen. Folge ist, dass der Vorsitzende über solche Anträge nach Maßgabe seiner Sachleitungsbefugnis allein entscheidet, wogegen die Entscheidung des Gerichtes herbeigeführt werden kann und muss (§ 238 Abs. 2 StPO).

(d) Die **Entscheidung** über ein zuvor angebrachtes Beweisbegehren kann bis zum Schluss der Beweisaufnahme (§ 258 Abs. 1 StPO) zurückgestellt werden. Zugrunde zu legen ist die Verfahrenslage zum Entscheidungszeitpunkt. Diesen Grundsatz der Entscheidungspflicht darf das Gericht nur dann durchbrechen, wenn nach einer gesetzlich (§ 244 Abs. 6 S. 3 StPO) zulässigen Fristsetzung Anträge zur Beweiserhebung gestellt worden sind oder bei echten Hilfsbeweisanträgen.[662] Hierbei handelt es sich um den Sonderfall eines bedingten Beweisantrages. Die Bedingung für das Beweisbegehren besteht darin, dass das Gericht einem Hauptantrag des Antragstellers im Schlussvortrag nicht folgt. Da hierüber aber erst in der Urteilsberatung entschieden werden kann, gibt der Antragsteller zu verstehen, dass es ihm auf eine Entscheidung vor der Urteilsverkündung nicht ankommt. Ob mit einer sog. „Bescheidungsklausel" dagegen eine frühere Entscheidung erzwungen werden kann, ist umstritten. Einer Entscheidung bedarf es nicht bei einer Zurücknahme des Beweisantrages durch den Antragsteller. Unter Umständen kann sich aus dem Verfahrensverlauf auch eine schlüssige Rücknahme ergeben. Dies etwa dann, wenn zunächst gegen den Schuldspruch gerichtete Beweisanträge der Verteidigung angebracht worden sind, der Angeklagte aber im Rahmen einer Verständigung ein Geständnis ablegt.[663] Die Pflicht zur gerichtlichen Sachaufklärung bleibt jedoch von der Zurücknahme eines Beweisantrages selbstverständlich unberührt.

490

(aa) Die **Erhebung** eines beantragten Beweises ordnet der Vorsitzende, als Ausfluss seiner Sachleitungsbefugnis (§ 238 Abs. 1 StPO), selbst an.

491

(bb) Das Gericht entscheidet bei der **Ablehnung** eines Beweisantrages durch einen begründeten Beschluss in der Hauptverhandlung (§ 244 Abs. 6 S. 1 StPO) oder in den Urteilsgründen (§ 244 Abs. 6 S. 4 StPO). Eine ablehnende Entscheidung allein durch den Vorsitzenden ist rechtsfehlerhaft. Dabei geht die Auslegung des Beweisbegehrens dessen Ablehnung vor.[664] Der Spruchkörper kann, vor allem im Rahmen der Urteilsberatung, seinen Ablehnungsbeschluss überprüfen und die Ablehnungsgründe ggf. ändern oder ergänzen. Hierüber müssen die Verfahrensbeteiligten vor dem Schluss der Beweisaufnahme unterrichtet werden. Will das Gericht zwar dem Beweisbegehren grundsätzlich nachgehen, das benannte Beweismittel aber durch ein ver-

492

---

662 BGH NStZ 2005, 395.
663 Nach BGH StraFo 2003, 384.
664 BGH NStZ 2014, 419.

meintlich gleichwertiges oder besseres ersetzen, ist dies gleichfalls eine Ablehnung des Beweisantrages. Bei einem solchen Austausch des Beweismittels wird der Antragsteller allerdings in der Regel ausdrücklich auf das von ihm benannte Mittel zum Beweis bestehen müssen, wenn er in der Revision Gehör finden will. Anderenfalls kann seine Untätigkeit als eine stillschweigende Zustimmung zu der Vorgehensweise des Gerichts gedeutet werden. Im Rahmen beantragter Augenscheinseinnahmen sieht es die Rspr. ohnehin nicht als Rechtsfehler an, wenn das Tatgericht den unmittelbaren Beweis (meist Ortsbesichtigung) durch einen mittelbaren (Landkarte, Fotos usw.) ersetzt.[665]

493 **(e)** Die **Ablehnungsgründe**, mit denen ein Beweisantrag zurückgewiesen werden kann, sind für das Regelstrafverfahren abschließend in den §§ 244 Abs. 3 S. 2 bis Abs. 5, 245 Abs. 2 StPO normiert. Der in § 244 Abs. 3 S. 2 StPO geregelte gesetzliche Grund zur Ablehnung eines Beweisantrages bildet insoweit eine Besonderheit, weil es sich hierbei um den einzigen zwingenden Ablehnungsgrund handelt, wohingegen ansonsten eine Beweiserhebung grundsätzlich auch dann angeordnet werden kann, wenn an sich deren Ablehnung möglich wäre. Es ist auch denkbar, die Ablehnung eines Beweisantrages auf mehrere zulässige Ablehnungsgründe zugleich zu stützen, sofern sich diese in der Sache nicht ausschließen oder widersprechen.[666]

Das System der Ablehnungsgründe ist von dem Grundsatz beherrscht: **Keine Vorwegnahme der Beweiswürdigung**. Bei der Behandlung eines Beweisantrages verbietet sich also der Rückgriff auf das bisherige Beweisgeschehen, sodass dem erhobenen vor dem angebotenen Gegenbeweis kein Vorrang eingeräumt werden darf.[667] Das ergibt sich unmittelbar aus der Pflicht des Gerichts zu einer umfassenden Sachaufklärung und beruht auf der allgemeinen Erfahrung, dass ein neu in das Verfahren eingebrachtes Beweismittel die schon vorgefasste richterliche Überzeugung noch erschüttern kann.[668] Allerdings gilt das **Verbot** der **Beweisantizipation** nicht durchgängig. Denn die Anwendung nahezu sämtlicher gesetzlichen Ablehnungsgründe setzt schon aus sachlogischen Gründen eine mindestens begrenzte Vorwegnahme der Beweiswürdigung voraus.[669]

Eine **Verletzung** des **Beweisantragsrechts** kann darin liegen, dass ein **Beweisantrag** überhaupt **nicht beschieden** oder die **angeordnete Beweiserhebung nicht durchgeführt** wurde. Meist wird der Beweiserhebungsanspruch des Antragstellers aber dadurch verletzt, dass das Gericht die **Ablehnungsgründe rechtsfehlerhaft anwendet**. So muss schon die Begründung zweifelsfrei ergeben, auf welchem rechtlichen oder tatsächlichen Gesichtspunkt die Ablehnung beruht. Anderenfalls kann der Antragsteller sein weiteres Prozessverhalten darauf nicht ausrichten. Die formelhafte Wiederholung des Gesetzeswortlauts ist deshalb im Allgemeinen unzureichend.[670] Die Auseinandersetzung mit den hierbei zugrunde liegenden Umständen allein in den Urteilsgründen genügt ebenfalls nicht.[671] Auf die fehlerhafte Ablehnung eines Beweisantrages kann auch derjenige seine Revision stützen, dessen Interessen mit denjenigen des Antragstellers so erkennbar übereinstimmen, dass das Gericht auch ihm gegenüber zur rechtlich einwandfreiem Behandlung des Antrages verpflichtet war.

---

665 BGHSt 27, 135, 136.

666 BGH StraFo 2003, 95.

667 Jeney S. 113; Engels GA 1981, 21, 26; Julius NStZ 1986, 61, 63; Werle JZ 1991, 789, 792; Widmaier NStZ 1994, 414, 416.

668 Jeney S. 115; Julius NStZ 1986, 61, 63.

669 Herdegen NStZ 1998, 444, 446.

670 BGH StraFo 2003, 200.

671 BGH StraFo 2003, 200.

(aa) Ein Beweisantrag ist abzulehnen, wenn die **Beweiserhebung unzulässig** ist 494
(§§ 244 Abs. 3 S. 2, 245 Abs. 2 S. 2 StPO). Dies ist der Fall, wenn das Begehren des Antragstellers entweder auf die Einführung nach der Verfahrensordnung nicht zulässiger Beweismittel gerichtet ist (Mitangeklagter, Privatkläger, erfolgreich abgelehnter
Sachverständiger in dieser Funktion) oder die beantragte Beweiserhebung über Be-
weisthemen stattfinden soll, welche nach der Verfahrensordnung nicht Gegenstand
einer Beweisaufnahme sein dürfen, wie z.B. das, was ein Zeuge in der Hauptverhandlung ausgesagt hat[672] und die sonstigen Wahrnehmungen der Verfahrensbeteiligten
in der laufenden Verhandlung[673] sowie das Beratungsgeheimnis.[674]

Beispiel: Die Staatsanwaltschaft stellt den Antrag, den im Zuschauerraum befindlichen Referendar
zum Beweis dazu zu vernehmen, dass der Zeuge Maier im vergangenen Hauptverhandlungstermin
das Gegenteil von dem bekundet hat, als am jetzigen Sitzungstag. Die Erhebung des Beweises wäre
unzulässig.

Nach früherer Auffassung der Rspr. sollte auch dann ein Beweisantrag nach § 244
Abs. 3 S. 2 StPO abzulehnen sein, wenn dieser ausschließlich zu verfahrensfremden
Zwecken gestellt wurde. Dies etwa dann, wenn ein erkennender Richter als Zeuge für
eine verfahrenserhebliche Tatsache benannt war, daraufhin dienstlich erklärte, die
unter Beweis gestellte Behauptung nicht bestätigen zu können und der Antragsteller
gleichwohl auf der Vernehmung des Richters als Zeuge in dem Verfahren beharrt.[675]
Diese Fälle dürften heute nach § 244 Abs. 6 S. 2 StPO zu behandeln sein. Bei der Benennung eines zur Zeugnisverweigerung berechtigten Zeugen ist die begehrte Beweiserhebung selbst dann nicht unzulässig, wenn sich die Auskunftsperson im Falle
einer Aussage nach § 203 StGB strafbar machen würde.

Beispiel: Der Verteidiger beantragt, den Rechtsanwalt der Nebenklägerin dazu zu vernehmen, dass
diese ihm gegenüber geäußert habe, der Angeklagte habe sie nicht zum Geschlechtsverkehr ge-
zwungen.

Die Ablehnung eines solchen Beweisantrages wegen Unzulässigkeit kann daher nur
dann rechtsfehlerfrei sein, wenn sich das Gericht freibeweislich davon überzeugen
konnte, dass der Zeuge tatsächlich von seinem Zeugnisverweigerungsrecht Gebrauch machen wird.[676]

(bb) Ein Beweisantrag kann abgelehnt werden, wenn die Beweiserhebung wegen 495
Offenkundigkeit überflüssig ist (§§ 244 Abs. 3 S. 3 Nr. 1, 245 Abs. 2 S. 3 StPO). Offensichtliche Tatsachen sind von vornherein nicht beweisbedürftig. Eine Beweiserhebung wäre also überflüssig, sodass sie unterbleiben kann. Als offenkundige Tatsachen werden allgemeinkundige und gerichtskundige unterschieden. Jene sind solche Umstände, vor denen verständige Menschen regelmäßig Kenntnis haben oder
sich jedenfalls ohne Weiteres informieren können. Als gerichtskundig werden Tatsachen bezeichnet, wenn sie dem Gericht im Zusammenhang mit seiner dienstlichen
Tätigkeit zuverlässig zur Kenntnis gelangt sind. Bei Kollegialgerichten ist es ausreichend, wenn nur ein Richter die offenkundige Tatsache kennt, sie den anderen Mit-
gliedern des Gerichts aber vermitteln kann.[677] Für die Überzeugung des Gerichts von
der Offenkundigkeit soll dann die Stimmmehrheit genügen.[678]

Beispiel: Der Angeklagte beantragt die Vernehmung bestimmter Zeugen zum Beweis dafür, dass
in den Konzentrationslagern der Nazis keine Menschen vergast worden seien. Die Strafkammer darf
diesen Antrag rechtsfehlerfrei mit der Begründung ablehnen, dass der Umstand des Holocaust eine
allgemeinkundige Tatsache sei und hierüber deswegen kein Beweis erhoben werden müsse.

---

672 BGH NStZ 2004, 630.
673 Meyer-Goßner/Schmitt § 244 Rn. 49.
674 Meyer-Goßner/Schmitt § 244 Rn. 49.
675 Nach BGH StV 2004, 355.
676 BGH RÜ 2018, 381 f.
677 Meyer-Goßner/Schmitt § 244 Rn. 53.
678 Meyer-Goßner/Schmitt § 244 Rn. 53.

Während im Rahmen des § 244 StPO auch das Gegenteil der unter Beweis gestellten Behauptung als offenkundig unterstellt werden kann, gilt dies bei präsentierten Beweismitteln nicht. Denn §§ 220, 245 Abs. 2 StPO sollen den Verfahrensbeteiligten gerade Gelegenheit geben, das Gegenteil der vom Gericht für offenkundig gehaltenen Tatsachen oder Erfahrungssätze zu beweisen.[679]

496 **(cc)** Der Ablehnungsgrund der **Bedeutungslosigkeit** (§ 244 Abs. 3 S. 2 StPO) liegt vor, wenn die unter Beweis gestellte Tatsache zum Verfahrensgegenstand entweder überhaupt keine Beziehung hat oder bei zwar vorhandener Beziehung die zu treffende Entscheidung in keiner Weise beeinflussen könnte, also unerheblich ist, wobei in diesem Fall das Erwiesensein der unter Beweis gestellten Tatsache zu unterstellen ist.[680] So ist es dem Tatrichter grundsätzlich nicht verwehrt, Indizientatsachen als für die Entscheidung bedeutungslos zu betrachten, wenn er eine mögliche Schlussfolgerung, die der Antragsteller erstrebt, nicht ziehen will. Jedoch muss nach st.Rspr. des BGH der Beschluss, mit dem ein Beweisantrag wegen Bedeutungslosigkeit der behaupteten Beweistatsache abgelehnt wird, die Erwägungen anführen, aus denen der Tatrichter ihnen keine Bedeutung beimisst. Wird die Bedeutungslosigkeit aus tatsächlichen Umständen gefolgert, so müssen die Tatsachen angegeben werden, aus denen sich ergibt, warum die unter Beweis gestellte Tatsache, selbst wenn sie erwiesen wäre, die Entscheidung des Gerichts nicht beeinflussen könnte. Dabei werden an die Begründung dieselben Erfordernisse gestellt, wie an die Würdigung von Indizientatsachen in den Urteilsgründen. Die Ablehnung des Beweisantrages darf nicht dazu führen, dass aufklärbare, zugunsten des Angeklagten sprechende Umstände der gebotenen Gesamtabwägung im Rahmen der Beweiswürdigung entzogen werden.[681] Besonders hier ist das Verbot der Beweisantizipation zu beachten, sodass sich die Bedeutungslosigkeit aus dem Beweismittel selbst ergeben muss und nicht etwa aus dem bisherigen Beweisergebnis abgeleitet werden kann. In den Urteilsgründen darf sich der Tatrichter nicht mit dem Inhalt eines Beschlusses in Widerspruch setzen, mit dem das Gericht eine beantragte Beweiserhebung abgelehnt hat.[682] Der Ablehnungsgrund des **fehlenden Sachzusammenhangs** (§ 245 Abs. 2 S. 3 StPO), der bei präsentierten Beweismitteln den der Bedeutungslosigkeit ersetzt, ist wesentlich enger zu verstehen. Die Ablehnung eines entsprechenden Beweisantrages ist nur zulässig, wenn zwischen der Beweistatsache und dem Gegenstand der Urteilsfindung jede Sachbezogenheit fehlt.

497 **(dd)** Die bereits vorliegende **Erwiesenheit** einer Beweistatsache (§§ 244 Abs. 3 S. 2, 245 Abs. 2 S. 3 StPO) macht eine weitere Beweiserhebung hinsichtlich dieser Beweisbehauptung ebenfalls überflüssig, sodass nach dem Gesetz auch insoweit ein zulässiger Ablehnungsgrund gegeben ist. Hier kann der Antragsteller bei der Ablehnung seines Beweisantrags von vornherein nicht beschwert sein, weil er auch im Falle der Beweiserhebung nicht mehr erreichen könnte. Nicht relevant soll dabei sein, ob die unter Beweis gestellte Tatsache für die Entscheidung von Bedeutung ist oder nicht, weil der Ablehnungsgrund der Bedeutungslosigkeit insoweit keinen Vorrang genieße. Es darf aber nicht das Gegenteil der unter Beweis gestellten Tatsache als erwiesen angesehen werden. Auch ist zu beachten, dass die Urteilsgründe nicht im Widerspruch zu den Gründen des Ablehnungsbeschlusses stehen dürfen. Die Beweistatsachen sind vielmehr im vollen Umfang, ohne Einengung und auf der Grundlage ihres wirklichen Sinngehalts, den tatrichterlichen Feststellungen zugrunde zu legen.

---

679 Meyer-Goßner/Schmitt § 245 Rn. 24.
680 BGH NStZ 2003, 380; BGH RÜ2 2018, 133.
681 BGH NStZ 2005, 224, 226; BGH RÜ2 2018, 133.
682 BGH NStZ 2013, 188; BGH NStZ 2013, 478.

Beispiel: Der Angeklagte beantragt eine Tatortbesichtigung zum Beweis, dass er wegen seiner Körpergröße nicht durch das offene Fenster gelangen konnte. Die Beweiserhebung lehnt das Gericht ab, weil die unter Beweis gestellte Tatsache schon erwiesen sei. In den Urteilsgründen wird jedoch ausgeführt, dass der Angeklagte den Tatort durch die dortige Fensteröffnung betreten habe, welche nach den üblichen Bauvorgaben für jedermann genutzt werden könne. Dies ist rechtsfehlerhaft.

> **Klausurhinweis:** Wird ein Beweisantrag also mit der Begründung abgelehnt, die Beweistatsache sei bereits erwiesen, müssen Sie genau prüfen, ob die Urteilsgründe damit nicht in Widerspruch stehen.

(ee) Bei der Ablehnung eines Beweisantrags wegen der **völligen Ungeeignetheit** des Beweismittels (§§ 244 Abs. 3 S. 3 Nr. 4, 245 Abs. 2 S. 3 StPO) muss sich die Ungeeignetheit wegen des Beweisantizipationsverbotes auch hier aus dem angegebenen Beweismittel nach sicherer Lebenserfahrung selbst ergeben. Ist ein Zeuge unter keinen Umständen bereit auszusagen, kann er ein ungeeignetes Beweismittel sein.[683] Ein Zeuge ist aber nicht schon deshalb ein ungeeignetes Beweismittel, weil die unter Beweis gestellte Äußerung lange Zeit zurückliegt. Denn es gibt keinen allgemeinen Erfahrungssatz dahingehend, dass sich ein Zeuge nach einem bestimmten Zeitablauf nicht mehr an den Wortlaut einer Äußerung erinnern kann. Hier sind vielmehr die Umstände des Einzelfalles entscheidend, insbesondere also auch die Bedeutung der Äußerung für den Zeugen.[684]

Beispiel: Der Verteidiger beantragt, die Zeugin Meier, die unter keiner Erkrankung leide, die allgemein ihre Aussagefähigkeit beeinträchtige, zu der Tatsache zu vernehmen, dass der Zeuge Müller ihr gegenüber auf seiner Geburtstagsfeier vor zwei Jahren geäußert habe, der Angeklagte sei am Tattag mit ihm in Bayern im Urlaub gewesen. Dies sei für das Verfahren deswegen von Bedeutung, weil sein Mandant dann nicht am Tatort in Hamburg gewesen sein könne. Das Gericht lehnt den Beweisantrag ab, weil wegen des langen Zeitablaufes eine sichere Erinnerung der benannten Zeugin an die Beweisbehauptung nach aller Lebenserfahrung nicht möglich sei. Dies ist rechtsfehlerhaft, weil es einen solchen angenommenen Erfahrungssatz nicht gibt.

Ein Sachverständiger ist als Beweismittel völlig ungeeignet, wenn es an den Grundlagen für eine Gutachtererstattung mangelt, weil die erforderlichen Anknüpfungstatsachen fehlen.[685] Die Urteilsgründe dürfen nicht im Widerspruch zu der Begründung stehen, mit welcher ein Beweisantrag wegen völliger Ungeeignetheit abgelehnt wurde.[686]

(ff) Die mögliche Ablehnung eines Beweisantrags wegen **Unerreichbarkeit** des angegebenen Beweismittels (§ 244 Abs. 3 S. 3 Nr. 5 StPO) setzt voraus, dass keinerlei Aussicht besteht, das Beweismittel in absehbarer Zeit heranzuschaffen. Über das Maß der erforderlichen Nachforschungen und des Bemühens, das Beweismittel herbeizuschaffen, hat das Tatgericht nach pflichtgemäßem Ermessen zu entscheiden,[687] wobei auch die Schwere des Tatvorwurfs eine Rolle spielt[688]. Ein Zeuge ist aber nicht schon deshalb unerreichbar, weil er einmal nicht zum Hauptverhandlungstermin erschienen ist.[689] Bei der Sperrung einer Vertrauensperson seitens der Behörden kann es, insbesondere wenn diese Person als unmittelbarer Tatzeuge ein wesentliches Beweismittel ist, aus Gründen des Fragerechts der Verteidigung als ein wesentliches Element eines rechtsstaatlichen Verfahrens gleichwohl geboten sein, die Verneh-

498

499

---

683 BGH NStZ 1999, 46.
684 BGH JuS 2005, 570.
685 BGH NStZ 2018, 300 ff.
686 BGH NStZ 2019, 103.
687 Meyer-Goßner/Schmitt § 244 Rn. 62 a.
688 BGH RÜ 2017, 176 f.
689 BGH RÜ 2017, 176 f.

mung unter optischer Abschirmung und Wahrung der Identität in der Hauptverhandlung anzuordnen und durchzuführen.[690] Nach dieser Auffassung kann ein gesperrter Zeuge nicht zwangsläufig als unerreichbar angesehen werden.

500 **(gg)** Die Ablehnung eines Beweisantrags im Wege der **Wahrunterstellung** (§ 244 Abs. 3 S. 3 Nr. 6 StPO) hat in der Praxis eine große Bedeutung. Sie ist nur zulässig, wenn die erhebliche Beweisbehauptung **ausschließlich zugunsten des Angeklagten** als wahr unterstellt wird. Wegen dieser Erheblichkeit schließen sich der Ablehnungsgrund der Wahrunterstellung und derjenige der Bedeutungslosigkeit begrifflich gegenseitig aus.[691] Dies bedeutet, dass das Gericht mit seiner ablehnenden Entscheidung einen Vertrauenstatbestand schafft. Dieser wirkt sich so aus, dass sich das Gericht, wie im Fall der angenommenen Erwiesenheit einer Beweistatsache, in den Urteilsgründen hierzu nicht in Widerspruch setzen darf.[692] Die Wahrunterstellung ist wie die Erwiesenheit also in ihrem gesamten Sinngehalt einzuhalten und darf auch nicht relativiert werden. Gerade in diesem Bereich können sehr häufig Rechtsfehler auftreten. Solange eine weitere Sachaufklärung noch möglich ist, darf eine Wahrunterstellung an sich nicht erfolgen, insbesondere ist ein Freispruch auf der Grundlage einer Unterstellung als wahr unzulässig. Bestehen somit noch begründete Aussichten für eine Widerlegung der Einlassung des Angeklagten durch eine Beweisaufnahme, darf diese nicht als unwiderlegt hingenommen werden. Entsprechend ist eine Wahrunterstellung nur erlaubt, wenn das Tatgericht keine Möglichkeit sieht, auch im Falle der Beweiserhebung die Einlassung des Angeklagten argumentativ zu widerlegen.[693] Allerdings wird der Angeklagte, soweit der von ihm gestellte Beweisantrag abgelehnt worden ist, durch diesen Rechtsfehler im Allgemeinen nicht beschwert sein, da er auch hier bei Erhebung des Beweises niemals mehr erreichen könnte. Will das Gericht wieder von der Wahrunterstellung abrücken, ist in jedem Fall ein Hinweis erforderlich, damit der Antragsteller sich auf die geänderte Verfahrenslage einstellen und ggf. weitere Anträge stellen kann. Halten die erkennenden Richter die unter Beweis gestellte Tatsache, nach der Ablehnung wegen der Unterstellung als wahr, nunmehr nicht mehr für erheblich, soll nach der Rspr. grundsätzlich kein gerichtlicher Hinweis notwendig sein. Diese Auffassung dürfte angesichts § 265 Abs. 2 Nr. 2 StPO allerdings inzwischen zweifelhaft sein. Kann der Angeklagte nach dem Verlauf der Verhandlung allerdings ersichtlich nicht erkennen, dass eine als wahr unterstellte Beweisbehauptung bedeutungslos geworden ist und stellt er deshalb keine weiteren Anträge, kann ihm dadurch die Möglichkeit einer effektiven Verteidigung genommen worden sein.[694] Ein Revisionsgrund ist nicht gegeben, wenn sich das Gericht in den Urteilsgründen in vollem Umfang an seine Wahrunterstellung hält, aber einen anderen Beweisschluss als den vom Antragsteller gewünschten zieht.

Beispiel: Die Verteidigung hatte unter Beweis gestellt, dass die Tatörtlichkeit, ein Lagerraum, wegen zugezogener Vorhänge von außen nicht eingesehen werden konnte. Dieses Begehren lehnte das Tatgericht unter Rückgriff auf die Wahrunterstellung der Beweisbehauptung ab. In den Urteilsgründen wird die Verurteilung des Angeklagten entscheidend darauf gestützt, dass der von ihm durchgeführte Überfall im Lagerraum von zwei Zeugen beobachtet wurde, welche das Geschehen durch die Fenster ungehindert beobachten konnten. Dies ist ein Rechtsfehler.

> **Klausurhinweis:** Bei der Wahrunterstellung einer Beweistatsache müssen Sie also auch hier genau darauf achten, ob sich das schriftliche Urteil nicht in Widerspruch setzt zu der entsprechenden Ablehnungsentscheidung in der Hauptverhandlung.

---

690 BGH NJW 2003, 74, 75 f.
691 BGH NStZ-RR 2003, 268, 269.
692 BGHSt 32, 44, 45.
693 BGH NStZ 2005, 155, 156.
694 BGH StraFo 2012, 230.

(hh) Der Antrag auf Vernehmung eines **Sachverständigen** kann aus den gleichen   501
Gründen wie die anderen Beweismittel abgelehnt werden, darüber hinaus aber auch,
weil das Gericht selbst die erforderliche Sachkunde besitzt (§ 244 Abs. 4 S. 1 StPO).
Dies gilt selbstverständlich nicht, wenn das Gesetz die Hinzuziehung eines Gutachters zwingend vorschreibt. Wodurch das Gericht seine besondere Sachkunde erlangt
hat, spielt keine Rolle. So kann dies während des Verfahrens, etwa im Rahmen der Befragung eines sachverständigen Zeugen, geschehen sein oder es kann sich um privat
erworbene Kenntnisse handeln.[695] Bei Kollegialgerichten genügt es, wenn einer der
mitwirkenden Richter seine Sachkunde den übrigen Gerichtsmitgliedern vermit-
telt.[696] Die Diagnose einer Persönlichkeitsstörung und deren Auswirkungen auf die
Aussagetüchtigkeit erfordern spezifisches Fachwissen, welches nicht Allgemeinwis-
sen von Richtern ist, sodass die Ablehnung eines darauf gerichteten Antrages wegen
eigener Sachkunde besonderer Darlegungen bedarf.[697] Weil die Anhörung eines
Sachverständigen immer dazu dienen kann, die bereits gewonnene Sachkunde der
Richter zu überprüfen oder zu vertiefen, ist bei der Präsentierung eines Gutachters
nach § 245 Abs. 2 StPO folgerichtig die Ablehnung eines Beweisantrages unter dem
Gesichtspunkt der eigenen Sachkundigkeit des Gerichts nicht möglich.

(ii) Bei der beantragten Anhörung eines **weiteren Sachverständigen** gelten noch   502
weitergehende Erleichterungen hinsichtlich der möglichen Ablehnungsentschei-
dung (§ 244 Abs. 4 S. 2 StPO). Hier ist eine Ablehnung auch zulässig, wenn das Gegenteil der behaupteten Tatsache durch ein früheres Gutachten bereits erwiesen ist.[698]
Bei erheblichen Mängeln dieses Gutachtens, der zweifelhaften Sachkunde des gehörten Gutachters oder überlegenen Forschungsmitteln des neuen Sachverständigen, ist dies wiederum ausgeschlossen. Werden in einem Beweisantrag zur Anhörung eines weiteren Sachverständigen erhebliche und begründete methodische Einwände gegen ein vorläufiges schriftliches Gutachten detailliert vorgetragen, muss
sich das Gericht mit solchen vorgebrachten Mängeln auseinandersetzen und darf
den Antrag nicht einfach mit der Begründung zurückweisen, der Sachverständige
habe diese Mängel im Rahmen seiner Gutachtererstattung in der Hauptverhandlung
ausgeräumt.[699] Ein weiterer Sachverständiger kann ggf. auch einer anderen Fach-
richtung angehören.

(jj) Die Ablehnung eines Beweisantrags auf Einnahme eines richterlichen **Augen-**   503
scheins steht allein im pflichtgemäßen Ermessen des Gerichts (§ 244 Abs. 5 S. 1
StPO), wobei eine weitgehende Beweisantizipation zulässig ist, ggf. auch der Austausch des Beweismittels, wenn dies sachdienlicher oder ausreichend zur Sachaufklärung erscheint. Das Tatgericht darf sich zudem eines Augenscheinsgehilfen bedienen.

Beispiel: Der Angeklagte beantragt, den Tatort zu besichtigen. Das Gericht kommt dem zwar nicht
nach, entsendet aber einen Polizeibeamten dorthin, der die Örtlichkeit ausführlich mit Videomate-
rial dokumentiert. Er wird danach in der Hauptverhandlung vernommen. Zudem wird sein Video-
material vorgeführt. Eine Verletzung des Beweisantragsrechts liegt nicht vor.

(kk) Der Antrag auf Vernehmung eines **Auslandszeugen** kann unter den gleichen   504
Voraussetzungen abgelehnt werden wie die Augenscheinseinnahme (§ 244 Abs. 5 S.
2 StPO). Auch insoweit kann aber eine Pflicht zur Ladung bestehen.[700] Das Verbot der
Beweisantizipation besteht für den Tatrichter hier nicht.[701]

---

695 Meyer-Goßner/Schmitt § 244 Rn. 72.
696 Meyer-Goßner/Schmitt § 244 Rn. 72.
697 BGH StV 2011, 712; NStZ 2019, 41 f.
698 S. hierzu auch BGH NStZ 2005, 159.
699 Nach BGH StraFo 2005, 113.
700 BGH StraFo 2002, 289.
701 BGH NStZ 2014, 531.

505 **(ll)** Ein Beweisantrag auf **Verlesung eines Ausgangsdokumentes** kann abgelehnt werden, wenn nach dem pflichtgemäßen Ermessen des Gerichts kein Anlass besteht, an der inhaltlichen Übereinstimmung mit dem übertragenen Dokument zu zweifeln (§ 244 Abs. 5 S. 3 StPO).

506 **(f)** Die Stellung des Beweisantrages, der Ablehnungsbeschluss und deren Inhalte sind wesentliche Förmlichkeiten des Verfahrens, sodass der **Beweis** nur durch das Protokoll geführt werden kann.

(g) Wenn der Antragsteller keinen förmlichen Beweisantrag stellt, sondern lediglich **Informationen** übermittelt, **Beweisanregungen** gibt oder **Beweisermittlungsanträge** stellt, gelten die strengen Regeln des Beweisantragsrechtes nicht. Dessen ungeachtet kann dadurch der Kenntnisstand des Gerichts in der Weise aktualisiert werden, dass dann die Sachaufklärungspflicht zu der Nutzung eines bestimmten Beweismittels drängt. Werden solche Anregungen übergangen oder als unzulässig behandelt, kann das Gericht schon wegen der Verkennung dieser Rechtslage gegen seine Amtsaufklärungspflicht verstoßen. Will der Vorsitzende Beweisermittlungsanträgen nicht nachgehen, so hat er dem Antragsteller gleichwohl zu eröffnen, weshalb er dieser Art der Beweisanregung nicht nachzukommen gedenkt. Hiergegen kann das Gericht nach § 238 Abs. 2 StPO angerufen werden.

> **Klausurhinweis:** In den Klausuren sind nicht selten Fehler im Zusammenhang mit dem Beweisantragsrecht zu finden. Sie müssen deshalb sehr darauf achten, ob und wie der Vorsitzende bzw. das Gericht Anregungen oder Anträge der Verfahrensbeteiligten nachgegangen ist. Bedenken Sie dabei auch, dass solche Begehren ggf. auszulegen sind.

Beispiel für eine gutachtliche Darstellung:

> *Durch die Ablehnung des Beweisantrages des Angeklagten auf Vernehmung der Zeugin Kreuzer, kann ein Verstoß gegen §§ 244 Abs. 3, 337 StPO vorliegen.*
>
> *Das Gericht hat die Einvernahme der Zeugin durch Gerichtsbeschluss mit der Begründung abgelehnt, sie sei wegen des Zeitablaufes von 2 Jahren zur Tat ein ungeeignetes Beweismittel.*
>
> *Ein Beweismittel ist dann i.S.d. § 244 Abs. 3 StPO völlig ungeeignet, wenn der Tatrichter ohne Rücksicht auf die bisherige Beweisaufnahme feststellen kann, dass sich mit dem angebotenen Beweismittel das im Beweisantrag in Aussicht gestellte Ergebnis nach sicherer Lebenserfahrung nicht erzielen lässt. Dies ist zwar in Ausnahmefällen auch bei der Vernehmung von Zeugen denkbar, etwa, wenn dieser zu einem Detail bekunden soll, welches üblicherweise schon nicht wahrgenommen wird und der Vorgang zudem sehr lange Zeit zurückliegt. Allein der Umstand, dass das Ereignis, worüber der Zeuge aussagen soll, 2 Jahre zurückliegt, vermag die Annahme der Ungeeignetheit, jedenfalls ohne nähere Begründung, aber nicht zu stützen.*
>
> *Die Ablehnung des ordnungsgemäßen Beweisantrages mit dem Ablehnungsgrund der Ungeeignetheit des Beweismittels war daher rechtsfehlerhaft. Hierauf beruht das Urteil auch, weil nicht ausgeschlossen werden kann, dass die Bekundungen der Zeugin möglicherweise die Beweiswürdigung zugunsten des Angeklagten beeinflusst hätte.*
>
> *Die Revision hat daher mit der Rüge einer Verletzung des Beweisantragsrechtes nach §§ 244 Abs. 3 S. 3, 337 StPO Erfolg.*

(10) Verletzung der §§ 261, 337 StPO

Rechtsfehler bei der Inbegriffrüge

507

Beweismittel nicht in die Hauptverhandlung eingeführt

- Im Urteil nicht genutztes Beweismittel verwertet
- Im Urteil nicht stattgefundenes Verfahrensgeschehen verwertet
- Beweiserhebung nur außerhalb der Hauptverhandlung
- Verfahrensfehler wird durch Sitzungsprotokoll bewiesen
- Beruhen des Urteils auf Rechtsfehler kann ausgeschlossen sein

Beweismittel nicht ausgeschöpft

- Rekonstruktionsverbot, in der Regel nicht revisibel

Beweiserhebung unzutreffend wiedergegeben

- Rekonstruktionsverbot, in der Regel nicht revisibel
- Ausnahme denkbar, wenn Rekonstruktion allein mit Mitteln des Revisionsrechtes möglich

Fehlende Erörterung sich aufdrängender Diskrepanzen

- Kann sich aus Widerspruch zwischen Urteilsgründen und paraten Fakten ergeben
- Legt Erörterungsmangel oder Verstoß gegen Sachaufklärungspflicht nahe
- Streitig inwieweit revisibel, Problem der sog. Alternativrüge

Sonstige Urteilsfehler bei der Beweiswürdigung

- Als Darstellungsmängel mit der Sachrüge angreifbar

508 Dies kann gleichfalls als relativer Revisionsgrund Bedeutung erlangen. Ein Verfahrensfehler liegt insoweit vor, wenn das Gericht seine freie Überzeugung über das Ergebnis der Beweisaufnahme nicht aus dem Inbegriff der Hauptverhandlung geschöpft hat.

509 **(a)** Unproblematisch sind die Fälle, in denen gerügt wird, dass im angegriffenen Urteil ein **Beweismittel** verwendet wurde, welches **nicht** in die Hauptverhandlung **eingeführt** worden ist. Dies etwa, wenn die Zeugenaussage des Zeugen Müller verwertet wurde, dieser aber nicht als Zeuge vernommen worden war. Ebenso, wenn Erkenntnisse aus einem Gutachten verwertet werden, welches erst nach der Urteilsverkündung zugänglich war.[702] Der Beweis lässt sich hier unschwer aufgrund der absoluten Beweiskraft des Sitzungsprotokolls (§§ 273, 274 StPO) im Vergleich mit der Urteilsurkunde führen.[703] Gleiches gilt für die Mitberücksichtigung von Erkenntnissen, die außerhalb der Hauptverhandlung gewonnen worden sind.

Fall 12: Der Phantomzeuge

Der Angeklagte wird wegen Diebstahls angeklagt und verurteilt. Im Rahmen der Beweiswürdigung stützt sich der Tatrichter bei seiner Urteilsbegründung entscheidend auf die Bekundungen des in der Hauptverhandlung vernommenen Zeugen Helf, der die Entwendung des Fahrzeuges wahrgenommen und glaubhaft geschildert habe. Eine solche Zeugenvernehmung fand jedoch nicht statt, wie die Sitzungsniederschrift beweist.

---

702 BGH RÜ2 2016, 208 ff.
703 Siehe etwa BGH StV 2004, 470.

Möglicherweise hat der Tatrichter das Verfahrensrecht dadurch verletzt, dass er seine Überzeugung nicht aus dem Inbegriff der Verhandlung geschöpft hat. (§§ 261, 337 StPO). Der Angeklagter wurde wegen Diebstahls verurteilt. Zur Begründung für dessen Täterschaft stützt sich das Tatgericht auf die Bekundungen des Zeugen Helf, der die Entwendung des Fahrzeuges beobachtet haben soll. Eine entsprechende Zeugenvernehmung hat in der Hauptverhandlung jedoch nicht stattgefunden. Ein Rechtsfehler liegt somit vor. Das Urteil beruht auch auf diesem, weil sich die Beweiswürdigung zum Nachteil des Angeklagten maßgeblich auf die Aussage des Zeugen Helf stützt.

Ein Rechtsfehler liegt hauptsächlich dann vor, wenn die Erkenntnisse nicht in ordnungsgemäßer Weise zum Gegenstand der Beweisaufnahme gemacht worden sind und Grundlage des Urteils wurden. So ist es insbesondere bei offenkundigen Tatsachen erforderlich, dass diese unter Hinweis auf ihre beabsichtigte Verwertung in der Hauptverhandlung erörtert werden, falls nicht sämtliche Verfahrensbeteiligte sie kennen und ohnedies mit der Verwertung rechnen müssen.

> **Klausurhinweis:** Es sind deshalb immer unbedingt die im Urteil genannten Beweismittel mit denen im Protokoll aufgeführten zu vergleichen. Ein Verfahrensfehler kann dann leicht gefunden werden.

510 **(b)** Entsprechendes gilt, wenn sich die Urteilsgründe auf ein **Verfahrensgeschehen** stützen, welches so oder gar **nicht stattgefunden** hat. Klassisches Beispiel ist die Wiedergabe der Einlassung des Angeklagten, obwohl er sich, durch das Hauptverhandlungsprotokoll erwiesen, nicht eingelassen hat.

> **Klausurhinweis:** Ob sich der Angeklagte in der Hauptverhandlung eingelassen hat, müssen Sie also immer anhand des Sitzungsprotokolls nachprüfen. Dabei ist zu beachten, dass eine Einlassung ggf. auch noch später, etwa im letzten Wort des Angeklagten, erfolgen kann. Prüfen Sie stets, ob sich die Urteilsurkunde damit deckt.

511 **(c)** Soll dagegen gerügt werden, ein **Beweismittel** sei zwar in die Hauptverhandlung eingeführt, dann aber im Urteil nicht berücksichtigt oder **nicht ausgeschöpft** worden, ist der Erfolg einer solchen Rüge im Allgemeinen nicht gegeben. Der Grund hierfür ist das Rekonstruktionsverbot. Es ist allein Sache des Tatrichters, das Ergebnis der Hauptverhandlung festzustellen und zu würdigen. Was dort über die Verhandlung zur Schuld- und Straffrage festgehalten wurde, bindet das Revisionsgericht.[704]

(d) Auch die Behauptung des Revisionsführers, das in der Hauptverhandlung verwendete Beweismittel habe **inhaltlich** etwas **anderes ergeben**, als in den Urteilsgründen festgestellt werde, ist wegen der nicht rekonstruierbaren Hauptverhandlung in der Regel aussichtslos. Kann jedoch allein mit den Mitteln des Revisionsrechts geklärt werden, dass der Beweisgehalt eines Beweismittels eindeutig anders war, als im Urteil festgestellt, ist eine auf § 261 StPO gestützte Rüge ausnahmsweise möglich. Hierzu gehören die Fälle, in denen die Rspr. bei wörtlicher Protokollierung von Aussagen[705] oder bei einem in den Akten befindlichen vorbereitenden schriftlichen Gutachten,[706] welche in unerklärbarem Konflikt zu den Feststellungen stehen, Widersprüche und damit Lücken in der Beweiswürdigung feststellt.

---

704 BGHSt 38, 14.
705 BGHSt 38, 14, 16.
706 BGH StV 1991, 500.

Beispiel: In den Urteilsgründen wird tragend ausgeführt, dass nach dem Inhalt der Übertragungsurkunde der Angeklagte eine Verbindlichkeit von 100.000 € gegenüber der Bank gehabt habe. Das in der Hauptverhandlung verlesene Schriftstück besagt jedoch, dass tatsächlich eine Forderung des Angeklagten in entsprechender Höhe bestanden hatte. Dieser Widerspruch ist, ohne weitere Darlegungen, nicht erklärbar und würde mit einer Verfahrensrüge angegriffen werden können.

(e) Eine besondere Fallkonstellation liegt dann vor, wenn einerseits mit den Mitteln des Revisionsrechts, also unter Rückgriff auf „parate Fakten",[707] und andererseits aus der Lektüre der Urteilsgründe sicher feststellbar ist, dass das Urteil eine relevante Diskrepanz übergeht. Meist sind dabei Verfahrenskonstellationen gegeben, bei welchen ersichtlich Beweiserhebungen stattgefunden haben, die Beweisergebnisse in den Urteilsgründen aber nicht gewürdigt und erörtert worden sind. Dies offenbart dem Revisionsgericht Lücken oder Widersprüche bei den Feststellungen des erkennenden Gerichts. Hier ist zwingend, dass das Tatgericht entweder seine Aufklärungspflicht (§ 244 Abs. 2 StPO) verletzt oder sich im Urteil nicht mit einem in der Hauptverhandlung erhobenen wesentlichen Beweismittel auseinandergesetzt hat.[708] Sicher ist in diesen Fällen also, dass das erkennende Gericht eines der beiden Normgebote nicht erfüllt hat. Es kann nur nicht der Nachweis geführt werden, welches. Dieses Problem könnte dadurch gelöst werden, dass alternativ beide Verfahrensrügen erhoben werden. Würde dann die eine zurückgewiesen, müsste zwangsläufig die andere zum Erfolg der Revision führen. Eine solche Verfahrensweise wird gelegentlich auch als prozessuale Wahlfeststellung[709] bezeichnet. Diese **Alternativrüge** ist allerdings umstritten.[710] Gegen die Zulässigkeit einer alternativen Verfahrensrüge spricht, dass die sachgerechte Beurteilung beider geltend gemachten Rechtsfehler das Revisionsgericht zu einer Überprüfung des gesamten Akteninhalts und der Beweisaufnahme zwingt. Dies steht in einem gewissen Widerspruch zu der grundlegenden Ordnung des Revisionsverfahrens, welchem die Rekonstruktion der Hauptverhandlung fremd ist.[711] Außerdem können Zweifel hinsichtlich der erforderlichen Bestimmtheit der Verfahrensrüge aufkommen. Praktisch verbleibt bei solchen Fallkonstellationen aber letztlich gar keine andere Möglichkeit, als beide Verfahrensrügen zu erheben bzw. das alternative Rügevorbringen vorzutragen, sodass entsprechend verfahren werden muss.[712]

(f) Sonstige Verstöße im Bereich der §§ 261, 337 StPO betreffen meist die Beweiswürdigung des Tatgerichts und sind daher im Rahmen der Sachrüge zu erörtern.

(11) Nichtaussetzung oder Nichtunterbrechung der Verhandlung

Weitere revisible Verfahrensfehler, die als relative Revisionsgründe Bedeutung erlangen können, sind denkbar, wenn das Gericht die Verhandlung nicht ausgesetzt oder unterbrochen hat, obwohl dies erforderlich gewesen wäre,[713] oder statt der erforderlichen Aussetzung lediglich eine Unterbrechung der Hauptverhandlung angeordnet worden ist. Dabei ist zu beachten, dass der Angeklagte in bestimmten Fällen einen Anspruch auf Unterbrechung oder Aussetzung der Hauptverhandlung hat, das Gericht meist aber eine Ermessensentscheidung treffen muss. Kürzere Unterbrechungen ordnet der Vorsitzende allein an (§ 228 Abs. 1 S. 2 StPO).

512

513

514

---

707 S. hierzu KK-Krehl § 244 Rn. 221 f.

708 § 261 StPO; s. hierzu auch KK-Krehl § 244 Rn. 221 f.

709 Kritisch dazu Bauer NStZ 2000, 72.

710 Siehe etwa BGH StV 1992, 2; NStZ 1999, 423; BGHSt 43, 212, 215 f.

711 BGH NJW 1992, 2840.

712 BGHSt 43, 212, 215.

713 S. zur unzulässigen Beschränkung der Verteidigung bei einem Verteidigerwechsel im Zusammenhang mit einer Pflichtverteidigerbestellung und der daraus resultierenden ungenügenden Vorbereitung des Verteidigers BGH NStZ 1998, 530, 531.

515   **(a)** So kann der Angeklagte bei **Nichteinhaltung der Ladungsfrist** bis zu dem Beginn seiner Vernehmung zur Sache die Aussetzung der Hauptverhandlung verlangen (§ 217 Abs. 2 StPO). Für den Verteidiger gilt diese Regelung entsprechend (§ 218 StPO).

516   **(b)** Ist ein zu vernehmender Zeuge oder Sachverständiger dem Gegner des Antragstellers so spät namhaft gemacht oder eine zu beweisende Tatsache so spät vorgebracht worden, dass es dem Gegner an der zur Einziehung von Erkundigungen erforderlichen Zeit gefehlt hat, so kann er nach § 246 Abs. 2 StPO bis zum Schluss der Beweisaufnahme die **Aussetzung** der Hauptverhandlung **zum Zwecke der Erkundigung** beantragen. Die Entscheidung über den Aussetzungsantrag trifft das Gericht nach pflichtgemäßem Ermessen unter Berücksichtigung der Aufklärungspflicht und der berechtigten Interessen der Verfahrensbeteiligten, insbesondere des Angeklagten.[714]

517   **(c)** Bestreitet der Angeklagte nach einem rechtlichen Hinweis **neu hervorgetretene** straferschwerende **Umstände**, welche die Anwendung eines schwereren Gesetzes oder eine Erhöhung der Strafbarkeit ermöglichen, die Anordnung einer Maßnahme oder die Verhängung einer Nebenstrafe oder Nebenfolge rechtfertigen, und behauptet, auf die Verteidigung dagegen nicht genügend vorbereitet zu sein, hat er einen Anspruch auf die Aussetzung der Hauptverhandlung (§ 265 Abs. 3 StPO). Eine Unterbrechung nach dem Ermessen des Gerichts genügt nicht dem Gesetz.[715]

518   **(d)** Erscheint dies zur genügenden Vorbereitung von Anklage oder Verteidigung angemessen, entscheidet das Gericht auch bei einer **Änderung der Sachlage**, auf Antrag oder von Amts wegen, darüber, ob die Hauptverhandlung auszusetzen oder zu unterbrechen ist (§ 265 Abs. 4 StPO). Entgegen dem Wortlaut der Norm ist die Dauer der Unterbrechung oder die Notwendigkeit der Aussetzung eine Ermessensentscheidung.[716] Bei der veränderten Sachlage kann es sich um eine Veränderung des Sachverhaltes oder der Verfahrenslage handeln. Maßstab für die Entscheidung ist die Gewährleistung eines fairen Verfahrens. Die Regelung gilt insbesondere bei zu Unrecht verweigerter Akteneinsicht, bei der Unmöglichkeit einer rechtzeitigen Beauftragung eines anderen Verteidigers, etwa weil der Antrag des Angeklagten auf Beiordnung eines Pflichtverteidigers für den Angeklagten unerwartet erst kurz vor der Hauptverhandlung abgelehnt worden ist oder bei vorausgegangener Ablehnung einer Terminsverlegung durch den Vorsitzenden und einer sich daraus ergebenden ungenügenden Vorbereitungszeit für die Verteidigung.[717]

(12) Fehler bei Unterbrechung und Aussetzung

519   Bei der **Unterbrechung** oder **Aussetzung** der **Hauptverhandlung** selbst können auch **Verfahrensfehler** auftreten. So ist für die Aussetzung und nicht lediglich kürzere Unterbrechung der Hauptverhandlung ein Gerichtbeschluss erforderlich (§ 228 Abs. 1 StPO). Wird im Falle der Unterbrechung die Frist des § 229 StPO überschritten, ist damit ein revisibeler Verfahrensfehler gegeben. Denn es kann regelmäßig nicht ausgeschlossen werden, dass das Urteil auf dieser Fristüberschreitung beruht. Wie die Frist zu berechnen ist, ist streitig. Nach überwiegender Auffassung handelt es sich bei dem Zeitraum der Unterbrechung um eine Zwischenfrist, so dass zwischen den Verhandlungstagen volle drei Wochen liegen können. Andere gehen davon aus, dass

---

714   Meyer-Goßner/Schmitt § 246 Rn. 5.

715   BGH NJW 2003, 1748; krit. aber Meyer-Goßner/Schmitt § 265 Rn. 37.

716   Meyer-Goßner/Schmitt § 265 Rn. 45.

717   Meyer-Goßner/Schmitt § 265 Rn. 44.

die Frist an dem Tag endet, der in der Benennung vor dem des Unterbrechungstages liegt, also am gleichen Wochentag nach drei Wochen.[718] Ein fristwahrender Fortsetzungstermin ist nur dann eine Verhandlung zur Sache, wenn hierin das Verfahren sachlich gefördert wird und nicht lediglich eine Scheinverhandlung (sog. **Schiebetermin**) vorliegt, um der missliebigen Aussetzungspflicht zu entgehen.[719] Die Klärung der Verhandlungsfähigkeit des Angeklagten oder die Erörterung der Fortsetzung des Verfahrens gegen einen ausgebliebenen Angeklagten reicht zur Förderung der Sache aber regelmäßig aus,[720] ebenso nur kurze Hauptverhandlungstermine, wenn der hierzu geladene Zeuge überraschend ausbleibt,[721] dagegen aber nicht die Prüfung der Frage, ob eine weitere Unterbrechung der Hauptverhandlung wegen Erkrankung eines Zeugen notwendig ist.[722] Vorsicht geboten in der Klausur ist, wenn das Urteil nicht am Schluss der Verhandlung verkündet wird, weil nach den Sonderregelungen des § 268 Abs. 3, 4 StPO hierfür dann nämlich grundsätzlich eine spezielle Frist von elf Tagen gilt.

(13) Verletzung der Fürsorgepflicht und der Verfahrensfairness

Schließlich kann ein relativer Revisionsgrund im Bereich des Verfahrensrechts auch in den Fällen vorliegen, in denen der **Angeklagte** sonst **benachteiligt** worden ist. Hier liegen im Allgemeinen Verstöße des Gerichts wegen der Nichtbeachtung seiner Fürsorgepflicht, des rechtlichen Gehörs oder der Grundsätze eines fairen Verfahrens vor.

(a) Dies etwa, wenn der Angeklagte nicht auf die **Veränderung** des **rechtlichen Gesichtspunktes** oder der **Sachlage** (§ 265 Abs. 1 und 2 StPO) hingewiesen worden ist, wobei die veränderte Sachlage in ihrem Gewicht einer Änderung der Rechtslage gleichstehen muss.[723] Ein rechtlicher Hinweis genügt dabei nur dann den gesetzlichen Anforderungen, wenn es dem Angeklagten möglich ist, seine Verteidigung darauf einzustellen.[724] Erforderlich ist deshalb auch die Angabe anderer in Betracht kommender Tatvarianten,[725] welches Mordmerkmal in Betracht kommt, wenn darauf hingewiesen wird, statt des angeklagten Totschlages sei nun auch eine Verurteilung wegen Mordes denkbar[726] oder vor Anwendung des § 45 StGB.[727] Streitig ist die Hinweispflicht, wenn die tatsächlichen Grundlagen für eine Einziehung schon in der Anklageschrift erwähnt wurden, die Möglichkeit der Einziehung dort aber noch nicht erwähnt wurde.[728] Von der Mitteilung der tatsächlichen Grundlagen der Bewertung kann nur abgesehen werden, wenn hieran aufgrund des Verlaufs der Hauptverhandlung keine Zweifel bestehen.[729] Die erstmalige Einlassung eines Mitangeklagten ist nur dann als neuer Umstand zu bewerten, wenn damit zugleich bislang unbekannte Informationen mitgeteilt werden.[730] Die Erteilung des Hinweises ist Sache des Vorsitzenden. Sie ist in dem Zeitpunkt zu erteilen, in dem sich erstmals die Möglichkeit einer anderen rechtlichen Beurteilung ergibt.[731] Die Hinweispflicht gilt auch, wenn

520

---

718 Siehe hierzu BGH RÜ2 2020, 256; NStZ 2020, 622 f.

719 S. auch OLG Hamm, Beschl. v. 29.04.2003 – 4 Ss 106/03, BeckRS 2010, 7349.

720 BGH NStZ 2014, 220.

721 BGH RÜ2 2018, 87 f.

722 BGH RÜ2 2015, 207.

723 BGH NStZ 2020, 97.

724 BGH NStZ 2019, 238 f.

725 BGH RÜ2 2017, 112 ff.

726 BGH NStZ 2005, 111, 112.

727 BGH NStZ 2020, 47 f.

728 Bejahend BGH NStZ 2019, 747 f.; RÜ2 2020, 14 f.; verneinend BGH NStZ 2019, 748 ff.

729 BGH NStZ 2005, 111, 112.

730 BGH NStZ 2018, 558 f.

731 Meyer-Goßner/Schmitt § 265 Rn. 32.

sich die gesamte Tatrichtung geändert hat, etwa, wenn die Personen der Mittäter, Gehilfen oder Opfer ausgetauscht werden sollen.[732]

521 Auf der Nichterteilung des rechtlichen Hinweises wird das Urteil in der Regel **beruhen**, da der Angeklagte sich insoweit nur auf die zugelassene Anklageschrift einstellen konnte. Das Beruhen kann aber ausgeschlossen sein, wenn alle Prozessbeteiligten auch ohne den Hinweis den veränderten Gesichtspunkt behandelt haben, oder wenn offensichtlich ist, dass der Angeklagte sich auch bei einem ordnungsgemäßen Verfahrensgang nicht anders als geschehen hätte verteidigen können.

522 Der rechtliche Hinweis nach § 265 Abs. 1 StPO ist protokollierungspflichtig und wird allein durch das Sitzungsprotokoll **bewiesen** (§§ 273, 274 StPO).

> **Klausurhinweis:** Es sind deshalb immer die in der Anklageschrift genannten Paragraphen der Straftatbestände mit denen im Urteil zu vergleichen. Ergeben sich Abweichungen muss geprüft werden, ob ein rechtlicher Hinweis erfolgt ist. Manchmal wird ein solcher aber auch in dem Bearbeitervermerk generell unterstellt.

523 **(b)** Gerichtliche **Hinweispflichten** können sich daneben bei einer **Änderung** der **Sachlage** oder **Verfahrenslage** ergeben. Will das Gericht etwa nach § 154 StPO[733] oder § 154 a StPO[734] ausgeschiedenen Verfahrensstoff bei der Beweiswürdigung oder strafschärfend berücksichtigen, ist ein gerichtlicher Hinweis erforderlich.[735] Der mit der Verfahrensbeschränkung geschaffene Vertrauenstatbestand kann allerdings dann entfallen, wenn ein solches Vertrauen bei dem Angeklagten von vornherein nicht entstanden sein kann.[736] Ein Hinweis ist ebenso erforderlich, wenn das Gericht von seiner Wahrunterstellung abzurücken gedenkt oder sich an eine im Rahmen einer Verständigung abgegebene Zusage nicht mehr halten will (§ 257 c Abs. 4 S. 4 StPO).

(c) Ein Hinweis des Gerichts ist regelmäßig auch dann erforderlich, wenn **gerichtskundige Tatsachen** als offenkundig dem Urteil zugrunde gelegt werden sollen.[737] Eine private Augenscheinsbesichtigung durch erkennende Richter in einer Verhandlungspause kann für die laufende Hauptverhandlung aber selbst dann nicht die Gerichtskundigkeit der damit erlangten Erkenntnisse begründen, wenn die übrigen Verfahrensbeteiligten hierüber unterrichtet werden.[738] Ebenso können sonst auf den Einzelfall bezogene Wahrnehmungen nicht als gerichtskundig verhandelt werden.[739]

(14) Verletzung von Mitwirkungsrechten

Die Verletzung derjenigen Vorschriften, welche die **Mitwirkungsrechte** der Verfahrensbeteiligten, vor allem des Angeklagten, in der Hauptverhandlung sichern, kann ebenfalls als relative Revisionsgründe bedeutsam werden.

524 **(a)** Das **Erklärungsrecht** nach § 257 StPO ist dem Angeklagten und auf Verlangen auch dem Verteidiger und Staatsanwalt sowie, über den Wortlaut hinaus, dem Privat-

---

732 Meyer-Goßner/Schmitt § 265 Rn. 22.
733 BGH StraFo 2013, 463.
734 BGH StraFo 2001, 18.
735 BGH RÜ2 2016, 253 f.
736 BGH RÜ2 2016, 253 f.
737 BGH NStZ 2013, 121.
738 BGH NStZ 2013, 357.
739 BGH RÜ2 2016, 18.

kläger und Nebenkläger zu gewähren. Wurde dem Revisionsführer das Recht zur Abgabe von Erklärungen zwar nicht nach der einzelnen Beweiserhebung, jedoch später gestattet, wird im Allgemeinen ein Beruhen des Urteils auf dem Verfahrensfehler ausgeschlossen werden können. Im Übrigen soll es sich bei dieser Vorschrift ohnehin um eine bloße Ordnungsvorschrift handeln, auf deren Verletzung allein die Revision nicht gestützt werden kann.[740]

(b) Die **Beschränkung** oder der **Entzug** des **Fragerechts** (§§ 239 ff. StPO) ist gleichfalls revisibel. Allerdings kann die Revision nur auf einen solchen Verfahrensfehler gestützt werden, wenn in der Hauptverhandlung bereits von der Möglichkeit des Zwischenrechtsbehelfs[741] Gebrauch gemacht worden ist. Die fehlerhafte Entziehung des Fragerechtes kann auch vor dem Hintergrund des § 241 a StPO Bedeutung erlangen. Hier kommt eine Verkennung der tatbestandlichen Voraussetzungen oder eine rechtsfehlerhafte Ermessensausübung in Betracht.   **525**

(c) Hinsichtlich der Verletzung des Rechts zum **Schlussvortrag** und zum **letzten Wort** des Angeklagten (§ 258 StPO) ist vor allem zu berücksichtigen, dass ein Wiedereintritt[742] in die Verhandlung immer erneut die Befugnis zum Schlussvortrag und letzten Wort eröffnet.[743] Auch muss Mitangeklagten dies stets nach deren Verteidigern gewährt werden.[744] Der Angeklagte hat erneut das letzte Wort, sofern der Verteidiger eines Mitangeklagten erwidert hatte.[745] Auch wenn er zuvor verfahrensordnungsgemäß von der Hauptverhandlung ausgeschlossen wurde, muss in der Regel der Versuch unternommen werden, den Angeklagten zur Erteilung seines letzten Wortes wieder zuzulassen.[746] Das letzte Wort des Angeklagten und das des Erziehungsberechtigten im Jugendstrafverfahren stehen gleichwertig nebeneinander, sodass es im Ermessen des Vorsitzenden liegt, wem er es zunächst erteilt.[747] Wird dem Verteidiger das Recht zum Schlussvortrag entzogen oder beschränkt, etwa durch eine ungenügende Vorbereitungszeit, kann auch dies eine Rechtsverletzung sein. Er muss dem Gericht in diesem Fall aber zu erkennen gegeben haben, dass er mehr Zeit benötigt.   **526**

Ein **Beruhen** des Urteils auf eine Verletzung des § 258 StPO, insbesondere die Nichterteilung des letzten Wortes an den Angeklagten, wird im Regelfall nicht ausgeschlossen werden können. Die Möglichkeit, dass der Angeklagte Umstände vorgetragen hätte, welche den Schuld- oder Strafausspruch zu seinen Gunsten beeinflusst haben könnten, wird nahezu nie von der Hand zu weisen sein.[748] Bei einem uneingeschränkten Geständnis des Angeklagten und auch sonst unstreitigen tatsächlichen und rechtlichen Umständen wird aber jedenfalls der Schuldspruch in der Regel bestehen bleiben können.[749] Zum Durchgreifen der Revision ist es nicht erforderlich, dass bei einer Beschränkung der sich aus § 258 StPO ergebenden Verfahrensrechte durch das Gericht in der Hauptverhandlung ein Gerichtsbeschluss nach § 238 Abs. 2 StPO herbeigeführt worden ist.[750] Zu beachten ist, dass die Vorschrift eine von denjenigen ist, welche nur zugunsten des Angeklagten gelten.

740 Meyer-Goßner/Schmitt § 257 Rn. 9.
741 §§ 238 Abs. 2, 242 StPO.
742 Zu den Voraussetzungen für die Annahme eines Wiedereintrittes siehe BGH NStZ 2019, 426 f.
743 BGH NStZ 2013, 612; BGH RÜ2 2018, 42.
744 BGH RÜ2 2016, 138.
745 BGH StraFo 2003, 170, 171.
746 OLG Stuttgart RÜ 2015, 722 f.
747 BGH RÜ2 2017, 279 f.
748 BGH StraFo 2014, 251.
749 Meyer-Goßner/Schmitt § 258 Rn. 34; BGH StraFo 2004, 386.
750 Meyer-Goßner/Schmitt § 258 Rn. 33.

527 Der **Beweis** für die Erteilung der Schlussvorträge an die Verfahrensbeteiligten und des letzten Wortes an den Angeklagten kann, als wesentliche Förmlichkeit des Verfahrens, nur durch das Sitzungsprotokoll geführt werden.[751] Ebenso die Verweigerung der Schlussvorträge oder dessen Entziehung.[752]

> **Klausurhinweis:** Solche Fehler kommen in Klausuren häufig vor. Insbesondere wenn nach dem Schluss der Beweisaufnahme wieder in die Hauptverhandlung eingetreten wird, sollten Sie aufmerksam werden und prüfen, ob vor allem dem Angeklagten noch einmal sein letztes Wort erteilt wurde.

Beispiel für eine gutachtliche Darstellung:

> *Darin, dass dem Angeklagten nach der Verlesung der Urkunde im Anschluss an die Schlussvorträge der Verfahrensbeteiligten nicht das letzte Wort erteilt worden ist, kann ein Verstoß gegen §§ 258, 337 StPO liegen.*
>
> *Mit der Urkundsverlesung zu Beweiszwecken ist das Gericht wieder in die Beweisaufnahme eingetreten, sodass dem Angeklagten erneut das letzte Wort hätte erteilt werden müssen (§ 258 Abs. 2 StPO). Hiergegen hat der Tatrichter, wie das Protokoll beweist, verstoßen, in dem sich die Strafkammer unmittelbar nach der weiteren Beweiserhebung zur Urteilsberatung und nachfolgenden Verkündung des Urteils zurückgezogen hatte.*
>
> *Es kann nicht ausgeschlossen werden, dass das letzte Wort des nicht geständigen Angeklagten das Urteil auch im Schuldspruch noch zu seinen Gunsten hätte beeinflussen können. Daher beruht das Urteil auf diesem Verfahrensfehler.*
>
> *Die Revision hat deshalb mit der Rüge einer Verletzung der §§ 258 Abs. 2, 337 StPO Erfolg.*

(15) Fehler bei der Urteilsverkündung

Ggf. können auch **Fehler** im Zusammenhang mit der **Urteilsverkündung** einen revisibelen Rechtsfehler begründen.

528 **(a)** Zu denken ist zum einen an eine **fehlende** Beratung (§§ 192 ff. GVG, 260 Abs. 1 StPO) oder Abstimmung (§§ 192 ff. GVG, 263 StPO) vor der Verkündung des Urteils. Zu beachten ist hierbei, dass die Qualität der Urteilsberatung einer Überprüfung in der Revision schon wegen des Beratungsgeheimnisses (§ 43 DRiG) grundsätzlich nicht zugänglich ist. Außerdem ist für den Angeklagten nachteilige Entscheidungen über die Schuldfrage und die Rechtsfolgen der Tat eine qualifizierte Stimmenmehrheit erforderlich (§ 263 StPO). Auch insoweit ist eine Nachprüfung aber im Allgemeinen ebenfalls nicht möglich. Nach einem Wiedereintritt in die Hauptverhandlung kann eine Beratung und Abstimmung im Spruchkörper auch im Sitzungssaal mit einer kurzen Verständigung zwischen den Richtern stattfinden, wenn nur einfache Fragen zu erörtern sind und den übrigen Verfahrensbeteiligten die Beratung erkennbar ist. Eine eindringliche Unschuldsbeteuerung im letzten Wort des Angeklagten, kann unter Umständen eine erneute Urteilsberatung notwendig machen.[753]

---

751 BGH StV 2004, 581.

752 Meyer-Goßner/Schmitt § 258 Rn. 31.

753 BGH StraFo 2006, 26.

> **Klausurhinweis:** Beachten Sie, dass bei einer zuvor schon erfolgten Beratung nach einem Wiedereintritt in die Hauptverhandlung erneut beraten und abgestimmt werden muss.

(b) Auch die **Anwesenheit** von bei der Beratung und Abstimmung **nicht zugelassener Personen** (§ 193 GVG), ist als Verfahrensfehler möglich, so etwa die Urteilsberatung und Abstimmung in Anwesenheit zweier Abiturienten im Berufsorientierungspraktikum.[754] Es kann nie mit Sicherheit ausgeschlossen werden, dass allein schon die Anwesenheit von der Öffentlichkeit zuzurechnenden Personen bei der nichtöffentlichen Beratung zumindest Einfluss auf den Entscheidungsprozess der Laienrichter hat.[755]

529

(c) Mit dem letzten Wort der mündlichen Bekanntgabe von Urteilsformel und Urteilsgründen ist das Urteil ergangen. Es ist daher rechtsfehlerhaft, hiernach erneut in die Hauptverhandlung einzutreten und, nach Beratung, ein **weiteres Urteil** zu verkünden.[756]

530

(d) Weiterhin kann die Überschreitung der **Frist** zur **Urteilsverkündung** (§ 268 Abs. 3 StPO) als Verfahrensfehler Bedeutung erlangen. Nur in Ausnahmefällen kann ausgeschlossen werden, dass das Urteil auf der Fristüberschreitung beruht.

531

3. Sachliche Fehler

Mit der **Sachrüge** können solche Rechtsfehler des Tatrichters zur Überprüfung des Revisionsgerichts gestellt werden, die sich allein aus der Lektüre der Urteilsurkunde ergeben. Dabei kann die Angriffsrichtung zum einen gegen die Feststellungen selbst gerichtet sein, zum anderen können die daraus gezogenen Schlussfolgerungen Ziel der Beanstandung sein.

532

Alle sachlich-rechtlichen Fehler ergeben sich aus dem Urteil:

Sachlich-rechtliche Fehler im Urteil

- Der **Urteilstenor** darf nur rechtlich zulässige Entscheidungen enthalten
- Das Urteil muss **fehlerfreie Feststellungen** zum Schuldspruch und Strafausspruch enthalten, also in Aufbau und Inhalt insgesamt verständlich und sonst widerspruchsfrei sein
- Fehler im Rahmen der **Beweiswürdigung**
- Der rechtsfehlerfrei festgestellte **Sachverhalt muss** die **Verurteilung tragen**, also sämtliche Merkmale der abgeurteilten Taten ausfüllen. Dies gilt insbesondere auch für die subjektiven Tatbestandsmerkmale, Rechtswidrigkeit und Schuld
- **Strafzumessung** – richtiger Strafrahmen, Strafänderungen beachtet, Gesamtstrafe richtig gebildet
- **Unterschriften** der Berufsrichter

a) Fehlerhafter Urteilsausspruch

Während Fehler im Rubrum und bei der Auflistung der angewendeten Vorschriften von vornherein nicht revisibel sind, können sich bereits aus dem **Tenor** des Urteils be-

533

---

754 OLG Koblenz StraFo 2005, 79.
755 OLG Koblenz StraFo 2005, 79.
756 BGH StV 2013, 378.

achtliche **Rechtsfehler** ergeben. So, wenn auf eine nach dem Gesetz schon abstrakt (Todesstrafe, Prügelstrafe etc.) oder konkret (lebenslange Freiheitsstrafe für ein mit zeitiger Strafe belegtes Delikt) nicht mögliche Strafe erkannt wird. Die fehlende Angabe der Schuldform im Urteilstenor, bei Delikten, die vorsätzlich und fahrlässig begangen werden können, ist jedenfalls dann rechtsfehlerhaft, wenn sie sich nicht mindestens aus den Urteilsgründen ergibt.[757] Sonst kann dies gegebenenfalls nur zu einer Berichtigung führen.[758] Eine echte (ungleichartige) Wahlfeststellung ist verfahrensrechtlich möglich und auch verfassungsrechtlich zulässig.[759] Die Übereinstimmung von verkündeter und im schriftlichen Urteil niedergelegter Urteilsformel ist von Amts wegen zu prüfen.[760]

534 **Beispiel für eine gutachtliche Darstellung:**

Durchgreifenden Rechtsbedenken begegnet bereits der Urteilsausspruch.

Der Angeklagte wurde wegen Fahrens ohne Fahrerlaubnis (§ 21 StVG) zu einer Freiheitsstrafe von 2 Jahren verurteilt, mithin zu einer Rechtsfolge, welche nach dem Gesetz ausgeschlossen ist. Denn der angewendete Straftatbestand lässt lediglich eine Freiheitsstrafe von bis zu 1 Jahr zu. Auf diesem Rechtsfehler beruht das Urteil auch.

Die Revision hat daher mit der Sachrüge (§§ 260, 337 StPO) Erfolg.

b) Fehlerhafte Feststellungen

535 Grundsätzlich muss die Sachrüge, auch soweit sie speziell ausgeführt wird, immer von den Feststellungen selbst ausgehen und darf diese nicht infrage stellen. Denn die **Bindung** des Revisionsgerichts **an die Feststellungen** des Tatrichters ist ein elementarer Grundsatz des Revisionsrechts. Richtet sich die Sachrüge somit in deutlicher Weise allein gegen die Richtigkeit der festgestellten Tatsachen, läuft der Revisionsführer Gefahr, dass sie aus diesem Grund als unzulässig behandelt wird. Dies ist auch bei Klausuren dringend zu beachten.

Beispiel: In den Urteilsgründen wird als Aussageinhalt etwas geschildert, was von den protokollierten Angaben des Zeugen in der Sitzungsniederschrift abweicht. Beachtlich ist ausschließlich der vom Gericht insoweit festgestellte Inhalt, sofern sich nicht im Bearbeitervermerk ein abweichender Hinweis befindet.

536 Problematisch ist oft die Frage, ob es sich in dem konkreten Fall um Feststellungen handelt oder es um die tatrichterliche Beurteilung einer Rechtsfrage geht, woran das Revisionsgericht nicht gebunden wäre. Insbesondere bei der wertenden Auslegung unbestimmter Rechtsbegriffe oder normativer Tatbestandsmerkmale kann diese **Abgrenzung** zwischen **Tat- und Rechtsfrage** eine entscheidende Rolle spielen. Die revisionsgerichtliche Nachprüfung ist hier auf die Frage beschränkt, ob der Tatrichter die Umstände seiner Wertung festgestellt und den richtigen abstrakten Wertmaßstab zugrunde gelegt hat.

537 Eine Feststellungsbindung kann aber nur so weit reichen, wie die tatrichterlichen Feststellungen auch tatsächlich eine ausreichende Grundlage für die Rechtsanwendung bilden. Daher müssen die Urteilsgründe gewisse Mindestanforderungen erfüllen, um von den Revisionsgerichten nicht als rechtsfehlerhaft beurteilt zu werden. Eine auf entsprechende Fehler gerichtete Sachrüge wird meist mit dem Begriff der **Darstellungsrüge** umschrieben, zielt aber in Wahrheit auf die rechtsfehlerhaften

---

757 OLG Hamm VRS 1998, 44.
758 BGH RÜ2 2020, 136 ff.
759 BGH RÜ 2017, 709 ff.
760 BGH, Beschl. v. 15.10.2020 – 1 StR 336/20, BeckRS 2020, 31977; anders BGH NStZ-RR 2020, 357.

richterlichen Überlegungen, welche durch die wörtliche Manifestation nur offenbar werden.

aa) Ausgehend von der Grundnorm des § 267 StPO haben die Urteilsgründe zunächst bestimmten inhaltlichen Vorgaben zu genügen. Praktisch bedeutsam ist hier vor allem das Verbot der **Bezugnahme** auf Erkenntnisgrundlagen außerhalb der Urteilsurkunde, soweit dies nicht ausnahmsweise nach § 267 Abs. 1 StPO zulässig ist. Hier sind Fehler der Tatgerichte vor allem möglich, wenn wegen der Einzelheiten von Abbildungen auf die Akten verwiesen wird (§ 267 Abs. 1 S. 3 StPO). Der pauschale Verweis auf ein elektronisches Speichermedium ist keine wirksame Bezugnahme i.S.v. § 267 Abs. 1 S. 3 StPO.[761]

538

bb) Nach der Rspr. liegen rechtsfehlerfreie Feststellungen auch dann nicht vor, wenn der festgestellte **Sachverhalt lückenhaft**, **widersprüchlich** oder **unlogisch** und so **nicht nachvollziehbar** ist.[762] Dies gilt für die Feststellungen zur Tat wie für die festgestellten Grundlagen der Rechtsfolgenentscheidung. In solchen Fällen ist ein Eingriff des Revisionsgerichts auf die Sachrüge hin gleichfalls zwingend.

539

Dies bedeutet, dass, da die Urteilsgründe eine Einheit bilden, mindestens aus deren Gesamtzusammenhang ein hinreichend feststehender Sachverhalt ersichtlich sein muss, der keine Lücken aufweisen darf. Dies gilt namentlich für Umstände, welche für die Ausfüllung äußerer oder innerer Tatbestandsmerkmale erforderlich sind. So ist beispielsweise bei einer Versuchsstrafbarkeit in der Regel auch die Möglichkeit eines Rücktritts zu erörtern, wenn dies nach den Umständen nicht völlig fernliegt. Daneben dürfen die Feststellungen in den Urteilsgründen auch nicht in der Weise widersprüchlich sein, dass an verschiedenen Stellen des Urteils völlig anderes oder entgegenstehendes ausgeführt ist. Man muss also bei der Lektüre der Urteilsurkunde einen in sich geschlossenen und verständlichen Sachverhalt erblicken können. Vor allem nur formelhafte sowie summarische Darstellungen in den Urteilsgründen können einer Sachrüge so zum Erfolg verhelfen. Selbstverständlich dürfen die Feststellungen eines Urteils auch nicht gegen Naturgesetze und anerkannte Erkenntnisse der Wissenschaft verstoßen.

540

Beispiel für eine gutachtliche Darstellung:

541

> *Rechtsfehlerhaft kann das Urteil insoweit sein, als es einen nicht auflösbaren Widerspruch enthält.*
>
> *Einerseits stellt die Strafkammer fest, dass sich die Tat mitten in dunkler Nacht zugetragen hat und der Angeklagte in ein gleichfalls abgedunkeltes Gebäude eingestiegen ist (UA S. 17). Andererseits geht das Tatgericht bei der Beweiswürdigung davon aus, dass die Zeugin Maier das Geschehen aus einer Entfernung von 200 Metern ohne Probleme wahrnehmen und sogar die Kleidung des Angeklagten zutreffend beschreiben konnte. Dies lässt sich nicht ohne Weiteres miteinander in Einklang bringen. Zwar ist es denkbar, dass die Sichtverhältnisse, etwa wegen einer vorhandenen Beleuchtung, die Beobachtung der Zeugin ermöglicht haben. Hierzu verhalten sich die Urteilsgründe jedoch nicht. Das Urteil beruht auch auf diesem Rechtsfehler.*
>
> *Die Revision ist daher mit der Sachrüge (§§ 267, 337 StPO) erfolgreich.*

c) Fehlerhafte Beweiswürdigung

Auch die Würdigung der Beweise ist Sache des Tatrichters. Daher gilt der revisionsrechtliche Grundsatz, dass das Revisionsgericht die **Beweiswürdigung** des Tatge-

542

---

761 BGH StV 2013, 73.
762 Meyer-Goßner/Schmitt § 344 Rn. 15.

richts **nicht** durch seine eigene **ersetzen** darf. Das ist natürlich in gleicher Weise auch bei Examensklausuren zu berücksichtigen. Nach dem § 261 StPO zu entnehmenden Grundsatz der freien richterlichen Würdigung der Beweise, gibt es keine gesetzlichen Vorschriften darüber, unter welchen Voraussetzungen das Tatgericht eine Tatsache für erwiesen oder nicht erwiesen halten darf. Für die Überzeugungsbildung ist eine absolute Gewissheit des Richters dabei nicht erforderlich. Er darf aber keine vernünftigen Zweifel an dem Beweisergebnis haben.[763] Unbeschadet dieser grundsätzlichen Freiheit haben die Revisionsgerichte im Laufe der Zeit aber gleichwohl zahlreiche **Regeln** zum rechtsfehlerfreien Gebrauch der Freiheit bei der **Beweiswürdigung** aufgestellt.

543   **aa)** Das Urteil muss eine einleuchtende und rational **nachvollziehbare Beweiswürdigung** erkennen lassen. Diese darf deshalb ebenfalls **nicht lückenhaft, widersprüchlich** oder **unlogisch** sein. Insbesondere dürfen in der Beweiskette nicht notwendige Zwischenschritte bei der Überzeugungsgewinnung des Tatrichters fehlen. So ist das Tatgericht verpflichtet, die in der Hauptverhandlung erhobenen Beweise in Verbindung mit den sonst festgestellten Tatsachen erschöpfend zu würdigen. Diese Würdigung ist in den Urteilsgründen darzulegen. Es genügt nicht, dort lediglich die Einlassung des Angeklagten und die Zeugenaussagen wiederzugeben und dann festzustellen, dass diese glaubhaft seien. Dies ist eine bloße Beweisdokumentation. Aufgabe des Tatgerichts ist es aber gerade, mitzuteilen, auf welchem Weg es zu seiner Überzeugung gelangt ist.[764] Allerdings hat er dabei nur die Beweismittel zu erörtern, soweit sie für die Entscheidung tatsächlich von Bedeutung sind; eine unnötige Aufblähung der Urteilsgründe sollte unterlassen werden.[765]

Beispiel: Das Urteil stellt fest, dass sich das Tatgeschehen bei völliger Dunkelheit abgespielt hat. Die Verurteilung des Gerichtes beruht aber auch auf den glaubhaften Angaben der Zeugin Hellmann, welche das Geschehen aus einer Entfernung von 50 Metern ungehindert habe beobachten können. Dieser Widerspruch ist ohne nähere Ausführungen (Nachtsichtgerät? Besondere Lichtquelle?) nicht erklärbar und führt zur Aufhebung des Urteils auf die Sachrüge hin.

544   **bb)** Es gibt bestimmte **typische Fallkonstellationen**, bei denen häufig Fehler des Tatrichters vorkommen und die auch in der Klausur von entsprechender Relevanz sind.

(1) Soweit sich der Angeklagte eingelassen hat, ist grundsätzlich zu verlangen, dass diese **Einlassung** wiedergegeben wird und sich der Tatrichter damit auseinandersetzt.[766]

(2) Das **umfassende Schweigen** des Angeklagten in der Hauptverhandlung ist kein Schuldindiz. Es darf nicht zu seinem Nachteil verwertet werden. Dies ist in rechtsfehlerhafter Weise aber auch dann der Fall, wenn die Glaubhaftigkeit einer Zeugenaussage vor allem damit begründet wird, dass sie von dem Angeklagten und seinem Verteidiger nicht in Zweifel gezogen worden sei.[767] Es darf auch nicht zum Nachteil des Angeklagten verwertet werden, wenn er sich in einem früheren Verfahren anders, also nicht schweigend, verteidigt hat.[768] Weder Fragen an einen Zeugen, noch Beweisbehauptungen dürfen als Teilaussagen gewertet werden.[769]

---

763   BGH RÜ2 2015, 185 f.

764   OLG Stuttgart, Beschl. v. 15.10.2003 – 2 Ss 437/03, BeckRS 2003, 30330642.

765   BGH, Beschl. v. 01.09.2020 – 2 StR 115/20, BeckRS 2020, 26037.

766   BGH NStZ 2015, 299.

767   OLG Hamm StV 2004, 212.

768   BGH NStZ 2013, 57.

769   BGH StraFo 2014, 513.

> **Fall 13: Schweigen immer möglich**
>
> *Das Gericht verurteilt den Angeklagten. Zur Begründung seiner Täterschaft wird in den Urteilsgründen ausgeführt, dass er sich in früheren Verfahren stets zur Sache eingelassen hätte, wenn er freigesprochen worden sei. Nunmehr habe er umfassend zu den Tatvorwürfen geschwiegen. Ein solcher Wandel im Aussageverhalten sei allein dadurch zu erklären, dass er die ihm vorgeworfene Tat begangen habe. Sonstige Beweismittel zur Begründung der Täterschaft werden nicht angeführt.*

Mit seiner Begründung für die Täterschaft des Angeklagten kann der Tatrichter gegen zu beachtende Grundsätze der Beweiswürdigung verstoßen haben. Die Verurteilung stützt sich maßgeblich darauf, dass der Angeklagte, entgegen seinem früheren Verhalten bei freisprechenden Urteilen, in der Hauptverhandlung nun zur Sache geschwiegen habe. Damit nimmt der Tatrichter das Recht des Angeklagten, sich in jedem Verfahren durch Schweigen verteidigen zu können, als Ausgangspunkt für eine ihm nachteilige Würdigung zum Schuldspruch. Dies ist rechtsfehlerhaft. Hierauf beruht das Urteil auch, weil die Verurteilung allein hiervon getragen wird.

(3) Ein **Teilschweigen** des Angeklagten kann zwar grundsätzlich zu seinen Lasten gewichtet werden. Dies setzt aber voraus, dass nach den Gesamtumständen Angaben zu gerade diesem Punkt zu erwarten gewesen wären, andere Gründe für das teilweise Schweigen ausgeschlossen werden können und die Angaben zudem nicht nur fragmentarisch sind. Dabei müssen auch entlastende Umstände bei der Würdigung berücksichtigt werden.[770]

Beispiel: Der Angeklagte wird wegen Urkundenfälschung und Körperverletzung angeklagt. Zur ersten Tat macht er Angaben, zum zweiten Tatvorwurf schweigt er umfassend. Das Gericht wertet dies als Teilschweigen und stützt seine Widerlegung der Einlassung des Angeklagten gerade auch auf diesen Umstand. Dies ist ein sachlich-rechtlicher Fehler, weil ein grundsätzlich nachteilig verwertbares teilweises Schweigen schon gar nicht vorlag.

(4) Auch bei einer **Verständigung** bildet ein bloßer **Verurteilungskonsens** keine hinreichende Grundlage für einen Schuldspruch.[771] Erklärt der Angeklagte lediglich, der Anklage nicht entgegentreten und das in Aussicht gestellte Strafmaß akzeptieren zu wollen, ist dies somit noch kein glaubhaftes Geständnis der Tat, worauf eine Verurteilung allein gestützt werden kann.[772]

(5) Der **Zeitpunkt** eines **entlastenden Beweisantrags** darf ebenfalls nicht als Schuldindiz gewertet werden.[773]

(6) Ebenso ist die **Widerlegung** einer **unrichtigen Einlassung** allein kein Beweis der Schuld, weil auch der Unschuldige Zuflucht zur Lüge nehmen kann.[774]

(7) Verweigert ein umfassend schweigender Angeklagter die **Entbindung von** der **Schweigepflicht**, darf dies nicht zu seinem Nachteil ausgelegt werden.[775]

(8) Dass der Angeklagte erst **Angaben** bei seiner **richterlichen Vernehmung**[776] bzw. in der **Hauptverhandlung**[777] gemacht hat, kann bei der Beweiswürdigung nicht gegen ihn verwertet werden.

---

770 BGH RÜ 2016, 238 f.

771 BGH StraFo 2004, 360.

772 BGH StraFo 2004, 360.

773 BGH NStZ 2002, 161, 162.

774 BGH NStZ 2000, 549, 550.

775 BGH StraFo 2000, 160.

776 BGHSt 20, 261.

777 BGH NStZ 2014, 666.

(9) Geht es um Fragen des **Wiedererkennens** bei der Identifizierung des Angeklagten aufgrund von **Wahlgegenüberstellungen** oder **Stimmvergleichen**, ist zu berücksichtigen, dass dem sog. wiederholten Wiedererkennen ein nur sehr geringer eigenständiger Beweiswert zukommt. Zudem sollten bei einer Wahllichtbildvorlage bestimmte Grundregeln eingehalten werden.[778] So ist die sequenzielle Vorlage von Lichtbildern von höherem Beweiswert.[779]

(10) Aus einer durchgehenden oder nur anfänglichen berechtigten **Zeugnisverweigerung nach § 52 StPO** dürfen keine Schlüsse zum Nachteil des Angeklagten gezogen werden.[780]

(11) Steht allein **Aussage gegen Aussage**, sind regelmäßig besondere Ausführungen erforderlich, weshalb das Gericht der belastenden Aussage Glauben schenken will.[781]

(12) In die Beweiswürdigung ist auch erkennbar einzubeziehen, wenn es in einem **Strafverfahren gegen** einen **Zeugen**[782] oder ehemaligen **Mitangeklagten**[783] wegen der gleichen Vorwürfe zu einer **Verständigung** gekommen ist.

(13) Auch sonst sind Angaben von anonymen Quellen, gesperrten V-Leuten oder Gewährspersonen und sonstigen **Zeugen vom Hörensagen** besonders kritisch zu würdigen.

(14) Mit **Widersprüchen** zwischen dem vorbereitenden und mündlich erstatteten **Gutachten** muss sich das Gericht auseinandersetzen und nachvollziehbar darlegen, warum es das eine Ergebnis für zutreffend und das andere für unzutreffend erachtet. Die Widersprüche müssen eine Erklärung und Lösung finden, die Zweifel an der Richtigkeit des angenommenen Ergebnisses beseitigen.[784] Kommt der Tatrichter zu einem anderen Ergebnis als der Sachverständige, muss er sich konkret mit dessen Ausführungen auseinandersetzen, um sein besseres Fachwissen zu belegen.[785]

(15) Das Gericht muss sich an anerkannte **Naturgesetze** und **Erfahrungssätze** halten und darf sich nicht über gesicherte **wissenschaftliche Erkenntnisse** hinwegsetzen. Ein DNA-Vergleichsgutachten ist als ein bedeutendes Indiz für die Überzeugungsbildung zu berücksichtigen.[786]

(16) Revisibel sind gleichfalls argumentative **Zirkelschlüsse**.

(17) Stellt der Tatrichter **überzogene Anforderungen** an seine Überzeugungsbildung zum Schuldnachweis des Angeklagten, kann dies ebenfalls rechtsfehlerhaft sein.

545   **Beispiel für eine gutachtliche Darstellung:**

Durchgreifenden Rechtsbedenken begegnet die Annahme der Strafkammer, die Täterschaft des Angeklagten stehe bereits deshalb fest, weil er zum Tatvorwurf geschwiegen und ein Unschuldiger keinen Grund habe, sich nicht zur Sache zu äußern (UA S. 22).

---

778   Siehe hierzu BGH NStZ 2012, 283, 284.

779   BGH NStZ 2020, 499 f.

780   BGH NStZ 2014, 415.

781   BGH NStZ 2013, 55; BGH NStZ-RR 2021, 24.

782   BGH NStZ 2013, 353.

783   BGH NStZ 2014, 287.

784   BGH NStZ 2005, 161.

785   BGH NStZ 2013, 55.

786   BGH NStZ 2012, 464.

> *Das Tatgericht verkennt insoweit, dass das Schweigen des Angeklagten vielfältige Gründe haben kann und, als sein verfassungsrechtlich fundiertes Recht, nicht zu seinem Nachteil verwertet werden darf. Das Urteil beruht auch auf diesem Rechtsfehler.*
>
> *Die Revision hat deshalb mit der Sachrüge (§§ 261, 337 StPO) Erfolg.*

d) Fehlerhafte Anwendung des sachlichen Rechts

546 Sind die Feststellungen selbst rechtsfehlerfrei, so muss der festgestellte Sachverhalt auf das sachliche Recht in richtiger Weise angewendet worden sein. Diesen Bereich reiner **Rechtsanwendung** überprüft das Revisionsgericht uneingeschränkt. Hier sind vor allem die anerkannten Auslegungsregeln, die richtige Subsumtion unter das Gesetz und der Zweifelssatz zu berücksichtigen.

Die **Auslegungsregeln** umfassen die gesetzlichen Vorschriften zu ihrer Interpretation und die allgemein anerkannten Regeln der Auslegung.

Der Bereich **rechtlicher Subsumtion** ist weit. Allgemein kann die Rechtsverletzung in der Nichtanwendung bestehender, der Anwendung nicht bestehender, der falschen Anwendung bestehender oder der Nichtbeachtung vorrangiger Gesetze liegen.

> *Fall 14: Muss schon alles drin sein*
>
> *Der Angeklagte wird wegen vorsätzlichen Fahrens ohne Fahrerlaubnis verurteilt. Den Urteilsgründen lässt sich entnehmen, dass er zum abgeurteilten Tatzeitpunkt nicht im Besitz einer gültigen Fahrerlaubnis für den dabei von ihm geführten Pkw war. Allerdings finden sich keine Feststellungen dazu, wo die Fahrt konkret durchgeführt wurde. An anderer Stelle des Urteils wird dagegen erwähnt, dass das entsprechende Fahrzeug regelmäßig auf einem großräumigen Privatgelände abgestellt sei und dort häufig von dem Angeklagten gefahren werde.*

Fraglich ist, ob die Feststellungen die Verurteilung des Angeklagten wegen Fahrens ohne Fahrerlaubnis (§ 21 StVG) tragen. Zwar lässt sich den Urteilsgründen entnehmen, dass der Angeklagte einen Pkw fuhr und zum Tatzeitpunkt nicht im Besitz der hierfür erforderlichen Fahrerlaubnis war. Allerdings finden sich keine Ausführungen dazu, dass dies, wie es der Straftatbestand erfordert (§ 2 StVG), auf einer öffentlichen Straße geschah. Auch aus einer Gesamtschau der Urteilsgründe lässt sich dies nicht mit hinreichender Deutlichkeit entnehmen. Vielmehr wird in einem anderen Zusammenhang festgestellt, dass der bei der Fahrt benutzte Pkw regelmäßig auf einem großräumigen Privatgelände abgestellt war und dort häufig von dem Angeklagten geführt wurde. Die Gründe des Urteils belegen die Verwirklichung des § 21 StVG daher nicht.

Hilfreich ist auch hier die **Heranziehung des Kommentars**, um die Voraussetzungen jedes einzelnen erforderlichen Merkmals abzuklären. Dabei empfiehlt es sich auch hierbei, sich nicht in Selbstverständlichkeiten zu verlieren.

Aus der Unschuldsvermutung (Art. 6 Abs. 2 EMRK) ergibt sich das Gebot, dass der Angeklagte im Zweifel freizusprechen ist. Der **Zweifelssatz** ist allerdings nur eine Entscheidungsregel und greift deshalb erst bei der abschließenden Würdigung aller Beweise ein.[787] Ein Verstoß gegen diesen Grundsatz liegt nur vor, wenn das Tatgericht Zweifel gehabt hat und gleichwohl verurteilte, nicht aber, wenn das erkennende Gericht, nach Auffassung des Revisionsführers, lediglich Zweifel hätte haben müssen.

---

787 BGH NStZ 1999, 205; BGH NStZ 2012, 171.

> **Klausurhinweis:** In nahezu jeder Klausur bildet die Frage, ob der Tatrichter den festgestellten Sachverhalt zutreffend unter das Gesetz subsumiert hat, einen Schwerpunkt. Sie müssen also genau darauf achten, ob jedes objektive und subjektive Tatbestandsmerkmal, Rechtswidrigkeit, Schuld sowie etwaige Strafausschließungs- oder Strafaufhebungsgründe von den Feststellungen getragen werden. Dies braucht nicht immer ausdrücklich zu geschehen. So ergibt sich der Vorsatz oft auch schon aus der Beschreibung der Tatbegehung. Sind Delikte vorsätzlich und fahrlässig begehbar, muss aber deutlich werden, wovon das Tatgericht ausgegangen und ob dies tragbar ist.

547   **Beispiel für eine gutachtliche Darstellung:**

> *Fraglich ist, ob die Verurteilung des Angeklagten wegen gefährlicher Körperverletzung (§ 224 StGB) Bestand haben kann.*
>
> *Denn zwar belegen die Gründe in ausreichender Weise eine üble unangemessene Behandlung des Geschädigten Reindorff durch den Angeklagten, welche auch zu einer gesundheitlichen Beeinträchtigung, nämlich mehrere Blutergüsse und Schürfwunden, geführt hat (UA S. 16). Über die damit festgestellte einfache Körperverletzung (§ 223 StGB) lassen sich den Urteilsgründen, auch nicht in ihrer Gesamtheit, darüber hinaus jedoch keinerlei Feststellungen zu der Art der Tatbegehung entnehmen. Das Urteil beruht auch auf diesem Rechtsfehler.*
>
> *Die Revision ist daher mit der Sachrüge (§§ 267, 337 StPO) erfolgreich.*

e) Fehlerhafte Strafzumessung

548   Es ist grundsätzlich **Aufgabe** des **Tatrichters**, auf der Grundlage des umfassenden Eindrucks, den er in der Hauptverhandlung von der Tat und der Person des Angeklagten gewonnen hat, die wesentlichen entlastenden und belastenden Umstände festzustellen, sie zu bewerten und gegeneinander abzuwägen, sodass die **Strafzumessung** nur in eingeschränktem Umfang der Überprüfung durch das Revisionsgericht zugänglich ist. [788]

In den üblichen und zugelassenen **Kommentaren** findet sich bei § 46 StGB sehr viel, was man gut als Prüfungsschema heranziehen kann. Was dort nicht steht, wird im Allgemeinen für die Verfahrenspraxis nicht von wesentlicher Bedeutung sein.

aa) Ein revisionsgerichtlicher Eingriff in die Bemessung der Strafe ist aber notwendig, wenn die **Strafzumessungserwägungen** in sich **fehlerhaft** sind. Dies ist dann der Fall, wenn das Tatgericht von **unzutreffenden Tatsachen** ausgeht, gegen rechtlich anerkannte **Strafzwecke** verstößt oder sich die verhängte Strafe so sehr von ihrer Bestimmung, gerechter Schuldausgleich zu sein, löst, dass sie nicht mehr innerhalb des dem Tatrichter eingeräumten **Spielraums** liegt.[789]

549   **bb)** Auch hier gibt es **typische Fallkonstellationen**, die besonders fehleranfällig sind.

(1) So muss das Tatgericht zunächst überhaupt von dem richtigen **Strafrahmen** ausgegangen sein und auch sonst die zutreffenden gesetzlichen Strafzumessungsgründe bei seiner Entscheidung angewendet haben, was sich aus den Urteilsgründen er-

---

788 BGH, Beschl. v. 09.09.2020 – 2 StR 281/20, BeckRS 2020, 30681.

789 BGH wistra 2008, 58 f.

geben muss. Bei verschiedenen gesetzlich möglichen Rahmen zur Strafwahl ist anzugeben, von welchem der Tatrichter ausgeht.[790] Kommt nach den Urteilsfeststellungen dagegen überhaupt nur ein einziger Strafrahmen in Betracht, ist dessen konkrete Angabe aber regelmäßig entbehrlich, weil hier die Kenntnis des Tatrichters davon unterstellt werden kann. Die gesetzlich vorgesehenen Milderungsgründe sind vor der Anwendung des § 49 Abs. 1 StGB zu berücksichtigen.[791] Übersteigt die an sich schuldangemessene Strafe die äußerst geringe Restlebenserwartung des Angeklagten, muss der Tatrichter ausdrücklich erwägen, ob ein Ausgleich der Schuld möglicherweise auch noch durch eine geringere als die der Schuld angemessene Rechtsfolge erreicht werden kann.[792]

(2) Ob die **Steuerungsfähigkeit** i.S.d. §§ 20, 21 StGB **erheblich vermindert** oder **ausgeschlossen** war, ist generell eine Rechtsfrage. Hierbei fließen normative Erwägungen ein. Entscheidend sind die Anforderungen, welche die Rechtsordnung auch an einen berauschten Täter stellt. Sie sind umso höher, je schwerwiegender das Delikt ist.[793]

(3) Beruht die festgestellte erheblich verminderte Schuldfähigkeit des Angeklagten auf einer von ihm zu **verantwortenden Trunkenheit**, spricht dies grundsätzlich gegen eine Schuldmilderung und damit eine Strafrahmenverschiebung nach den §§ 21, 49 Abs. 1 StGB.[794] Allerdings ist hier eine Gesamtabwägung aller Umstände unter Einbeziehung des Leistungsverhaltens des Angeklagten vorzunehmen,[795] wobei dem Tatgericht dabei ein weiter Ermessensspielraum zuzubilligen ist.[796] Dies liegt auch bei einer BAK von 2,18[797] oder 3,9[798] Promille nahe, wenngleich ab 2,4 Promille eine erhebliche Verminderung der Steuerungsfähigkeit zu bedenken ist.[799] Hat der Angeklagte trotz eines erheblichen Alkoholkonsums sein bisheriges Leben gemeistert, liegt es dann nahe, dass er die Gefahren des Alkohols kennt.[800] Der Tatrichter hat sich aber auch mit solchen Umständen auseinander zu setzen, welche gegen die Annahme sprechen, dass dem Angeklagten der Alkoholkonsum uneingeschränkt vorwerfbar ist.[801] Dies ist etwa dann nicht der Fall, wenn er alkoholkrank oder alkoholüberempfindlich ist. So kann eine Alkoholerkrankung, bei welcher der Alkoholkonsum nicht als schulderhöhender Umstand zu werten ist, in dem Fall vorliegen, wenn der Täter den Alkohol aufgrund eines solchen unwiderstehlichen oder ihn weitgehend beherrschenden Hanges trinkt, dass seine Fähigkeit, der Versuchung zu übermäßigem Alkoholkonsum zu widerstehen, erheblich eingeschränkt ist.[802]

(4) Pathologisches Spielen oder **Spielsucht** stellen für sich genommen keine die Schuldfähigkeit erheblich einschränkende oder ausschließende krankhafte seelische Störung oder schwere andere seelische Abartigkeit dar. Allerdings kann die Spielsucht zu Persönlichkeitsstörungen führen, die ausnahmsweise eine Verminderung der Schuldfähigkeit nach sich ziehen.[803] Allerdings bedarf es zur Annahme einer sol-

---

790 BGH StraFo 2012, 104; zur Strafzumessung beim Zusammentreffen eines minder schweren Falles mit vertypten Strafmilderungsgründen s. BGH RÜ2 2015, 73.
791 BGH RÜ2 2015, 73 f; BGH RÜ2 2015, 73 f.
792 BGH NStZ 2018, 331.
793 BGH NStZ 2005, 329, 330.
794 BGH NStZ 2005, 92.
795 BGH NStZ 2005, 92.
796 BGH NStZ 2005, 151, 152.; s. zum Ganzen BGH (Großer Senat) RÜ2 2018, 109 ff.
797 BGH NStZ 2005, 92.
798 BGH RÜ2 2015, 208 ff.
799 BGH NStZ 2012, 262.
800 BGH NStZ 2005, 92.
801 BGH StraFo 2005, 37.
802 BGH StraFo 2005, 37.
803 BGH NStZ 2005, 207, 208; BGH StV 2005, 256, 257; BGH NStZ 2013, 155.

chen ungewöhnlich tiefgreifenden Spielsucht umfangreicher Feststellungen des Tatrichters. Allein auf die Angaben des Angeklagten darf er sich nicht stützen.[804]

(5) Eine **Schizophrenie** allein führt noch nicht zu einem zeitweisen oder vollständigen Ausschluss der Schuldfähigkeit.[805]

(6) Liegen sonst nach den Urteilsfeststellungen die **Voraussetzungen** eines **minder schweren Falles nahe**, ohne dass dies weiter erörtern wird, liegt hierin in der Regel ein Rechtsfehler.

(7) Ist eine **Strafrahmenverschiebung** i.S.v. § 49 Abs. 2 StGB obligatorisch und vom Tatrichter verkannt worden, stellt sich dies als eine fehlerhafte, weil unterlassene, Gesetzesanwendung dar. Bei einer lediglich möglichen und nach den Gründen des Urteils gebotenen Verschiebung des Strafrahmens, erweist sich deren Unterlassen als ein Darstellungsmangel. In jedem Fall ist auch auf die zutreffende Berechnung der Strafrahmen nach § 49 Abs. 1 StGB zu achten. Die Berechnungsmethodik sollte man sich vor der Klausur einprägen.

550   **(8)** Bei der Verhängung von **Jugendstrafe** wegen Schwere der Schuld ist zweifelhaft, ob hierfür zusätzlich eine erzieherische Notwendigkeit bestehen muss.[806] Die Anordnung von Jugendarrest neben der Aussetzung der Verhängung einer Jugendstrafe verstößt gegen das Verbot analoger Rechtsanwendung zum Nachteil des Betroffenen im Strafrecht. Denn Jugendarrest und Jugendstrafe enthalten neben dem Erziehungsaspekt auch Elemente von Strafe, sodass dieser Grundsatz auch im Jugendstrafrecht gilt. Der Wortsinn des § 13 JGG steht insoweit einer anderen Auslegung entgegen.[807]

551   **(9)** Die **Gesamtstrafenbildung** (§§ 54, 55 StGB) muss in ordnungsgemäßer Weise vorgenommen worden sein. Ist nachträglich eine neue Gesamtstrafe nach § 55 StGB zu bilden, so darf diese die frühere Gesamtstrafe nicht um mehr als die Summe der neu einzubeziehenden Einzelstrafen überschreiten.[808]

552   **(10)** Bei der Möglichkeit der **Strafaussetzung zur Bewährung** ist dies zu erörtern, wobei die formelhafte Wiederholung des Gesetzeswortlauts ungenügend ist.

(11) Auch im Rahmen von **Verständigungen** (§ 257 c StPO) kann es zu Fehlern bei der Strafzumessung kommen. So ist die Zusage einer bestimmten Strafe unzulässig. Das Gericht darf hier lediglich eine Ober- und Untergrenze angeben (§ 257 c Abs. 3 S. 2 StPO). Entspricht das Urteil einem Verständigungsvorschlag des Gerichts, dem die Staatsanwaltschaft nicht zugestimmt hat, begründet dies für sich genommen keinen Strafzumessungsfehler.[809]

553   **(12)** Unabhängig von der Frage einer möglichen rechtsstaatswidrigen Verfahrensverzögerung ist schon der reine **Zeitablauf** zwischen Tat und Urteil als **selbstständiger Strafmilderungsgrund,** auch bei Sexualstraftaten,[810] zu berücksichtigen;[811] ebenso die überlastungsbedingte Verzögerung der Revisionsentscheidung. Dabei ist auch hier eine etwaige verzögerungsbedingte Ermäßigung der Strafe vom Tatrichter konkret zu bemessen.[812]

---

804 BGH NStZ 2005, 207, 208.
805 BGH NStZ 2013, 98.
806 So BGH NStZ 2014, 407; a.A. BGH NStZ 2013, 658, unter Hinweis auf Wortlaut und Entstehungsgeschichte des § 17 JGG.
807 BVerfG StraFo 2005, 110, 111.
808 BGH NStZ 2005, 210.
809 BGH StV 2014, 518.
810 BGH NStZ 2018, 413 f.
811 BGH StraFo 2004, 356.
812 KG NStZ-RR 2004, 175.

(13) Rechtsstaatswidrige **Tatprovokationen**[813] und der sonstige Einsatz verdeckter Ermittler[814] sind bei der Strafzumessung zu berücksichtigen, soweit kein Verfahrenshindernis besteht.

(14) Ein sachlich-rechtlicher Fehler in der Strafzumessung liegt auch vor, wenn das   **554** **Berufungsgericht** ohne nähere Begründung eine **gleich hohe Strafe** verhängt wie der Einzelrichter, aber von einem **wesentlich geringeren Strafrahmen** ausgeht.[815]

(15) Die **Einlassungsverweigerung** des Angeklagten und dessen sonstiges **zulässi-**   **555** **ges Verteidigungsverhalten**[816] dürfen nicht zu seinem Nachteil verwertet werden. Insbesondere auch nicht bei Anschuldigungen gegen Dritte, sofern keine Verleumdung oder Herabwürdigung damit verbunden ist.[817] Zeigt der Angeklagte bei einer Verurteilung wegen direkten Vorsatzes keine Erschütterung über sein Handeln, darf dies gleichfalls nicht zu einer Strafschärfung führen.[818]

(16) Bei einem **bestreitenden Angeklagten** ist ein Mangel an Einsicht nicht strafschärfend zu berücksichtigen.[819]

(17) Allein aus der legitimen **Fortführung** eines **Zivilprozesses** kann auch nach Rechtskraft des Schuldspruches nicht auf eine besondere Rechtsfeindschaft des Angeklagten geschlossen werden.[820]

Fall 15: Bestreiten ist erlaubt

Der Tatrichter verurteilte den Angeklagten zu einer Freiheitsstrafe und führte bei deren Bemessung aus, dass hierbei dessen Bestreiten der Tatvorwürfe strafschärfend berücksichtigt worden sei. Denn damit habe der Angeklagte die Vernehmung der Zeuginnen erforderlich gemacht, welche dadurch psychisch ausgesprochen belastet worden seien.

Mit der Erwägung bei Bemessung der Freiheitsstrafe, erschwerend sei ins Gewicht gefallen, dass der Angeklagte durch sein Bestreiten der Tatvorwürfe die Vernehmung der Zeuginnen notwendig gemacht habe, was für diese psychisch ausgesprochen belastend gewesen sei, kann der Tatrichter anerkannte Maßgaben für die Bemessung der Strafe missachtet haben. Dem Angeklagten steht es stets frei, Angaben zur Sache zu machen und hierzu zu schweigen. Seine in diesem Rahmen getroffene Entscheidung darf ihm, auch bei der Rechtsfolge, nicht angelastet werden, sofern er die Grenze zulässigen Verteidigungsverhalten hierbei nicht überschreitet. Die Vernehmung von Zeugen und auch deren dabei möglicherweise entstehenden Belastungen sind notwendige Folgen einer verfahrensrechtlich zulässigen Aussageverweigerung und daher dem Angeklagten nicht nachteilig zuzurechnen. Der Schuldspruch selbst wird von diesem Rechtsfehler allerdings nicht berührt.

(18) Ebenso nicht strafschärfend zu berücksichtigen sind das **Fehlen** von **Milde-**   **556** **rungsgründen**, wie keine nachvollziehbare Veranlassung zur Tat[821] oder deren völlig grundlose Begehung,[822] eine vorgebliche **„Lebensführungsschuld"**, die **Auslän-**

---

813 S. zu einem solchen Fall BGH NStZ 2014, 277.

814 BGH NStZ 2013, 99.

815 OLG Hamm StraFo 2005, 33.

816 BGH StraFo 2002, 15; BGH RÜ2 2018, 14.

817 BGH StV 2013, 507; BGH RÜ2 2018, 14.

818 BGH NStZ 2019, 657.

819 BGH StraFo 2014, 394; BGH RÜ2 2017, 90.

820 BGH StraFo 2012, 281.

821 BGH RÜ2 2016, 40 ff.

822 BGH RÜ2 2016, 40 ff.

dereigenschaft („Missbrauch des Gastrechts") des Angeklagten oder bei Straftaten von Asylbewerbern, dass damit eine Ansehensschädigung dieser Gruppe in der Bevölkerung einhergehe[823]. Ausländerrechtliche Folgen einer Tat sind für sich aber regelmäßig auch keine bestimmenden Strafzumessungsgründe, selbst eine zwingend vorgeschriebene Ausweisung nicht.[824]

557 **(19)** Fehler bei der Strafzumessung treten häufig auch durch einen Verstoß gegen das **Doppelverwertungsverbot** auf (§ 46 Abs. 3 StGB); so etwa ein in der Tat zum Ausdruck kommende Gewaltbereitschaft bei Gewaltdelikten.[825] Ob ein direkter Tötungsvorsatz bei § 212 StGB berücksichtigt werden darf, ist streitig.[826] Bei einem Bandendelikt kann die mittäterschaftliche Begehung aber strafschärfend berücksichtigt werden.[827]

558 **(20)** Liegen Anhaltspunkte dafür vor, dass sich der Täter nach der Tat um eine Schadenswiedergutmachung bemüht bzw. Schadensersatz geleistet hat, muss der Tatrichter die **Voraussetzungen** des **§ 46 a StGB** grundsätzlich prüfen und erörtern. Die allgemeine strafmildernde Berücksichtigung solcher Umstände genügt hierfür nicht. Sind durch eine Straftat die Rechtsgüter mehrerer Personen verletzt, muss hinsichtlich jedes Geschädigten eine Variante der Vorschrift erfüllt sein.[828] Bei der Verletzung überindividueller Rechtsgüter scheidet eine Anwendung der Norm aus.[829]

(21) Verliert jemand durch die **Nebenwirkungen** des Urteils seine berufliche oder wirtschaftliche Grundlage, ist dies bei der Strafzumessung zu berücksichtigen.[830] Dies gilt auch für die Einziehung eines Tatmittels von nicht ganz unbedeutendem Wert,[831] nicht aber bei Maßnahmen der Vermögensabschöpfung.[832]

(22) Die Anordnung von **Geldstrafe neben Freiheitsstrafe** (§ 41 StGB) darf nicht dazu missbraucht werden, noch eine Bewährungsstrafe ausurteilen zu können.

(23) Eine strafschärfende **Berücksichtigung nicht angeklagter Taten** ist jedenfalls dann nicht möglich, wenn sie keine Rückschlüsse auf die angeklagte Tat zulassen.[833] Vormals eingestellte Strafverfahren können wegen der damit verbundenen Warnfunktion grundsätzlich strafschärfend berücksichtigt werden.[834]

(24) Ausgeschiedener Prozessstoff, insbesondere nach §§ 154, 154 a StPO, kann grundsätzlich nur dann strafschärfend berücksichtigt werden, sofern zuvor ein entsprechender Hinweis nach § 265 StPO erfolgt ist. Dies kann aber dann anders sein, wenn die Verfahrensbeschränkung so spät erfolgt und die Beweisaufnahme daher entsprechend weit fortgeschritten ist, dass der Angeklagte nicht mehr ernsthaft auf eine Nichtberücksichtigung der erörterten Umstände vertrauen kann.

(25) Inwieweit ein Verstoß gegen das Verwertungsverbot aus **§ 51 BZRG** im Rahmen der Sachrüge oder nur auf eine Verfahrensrüge hin zu beachten ist, ist streitig.[835]

---

823 BGH RÜ2 2017, 66.
824 BGH NStZ 2012, 147.
825 BGH RÜ2 2016, 40 ff.
826 Ablehnend BGH RÜ2 2016, 40 ff; bejahend BGH NStZ 2018, 533 ff.
827 BGH NStZ 2019, 657 f.
828 BGH NStZ 2018, 276.
829 BGH NStZ 2020, 601.
830 BGH NStZ 2013, 522; OLG Frankfurt a.M. NStZ 2018, 414.
831 BGH NStZ 2019, 82; NStZ 2020, 214; 407 f.
832 BGH NStZ 2018, 366 f.
833 BGH NStZ 2014, 202.
834 BGH NStZ 2019, 400.
835 Für Verfahrensrüge jetzt BGH NJW-Spezial 2020, 729.

(26) Da das Revisionsgericht in den Bereich der Strafmaßentscheidung des Tatrichters grundsätzlich nicht eingreift, sind **Angriffe gegen** die **Höhe der** verhängten **Strafe nur in besonderen Fällen** evidenter Überschreitung des tatrichterlichen Ermessens **revisibel.**

559

> **Klausurhinweis:** Meist werden Sie in den Klausuren von der Prüfung der Strafzumessungserwägungen entbunden. Ist dies nicht der Fall, sind die zu findenden Fehler in der Regel relativ eindeutig und deshalb auch gut zu entdecken.

Beispiel für eine gutachtliche Darstellung:

560

> *Rechtsfehlerhaft ist, dass die Strafkammer das Schweigen des Angeklagten im Rahmen der Strafzumessung zu seinem Nachteil gewichtet hat.*
>
> *Denn eine Einlassungsverweigerung ist ein zulässiges Verteidigungsverhalten und darf den Angeklagten bei der Rechtsfolgenentscheidung des Tatgerichts deshalb nicht benachteiligen. Auf diesem Rechtsfehler beruht auch die Strafbemessung im Urteil.*
>
> *Die Sachrüge (§§ 267, 337 StPO) hat daher hinsichtlich der Rechtsfolgenentscheidung Erfolg.*

f) Fehlende Unterschrift

Nach § 275 Abs. 2 S. 1, 3 StPO **ist** das **Urteil** von dem oder den Berufsrichtern **zu unterschreiben.** Damit bekunden diese die Übereinstimmung der Urteilsgründe mit dem Beratungsergebnis.[836] Bei dem Einzelrichter macht eine fehlende oder unzureichende Unterzeichnung das Urteil daher sachlich-rechtlich fehlerhaft und führt auf die Revision zu dessen Aufhebung.[837]

C. Der Revisionsantrag

Hierdurch wird die Entscheidung des Revisionsgerichts vorweggenommen. Deshalb ist es wichtig, den weiteren Verfahrensgang nach Einlegung einer Revision zu kennen.

561

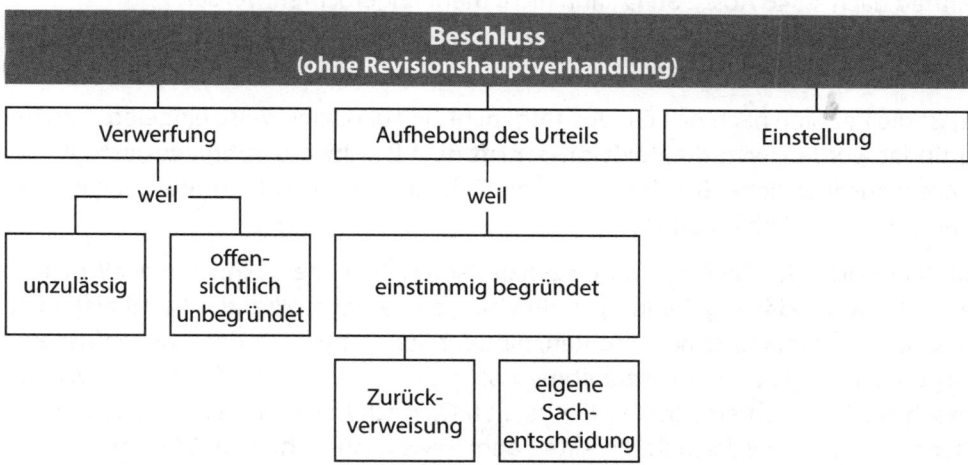

---

836 Meyer-Goßner/Schmitt § 275 Rn. 19.

837 Meyer-Goßner/Schmitt § 275 Rn. 28.

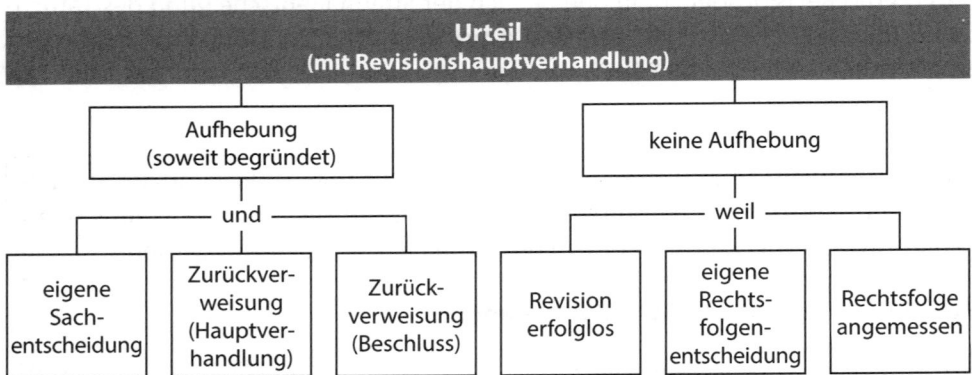

I. Die Entscheidungsmöglichkeiten des Tatgerichts

1. Verwerfung der Revision

562   **a)** Hat der Revisionsführer **Frist** oder **Form** der Revisionseinlegung bzw. Revisionsbegründung nach Ansicht des Tatgerichts **nicht gewahrt**, verwirft dieses die Revision durch Beschluss als unzulässig (§ 346 StPO).

Eine inhaltliche Prüfung ist dem Gericht dabei aber versagt. Es darf und muss also lediglich überprüfen, ob die in §§ 341 Abs. 1, 345 Abs. 2 StPO normierten Anforderungen in fristgerechter Weise erfüllt worden sind.[838]

563   **b)** Gegen diesen Beschluss kann der Revisionsführer innerhalb einer Woche nach dessen Zustellung eine **Überprüfung** durch das **Revisionsgericht** beantragen. (§ 346 Abs. 2 S. 1 StPO). Dieser Antrag bedarf keiner bestimmten Form und hindert auch nicht die Vollstreckung des angefochtenen Urteils (§ 346 Abs. 2 S. 2 StPO).

Das Revisionsgericht prüft die Revision dann auf ihre Zulässigkeit (und meist auch schon ihre Begründetheit) hin. Der Antrag kann dabei auch dann als unzulässig verworfen werden, wenn der Revisionssenat die Unzulässigkeit auf einen anderen Grund stützt als das Tatgericht. Die Entscheidung des Revisionsgerichts über einen Antrag nach § 346 Abs. 2 StPO kann nicht mehr angefochten werden.

2. Abgabe der Revision

564   **a)** Ist die Revision nach Ansicht des Tatgerichts in zulässiger Weise eingelegt und begründet worden, wird die **Revisionsschrift** dem Beschwerdeführer **zugestellt**, wobei ein ausdrücklicher Beschluss über die Zulässigkeit des Rechtsmittels nicht erforderlich ist (§ 347 Abs. 1 StPO).

565   **b)** Der Gegner des Revisionsführers erhält dann Gelegenheit, binnen einer Woche in einer **Gegenerklärung** Stellung zur Revision zu nehmen. Wird das Urteil wegen eines Verfahrensmangels angefochten, gibt der Staatsanwalt in der Wochenfrist eine Gegenerklärung ab, wenn anzunehmen ist, dass dadurch die Prüfung der Revisionsbeschwerde erleichtert wird (§ 347 Abs. 1 StPO). Nach Ablauf dieser Frist leitet die zuständige Staatsanwaltschaft die Akten dem Revisionsgericht zu (§ 347 Abs. 2 StPO). Ist sie selbst Revisionsgegner, in der Regel zugleich mit ihrer Stellungnahme zur Revision. Dabei stellt die Revisionsstaatsanwaltschaft (Generalstaatsanwaltschaft beim OLG oder Bundesanwaltschaft beim BGH) zugleich einen Antrag, der sich an den Entscheidungsmöglichkeiten des Revisionssenats orientiert. Am häufigsten wird dabei beantragt, nach § 349 Abs. 2 StPO zu verfahren.

---

838   BGH RÜ2 2015, 105; Hamm Rn. 1357.

II. Die Entscheidungsmöglichkeiten des Revisionsgerichts

Der für die Entscheidung über die eingelegte Revision zuständige Revisionssenat **566** kann, bei dem Vorliegen der entsprechenden Voraussetzungen, durch Beschluss oder Urteil entscheiden. Entscheidungen des Revisionsgerichtes können grundsätzlich weder aufgehoben noch abgeändert werden.[839] Aufgrund der Besonderheiten des Revisionsverfahrens stellt die Abschiebung des Angeklagten kein Verfahrenshindernis dar, sofern er Kontakt mit seinem Verteidiger haben kann.[840]

Hat das Gericht bei einer Revisionsentscheidung den Anspruch eines Verfahrensbeteiligten auf rechtliches Gehör in entscheidungserheblicher Weise verletzt, kann der Revisionssenat das Verfahren auf dessen Antrag in die Lage vor der Entscheidung zurückversetzen (§ 356 a StPO). Diese sog. **Anhörungsrüge** ist der im Revisionsverfahren ausschließlich statthafte außerordentliche Rechtsbehelf bei entsprechenden Verfahrenslagen.[841] Er muss, wie ein Antrag auf Wiedereinsetzung in den vorigen Stand, binnen einer Woche nach Kenntnis von der Gehörverletzung gestellt, begründet und glaubhaft gemacht werden.

1. Entscheidung durch Urteil

So entscheidet das Revisionsgericht **nach** Durchführung einer **Revisionshauptver- 567 handlung** durch **Urteil** über die eingelegte Revision (§§ 349 Abs. 5, 350, 351, 353 StPO). Dies geschieht, wenn die Revisionsstaatsanwaltschaft eine Verhandlung beantragt hat, keine Einstimmigkeit im Senat für einen Beschluss besteht oder aus Sicht des Revisionsgerichts eine Hauptverhandlung wegen der Erörterung grundlegender Rechtsfragen sinnvoll erscheint.

a) Aufhebung des angefochtenen Urteils

Es besteht dann die Möglichkeit der vollständigen oder teilweisen Aufhebung des **568** angefochtenen Urteils sowie der Feststellungen, soweit diese von der Gesetzesverletzung betroffen sind, und der Zurückverweisung zur neuen Hauptverhandlung vor einem anderen Spruchkörper des oder ggf. eines anderen Tatgerichts (§§ 353, 354 Abs. 2, 3 StPO). Die Aufhebung kann aber auch nur hinsichtlich der Gesamtstrafe mit der Maßgabe geschehen, dass zur Entscheidung im Beschlussverfahren zurückverwiesen wird (§ 354 Abs. 1 b StPO). Schließlich besteht noch die Möglichkeit einer eigenen Sachentscheidung des Revisionsgerichts (§ 354 Abs. 1 StPO). Aufgehobene Feststellungen können im zweiten Rechtsgang der Entscheidung nicht mehr zugrunde gelegt werden.[842]

b) Nichtaufhebung des angefochtenen Urteils

Nicht aufgehoben wird das angefochtene Urteil zunächst selbstverständlich dann, **569** wenn die Revision unzulässig oder unbegründet ist. Wenn nur die Rechtsfolgenentscheidung des Tatgerichts fehlerhaft ist, kann der Revisionssenat auch von der Aufhebung des angefochtenen Urteils absehen, sofern die verhängte Rechtsfolge angemessen erscheint, oder diese auf Antrag der Staatsanwaltschaft angemessen herabsetzen (§ 354 Abs. 1 a StPO).

---

839 BGH NStZ 2020, 309 f.
840 BGH RÜ2 2019, 277.
841 BGH wistra 2010, 109.
842 BGH RÜ2 2019, 18.

2. Entscheidung durch Beschluss

Unter bestimmten Voraussetzungen darf das Revisionsgericht ohne Durchführung einer Revisionshauptverhandlung durch **Beschluss** über die Revision entscheiden.

570 **a)** Sind die Vorschriften über die Einlegung der Revision oder über die Anbringung der Revisionsanträge nicht beachtet, kann das Revisionsgericht die Revision als **unzulässig verwerfen** (§ 349 Abs. 1 StPO). Hiermit nimmt es dann eine Aufgabe wahr, welche an sich schon dem Tatrichter zukam. Erfasst werden dabei sämtliche denkbaren Fälle der Unzulässigkeit. Der Senat ist allerdings nicht verpflichtet, nach dieser Vorschrift zu verfahren, sondern kann auch einen Termin zur Hauptverhandlung bestimmen und nachfolgend durch Urteil entscheiden.

571 **b)** Weiter kann das Revisionsgericht auf einen begründeten Antrag der Staatsanwaltschaft hin (§ 349 Abs. 3 StPO) die Revision verwerfen, wenn es sie **einstimmig** für **offensichtlich unbegründet** hält (§ 349 Abs. 2 StPO).[843] Einer Begründung dieser Entscheidung bedarf es dabei nicht. Ein entsprechender Beschluss kann grundsätzlich weder aufgehoben noch abgeändert werden, sodass eine Gegenvorstellung hiergegen keinen Erfolg haben kann.[844]

In der Verfahrenspraxis ist die Beschlussentscheidung nach § 349 Abs. 2 StPO die mit Abstand häufigste Entscheidungsform. Sie ist allerdings nicht unproblematisch, weil der Revisionsführer so nicht erfährt, aus welchen Gründen sein Rechtsmittel offensichtlich unbegründet sein soll. Gleichwohl wird diese Vorschrift als verfassungsgemäß angesehen.[845] Denn dem Revisionsführer liege regelmäßig der staatsanwaltschaftliche Verwerfungsantrag, in dem zu sämtlichen Rügen Stellung genommen werde, vor. Er könne darauf erwidern und habe damit Gelegenheit, seine gegenteilige Ansicht dem Revisionsgericht zu erläutern. Eine weitergehende Beteiligung des Revisionsführers verlange Art. 103 Abs. 1 GG nicht.[846] Verfassungsrechtliche Gründe erforderten auch keine ausführlichere Begründung des Verwerfungsbeschlusses. Denn diese ergebe sich schon aus der Gegenerklärung der Staatsanwaltschaft. Folge das Revisionsgericht nur im Ergebnis und nicht in der Begründung dem Verwerfungsantrag, entspräche es im Übrigen einer allgemeinen Übung der Strafsenate, Zusätze zur Begründung der eigenen Rechtsauffassung beizufügen.[847]

572 **c)** Erachtet das Revisionsgericht die zugunsten des Angeklagten eingelegte Revision **einstimmig** für **begründet**, kann es das angefochtene Urteil durch Beschluss aufheben und die Sache **zurückverweisen** (§§ 349 Abs. 4, 354 Abs. 2 StPO) oder in der Sache **selbst entscheiden** (§§ 349 Abs. 4, 354 Abs. 1 StPO).

573 **d)** Schließlich ist es dem Revisionsgericht auch möglich, das **Verfahren** nach den allgemeinen strafverfahrensrechtlichen Vorschriften (§§ 153 Abs. 2, 154 Abs. 2, 154 a StPO) durch Beschluss **einzustellen** oder zu **beschränken**.

3. Rechtsfolgen der Entscheidung des Revisionsgerichts

574 Eine **Verwerfung** der Revision führt unmittelbar zur **Rechtskraft** des angefochtenen Urteils. Ist das Rechtsmittel begründet, kommt es darauf an, ob das Revisionsgericht die Sache zur erneuten Verhandlung und Entscheidung zurückverweist oder eine **eigene Sachentscheidung** trifft. In diesem Fall werden der Beschluss oder das Urteil

---

843 Nach BVerfG StraFo 2014, 391, setzt eine solche Verwerfung die offensichtliche Aussichtslosigkeit der Revision voraus.

844 BGH StraFo 2004, 236 f.

845 BGH StraFo 2004, 236 f.

846 BGH StraFo 2004, 236 f.

847 BGH StraFo 2004, 236 f.

des Revisionssenats rechtskräftig. Bei einer Zurückverweisung bleibt das Verfahren weiter in der Schwebe.

Im Normalfall nutzt der Erfolg einer Revision nur dem Angeklagten, der von seinen Rechtsmittelmöglichkeiten tatsächlich Gebrauch gemacht hat. Unter bestimmten, in **§ 357 StPO** geregelten Voraussetzungen kann das Revisionsgericht die positive Wirkung seiner Entscheidung aber auch auf den Mitangeklagten (Nichtrevidenden) erstrecken, der sich bereits mit der Rechtskraft des Urteils abgefunden hat.   **575**

4. Formulierung des Antrags

Wird, wie meist, verlangt, einen Antrag zu formulieren, orientieren Sie sich an dem Text des Gesetzes (§ 353 StPO). Im **Regelfall** kann bei entdeckten Rechtsfehlern die **umfassende Aufhebung** des angefochtenen Urteils beantragt werden. Dies gilt auch dann, wenn Sie infolge von Zeitmangel nicht mehr dazu kommen, sich genauer mit der Abfassung des Revisionsantrages auseinander zu setzen.   **576**

Ist, nach dem Ergebnis Ihrer Prüfung, eine **Beschränkung** oder Eingrenzung sinnvoll, sollten Sie dies aber ansonsten nach Möglichkeit **zum Ausdruck bringen**. Dabei sind im Rahmen der Entscheidungsmöglichkeiten des Revisionsgerichts, somit auch bei Ihrer Antragsformulierung, auch immer verschiedene Kombinationen denkbar.

Soll ein Urteil aufgehoben werden, weil das Gericht des vorangehenden Rechtszuges sich mit Unrecht für zuständig angesehen hat, ist nach Maßgabe des § 355 StPO zugleich die **Verweisung an** den **zuständigen Spruchkörper** zu beantragen. Die Vorschrift gilt entsprechend, wenn zwar ein anderer Aufhebungsgrund vorliegt, die Sache aber vor ein Gericht höherer Ordnung oder ein ihm nach § 209 a StPO gleichstehendes Gericht gehört.[848]

Formulierungsbeispiele: **577**

In der Strafsache gegen Müller (Az ...) beantrage ich,

- *das angefochtene Urteil des ... mit den zugrunde liegenden Feststellungen aufzuheben sowie die Sache zur erneuten Verhandlung und Entscheidung an eine andere Abteilung / Strafkammer des ... zurückzuverweisen (Regelantrag).*

- *das angefochtene Urteil des ... im Rechtsfolgenausspruch mit den zugrunde liegenden Feststellungen aufzuheben sowie die Sache im Umfang der Aufhebung ... (Beschränkung)*

- *das angefochtene Urteil des ... mit den zugrunde liegenden Feststellungen, soweit der Angeklagte wegen ... verurteilt worden ist, aufzuheben sowie die Sache im Aufhebungsumfang ... (Begrenzung).*

- *das angefochtene Urteil des ... mit den zugrunde liegenden Feststellungen aufzuheben und den Angeklagten freizusprechen / das Verfahren einzustellen (Eigene Sachentscheidung).*

D. Zweckmäßigkeitserwägungen

Bei den in Klausuren auch anzustellenden Zweckmäßigkeitserwägungen geht es vornehmlich darum, ob Berufung oder Revision einzulegen ist. Daneben können aber auch besondere Umstände zu einer Beschränkung des Rechtsmittels drängen. Insoweit kann es sich häufig empfehlen, auch im Rahmen der Zweckmäßigkeit Ausfüh-   **578**

---

848 Meyer-Goßner/Schmitt § 355 Rn. 1.

rungen zu machen. Dies hat natürlich ggf. auch Auswirkungen auf den zu formulierenden Revisionsantrag.

I. Vom Grundsatz her gilt, dass die **Revision** (jedenfalls theoretisch) **zweckmäßiger** ist, weil so eine Tatsacheninstanz gewonnen werden kann. Diesen Standpunkt haben Sie einzunehmen, wenn keine Besonderheiten bestehen oder Sie sich aus Zeitmangel nicht weitergehend mit der Frage beschäftigen können.

II. In bestimmten **Ausnahmefällen** ist aber eine andere Sichtweise veranlasst. Ergeben die Urteilsfeststellungen nach ihrer Prüfung etwa einen weiteren Straftatbestand, ist dies wegen § 358 Abs. 2 StPO zwar im Regelfall unschädlich. Dies kann jedoch anders sein, wenn wegen der damit verbundenen Schuldspruchberichtigung oder nach Zurückverweisung und neuer Hauptverhandlung hieraus nachteilige Konsequenzen für den Angeklagten folgen können. Zu beachten ist weiterhin, dass eine Urteilsaufhebung und Neuverhandlung der Sache dann nicht zweckmäßig ist, wenn eine Unterbringung nach §§ 63, 64 StGB droht. Dies stünde dem Verschlechterungsverbot nämlich nicht entgegen.[849] Auch ist, trotz entdeckter Verfahrensfehler, nur die Erhebung der Sachrüge sinnvoll, wenn die Rechtsfolge des § 354 Abs. 1 StPO herbeigeführt werden soll.

579 **Formulierungsbeispiel:**

> *Der Verfahrensfehler wird somit zu einem Erfolg der Revision führen. Allerdings wäre hier auch die Berufung ein statthaftes Rechtsmittel (§ 312 StPO). Weil die Durchführung der Revision jedoch zur Aufhebung des angefochtenen Urteils und einer Neuverhandlung der Sache in erster Instanz führt, ist dieses Rechtsmittel zweckmäßiger. Denn dadurch kann eine weitere Tatsacheninstanz gewonnen werden.*

---

849 Meyer-Goßner/Schmitt § 358 Rn. 12.

Stichwortverzeichnis

Die Zahlen verweisen auf die Randnummern.

207